谨以此书纪念陈垣先生诞辰140周年

本书为国家哲学社会科学基金项目成果

陈垣史学思想与20世纪中国史学

周少川　史丽君　著

人民出版社

陈 垣

培基固本　精益求精

——学习陈援庵先生史学遗产的点滴体会
（代　序）

刘家和

援庵先生（1880—1971）是北京师范大学历史学科的奠基人，也是 20 世纪中国一位蜚声海内外的史学大师和史学教育大家。援庵先生给我们留下的著作，其所涉及方面之淹博及其所穷究程度之高深，往往令读者生高山仰止之感。先生所培育出来的一代史家，也曾在我国作出了许多贡献。先生治学之风及为师之范，洵为宝贵的史学遗产。白寿彝先生在纪念援庵先生 100 岁（1980）与 110 岁（1990）诞辰时曾两度著文提出要继承这份遗产，我们的确应该为此而继续努力。以下略说个人学习中所得两点体会，以就正于史学界诸君。

一、培基固本

人所周知，治史须从目录学入手。如果不细作分析，如今有借助电脑检索之便，那么这个问题似乎已经不是大问题了。其实，从援庵先生所讲的目录之学来看，问题远远不是如此简单，而且电脑检索也不能代替一切。以往治中国史者在撰文以前通常都会查阅《四库全书总目》、《四库全书简明目录》或《书目答问》等书，从中了解有哪些人著了哪些书在自己所撰论著范围之内，于是翻阅并用卡片记下自己所需材料，在撰文时加以征引。这样的做法不为不对，可是未必精准，有时征引之文竟为断章取义。

援庵先生的方法与此不同。先生的要求是，读其书且知其人。这样的要求有来由吗？孟子说："一乡之善士，斯友一乡之善士；一国之善士，斯友一国之善士；天下之善士，斯友天下之善士。以友天下之善士为未足，又尚论古之人。诵其诗，读其书，不知其人，可乎？是以论其世也，是尚友也。"① 这就是说，大凡善士或优秀学者，从共时性的层面而言，需要也能够与一乡、一国、天下之善士或学者作对话或交流；从历时性层面而言，需要也能够与历史上的善士或优秀学者作对话或交流，而与古人作对话或交流，则唯有诵其诗、读其书；诵其诗、读其书，则必论其世而知其人。这样的读书，与翻检个人一时所需材料，完全是两种不同的治学门径，其效果亦必不同。上述孟子之言，其实孔子亦曾以不同方式论及。孔子说："夏礼吾能言之，杞不足征也；殷礼吾能言之，宋不足征也。文献不足故也。足，则吾能征之矣。"② 这里的"文献"，现在一般都当作文书来理解。不过这样解释并不符合孔子所言之本义。"文献"中的"文"表示的是文书典籍，而"献"的意思却是"贤者"。何晏在《论语集注》中引郑玄曰："献，犹贤也。"③ "献"作"贤"解，亦数见于《尚书》。《尚书·益稷》："万邦黎献，共惟帝臣。"④ 《尚书·大诰》："民献有十夫。"⑤ 又《尚书·酒诰》中也提及"殷献臣"、"献臣"。伪孔安国注均以"贤"、"善"释"献"，所以孟子所说的读其书的"书"就是文，知其人的"人"就是献。

---

① 《孟子·万章下》，《十三经注疏》下册，中华书局 1980 年版，第 2746 页。
② 《论语·八佾》，《十三经注疏》下册，第 2466 页。
③ 《论语注疏》，《十三经注疏》下册，第 2466 页。
④ 《尚书正义》，《十三经注疏》上册，第 143 页。
⑤ 《尚书正义》，《十三经注疏》上册，第 198 页。

如果认为这样解释仍然不够具体，那么请看马端临《文献通考·自序》的说明："凡叙事，则本之经史，而参以历代会要，以及百家传记之书，信而有征者从之，乖异存疑者不录，所谓文也；凡论事，则先取当时臣僚之奏疏，次及近代诸儒之评论，以及名流之燕谈，稗官之纪录，凡一话一言，可以订典故之得失、证史传之是非者，则采而录之，所谓献也。"① 说到这里，就与援庵先生的历史文献之学很接近了。

援庵先生自 1892 年开始阅读张之洞著《书目答问》，次年又系统阅读之，随后再读《四库全书总目》。② 为什么对《书目答问》这样一本篇幅不大的书，援庵先生不是用作翻检工具，而是当作课本来阅读呢？前一年读了它，下一年还系统地阅读它？愚意以为，这里正显示援庵先生治史入手之门径，其中也有我们应该学习的基本功。

援庵先生读《书目答问》时，年当 12—13 岁，已经就塾从师读了"四书"和一些经书，可以说已经具备逐步走向研究之路的条件。下一步如何走？这是一般塾师无力指导的。正在愤悱之际，他发现并购买了张之洞的《书目答问》。他读此书，目的不在于由此查书、找材料、写文章，而在于寻求下一步如何治学研究之道。《书目答问》一书，在当时恰好符合援庵先生的需要。

张氏著此书时，正在光绪初年提督四川学政任上。他巡视各县诸生学业与考核情况，常有许多好学的诸生请求指导进一步读书治学的问题。他觉很难一一作答，于是编撰了此书作为一种指引。张氏未为本书作序，而是写了一篇简要的《书目答问略例》。③ 首先说明此编并非著述，而是对诸生的答问。进而指出"读书不知要领，劳而无功；知某书宜读，而不得精校精注本，事倍功半。"又自注云："此编所录，其原书为修四库书时所未有者，十之三四；

---

① （元）马端临：《文献通考·自序》，中华书局影印本 1986 年版，第 3 页。
② 凡关于先生治学生平年代，皆据《陈垣年谱配图长编》，刘乃和、周少川、王明泽、邓瑞全撰，下不备注。
③ 范希曾：《书目答问补正》，中华书局 1963 年版，第 3—4 页。

四库虽有其书，而校本注本晚出者，十之七八。"按《答问》中时有此类点睛之语，几句话就说明了此书与《四库提要》的各自特色，故两不可少而各有各用，可以使学者免去多少走弯路、事倍功半之苦。随后再叙述此编体例，作为读者导引。最后说明此编收书二千余部，"疑于浩繁"（对于只想治某一专门之学者而言，其余书似乎过多），但又作小注云："诸生当知其约，勿骇其多。"（对于只想治某一专门之学者而言，其专门领域之书又似嫌其不足）《答问》既为治学入门之书，自然不宜过多，也不能太简，而其要在于博精兼备，使学者循此而知由博返约之道。这就是首先要有面上之广，又要能知道要想求精须从何处深入。张之洞身为学政，作《答问》以指导诸生如何自己找书、选书、读书，尽了为师之责。一般人看《答问》，就到此为止，而援庵先生则以为远未到位。

在《答问》的略例与五卷目录正文之后，还有两篇附录。关于附一，张氏本人已认为不太重要；而关于附二，则张氏之立意与设计均有十分值得注意之处，其重要性绝不亚于以上目录正文。这个附录二的题目叫作《国朝著述诸家姓名略》。

《姓名略》前有一篇十分简要之导语①，首先说："读书欲知门径，必须有师。师不易得，莫如即以国朝著述诸名家为师。大抵征实之学，今胜于古。"张氏此说，非一般学古而泥古者所能企及。随后张氏又做出举证。譬如，我们看到《答问》中经部"春秋左传之属"里开列了约 28 种书，其中仅有 3 种非清儒所撰，此 3 种书的精刻善本还是清人做的。所以，张氏之说的观点容或有可商之处，而其所据事实大体无误。在此段之末，张氏说："知国朝学术之流别，便知历代学术之流别。胸有绳尺，自不为野言谬说所误。其为良师，不已多乎？"这里要对"流别"一词略作说明。所谓"流"者，系就学术纵向发展过程而言；而所谓"别"者，则指学科横向交互关系而言。所

---

① 范希曾：《书目答问补正》，第 219 页。

以，《姓名略》中各位著述家皆据"别"以作区分，而各"别"之中之学者又皆依先后发展之流而列（如果细看，其中还按小类再分先后之例）。

《姓名略》所载清代（截至光绪元年以前）著述家之姓名按下述流别分列：经学家（其下又分汉学专门经学家与汉宋兼采经学家两小类）、史学家（张氏自注云："地理为史学要领，国朝史学家皆精于此。"）、理学家（其下又分陆王兼程朱之学、程朱之学、陆王之学以及清代之兼通释典之理学别派）、经学史学兼理学家、小学家、文选学家、算学家（其下又分中法、西法、兼用中西法）、校勘之学家、金石学家、古文家（其下又分不立宗派古文家、桐城派古文家、阳湖派古文家）、骈体文家、诗家、词家、经济家（论经世致用之学而非现在之经济学）。张氏如此分列各流派学者，其目的在于回应当时诸生各自不同学术专攻方面之需要。

如果说《答问》前半部的目录正文是张氏作为学政向诸生指教的是"文"，那么，在其后半部分的附二《姓名略》中向诸生所指教的则是"献"。所以，《书目答问》一书，虽然篇幅不大，但对于志在研究中国传统文献学与史学的学者而言，却是一部既有利于打好学术功底又十分便览的书。

现在要进一步思考的是，过去所有学者都意识到了《答问》后半部的重要意义了吗？事实的回答是，并非如此。这样的答案有何根据？过去曾有出版商在重印《书目答问》时竟然都把《姓名略》这一部分删去了。援庵先生的一位重要学术传人柴德赓先生在《重印书目答问补正序》中对此提出批评说："那才真正是不认识这个名单的价值的人妄删的。"①

也许有人会为删去此《姓名略》的人辩护，其理由是：张氏所开的名单是要为诸生推荐老师，可是，仅标出老师的名字而不对每人做一番介绍，这有什么用呢？此问似乎有理。殊不知张氏开的这份名单，本来就是前面讲书目诸篇的附录，其目的不是单行之作，而是让人们对照着前面的目录来读的。

---

① 范希曾：《书目答问补正》，第6页。

不过，张氏的办法，不是前面专列书目，后面专述著作家的简历，而是使人在看前面的目录时，从后面名单中查看其作者属于哪个学术流别，看后面的名单时，往前面查看此人著了、注了、校了、辑了或精印了哪些书。看到了这些著述或注疏的学者后，就需要到后面名单里去查人，看看在哪些学术流别里有他的大名，就知道此人的学术兼跨了哪些领域，他在诸学术流别中的关系与地位，由此读其书而知其人。反之，在后面名单里看到了某人，就要知道在前面的书目所录的他的著述，知其人而读其书。这样，从消极的方面说，我们在引其书的时候，就不会随意对其书断章取义或者作出与原作者思想相悖的解释；从积极地的方面说，我们就能够更顺利而且更深入地了解、体会作者的原意和精神风貌了。这样才能更好、更精到、更有效地读书。

尤其值得注意的是，这个《姓名略》里所录之人，在前面的目录里还有并未收录其书的。我们切不要以为这是张氏无意间的疏忽，他已在姓名略导语中说明："所录诸家，其自著者及所称引者，皆可依据。词章诸家，皆雅正可学。书有诸家序跋者，其书必善。牵连钩考，其益无方。诸家著书或一两种，或数十种。间有无传书者，皆有论说见他人书中。"此导语最后有张氏一段小字自注云："此编所录诸家外，其余学术不专一门，而博洽有文，其集中间及考论经史、陈说政事者，不可枚举。此录诸家著述中，必见其名。自可因缘而知之。"张氏上述的这些话，对于急于查书找资料的人来说，可能是太迂曲、繁琐而不切实用了，因此常被忽视或视而不见，以至于干脆被出版商删去。

援庵先生则不然，他花了两年青春时光阅读《书目答问》，以后再读《四库提要》，这里正向我们开示了先生学术入门之途径。

援庵先生屡次提出，研究史学的人，不论撰述什么问题，在史料上都要尽量"竭泽而渔"，那么我们应当怎样来理解"竭泽而渔"四个字呢？提出几个关键词，上网一查，然后逐条录下，这岂不就是一网打尽、"竭泽而渔"了吗？其实，这是把电脑上的网当成了涵盖一切史料之"泽"。事情真是如此简单而便利吗？恐怕这还是"捷径"，也许有用于一时，不过却妨害了治学者走上看似迂曲而实际最有效的正途。你敢说电脑之网无用？我绝无此意，而是想说，人脑应该先于电脑而动，电脑应该协助人脑为用，千万不能以电脑取代人脑，治史尤其如此。

愚意以为，援庵先生所说的"泽"，就是我们学历史学的人所必需的史料或史源（Sources），它们汗牛充栋，像一片望不到边的水泽或海洋呈现在我们的面前。初看时简直无从下手。当然，查看目录著作中的史部目录，或者上网检索，都能帮我们解决一些具体问题。可是，史学研究的发展自然也必须有其横向扩充（博大）与纵向深入（精深）的要求。在这样情况之下，我们就必须有能力认出或看清自己研究所须的史料或史源之"泽"的内在结构及其与外部水源之间的相互关联。这样的"泽"首先是具体的、明确而有限的，从而是可以"竭"的，当然在此限度以内，就可以"竭泽而渔"；再则这样的"泽"又并非一潭死水，从而会使在此捕鱼者长期落入这个陷阱而不能自拔，只要能看到它与外部的关联，就可以不断在更广阔的领域中深入发展。愚意以为，援庵先生所提倡的"竭泽而渔"，不是随意说的，而是对于史源学中的"文"与"献"的相互间相辅相成的关系看透彻了，并且在自己史学研究实践中深有体悟之后，才严肃地提出来的。张之洞氏所说的"牵连钩考，其益无方"与从已知之书、之人寻探未知之人、之书"自可因缘而知之"。这几句话可以说是被援庵先生看透了、用活了。

援庵先生的文献目录之学，为自己一生之学培植了难得的深厚底蕴与博洽潜能。

二、精益求精

从前常听人说，援庵先生是无师自学而成的史学大师。此说有一定道理，因为援庵先生并非某一位大师的直接弟子或传人；但是他又并非没有任何老师，因为张之洞的《书目答问》和《四库全书总目》就是他最初的老师。孔子要求弟子"学而时习之"①。俗话说，师傅领进门，修行在个人，的确如此。

1903 年，援庵先生 23 岁，开始研读赵翼《廿二史札记》。这是先生在目录学上下了十年博览功夫之后，把目光聚焦于史学之始，也是一次由博返约的重要步骤。先生治史，从赵氏《廿二史札记》入手，可见是经过精准选择的。当年 6 月，先生所作识语云："赵瓯北札记廿二史，每史先考史法，次论史事。其自序云：'此编多就正史纪、传、表、志中相互勘校，其有抵牾处自见，辄摘出'，所谓史法也。又云：'古今风会之递变，政事之屡更，有关治乱兴衰之故者，亦随所见附著之'，所谓史事也。今将原本史法之属隶于前，史事之属隶于后，各自分卷，以便检阅焉。"② 先生很快就理清了赵氏《札记》内部的两个不同部分：前者为关系于史学文献之校勘、考据之学，即所谓史法；后者为关系于历史事实之归纳、总结与分析评论之学，即所谓史学。此二者互异而相资，实为治史之人必须从事的基础性工作。先生之治史，终身不离此二途。先生选此书入手史学，随后多年反复研究，并以此为史源学实习之教本教导学生。这样做，还有许多理由：赵氏札记所论范围实际涵盖全部正史，因此读此书便可首先了解廿四史之梗概；这样就可以使治史者在治断代史或专门史之前，先准备一个通史之基础，此其一。对于已有一般通史基础而欲读廿四史的学者而言，赵氏札记不啻为一种导读，其史法与史学二部分，既含有基础知识内容，又有问题的提出，由读赵氏札记再读正史，其效率必远胜于略无准备、茫然就读廿四史者，此其二。赵氏札记之中，其自身也有许多问题，援庵先生不仅自己发现并解决其问题，而且在史源学实习课上引导学生这样作，其目的在于教学生由博而精之道，此其三。不过，《廿二史札记》之博亦仅限于所谓"正史"，赵氏于《札记小引》中说明："惟是家少藏书，不能繁征博采，以资参订。间有稗乘脞说与正史歧互者，又不敢遽诧为得间之奇。盖一代修史时，此等记载无不蒐入史局，其所去而不

---

① 《论语·学而》首句。
② 陈智超编：《陈垣史源学杂文》前言，生活·读书·新知三联书店 2007 年版。

取者，必有难以征信之处，今或反据以驳正史之讹，不免贻讥有识。"① 所以，赵氏札记之博中，仍必有其陋处，此其四。治专门之学者，尽管可以在狭小范围内有一时耀眼之作品，如长期自限或固守此领域，则难免在学术上有落入"中等收入陷阱"之虞，所以对于我们治史来说，赵氏札记堪称一条由博而精之津梁。当然，我们仍须看到，赵氏札记本身有其局限性，因此不能为其所限。援庵先生既重视赵氏札记的启发之功能，在史源学眼界方面则远远超乎赵氏札记涉及范围之外。先生以自己的研究成果向我们展示了此项道理。

前清末叶，援庵先生曾先后从事新闻业与医药业，不过在从事医学事业时，仍不忘治中国医学史。1912 年民国建立，次年先生即因当选国会议员而移居北京。1915 年，文津阁《四库全书》从承德移至北京，贮存于京师图书馆。以前援庵先生用功于《四库全书总目》多年，读提要，不读其书，可乎？这时条件具备，此后十年时间中，先生就细心研读此书，对于四库所收各书之书名及作者姓名作了索引，又据当时流行的《四库全书简明目录》（赵怀玉本）与文津阁本实际情况相比较，由其中存在的差异，发现了《四库全书》修纂过程中的情况和问题。② 研读《四库全书》，是博；而先生这样的研读路数所体现出的却是真正的精。先生治学之路，就是不断博精相济之路。

援庵先生一面博治《四库全书》，一面进入专门史研究领域。1917（丁巳）年，先生 37 岁，决定研究中国基督教史。他说："春，居京师，发愿著中国基督教史，于是搜求明季基督教遗著益亟，更拟仿朱彝尊《经义考》、谢启昆《小学考》之例，为《乾隆基督教录》，以补《四库全书》之阙（家和谨按，这句话的分量何等之重，不读《四库》，敢说补《四库》之阙吗？），未有当也。已而得《言善录》，知野人（英华，字敛之，号万松野人）藏此类书众，狂喜，贻书野人，尽假而读之，野人弗吝也。余极感野人，野人亦喜有

---

① 王树民：《廿二史劄记校证》，中华书局 1984 年版，《小引》第 1 页。
② 参阅柴德赓《励耘书屋问学记》、刘乃和《励耘承学录》。

人能读其所藏，并盼他日汇刻诸书，以编纂校之任相属，此余交野人之始也。"①

在结识英敛之后，援庵先生得知英氏所主持的辅仁社有"元也里可温教考"之研究课题，不久先生即作出同题论文一卷，英氏力主发表，先生则以为尚未完善，但经当时天主教学界耆宿、爱国主义教育大家马相伯老人之钦佩与点定，当年 5 月即付发表。这是先生第一篇公开发表之史学论文。此文于1920、1923、1934 年三次修订，最后题为《元也里可温教考》。按，治元代也里可温教所必须参考之重要史料，厥为《元典章》，不了解元代基本典章制度，便无法了解历史上各种复杂问题。先生早年即已注意此书，而此书充斥俚言杂语、颠倒误字，一时难以投入，至 1930 年夏，故宫有影印《元典章》之议，先生乃邀门人那志廉、胡乃庸及姜廷彬、叶德禄参加，先后点校多种版本，至 1931 年《沈刻元典章校补》完成，并作《元典章校补释例》，为校勘学之发展作出重要贡献。这里也可看出先生之治学是一环扣一环地进行的，他深知其所竭泽而渔之泽就是如此关联的。

继《元也里可温教考》之后，先生在宗教史方面发表之重要论著有《开封一赐乐业教考》（1920）、《火祆教入中国考》、《摩尼教入中国考》（皆撰成于 1922 年，发表于 1923 年）。愚读先生宗教史著作，深感其意不在传播教义，而在研究中西文化之交流。1923 年，先生更发表了被蔡元培先生称为"石破天惊"之作的《元西域人华化考》。元朝自忽必烈即位至元亡，凡 108 年，如自灭亡南宋始计，则统一中国不过 96 年。一般认为，在历代少数民族王朝中，属于华化程度最浅者，而先生此书从儒学、佛老、文学、美术、礼俗、女学诸方面列举其突出代表性人物，叙述其生平，表彰其成就，说明其影响，从而揭示并阐明中华各民族不断相互切磋、交融之大势，在当时军阀割据、外敌交侵的情况下，先生此书之视域诚无愧于蔡元培先生"石破天惊"之推誉。

---

① 陈垣：《万松野人言善录·跋》，转引自《陈垣年谱配图长编》第 71 页。

此书征引极博，不仅数量近 220 种，且其涉及方面、类别尤为惊人，今之学者如能从此书征引书目作一番分析，定能得到有益之启发。至于此书考证之精，陈寅恪先生于此书 1935 年刻版序中云："新会陈援庵先生之书，尤为中外学人所推服。盖先生之精思博识，吾国学者自钱晓征以来未之有也。"① 此书精思博识之例所在多有，兹姑试举一例。此书卷四文学篇第一目"西域之中国诗人"中记郝天挺云："郝天挺，字继先，号新斋。出于朵鲁别族。父和上拔都鲁，以武功称。天挺幼受业于遗山元好问之门，多所撰述。注《唐诗鼓吹》十卷外，又修《云南实录》五卷，事迹具《元史》本传（174）。天挺色目人，而《元史》与汉人同列，一时失检也。天挺诗，传者仅一二篇，其《麻姑山》一律，《元风雅》、《元交类》② 并采之。而康熙《御定全金诗》（42）乃据以补入金人之郝天挺卷中。不知金元之间有两郝天挺：一为元好问师，一为好问弟子。《池北偶谈》（卷六）、《元诗选》（癸之乙）先后辨之。《四库提要》总集类三亦引《池北偶谈》说，释陆贻典之疑。乃《新元史》（148）郝天挺传中，又羼入金人郝天挺语。原语见《中州集（卷九）》郝天挺小传，《金史·隐逸传》采之曰：'读书不为艺文，选官不为利养，唯通人能之。'又曰：'男子生世，不耐饥寒，则虽小事不能成。子试以吾言求之。'此元好问述其师郝天挺语。而《新元史》以为是好问弟子郝天挺之言，亦一时失检也。"③ 原来历史上有两个名叫郝天挺的人，一为金人，为元好问之师，一为元人，为元好问之弟子。此种复杂情况弄得《元史》郝天挺本传错（此元代郝天挺本为色目人，而被误列于汉人中），康熙皇帝及其词臣们再错（把元郝天挺之诗列入《全金诗》中），《新元史》又错（在元人郝天挺传中混入金人郝天挺之语），错得颠颠倒倒，而先生乃能一一分辨清楚，精之至矣，非博又

---

① 《励耘书屋丛刻》，北京师大出版社 1982 年影印本，第 1 册，第 7 页。陈寅恪先生此序极值一读。此处恕不能备引。

② 家和谨按，木刻版如此，据参考书目则应为《元文类》。

③ 见此书北师大出版社影印《丛刻》，第 126—127 页。

何以能成其精哉。

1924 年，援庵先生又发表《书内学院新校慈恩传后》，这是一篇就玄奘西游之年与梁任公（启超）的辩论文。梁先生读《慈恩传》中记玄奘西行归来于和田上唐太宗表中自言"贞观三年出游，今已十七年"之语，发生怀疑，从而进行研究，结论是玄奘于贞观元年（627）开始西行。他对自己这番研究过程叙述得十分详细，也甚为得意。① 其最为关键之论据，即为玄奘西行之初，曾在西突厥见到叶护可汗，而《新唐书·薛延陀传》中明言"贞观二年，突厥叶护可汗见弑。"如果玄奘贞观三年出游，那么还能见到贞观二年已经被杀的叶护可汗吗？援庵先生对此多方驳难，其最关键之点则为叶护可汗有二人，其老者为统叶护可汗，其少者为统叶护之子肆叶护。贞观元年统叶护为其伯父莫贺咄所杀并取代，其子先逃亡康居，随后又被人拥立为肆叶护；肆叶护与莫贺咄连兵不息，最后击败莫贺咄而复位。玄奘所见者就是肆叶护可汗。援庵先生的主要根据为杜佑著《通典》卷 199《边防十五·突厥下》。② 按杜佑为唐代大政治家、大学者，其《通典》对于研究唐史而言，远比其他新旧《唐书》具有更大的权威性。梁先生一心着重正史，而未能注意《通典》，以至把两个叶护可汗混为一人，犯了与康熙皇帝及其词臣同样性质的错误，遂成智者千虑之一失。可见考史亟需谦逊之心态与笃实之学风，一旦满足于一时之见、一端之得，则错误随之而来，要在精益求精、精益求精！

援庵先生的学术成果十分丰富，限于个人学力与本文之篇幅，此处不能备述，那么援庵先生在已成为名扬中外的史学大师之后，为什么还能一贯地保持谦逊心态与笃实学风呢？愚以为，这也是值得我们作为后学反复思考并自省的问题。

当援庵先生蜚声学界之时，"史料即史学"之说甚嚣尘上，而且这还是从海外留学归来的学者提倡的。先生于抗日战争期间著《通鉴胡注表微》，表彰

---

① 原文见氏所著《中国历史研究法》，上海古籍出版社 1998 年版，第 84—87 页。文长恕不备引。
② （唐）杜佑：《通典》，中华书局影印《万有文库》本 1982 年版，第 1077—1078 页。

胡三省难忘故国之情深，亦以自抒爱国之意重。不过此书亦在考证方面多有贡献，然先生在 1946 年本《通鉴胡注表微·考证篇》之序言中说："考证为史学之门。不由考证入者，其史学每不可信。彼毕生盘旋于门、以为尽史学之能事者固非；不由其门而入者亦非也。"而在 1958 年之序言中又改为："考证为史学方法之一。欲实事求是，非考证不可。彼毕生从事考证、以为尽史学之能事者固非；薄视考证以为不足道者，亦未必是也。"① 按先生前后二序，其同处在于：历史考证不等于史学，所以不能以历史考证即为史学之全体；其不同处在于：前序视考证为史学之门，不入其门则多不可信，后序则说明考据为史学方法或法门之一，并非史学方法全体，不过，如欲实事求是，考证仍不可少。当然后序较前序更为清晰而确切。先生毕生从事考证，由此门而做出许多研究精品，可是他对自己这种治学之路毫无高调夸张之意。且看先生在讲授"史源学实习"课上对学生所说的话："我之学问，小儒之学，如汉章句之学。"② 先生又说："上古史不从经入手者，尚何求乎？称之为经者，经常不变，尊之也。故虽讲经，亦实讲史。讲史学，讲文学，未读经，岂可成乎？？成名难由徼幸。史学家尤难成名。书太多，三十岁以前难成史学家。文学家、哲学家二十五岁以前即可成名，史学不可也……我明年七十，更觉所见太少，所知太少。既非自馁，亦非自卑。诸君比我聪明，三十五岁时将与我相同。今年我将十三经涉猎一遍。"③ 这些话诚挚感人，先生为什么会如此谦逊低调呢？窃以为，答案只有一句话："他读的书太多了。"只要稍微仔细一点看看上引听课笔记，我们就可以知道，古代典籍之中错误是很多的。谓予不信，可以试查书目，历来以"质疑"、"志疑"、"辨疑"、"辨伪""辨

---

① 愚过去仅知 1958 年序，而不知 1946 年序，多蒙先生令孙智超教授亲笔书示，并于电话中嘱愚留意其间异同，谨此附谢。

② 据李瑚学长 1947 年听史源学实习课笔记之首页，见陈垣著，陈智超编《史源学实习及清代史学考证法》，商务印书馆 2014 年版，第 9 页。

③ 此段在李瑚君 1948 年听课笔记首页，见陈垣著，陈智超编《史源学实习及清代史学考证法》，第 103 页。

正"、"补正"、"正讹"、"考异"、"改错"、"纠谬"等为题名之书哪能算少？当然，书籍中错，有作者本人就错，有传布者传抄或付梓失误以及失校之错，所以读书愈多，知错愈多。一个人自知易错的程度，与他读书之量成正比。反之则成无知故无畏了，譬如上文曾引先生《元西域人华化考》丛刻本中就有把《元文类》误刻作《元交类》处，这分明是梓人误刻而校者又失检之故，而非先生本人之误，自然无伤于先生之大雅。可见错太容易了。若非如此，校勘学家与校勘之学也就不会在历史上出现了。因为错误很容易犯，所以学者必须严于律己，保持良好严谨之学风；同样因为错误很容易犯，先生对于古人之失误，往往以"失检"一语表述，而非动辄严词训斥，意在宽以待人而又坚持真理，是从另一方面彰显出长者之学术风度。这些都是值得我们学习的地方。

援庵先生的笃实而谨严的学风，是对中国传统文化中的优秀遗产在史学研究领域的继承和发扬。我们常说"自强不息"是中国人精神文化的精华，这见于《周易·乾卦·象辞》："天行健，君子以自强不息。"① 《老子》第 33 章："知人者智，自知者明；胜人者有力，自胜者强。"② 又《老子》第 71 章："知不知上，不知知病。（王弼注云：'不知知之不足任，则病也。'）夫唯病病，是以不病。圣人不病，以其病病，是以不病。"③ 真自强者，必先自知。自知而后始能自省，自省而后始能自胜，自胜而后能以自强。愚窃以为，援庵先生身体力行的就是这样的学者精神。这也就是我们作为晚辈学者所应该念兹在兹，充分继承并发扬之所在。区区一隅之见，尚祈史学界朋友多多指正。

---

① 《周易正义》，《十三经注疏》上册，第 14 页。
② 《老子》，《诸子集成》本第 3 册，中华书局 1986 年版，第 19 页。按王弼注亦甚好。
③ 《老子》，《诸子集成》本第 3 册，第 43 页。

目　录

绪　　论

在 20 世纪中国史学的近代化进程中，陈垣以宗教史、中外交通史、历史文献学、元史等研究领域为阵地，为中国史学做出了开创性的贡献。本书将在 20 世纪中国社会与中国史学的视野下，从客观历史的认识和史学工作的认识这两条路径，全面发掘、深入研究陈垣的史学思想。

第一节　追求真理、不断进取的一生

陈垣（1880—1971），字援庵，广东新会人。曾用名道宗、援国，用字圆庵，书斋号"励耘书屋"，故人称"励耘主人"或"励耘翁"①。他自幼好学，6 岁入私塾，12 岁时得见《书目答问》，遂以此为师，摸索求书阅读。后又得见《四库全书总目》，眼界更开一层，于是泛览群籍，知识面渐宽。17 岁后参加科举考试，并曾考取了秀才，但终因对八股科举腐朽程式的厌烦，放弃了科考，而将兴趣转向钻研历史和对现实政治的关注。晚年，他在回忆这段经历时以为当时虽然"白白糟蹋了两年时间，不过也得到一些读书的办法"，

---

① 刘乃和：《陈垣的励耘书屋》，见《历史文献研究论丛》，广西师范大学出版社 1998 年版，第 276 页。

"逐步养成了刻苦读书的习惯"。① 23 岁，他读了赵翼的《廿二史札记》，并把此书拆开，分为"史法"和"史事"两部分进行研究。1905 年，孙中山创立同盟会，民主革命风起云涌，陈垣和其他几位青年在广州创办了《时事画报》，开展反帝反封建的爱国活动。1907 年，他考入美国教会办的博济医学校。一年后，因反对教会对中国师生的歧视而愤然离校，与友人创办了光华医学院，并在这所学院继续他的学习。几年间，近代医学的学习给予他严谨、缜密和条理训练，这对于他后来的治史有很大的帮助。1911 年从医学院毕业后留校任教，同年创办进步报纸《震旦日报》。1913 年他以"革命报人"的身份被推为众议院议员进京参加第一届国会，从此定居北京。

图1　1913 年 3 月陈垣当选众议院议员后摄于北京廊坊头条。

陈垣是抱着救国理想，弃医从政的，然而在议员任上，他看到了在北洋军阀把持下政治的腐败。虽然进京后的前十年里，他做过三届议员，还当过教育部次长，但对于时政却渐失信心。因此在从政之余，他把大量时间都用在阅读《四库全书》和积累宗教史料上。1917 年，他撰写的第一篇重要的史学论文《元也里可温考》公开出版，因其取材之广泛及对隐晦数百年的一段基督教史的揭示，受到国内外学界的高度重视。此文后又广稽材料，修订四次，定本最终题为《元也里可温教考》。这次写作的成功，成为陈垣最终弃政治史的重要契机，从此他逐步脱离政界，专心于教学著述和文化事业。

1950 年，陈垣在给友人席启駉的信中，谈到他数十年治史过程中的三次

---

① 陈垣：《与毕业班同学谈谈我的一些读书经验》，见《陈垣全集》第二十二册，安徽大学出版社 2009 年版，第 740 页。

变化①。按照"三变"的说法，陈垣的史学研究可以分为三个主要的阶段。第一阶段是 1917 年到 1931 年"九一八"事变这十几年间，他在继承钱大昕等乾嘉考据学的基础上，努力建设具有取材广博、综合分析和形成专学等特点的，具有近代史学意义的历史考证学。此期通过"古教四考"和《元西域人华化考》等名著，已经奠定了他在史学界的重要地位，日本著名汉学家桑原骘藏在当时赞誉陈垣为中国史家中"尤为有价值之学者"②。第二阶段自 1931 年东北沦陷，再至卢沟桥事变以后 8 年全面抗战期间，面对日本的侵略，陈垣坚贞不屈，他在大学讲台上讲顾炎武《日知录》、全祖望《鲒埼亭集》，激励学生的爱国热情。此期他写出了三部宗教史专著和《中国佛教史籍概论》，一方面是他的历史考证在宗教史领域的新创获，另一方面则表达了他"斥汉奸、斥日寇、责当政"的爱国思想，尤其是此期写成的《通鉴胡注表微》，更充分反映了他的爱国情操。这是一部史考和史论紧密结合的杰作，标志着陈垣的"史学成就推进到一个新的高度"③。第三阶段是新中国成立以后二十余年，他的学术思想又有较大的转变。1949 年 5 月 11 日《人民日报》刊登了他《给胡适之一封公开信》，阐述了他学习辩证唯物论和历史唯物论的愿望和体会。他不顾年高，坚持在学术上耕耘不息，在这阶段依然撰写了三十余篇史学论文。

陈垣不仅是史学家，而且是教育家。他从 18 岁开始执教，先后教过蒙馆、小学、中学、大学，从事过平民学校、工读学校、医学院、综合大学、师范大学等多种形式的教育。长期担任北京大学、北京师范大学、燕京大学、辅仁大学教授，曾任教育部次长，先后担任辅仁大学、北京师范大学校长长

---

① 陈智超编注：《陈垣来往书信集》（增订本），生活·读书·新知三联书店 2010 年版，第 247 页。

② ［日］桑原骘藏著：《读陈垣氏之〈元西域人华化考〉》，陈彬和译，转引自《元西域人华化考》附录，世纪出版集团、上海古籍出版社 2008 年版，第 130 页。此文原文载于《史林》（日文）第 9 卷第 4 号，1924 年 10 月出版，中译本载于《北京大学研究所国学门周刊》第 1 卷 6 期，1925 年 11 月 18 日出版。

③ 白寿彝：《要继承这份遗产》，见《励耘书屋问学记——史学家陈垣的治学》（增订本），生活·读书·新知三联书店 2006 年版，第 109 页。

达 45 年之久，还担任过京师图书馆馆长、故宫图书馆馆长。在七十多年的教育实践中，他积累了丰富的办学和教学经验，为国家培养出大批栋梁之才，桃李满天下，有不少学生是著名的史学家。

新中国成立后，陈垣由衷地热爱社会主义新中国，除担任北京师范大学校长之外，还兼任科学院历史研究第二所所长、科学院学部委员，是第一、二、三届全国人大常委，并于 1959 年以 79 岁高龄加入中国共产党。1965 年发表的《萨都剌的疑年》是他生前发表的最后一篇论文。"文化大革命"期间他心情抑郁，于 1971 年 6 月去世，终年 91 岁。他一生所撰写的 24 部著作和二百余篇论文，成为史学界乃至整个学术界的宝贵财富。

图 2　1959 年 7 月 3 日，在历史所二所参加学术讨论。左起依次为顾颉刚、胡厚宣、向达、王毓铨、张政烺；右起依次为陈垣、侯外庐、熊德基、刘乃和。

第二节　陈垣的治史范围

宗教史、历史文献学、元史等三方面，是陈垣治史的主要领域。他对于外来宗教史的研究，同时也是他对中外交通史研究的主要内容。

陈寅恪认为，20世纪中国史学可称之为完善的宗教史研究，实自陈垣开始①，这是对于陈垣开拓宗教史研究领域的一个准确评价。陈垣的宗教史研究关注各教的兴衰和传播，而不研究各教的教义。他研究的范围非常广泛，无论是对历史上外来的古教，还是世界三大宗教、产生于中国的道教，都有专深的著述。从第一篇重要论文《元也里可温教考》起，他又连续撰写《开封一赐乐业教考》《火祆教入中国考》《摩尼教入中国考》等分别考证犹太教、火祆教和摩尼教的宗教史论文，合称为"古教四考"。他编有《道教金石略》，抗日期间又完成了《明季滇黔佛教考》《清初僧诤记》《南宋初河北新道教考》等"宗教三书"和《中国佛教史籍概论》，对佛教和道教进行了深入的研究。他还撰有《基督教入华史略》《回回教入中国史略》等研究基督教和伊斯兰教传播史的论文，以及大批研究宗教人物事迹的篇什，仅基督教史方面的研究，就有论文三十多篇，宗教史研究是陈垣史学的重要方面。他以精密的考证，解决了宗教史研究中的诸多疑难，并从中外交通史研究的角度，揭示中外文化的互动。他的研究成果，为近现代宗教史和中外交通史研究开辟了路径。

陈垣对历史文献学的贡献在于"对中国历史文献学的研究建立了一定的基础"，进行了一系列的"建基工作"②。从20世纪初到40年代开始，陈垣在总结传统史学的基础上，推陈出新，相继撰成《二十史朔闰表》《中西回史日历》《敦煌劫余录》《史讳举例》《校勘学释例》《释氏疑年录》《中国佛教史籍概论》等著作，在目录学、校勘学、避讳学、年代学、史源学等方面为历史文献学的建立奠定了基础。他的建基性工作表现在继承乾嘉考据学的传统，

---

① 陈寅恪：《陈垣〈明季滇黔佛教考〉序》，见《金明馆丛稿二编》，生活·读书·新知三联书店2001年版，第272页。

② 白寿彝：《要继承这份遗产》，见《励耘书屋问学记——史学家陈垣的治学》（增订本），第106页。

通过历史考证的躬身实践，将清代学术中各种零散的考据手段，用科学的方法加以系统总结，从而形成多门专学。这些专学所归纳的义例和原则，至今仍在中国历史文献学中发挥着典范作用。

在中国史学近代化的过程中，陈垣是元史研究领域的一代宗师。他打破从清代到 20 世纪初重修《元史》的旧格局，从宗教史、文化史、学术思想的角度，以专题研究的方法，开一代风气，把元史研究推进到一个新的高度。他在元史研究中取得的巨大成就包括：宗教史方面的《元也里可温教考》《元基督教徒之华学》，以及《南宋初河北新道教考》中关于宋元时期道教史的研究。文献整理研究方面，有《沈刻元典章校补》《书大德南海志残本后》，而要特别提出的是《元秘史译音用字考》一书。该书比勘了多种《元秘史》版本，并参照《华夷译语》，总结出一套明初音译《元秘史》的用字规律，对于准确理解《元秘史》的内容，深入研究 13 世纪的蒙古语，全面了解《元秘史》各种版本的源流皆有重要意义。在元史人物研究方面，他也写过一批有分量的论文。他在元史领域最重要的成就，当属研究中外文化交流的《元西域人华化考》和研究胡三省《通鉴音注》并阐发史学思想的《通鉴胡注表微》二书。这是他一生最满意的两部著作，是分别代表他前后期史学研究特点的两座高峰。

第三节　"陈垣研究"的阶段性发展

为了表述的方便，我们把对陈垣及其学术的研究工作简称为"陈垣研究"。纵观史学界对陈垣及其学术进行研究的发展过程，大致可以分为三个阶段。

第一阶段是 20 世纪初到 20 世纪 70 年代初。20 世纪初，国内外许多学者曾为陈垣的著作进行评论和研究。如英敛之论《元也里可温考》："先生以敏锐之眼光，精悍之手腕，于也里可温条，傍引曲证，原原本本，将数百年久晦之名词，昭然揭出，使人无少疑贰。"① 胡适认为"陈援庵先生校《元典章》的工作，可以说是中国校勘学的第一伟大工作，也可以说是中国校勘学的第一次走上科学道路"，指出《元典章校补释例》是"中国校勘学的一部最重要的方法论"。② 刘铭恕《书陈垣〈摩尼教入中国考〉后》认为历来研究摩尼教输入中国者不乏其人，但是"具体之解决者，只有陈援庵先生一人。陈氏著《摩尼教入中国考》一文，折衷旧说，附益新知，体大思精，得未曾有。"③ 此外，朱师辙④、孙楷第⑤、傅增湘⑥、陈寅恪⑦、桑原骘藏⑧等学者对陈垣的作品都给予很高评价。20 世纪 50 年代，陈垣的学生柴德赓、启功也撰有专文总结陈垣学术，这是个别研究的第一阶段。

　　1980 年起陈垣研究进入全面研究的第二阶段。是年为纪念陈垣诞辰 100 周年，北京师范大学刊印了《陈垣校长诞生百年纪念集》，1982 年三联书店又出版了论文集《励耘书屋问学记》。1990 年，陈垣诞辰 110 周年，北京和广东都举办了学术研讨会，分别出版了《纪念陈垣校长诞生 110 周年学术论文集》和《陈垣教授诞生百一十周年纪念文集》。这四部论文集共收录论文 81 篇，极大地推动了陈垣研究的进展。在此阶段研究中，陈垣的学生和助手刘乃和教授贡献颇大，她"不仅在陈老生前协助陈老校订出版多种著作，更于陈老逝世后，广泛搜集研究陈老的材料、图片，不遗余力地开展研究陈垣学术的工作。她撰写了一系列论文，对陈老的史学成就、学术思想、教育实践、爱

---

① 陈垣：《元也里可温考》，1917 年印本。

② 胡适：《元典章校补释例序》，见《校勘学释例》，中华书局 2004 年版，第 1 页。

③ 刘铭恕：《书陈垣〈摩尼教入中国考〉后》，《北平晨报·思辨》1936 年第 40 期。

④ 朱师辙：《〈南宋初河北新道教考〉跋》，见《南宋初河北新道教考》，中华书局 1962 年版。

⑤ 孙楷第：《评〈明季滇黔佛教考〉》《评〈南宋初河北新道教考〉》见《沧州后集》，中华书局 2009 年版，第 244—265 页。

⑥ 傅增湘：《〈旧五代史辑本发覆〉序》，见《励耘书屋丛刻》，北京师范大学出版社 1982 年版，第 1494 页。

⑦ 陈寅恪：《陈垣〈敦煌劫余录〉序》《陈垣〈元西域人华化考〉序》《陈垣〈明季滇黔佛教考〉序》，见《金明馆丛稿二编》，第 266—273 页。

⑧ ［日］桑原骘藏著：《读陈垣氏之〈元西域人华化考〉》，陈彬和译，转引自《元西域人华化考》，第 130 页。

国精神以及生平经历等方面，进行全面阐述，取得许多重要成果。她选编出版了陈老著述的两部选集，主编出版了纪念陈老的三部论文集和一本画册。"①刘乃和全面搜集了有关陈垣的资料，撰写了近30篇文章（集中收录于《励耘承学录》和《历史文献研究论丛》），不遗余力地发扬陈垣学术，极大地推动了陈垣研究的广泛开展。这一阶段，陈乐素、陈智超编辑出版了陈垣的论著和书信集②，为陈垣研究提供了大量丰富的一手资料。

图3 1946年9月，与刘乃和一起校对《通鉴胡注表微》清样。

1999年后，陈垣研究进入总结提高阶段。这一阶段，《陈垣全集》和陈垣若干重要著作的单行本得以出版，并涌现了一大批陈垣研究的专著和论文，将陈垣研究进一步推向深入。2009年《陈垣全集》的出版是陈垣研究的重要里程碑。20世纪90年代，以纪念陈垣先生诞辰110周年为契机，《陈垣全集》的编辑出版工作被提上议事日程。经过五年多紧张的编辑工作，《陈垣全集》终于在陈垣逝世38年后正式出版。《陈垣全集》收录的内容包括：现已收集到的全部陈垣早年文章，生前已经刊布的史学论著及年表、目录，生

---

① 周少川、邓瑞全：《先师的学术精神永存》，《刘乃和教授纪念集》，1999年5月内部出版物。
② 陈乐素、陈智超编校：《陈垣史学论著选》，上海人民出版社1981年版；陈智超、曾庆瑛校补：《道家金石略》，文物出版社1988年版；陈智超编注：《陈垣来往书信集》，上海古籍出版社1990年版；陈智超编：《陈垣早年文集》，台湾地区"中央研究院中国文哲研究所"1992年版。

前未刊著作，尚未定稿的著作以及只部分完成的著作，序、跋、题词等杂著，反映陈垣读书心得、评论以及为教学和研究成果的批注本，现存的全部讲稿和课程说明，新中国成立后的讲话、文稿，陈垣诗稿，陈垣书信，陈垣为本人著述而编纂的资料集。《陈垣全集》公布了许多以往未曾刊布的陈垣重要著作，是迄今为止最全面反映陈垣史学思想的论著。此外，这一时期还有一系列陈垣著作的单行本和增订本出版，如《陈垣来往书信集》曾于 1990 年出版，当时收入陈垣致他人书信 375 封，他人来信 892 封。2010 年增订版，新增陈垣书信 467 封，他人来信 180 封，另有陈垣批复家书 125 封，总计收入来往书信 2164 封。

此外，1999 年以来学界先后出版了许多研究陈垣学术的专著和论文集。1999 年出版的牛润珍《陈垣学术思想评传》，介绍了陈垣的家世略历和学术成就，探讨其学术思想的渊源及发展，总结其治学道路、方法与学风，评价他的学术地位与影响，不失为陈垣研究的力作。2000 年，王明泽《陈垣事迹著作编年》及刘乃和等人编撰的《陈垣年谱配图长编》出版，为陈垣研究提供了丰富的材料。同年，龚书铎主编的论文集《励耘学术承习录》出版，收录 23 篇论文，对陈垣的宗教史研究、历史考据学和学术专著做出了专深研究。2002 年，刘乃和遗著《陈垣年谱（附陈垣评传）》出版，本书的评传部分全面介绍了陈垣的思想风貌、史学成就和他对教育的贡献，无疑是陈垣研究的权威性著作。刘乃和、周少川等人所编《陈垣图传》也于 2002 年出版，图文并茂地评介了陈垣的生平和学术。2004 年出版的孙邦华《身等国宝　志存辅仁：辅仁大学校长陈垣》一书在总结陈垣学术的基础上，重点阐述了陈垣在辅仁时期的教育成就和思想。2010 年北京师范大学陈垣研究室编《陈垣先生的史学研究与教育事业——纪念陈垣先生诞辰 130 周年学术论文集》，收录了汪荣祖《陈垣史学风格》、吴怀祺《类例与通识》等 32 篇学术论文，论文集探讨问题涉及对陈垣史学成就、学术思想和风格的研究，对其教育思想、教学方法和特点的探讨，对其书法艺术和学术传承的论述等丰富内容。2013 年出版的刘贤的《学术与信仰：宗教史家陈垣研究》一书分上中下三篇，深入论述陈垣的基督教信仰与实践，探讨其宗教研究的信仰、史学原因和背后的文化观；阐释陈垣对中华文化包容性、生命力以及宗教与文化关系的观点；并将陈垣置于 20 世纪上半期的学术思想背景下，论证其宗教学术研究的现代性，并与西方宗教现象学作比较研究。这些专著或论文集，从各自不同的切入点论述陈垣的学术贡献，为后续的研究奠定坚实的基础。2016 年出版的史丽君的《陈垣的史源学理论与实践》，从史源学的定义、目的、程序、方法和原则等方面，系统归纳史源学的基本理论、框架体系和研究路径，书中还考察了陈垣开展史源学教学的史实，揭示史源学实习课程的教学目的、步骤、方法和效果，为史源学教学提供了一定的参考。

除此之外，从 1999 年至今，还有百余篇讨论陈垣治学的学术论文在各类期刊公开发表，这些论文从不同角度分析陈垣在史学各分支学科及其他等领域的贡献和学术思想。如汤开建、陈文源《陈垣与中国基督教史研究》胪列了 43 种目前能搜集到的陈垣有关中国基督教史的论著、序跋，归纳了陈垣基督教史研究的特点，论证其为基督教入华史研究领域之开山祖；朱正娴《陈垣与中国历史文献学研究》以陈垣在历史文献学研究领域的著述为中心，综论他在目录学、校勘学、避讳学、年代学、文献整理以及古籍研究等方面的卓越贡献；牛润珍《陈垣对清史研究的贡献》总结了陈垣对清史研究的贡献；周少川《陈垣晚年史学及学术思想的升华》认为陈垣晚年目睹国家和民族的新兴，学术思想不断升华，进一步明确了学术为人民、为社会服务的方向，逐步形成了新的世界观和唯物史观，他晚年的历史考证更加周匝缜密，益臻佳境，善于由小见大，求得历史真相和通识；还有学者将陈垣与其同时代学者的治学路径进行比较研究，如陆发春《陈垣与胡适国学研究之比较》、江心力《陈垣与傅斯年治史异同论》等文章，在比较中加深了对陈垣学术特点的认识。

第四节　"陈垣研究"的现状

陈垣治学广泛，不少学者从宏观角度分析了陈垣的治学成果和研究领域，并概括了他的治学特点。这方面的论文如陈乐素《陈垣同志的史学研究》①、白寿彝《要继承这份遗产——纪念陈援庵先生诞生一百周年》②、周少川《陈垣：20世纪的历史考据大师》③ 等。这些文章高屋建瓴地分析了陈垣的学术贡献，为全面认识陈垣学术提供了参考。此外，还有很多文章从不同的切入点细致分析了陈垣在某个学术领域的贡献。总结现有陈垣研究的成果，大致集中在宗教史研究、历史文献学研究、教育思想与实践的研究、断代史研究等其它领域的研究四个方面，以下从这几方面入手概括百年来陈垣研究的学术成果。

一、宗教史研究

宗教史研究是陈垣史学研究的重要组成部分。陈垣曾对道教、火袄教、摩尼教、一赐乐业教、佛教、基督教、伊斯兰教等宗教在中国的流传及其盛衰都有专门的论述。围绕陈垣大量的宗教史著作，学者们对陈垣的宗教史研究展开了广泛的探讨和研究，研究成果主要集中在以下两个方面：

总结陈垣对宗教史研究的贡献。陈垣对多种外来宗教在中国的传播及其发展盛衰的历史都有专门的研究和论著，因此有很多学者重视分析总结陈垣对宗教史研究的贡献。如郑世刚《陈垣的宗教史研究》④、牛润珍《陈援庵先

---

① 陈乐素：《陈垣同志的史学研究》，见《求是集》第二集，广东人民出版社1984年版，第199—227页。

② 白寿彝：《要继承这份遗产——纪念陈援庵先生诞生一百周年》，见《励耘书屋问学记——史学家陈垣的治学》（增订本），第105—110页。

③ 周少川：《陈垣：20世纪的历史考据大师》，《历史教学》2000年第1期，第14—17页。

④ 郑世刚：《陈垣的宗教史研究》，见暨南大学编《陈垣教授诞生百一十周年纪念文集：1990年江门国际学术研讨会论文集》，暨南大学出版社1994年版，第19页。

生的宗教史观》①、金文淑博士学位论文《论陈垣的宗教史研究》等文章，以陈垣的宗教史论著为中心深入探讨了陈垣的宗教史研究和宗教史思想。还有学者撰文分析了陈垣对某一宗教史研究作出的具体贡献，如李葱葱《试谈陈垣先生〈摩尼教入中国考〉的学术价值》②、张小贵《陈垣摩尼教研究探析》③论述了陈垣对摩尼教史研究的贡献；蔡美彪《读陈垣编〈道家金石略〉书后》④、刘玲娣《陈垣与 20 世纪中国的道教研究》⑤ 总结了陈垣对道教史研究的贡献；邱树森《陈垣对伊斯兰教史研究的贡献》（《宁夏社会科学》2000 年第 3 期）总结了陈垣对伊斯兰教史研究的贡献；陈高华《陈垣与元代基督教史研究》⑥ 结合《元也里可温教考》《元西域人华化考》等文章重点论述了陈垣对元代基督教史研究的贡献；林悟殊《陈垣先生与中国火祆教研究》⑦ 评介了陈垣对中国火祆教研究的贡献；姜伯勤《陈垣先生与明清之际岭南僧传研究》⑧ 认为陈垣对明末清初僧传的研究为明清之际岭南禅学的研究奠定了基础，并具有重大启发。张荣芳《陈垣与中国佛教史研究的现代转型——运用王国维创立的"新历史考证学"方法研究中国佛教史》（《船山学刊》2016 年第 1 期）一文，分析了陈垣对山西云冈石窟寺、《大唐西域记》、《四十二章经》译撰时代、清初宫廷与禅宗史的研究后，认为陈垣的佛教史研究是运用

① 牛润珍：《陈援庵先生的宗教史观》，见龚书铎主编《励耘学术承习录：纪念陈垣先生诞辰 120 周年》，北京师范大学出版社 2000 年版，第 128 页。
② 李葱葱：《试谈陈垣先生〈摩尼教入中国考〉的学术价值》，见纪念陈垣校长诞生 110 周年筹委会编《纪念陈垣校长诞生 110 周年学术论文集》，北京师范大学出版社 1990 年版，第 205 页。
③ 张小贵：《陈垣摩尼教研究探析》，见《励耘学术承习录：纪念陈垣先生诞辰 120 周年》，第 268 页。
④ 蔡美彪：《读陈垣编〈道家金石略〉书后》，见《陈垣教授诞生百一十周年纪念文集：1990 年江门国际学术研讨会论文集》，第 9 页。
⑤ 刘玲娣：《陈垣与 20 世纪中国的道教研究》，《宗教学研究》2013 年第 1 期，第 64—72 页。
⑥ 陈高华：《陈垣与元代基督教史研究》，见《励耘学术承习录：纪念陈垣先生诞辰 120 周年》，第 43 页。
⑦ 林悟殊：《陈垣先生与中国火祆教研究》，见《励耘学术承习录：纪念陈垣先生诞辰 120 周年》，第 170 页。
⑧ 姜伯勤：《陈垣先生与明清之际岭南僧传研究》，见《陈垣教授诞生百一十周年纪念文集：1990 年江门国际学术研讨会论文集》，第 72 页。

"新历史考证学"方法研究佛教史的典范,从而确立了他在中国佛教史研究从传统走向现代转型过程中的地位。刘百陆《中西文化交流视域中的陈垣〈开封一赐乐业教考〉》(《史学月刊》2015 年第 5 期)一文认为,陈垣《开封一赐乐业教考》从中西文化交流的视角审视开封犹太社团,解决了社团研究方面的一些基本问题,为开封犹太社团研究提供了新的研究范式。这一范式被中外学界所重,并多有借鉴,推动着开封犹太社团研究不断深入。此外,金文淑硕士学位论文《陈垣的基督教史研究》、王海龙硕士学位论文《试论陈垣的佛教史研究》、樊霞硕士学位论文《试论陈垣佛教史学》等也揭示了陈垣在宗教史研究领域的贡献。

探讨陈垣对宗教与民族文化关系的认识:陈垣在其宗教史研究作品中,非常注重分析宗教与传统文化、民族精神的关系,很多学者注意到这一特点并进行了深入研究。如吴海兰《陈垣论宗教与民族文化》(《云南民族学院学报》(哲社版)2002 年第 3 期)一文认为陈垣先生论述了外来宗教,包括佛、回、摩尼、犹太、基督等教与中华民族文化主体儒学的关系,尤其探讨了佛教对中国文学、艺术的影响,及与史学之间的彼此借鉴,借此揭示出中华民族深厚的文化传统与兼容吸纳的宽宏精神,表达了他的民族自信心与反对全盘西化论的坚定立场。刘兴邦《〈中国佛教史籍概论〉的文化诠释》(《五邑大学学报》(社会科学版)2001 年第 3 期)从文化的视角对《中国佛教史籍概论》进行价值诠释,通过考察其中某些典籍的历史"纪年"和陈垣对某些佛教僧人的评价,分析了陈垣对中华民族优秀的爱国主义文化传统和道德文化传统的认识和彰扬。刘贤《宗教研究与文化关怀:从各宗教史研究析陈垣的中华文化观》一文认为陈垣的宗教研究蕴涵着深刻的文化关怀,陈垣认为包括基督教在内的外来宗教、文化无不融入中华文化,但是不能改变后者;中华文化海纳百川似地容纳了外来宗教和文化。抗日战争时期,陈垣的"民族文化关怀"表现为用佛教道教著述表彰遗民、阐扬气节,并论述宗教保存发展民族文化的观点。

二、历史文献学研究

历史文献学是陈垣重要的研究阵地。白寿彝认为陈垣对历史文献学有建基之功。周少川进一步分析陈垣对历史文献学的"建基性工作表现在继承乾嘉考据学的传统，通过历史考证的躬身实践，将清代学术中各种零散的考据手段，用科学的方法加以系统总结，从而形成多门专学。这些专学所归纳的义例和原则，至今仍在中国历史文献学中发挥着典范作用。"① 来新夏《陈垣老师与历史文献学——纪念陈垣老师 110 周年诞辰》② 认为陈垣对历史文献学的贡献在于：在发展传统的目录、版本、校勘、考证四学之外，更为后学开辟新领域，如年代学、史讳学、史源学等。新学科的确立，又进一步加固和丰富了陈垣对历史文献学的奠基工作。他使历史文献学从整理走向使用，使单纯的征文考献走向知人论世，为我国的历史文献学建立了一个比较完整的学科体系。王纯《陈垣文献学思想评述》（《图书与情报》2001 年第 1 期）、朱正娴《陈垣与中国历史文献学研究》（《社会科学》1999 年第 3 期）、肖雪《论陈垣先生的历史文献学思想》（《图书与情报》2004 年第 3 期）等文章都以陈垣在历史文献学研究领域的著述为中心，综论了他在目录学、校勘学、史讳学、年代学、文献整理以及古籍文献研究等方面的卓越贡献。此外，还有大量的论文更加具体地论述了陈垣对历史文献学各分支学科的贡献。如：

目录学：邓瑞全《陈垣先生在目录版本学上的贡献》③ 认为陈垣对历史文献学的贡献主要是在研究整理的方法和实践的总结方面，在目录学、版本学上有自己的风格和特色。黄君萍、陈淑贞《陈垣目录学思想论纲》（《广州大学学报》（综合版）1999 年第 3 期）论述了陈垣的目录学思想。张俊燕《论

---

① 周少川：《陈垣：20 世纪的历史考据大师》，《历史教学》2000 年第 1 期，第 16 页。
② 来新夏：《陈垣老师与历史文献学——纪念陈垣老师 110 周年诞辰》，见《纪念陈垣校长诞生110 周年学术论文集》，第 35 页。
③ 邓瑞全：《陈垣先生在目录版本学上的贡献》，见《纪念陈垣校长诞生 110 周年学术论文集》，第 136 页。

陈垣对中国目录学的贡献》（《广西社会科学》2002 年第 3 期）认为陈垣对我国目录学的发展做出过重要贡献，主要表现在他强调目录对治学的指导作用，编撰了大量目录学论著，提携培养了目录学人才。

校勘学：崔文印《说校勘四法》① 充分发掘了校勘四法的丰富内涵和内在关系，认为校勘四法的意义在于，明确了校勘的科学含义及其工作性质，理清了校勘程序以及它们之间的相互关系。孙智昌《陈垣先生校勘学散论》② 以《校勘学释例》为中心，论证了校勘四法是一个完整的理论大厦，是对清代"对校派"和"理校派"的扬弃，克服了清人在校勘学上的弊端，完善了校勘学理论。章继光《陈垣先生对校勘学的贡献》（《五邑大学学报》（社科版）2001 年第 3 期）一文认为陈垣对古籍校勘第一次从理论上做出了系统的总结，使得自西汉末开始的校勘学在 20 世纪 30 年代成一门成熟的学科。邓瑞全《陈垣与〈校勘学释例〉》（《五邑大学学报》（社科版）2001 年第 3 期）、《陈垣校勘方法论》（《五邑大学学报》（社科版）2002 年第 4 期）两文分别认为《校勘学释例》揭示出古代典籍的窜乱通弊，对历代校勘古籍的方法、通例和一般原则作了系统归纳和总结，使校勘学走上科学的轨道，奠定了校勘学的理论基础；陈垣的"校法四例"，第一次勾勒出古籍校勘的方法论体系，特别是将考证的方法融入校勘实践之中，极大地丰富了校勘学的内容。裴汝诚《校勘四法与校勘实践》一文结合具体校勘实践例证了校勘四法对实践的指导作用。李开升《试比较陈垣〈校勘学释例〉与保罗·马斯〈校勘学〉》③ 一文，通过与西方校勘学的比较，认为《校勘学释例》所代表的中国校勘学尚存在一定的不足，处于"折中法"的阶段，即所谓遍考众本，择善而从，不甚讲究版本谱系。

---

① 崔文印：《说校勘四法》，见《纪念陈垣校长诞生 110 周年学术论文集》，第 233 页。
② 孙智昌：《陈垣先生校勘学散论》，见《纪念陈垣校长诞生 110 周年学术论文集》，第 272 页。
③ 李开升：《试比较陈垣〈校勘学释例〉与保罗·马斯〈校勘学〉》，《古籍研究》2015 年第 2 期，第 276—283 页。

史讳学：张恒俊《陈垣与避讳学》（《东南亚纵横》2003 年第 6 期）认为陈垣的避讳学研究具有注重分析归纳、探求规律、着眼于利用的特点。罗邦柱《因其例，得其正——读陈垣〈史讳举例〉》① 认为《史讳举例》对中国历史上特有的避讳现象做了一个全面的总结，指出不同朝代的避讳特征，强调避讳学对考史、校勘乃至文字、音韵、训诂之学的重要作用。周少川《陈垣的避讳学研究——论〈史讳举例〉的历史文献学价值》（《淮北煤炭师范学院学报》2006 年第 4 期）认为陈垣的《史讳举例》继承了宋以后学者对古代避讳的研究成果，通过介绍中国古代皇朝避讳的历史，总结了历代避讳的方法和种类，揭示了利用避讳进行考证的各种途径，使避讳学成为历史文献学的一门专学。

年代学：刘乃和《陈垣编著的年代历法工具书》和《考史必备的工具书〈二十史朔闰表〉》② 两篇文章评介了陈垣的两部年代学力作，她认为陈垣的年代学研究填补了历史年代学的空白，并解决了历史上不少疑难问题。③ 刘乃和、邓瑞全《为历史年代学开辟了道路——陈垣先生在历史年代学上的贡献》（《历史文献研究》北京新 2 辑）一文也总结了陈垣对历史年代学的贡献。牛润珍认为《二十史朔闰表》和《中西回史日历》两部书是中国近代历表编制的创举，不仅为中西回三种历法提供了可靠的换算工具，更重要的是使中国近代史学研究由传统走上科学。④

史源学：熔目录、版本、校勘、年代、史讳等专学为一炉的 "史源学" 是陈垣在历史文献学领域的一个创造。崔文印《文有限而意无穷——〈读陈垣史源学杂文〉》（《光明日报》1981 年 3 月 10 日）、来新夏《重读〈陈垣史

---

① 罗邦柱：《因其例 得其正——读陈垣〈史讳举例〉》，见《陈垣教授诞生百一十周年纪念文集：1990 年江门国际学术研讨会论文集》，第 143 页。

② 刘乃和：《陈垣编著的年代历法工具书》《考史必备的工具书〈二十史朔闰表〉》，见《励耘承学录》，北京师范大学出版社 1992 年版，第 151、163 页。

③ 刘乃和：《陈垣年谱》附 "陈垣评传"，北京师范大学出版社 2002 年版，第 312 页。

④ 牛润珍：《陈垣学术思想评传》，北京图书馆出版社 1999 年版，第 184 页。

源学杂文〉——缅怀陈垣老师》① 两篇文章介绍了作者阅读《陈垣史源学杂文》后的感想，强调了史源学在史学研究不可或缺的地位。陈祖武《史源学不可不讲》（《光明日报》1984 年 4 月 6 日）点明史源学是一门考寻史料来源的学问，举例具体证明了史源学不可不讲，"因为这不仅是一个治史基本功的问题，而且也是一个学风是否严谨的问题。"周少川《想起了陈垣先生》（《北京日报》2005 年 1 月 17 日）一文系统论述了史源学的目的、方法和基本原则，理清了史源学的基本内涵，为史源学实践提供了更为具体的指导。张荣芳《陈垣的"史源学"与"新史学"——为纪念陈垣先生诞辰 130 周年而作》（《中山大学学报》2011 年第 1 期）认为陈垣是"新史学"的倡导者和实践者，为近代史学转型作出了重大贡献。他首创"史源学"以及讲授、实习的方法，是陈垣"不吝金针度与人"品质的体现，教学效果甚好，培养了不少史学名家。刘重来《一门不该消失的学科——论陈垣先生创建的史源学》（《中国大学教学》2011 年第 1 期）也强调了史源学在当代历史教学中的重要性。

古籍整理：傅振伦《陈援庵先生与古籍、档案整理》② 一文总结了《中国史料的整理》《校勘学释例》对中国古籍、档案整理的指导作用，并认为《致新会县修志委员会第一信》至今对修志仍有重要指导意义。韦庆远《珍护文献垂风范　史档结合树楷模——试论陈垣教授对保存、整理和利用明清历史档案的贡献》③ 归纳了陈垣在保存、整理与有效利用明清档案等方面的成

---

① 来新夏：《重读〈陈垣史源学杂文〉——缅怀陈垣老师》，见《励耘学术承习录：纪念陈垣先生诞辰 120 周年》，第 180 页。

② 傅振伦：《陈援庵先生与古籍、档案整理》，见《纪念陈垣校长诞生 110 周年学术论文集》，第 11 页。

③ 韦庆远：《珍护文献垂风范　史档结合树楷模——试论陈垣教授对保存、整理和利用明清历史档案的贡献》，见《陈垣教授诞生百一十周年纪念文集：1990 年江门国际学术研讨会论文集》，第 60 页。

就。关履权《读陈援庵先生〈中国史料的整理〉》① 认为《中国史料的整理》
对今天的史料整理工作依然有指导作用。还有学者撰文对陈垣敦煌学研究做
出了总结。此外，陈垣对《四库全书》用力甚勤。牛润珍将陈垣对《四库全
书》的研究归纳为五个方面：对《四库全书》基本数据的统计、撰成《编纂
四库全书始末》、考证《四库全书》撤出原委、对于文襄论《四库全书》手
札的研究、对于《四库全书》整理与刊行的意见，② 这一总结涵盖了陈垣对
"四库学"作出的贡献。刘国恩《陈垣先生〈四库全书〉研究述论——纪念
陈垣先生诞生 110 周年》③ 将陈垣关于《四库全书》的文章逐一列出，并进行
了深入分析。陈晓华《陈垣与〈四库全书〉》（《图书馆杂志》2003 年第 2
期）论述了陈垣与《四库全书》结缘和对四库的研究。正如刘乃和所说："陈
垣对《四库全书》的研究，是他的历史文献学研究的重要组成部分。他的研
究成果，为后来人们整理和研究《四库全书》打下了坚实的基础。他对'四
库学'的开拓功不可没，他是用近代史学的方法开展'四库学'研究的第
一人。"④

三、教育思想与实践

陈垣是一名成功的教育家，他的教育思想和实践也成为学者研究的重要
内容。启功《夫子循循然善诱人》⑤ 总结了陈垣的"上课须知"和对后学的
诱导。赵守俨《陈援老对基础知识和历史科学基本建设工作的重视》以陈垣
在辅仁大学开设"大一国文"和史源学实习课为例，说明陈垣非常重视学生

---

① 关履权：《读陈援庵先生〈中国史料的整理〉》，见《陈垣教授诞生百一十周年纪念文集：
1990 年江门国际学术研讨会论文集》，第 110 页。
② 牛润珍：《陈垣学术思想评传》，第 180 页。
③ 刘国恩：《陈垣先生〈四库全书〉研究述论——纪念陈垣先生诞生 110 周年》，见《纪念陈垣
校长诞生 110 周年学术论文集》，第 150 页。
④ 刘乃和：《陈垣评传》，第 325 页。
⑤ 启功：《夫子循循然善诱人》，见《励耘书屋问学记——史学家陈垣的治学》（增订本），第
91 页。

的基础知识和基本训练，为初学指引门径。刘乃和《从事教育工作七十年的老教育家》①、《陈援庵老师的教学、治学及其他》等文章都论述了陈垣从事教育工作的成就。何建明《陈垣与辅仁大学的国学教育》（《华中师范大学学报》（哲社版）1996 年第 2 期）论述了陈垣在辅仁期间大力培养国学人才的措施和方法。邓瑞全《陈垣与北京师范大学》（《教学与教材研究》1999 年第 4 期）归纳了陈垣为辅仁大学和北京师范大学的建设和发展作出的重要贡献。欧济霖《陈垣的教育思想与实践》② 总结出了陈垣以爱国主义为主线、以重根基和重实践为核心、坚持认真和民主原则的"一主线、两核心、二原则"教育理论。汝企和《陈垣先生的教育成就与教学方法初探》③ 概括了陈垣教学的六个特点和十四种方法。郭齐家《陈垣教育思想探隐》④ 以陈垣的教育活动为线索，明确总结出了隐含于陈垣教学活动中的合乎教学规律的真知灼见。刘重来、陈晓华《陈垣开设"史源学实习"课的启示》（《光明日报》2002 年 5 月 28 日）及刘重来《从史源学看加强历史文献学基本功训练的重要性——也谈历史文献学研究生的教学》（《历史教学问题》2004 年第 5 期）重点论述了史源学实习课的重要意义。张其凡《浅谈陈垣先生的史源学实习课》⑤ 一文认为"正是'史源学实习'一课的开设，使中国历史考证学成为可以具体传授其技巧、技能的一门科学，使广大青年学子有门可入，循径可深，能够掌握和运用历史考证学的方法去进行科学研究。从实践的运用看，开设'史源学实习'一课，是陈援老对中国历史考证学最大的贡献，也是他超迈钱竹汀先生、发展中国历史考证学的最重要体现"，高度评价了陈垣的史源学实习课。

① 刘乃和：《从事教育工作七十年的老教育家》，见《励耘承学录》，第 24 页。
② 欧济霖：《陈垣的教育思想与实践》，见《陈垣教授诞生百一十周年纪念文集：1990 年江门国际学术研讨会论文集》，第 165 页。
③ 汝企和：《陈垣先生的教育成就与教学方法初探》，见《励耘学术承习录：纪念陈垣先生诞辰 120 周年》，第 203 页。
④ 郭齐家：《陈垣教育思想探隐》，见《励耘学术承习录：纪念陈垣先生诞辰 120 周年》，第 214 页。
⑤ 张其凡：《浅谈陈垣先生的史源学实习课》，见《励耘学术承习录：纪念陈垣先生诞辰 120 周年》，第 286 页。

刘贤《社会关怀与史学旨趣：陈垣的教育实践》（《五邑大学学报》2008 年第
2 期）考察陈垣三十多年的教学实践，发现陈垣的社会责任感和史学旨趣贯穿
其教学实践始终，是其进行教学活动的深层次原因。

四、其他领域的研究

陈垣不同阶段治学思想的研究：陈垣一生经历了科举致仕、习医、办报、
从政、治史、从事教育工作等不同阶段，学术思想也发生过几次明显的转变。
陈智超总结陈垣一生"思想上经历了三次大的飞跃：第一次是在本世纪初，
他从一个追求功名、参加科举的青年到投身于反帝反封建的民主革命。第二
次是在抗日战争期间，他的爱国主义思想升华到了一个新的高度；第三次是
在解放以后，他由一个爱国主义者逐步转变为一个共产主义者。"① 很多学者
撰文探讨了陈垣不同时期的学术思想。陈智超《陈垣早年著作初探》②、张求
会《由丁未旧作看陈垣早期的戏剧、小说观点》（《岭南文史》1996 年第 1
期）、刘泽生《陈垣在广州——从医学向史学过渡》（《广东史志》2000 年第 1
期）、赵璞珊《珍贵的历史记录：读〈陈垣早年文集〉》（《中国史研究动态》
1993 年第 10 期）以陈垣早年著作为中心，分析了他早年的思想。赵璞珊《陈
垣先生和医学史》③ 论证了陈垣是我国近代医学发展的前驱，医学史领域的拓
荒者。骆威《陈垣的岭南文化背景初探》（《岭南文史》1997 年第 4 期）结合
岭南文化背景对陈垣的学术思想进行了探讨。抗战期间，陈垣以笔墨作武器，
在异常险恶的形势下完成了大量史学著作，其史学思想随着时代的变化进一
步升华，并产生了意义重大的飞跃，因此"抗战史学"成为陈垣研究的一个
热点。刘乃和、陈其泰、吴怀祺、李希泌、吴孟铿、陈占标、田亮、杨净麟、

---

① 陈智超：《陈垣来往书信集·初版前言》，见《陈垣来往书信集》（增订本），第 15 页。
② 陈智超：《陈垣早年著作初探》，见《陈垣教授诞生百一十周年纪念文集：1990 年江门国际学
术研讨会论文集》，第 118 页。
③ 赵璞珊：《陈垣先生和医学史》，见《纪念陈垣校长诞生 110 周年学术论文集》，第 17 页。

何龄修、刘兴邦、王骈书、许殿才、李珍、周少川、张全明①等学者都撰有论文，从不同的视角结合陈垣的抗战著作阐释了陈垣的史学思想、爱国主义和民族主义情感。新中国成立以后，陈垣的学术思想再次发生转变。陈珍幹《陈垣先生晚年的政治思想及其遗著》②叙述了陈垣晚年思想转变的原因和过程，为研究陈垣晚年思想提供了资料。周少川《陈垣晚年史学及学术思想的升华》③认为陈垣晚年目睹国家和民族的新兴，学术思想不断升华，进一步明确了学术为人民、为社会服务的方向，逐步形成了新的世界观和唯物史观，他晚年的历史考证更加周匝缜密，益臻佳境，善于由小见大，求得历史真相和通识。

断代史研究：陈垣的元史研究学有独到，在元史研究领域做了大量奠基性研究工作。杨志玖《陈垣先生对元史研究的贡献》（《北京师范大学学报》1990年第5期）、刘乃和《陈垣对元史研究的重要贡献》（《中华典籍与文化》1996年第2期）两篇论文以陈垣对元史研究的几部重要著作为中心，高屋建瓴地总结了陈垣在元史研究方面的贡献。如杨志玖认为："陈先生在他所处的时代在利用汉文资料解决元史学的问题方面，已发挥他的最大智慧和精力，

---

①　这些文章依次为刘乃和《陈垣在抗战时期》《陈垣的抗战史学》（见《历史文献研究论丛》），陈其泰《陈垣先生学术思想的升华——〈明季滇黔佛教考〉的成就》、吴怀祺《〈通鉴胡注表微〉在中国近代史学史上的价值》、李希泌《赞颂陈援庵先生的爱国主义精神》（见《纪念陈垣校长诞生110周年学术论文集》），吴孟铿《略论陈垣教授的爱国主义思想》、陈占标《陈垣教授爱国思想的形成与发展》（见《陈垣教授诞生百一十周年纪念文集：1990年江门国际学术研讨会论文集》），田亮《试论抗战时期陈垣的爱国主义史学思想》（《华东师范大学学报》1997年第1期）、杨净麟《励耘表微　治史爱国——论陈垣〈明季滇黔佛教考〉》（《玉溪师范高等专科学校学报》2000年第1期），何龄修《读〈明季滇黔佛教考〉》（《中国社会科学院研究生院学报》2001年第1期），刘兴邦《〈中国佛教史籍概论〉的文化诠释》（《五邑大学学报》2001年第3期），王骈书《陈垣抗战时期的著述与思想》（《扬州教育学院学报》2002年第2期），许殿才《抗战时期陈垣先生的史学成就》（《淮阴师范学院学报》（哲社版）2002年第3期），李珍《〈中国佛教史籍概论〉史学价值三题》（《蒙自师范高等专科学校》2002年第3期），周少川《论陈垣先生的民族文化史观》（《史学史研究》2002年第3期），王骈书《陈垣史学思想的转变与成就》（《中州学刊》2002年第6期），张全明《〈通鉴胡注表微〉与陈垣先生的爱国思想》（《史学史研究》2002年第4期），等等。

②　陈珍幹：《陈垣先生晚年的政治思想及其遗著》，见《陈垣教授诞生百一十周年纪念文集：1990年江门国际学术研讨会论文集》，第206页。

③　周少川：《陈垣晚年史学及学术思想的升华》，《史学史研究》2000年第4期，第11—19页。

开一代风气，供后学取法，为元史学的研究作出很大的贡献。"刘乃和认为陈垣的元史研究"开创性的、奠基性的工作，承上启下，开一代风气。他不但继承了清代史学家钱大昕的元史研究，而且在他以后继起的本世纪 30 年代的元史专家韩儒林、邵循正、翁独健、姚从吾等都是他在北大、燕大等高校培养的学生，这几位专家又都已有了新的成就，又已培养出更多骨干，这样代代相传，终将在元史研究上开出更灿烂夺目之花，结出丰硕累累的成果。"来可泓《陈垣先生对宋史研究的贡献》① 认为陈垣拓宽了宋史研究领域，将精密而完善的考据治史方法引入宋史研究，培养了一支宋史研究队伍，开创了独立的近代宋史研究。牛润珍《陈垣对清史研究的贡献》（《清史研究》2001 年第 4 期）认为陈垣学术源于清学，他在清人基础上，治宗教史、历史文献学和元史，并开辟清史研究新领域，揭示宗教与清代政治、文化之关系，全面调查《四库全书》，论衡清人著述，总结清代学术与建立近代意义之史讳学、年代学、校勘学，考述清代人物年事，利用档案、僧人语录、学人手札等新材料考史，扩宽清代史料范围，其对清史研究的贡献，开拓与集成兼具。

学术交游：陈垣曾说："交友原本要紧，无友不可以成学。"② 陈垣一生师友弟子众多，《陈垣来往书信集》保存了大量书信，为了解他的交游提供了大量可靠的材料。牛润珍《陈垣学术思想评传》专列《陈援庵的社会交游》一章，集中论述了陈垣与师友弟子的交游论学。很多学者也撰写论文论述了陈垣与当时学界著名学者的学术交流。如陈智超《史学二陈的友谊与学术》③、《陈垣与胡适》④、黄健敏《冼玉清与陈垣》⑤、竺沙雅章《陈垣与桑原骘

---

① 来可泓：《陈垣先生对宋史研究的贡献》，见《励耘学术承习录：纪念陈垣先生诞辰 120 周年》，第 120 页。

② 陈智超编注：《陈垣来往书信集》（增订本），第 1109 页。

③ 陈智超：《史学二陈的友谊与学术》，见纪念陈寅恪教授国际学术讨论会秘书组编《纪念陈寅恪教授国际学术讨论会文集》，中山大学出版社 1989 年版，第 245 页。

④ 陈智超：《陈垣与胡适》，见《励耘学术承习录：纪念陈垣先生诞辰 120 周年》，第 226 页。

⑤ 黄健敏：《冼玉清与陈垣》，《岭南文史》2003 年第 3 期，第 10—16 页。

藏》①、桑兵《陈垣与国际汉学界——以与伯希和的交往为中心》② 等文章都详细介绍了陈垣与这些学者的交往。还有学者将陈垣与其同时代学者的治学路径进行比较，如陆发春《陈垣与胡适国学研究之比较》（《安徽大学学报》（哲社版）1998 年第 1 期）、江心力《陈垣与傅斯年治史异同论》（《江西社会科学》2003 年第 2 期）等文章，这样的研究在比较中发掘了陈垣治史的特点，并为理解当时学界的学术思潮和风气提供了帮助。其余如来新夏《读伦明先生致陈垣先生的信件》（《中国文化》2011 年第 1 期），肖楚熊《陈垣与岑仲勉的学术交往》（《五邑大学学报》2011 年第 2 期），葛兆光《"聊为友谊的比赛"——从陈垣与胡适的争论说到早期中国佛教史研究的现代典范》（《历史研究》2013 年第 1 期），张荣芳《陈垣陈乐素父子与马相伯的学术交往》（《学术研究》2013 年第 12 期）、《陈垣与岑仲勉———以两人来往书信为中心》（《船山学刊》2017 年第 1 期）等文章，从不同切入点描述了陈垣与当时学界重要人物的交往。

港台学者自 20 世纪 80 年代后也发表了一些研究陈垣的文章，方豪、牟润孙、汪宗衍、汪荣祖、甲凯、陈珍幹等人的论文对陈垣学术作了中肯的分析，这些文章多发表于大陆刊物，前文已有论述。另外，有学者虽然肯定了陈垣在 1949 年之前的学术成就，但囿于当时的政治环境，对陈垣晚年的经历和史学发表了一些不同看法。如在 1986 年，台湾刊物《传记文学》曾刊发数篇文章，围绕陈垣在 1949 年后的表现对陈垣政治观点及学术态度的变化提出一些评价，其中关国煊《辅仁大学最后一任校长陈垣》称陈垣"留半附共"；陈炜《陈垣先生"陷共"前后之真实情况》称对陈垣"陷共"深致"惋憾之意"；朱长文《笔下的厚道》则提出学者应对陈垣 1949 年以后的处境"感同身受"，反对随意对陈垣作人身攻击。而有的文章如《从陈垣先生之一通函牍谈起》

---

① ［日］竺沙雅章：《陈垣与桑原骘藏》，《历史研究》1991 年第 3 期，第 13—19 页。
② 桑兵：《陈垣与国际汉学界——以与伯希和的交往为中心》，见《励耘学术承习录：纪念陈垣先生诞辰 120 周年》，第 185 页。

《我也一谈陈垣其人》两文则从当时台湾地区反共的政治需要出发，对陈垣晚年的思想和经历大肆攻击，甚至出言不逊，加以诽谤谩骂。2005 年，萧启庆在台湾《新史学》发表《推陈出新的史学家陈垣》一文，这篇文章相对客观地探讨了陈垣史学的前后变化以及其对现在中国史学发展的影响，文中认为陈垣史学具有"推陈出新"的特点，表现在一是继承传统史学最为直接，二是陈垣史学并非一成不变，而是与时俱进，与政治环境变化之间的关联尤为密切。不过此文也认为在陈垣晚年在政治上"机敏"，陈垣史学的马列化仅止于公开表态之层次，并未付诸实践。从这篇文章来看，台湾地区对陈垣的研究也逐渐淡去意识形态的影响。相信随着学术环境的变化，陈垣研究将会更加客观真实。

第五节　本书研究缘起与主要内容

自 20 世纪 80 年代至今，出版了《陈垣全集》以及有关陈垣研究的 5 部专著、多部论文集，发表论文总数达二百七十余篇，对陈垣的生平事迹和史学、教育等成就已作出详细评介和深入分析，但对其史学思想的研究仍很不充分，留下许多空间。比如，以往对陈垣史学思想的研究多依照陈垣自述的服膺钱大昕、讲顾炎武经世之学及全祖望爱国史学、学习毛泽东思想等三个方面来进行，但这样的研究只是讨论了陈垣史学指导思想的变化过程，并不包括他对客观历史和史学工作认识的丰富思想内容，因此对陈垣史学思想的研究仍有全面开掘和深入分析的必要。近年来对 20 世纪史学大师王国维、梁启超、陈寅恪、顾颉刚、郭沫若等人的史学思想发掘研究甚多，相比之下，对陈垣的史学思想研究不足，甚至给人一种陈垣只知考证、无关史识的误解。是否如此，亟需通过深入研究进行说明。

本书的研究目的主要从几个方面考虑。首先，设立专题研究可以弥补以往陈垣研究在这方面的缺陷与不足，深化对陈垣史学的研究。通过揭示陈垣在宗教史、民族史、文化史中深邃卓识的史观，以及严谨精密的治学思想和史学方法，为 21 世纪的中国史学提供借鉴。其次，以陈垣史学思想研究这一个案，说明 20 世纪中国史学近代化进程对史家思想的形成、发展的影响。其三，通过此项研究可以阐明以陈垣为代表的历史考证学派的史学思想特点，及其在 20 世纪中国史学中的地位和贡献。最后，通过对陈垣爱国主义思想渊源及思想发展的分析，说明他投身于新中国建设是其思想合乎逻辑的发展过程，可以澄清事实，扫除某些缺乏深入研究或戴着有色眼镜的学人对陈垣晚年经历强加的不实与贬低之词。

陈垣的史学思想非常丰富，归结起来，主要是两个领域，即对客观历史的认识和关于史学工作的认识。本书的内容就是在 20 世纪中国社会和中国史学发展的观照下，从历史认识和史学认识两大路径，展开对陈垣史学思想的发掘、研究和论述。

由于陈垣长期致力于宗教史和中华民族文化的研究，因此本书的第一章和第二章，集中分析他在宗教史、民族史、文化史研究中对于客观历史的认识。第一章从陈垣有关中华民族多源形成的思想，以及多民族共建中华历史的观念，论述其多民族统一思想的进步意义。在文化史观方面，指出陈垣以中华历史文化为本的文化史观，强调了文化的个性和以此为基点的文化进化的包容性。他对中华民族文化的弘扬，为建设 20 世纪具有中国特色的民族化史学发挥了重要作用。第二章从陈垣关于宗教平等和信仰自由、宗教与政治的关系、宗教与文化的关系等方面论述他的宗教史观，说明其宗教史观在开创 20 世纪中国宗教史研究中的价值和影响。

史料学思想、历史编纂学思想、治学思想和史学方法论是陈垣关于史学工作认识的重要内容。本书的第三、四、五章论述陈垣关于收集考辨史料、构思编纂与史学表述、治学宗旨与考证方法等思想，反映了陈垣对史学研究的深刻认识。指出陈垣的史学思想秉持民族性方向，他重视中国传统史学的优良传统和方法，在继承的基础上推陈出新、发凡起例，为 20 世纪中国史学的新历史考证学提供了科学的观念和方法论。第六章论述了陈垣史学指导思想的发展变化，阐明陈垣在史学为什么工作的认识上，发扬了中国史学经世致用的优良传统，具有追求真理、与时俱进的优秀品格。

"结语"则总结了陈垣史学思想的特点，并从 20 世纪中国史学与陈垣史学思想的互动中，阐述 20 世纪中国史学发展对陈垣史学思想的影响，以及陈垣史学思想对 20 世纪中国史学的贡献。

在研究和阐述中，我们注意把陈垣史学思想的形成发展，放在 20 世纪中国社会和中国史学的总相中进行考察，这是本书各章在讨论陈垣思想时较为注意的研究路径。笔者认为，20 世纪中国史学从新史学的科学精神、引进西方的新史观和治史方法、新史料的大发现、马克思主义史观等几方面影响了陈垣的史学思想。陈垣从 20 世纪中国史学的各种思潮和其他史家的思想取益，又反过来以他的思想促进了中国史学的发展。

在全面研究的基础上，我们认为，由历史考证入手而求得通识、在总结传统史学的过程中发凡起例、突显爱国精神的史家情怀是陈垣史学思想的几个重要特征。

本书结合陈垣史学思想的实际，希望在研究方法上有以下几个方面的突破。一是注意分析 20 世纪中国社会现实与社会思潮对陈垣史学思想的影响。比如 20 世纪初的民主科学运动、西方近代科学精神、抗日救国思潮、唯物史观的推广等等。二是将陈垣史学思想与其他史家的思想进行比较，并考察他们之间的相互影响，特别要注意那些与陈垣交往的史家，如王国维、陈寅恪、胡适、傅斯年、顾颉刚、范文澜、侯外庐、白寿彝等。三是揭示陈垣史学思想的渊源流变，比如他的史学指导思想，从服膺钱大昕，为学术而学术；到讲顾炎武、全祖望，提倡有意义之史学；再到学习马列、毛泽东思想，形成史学为社会、为人民服务的观念。四是结合陈垣史学思想材料比较分散的特点，在研究其史著的基础上，发掘《陈垣全集》之外的一些书信、演讲、读书批注以及门生弟子的回忆等材料，以作广泛深入的分析。

　　由于陈垣著述版本众多，因此在文献的引用上，本书特别选定了各文献的版本。由安徽大学出版社2009年出版的《陈垣全集》包括了陈垣的大部分著述，考虑到《陈垣全集》全套23册，篇帙规模较大，购藏者可能还不太普及；另外有些单行本附有陈垣的出版后记，带有时代的特征，因此大多数陈垣著述仍选用原来出版的单行本。对于由《陈垣全集》新出版的陈垣学术成果，则使用安徽大学出版社2009年版《陈垣全集》。单行本选用了以下版本：陈垣的重要学术论文及抗日战争前出版的宗教史著作"古教四考"，选用中华书局1980年、1982年出版的《陈垣学术论文集》第一集、第二集；陈垣在抗日战争时期出版的宗教史研究专著则使用河北教育出版社2000年出版的《明季滇黔佛教考》（外宗教史论著八种）；其他重要文献选定版本为中华书局1962年版《中国佛教史籍概论》、辽宁教育出版社1997年版《通鉴胡注表微》、中华书局2004年版《校勘学释例》、中华书局2004年版《史讳举例》、生活·读书·新知三联书店2007年版《陈垣史源学杂文》（增订本）、世纪出版集团上海古籍出版社2008年版《元西域人华化考》、生活·读书·新知三联书店2010年版《陈垣来往书信集》（增订本）。在文献标注方面，本书各章首次出现的引用文献即详注版本，该文献在各章中再次出现时则不标注版本。

第一章　以中华历史文化为本的
民族文化史观

——在 20 世纪中国史学的建设中坚持
民族化的发展方向

　　以中华民族文化为本是陈垣民族文化史观的主导思想。他的学生、文史学家启功在介绍陈垣的史学思想时说："中华民族历史文化是民族的生命和灵魂，更是各个兄弟民族团结融合的重要纽带，也是陈老师学术思想中一个重要组成部分，甚至可以说是个中心。"启功认为，陈垣史学思想的本质就是"对中华民族历史文化的一片丹诚"①。这是对陈垣民族文化史观的准确概括，正是本着对中华民族文化的一片丹诚，在数十年的治史过程中，陈垣深刻论述我国多民族统一发展的思想，并以中华民族文化为本，揭示中华文化在中外文化交通中的重要作用，阐释中华文明巨大的生命力和影响力，大力弘扬中华民族优秀的传统文化，从而为 20 世纪中国史学的建设和繁荣，倡导了民族化史学的发展方向。

第一节　多民族统一发展的民族思想

　　陈垣在长期的民族文化史和中外交通史的研究中，形成了他多民族统一发展的民族思想。在中华民族的形成上，他主张多源形成的观点，认为中华

---

　　① 启功：《夫子循循然善诱人》，见《励耘书屋问学记——史学家陈垣的治学》（增订本），生活·读书·新知三联书店 2006 年版，第 139 页。

民族是混合民族。在中华民族形成的过程中，华夏文化以其成熟的魅力吸引其他各民族的融入，促进了民族的交流与融合。在中华民族悠久的历史发展进程中，各民族在华化、融合的基础上共同建设、推进了中华文化的发展。

一、中华民族多源形成的思想

晚清时期，政府腐败无能，屡战屡败，受列强欺凌，致使满汉民族矛盾激化。于是革命党人鼓吹兴汉的思想，孙中山更是提出了"驱除鞑虏，恢复中华"的口号。陈垣早年参加民主革命，也曾发表过一些宣传排满的文章。辛亥革命后，满汉民族矛盾已不复存在，而且孙中山至少在 1919 的《三民主义》中也已提出："汉族当牺牲其血统、历史，与夫自尊自大之名称，而与汉蒙回藏之人民相见以诚，合为一炉而冶之，以成中华民族之新主义。"然而由于革命时期的宣传过分强调汉族与其他民族的分别，这些思想烙印仍存在于一些民众的潜意识之中，"大汉族"的观念也在社会意识形态中有不好的影响。陈垣长期致力于研究民族史，对于社会上仍残存的那种将中华各民族笼统称为汉族的提法，觉得不妥，强调应称为中华民族。1936 年 1 月 3 日他接受《世界日报》记者采访时，谈到自己准备写一本《汉以来新氏族略》的书，并表达了自己对此问题的看法。一方面，陈垣认为有关汉族的提法不符合历史事实，他说："我觉得现在的人常常说汉族，这是绝大的错误。严格地说，只能说中华民族，因为我国没有纯粹的汉族，都是混合民族。"另一方面，陈垣觉得"这种分别的称呼，很容易使其他民族起疑，而发生无谓争执"，不利于民族团结。随后，他又进一步论证了作为单一民族的汉族的形成，他说"其实我们单从姓氏一方面来考察，多半都是各族混合的。刻薄点说，都是杂种。本来在汉朝以前人名不尽戴姓氏的，汉以来人名始尽戴姓氏，有了姓氏才易分别父子兄弟的关系，同宗族的关系。后来外族加入日益增多，这种氏族有两种，一是旧氏新族，就是外来的种族，以名首字为姓，或戴二字三字的本姓。新氏新族，是外族到内地以后，或皇帝赐姓，或自取他人的姓为姓，或改复姓为单姓。现在的氏族，多半是混合外来的。同时汉族也不能算是一个族名，所以这种称呼是有疑问的。"① 中国历史上这种姓氏的融入与变迁是很常见的，例如著名的北魏孝文帝改革，在迁都洛阳以后，下诏改鲜卑姓为汉姓，30 年间将各部落的二音节、三音节等多音节姓氏都改为音近的汉单姓，如将拓跋氏改为元氏，步六孤氏改为陆氏，丘穆陵改为穆氏，独孤改为刘氏，贺楼改为楼姓等等，这就是所谓的"旧氏新族"，用一些旧的姓氏冠以新的族群。另一方面还制造出一些新的姓氏，如叱奴改姓狼，费羽改姓羽，纥骨改姓骨，渴侯改姓纸，俟伏斤改姓斤等等，都是汉族姓氏中原本没有的，这就是所谓的"新氏新族"，当时一共改了 144 姓。② 其他民族姓氏的汉化，使得中华民族出现了很多旧氏新族和新氏新族，族群和姓氏相互混合，很难区分，所以单纯汉族是不存在的。在接下来谈到中小学的历史教学问题的时候，陈垣又一次谈到民族混合问题："现在的中小学的历史教科书，有两个大遗憾，就是民族同宗教问题，多讲的不妥，没有远大的眼光，关于民族问题，不拿整个中华民族为标准，只是注重一方面，中国的民族，本系许多民族集合而成，历史上许多民族的竞争，是不免的，今日既是一家，就应将从前的旧事公平叙述，不能有所偏倚。现在一般的历史教科书对此点多不注意。"③ 他认为，历史上的民族矛盾是多种因素造成的，教材讲历史上的民族纷争，不应只讲其他民族的民变、叛乱，不讲汉族统治者的残酷压迫。尤其是当时日本已占领东北，建立伪满洲国傀儡政权，妄图瓜分中国，当此侵略者企图分崩离析我中华民族之时，陈垣在接受采访时，特别注意了不去强调满汉民族之间的矛盾，而突出强调了民族团结，一致对外。陈垣曾说："史贵求真，然有时不必过泥。凡事足以伤民族之感情，失国家之体统者，不载不失为真也。"④

---

① 茜频：《学人访问记——历史学家陈垣》，见《世界日报》1936 年 3 月 5 日。
② 参见（宋）郑樵撰，王树民点校《通志二十略·氏族略第六》，中华书局 1995 年版，第 220—221 页。
③ 以上引文均引自茜频《学人访问记——历史学家陈垣》，见《世界日报》1936 年 3 月 6 日。
④ 陈垣：《通鉴胡注表微》，辽宁教育出版社 1997 年版，第 220 页。

这也反映了他在治史求真的前提下，对于民族问题的高度重视。

图4 1936年3月5日《世界日报》刊载记者茜频对陈垣的访问记。

1941年陈垣在《伟大之中华民族》所列的提纲中，拟定了从姓氏考察民族混合，阐发中华民族多源形成思想的著述内容。首列"无一姓无外来民族加入"条，并认为"最要证明此点"。之后则从三个大部分，以中华各民族融合发展的历史为基础，结合姓氏学，阐述伟大之中华民族的多源形成。

第一部分为"外族之内徙"。这一部分设定为"前篇"，内容即"言历朝外族之同化"，叙述形式则"前篇以朝代为主，述历代归化之胡人"。分先秦、汉魏六朝、唐五代、两宋、辽金元、明清等若干历史阶段，在各历史阶段的叙述中，又特别分析"东来之姓，西来之姓，南来之姓，北来之姓。中部之姓，如荆蛮、豫蛮"，即以历代民族融合的历史为主线，考察从东西南北各个方向进入中原、融入中原的外族姓氏之变迁，又接着从"同语言、文字、风俗、习惯"以及"外来之宗教可成为中华宗教"等角度阐明民族融合之结果。其论证的结论是"凡以往侵略中国之民族，无不变为中华人"，"善能吸收外来民族，故能继续发展而不衰老"，以此表明民族融合的必然性和几千年来多民族融合成为伟大中华民族的发展趋势。

第二部分为"各姓新族之参合"。这一部分为"后篇"，内容即"言各姓同化（参入）之外族"，叙述形式则"后篇以姓氏为主，述各姓参合之外族"。后篇即以研究姓氏为主，按音调分列有关姓氏，如"上平各姓、下平各姓、上声各姓、去声各姓、入声各姓"，例举各姓中"外族出身之名人"，考察相关各姓中所参入之外来民族，以证中华民族的多源形成。其结论是"昔之研究民族者喜言其分，今之研究民族者利言其混"。原因是以往国内民族有纷争，所以要有华夷之分。进入 20 世纪以后，中华各民族要求摆脱列强侵侮，国家独立和中华民族复兴的浪潮汹涌澎湃，所以要团结一致，抵抗外辱。30年代，又面临日本入侵东北进而想霸占中国的野心，在国难当头之际，更应抛弃前嫌，精诚团结，共同保卫中华民族免于亡国灭种的危险。

第三部分专门阐述从氏族入手研究中华民族形成过程的意义，其结论是"不研究氏族学，不知中华民族之大也"。首先，陈垣说明了中国姓的特征是："一、不过二字，二、连名并乎，三、子孙沿用。前二条为中国姓之特征。后一条为姓之要素，非是，则名耳，非姓也。姓为家族之符号。族大则另起新号，故姓中又有氏焉。"接着，他讨论了中国古代姓氏的变化："秦以前姓与氏分，一姓之中，恒有数氏，故有同姓异氏者焉。秦以前氏亦称姓，姓与氏混，《史记》称某人姓某氏是也。""其后又有赐姓改姓之例，于是一氏之中又恒有数族，故有同氏异族者焉。汉以后之所谓氏族，适等于秦以前之所谓姓氏也。或经变乱，或经迁徙，则高曾名字且不知，况高曾以上统系乎？"①

通过氏族学的研究，可以证明中国境内各姓之中在历史上皆有不同氏族或民族的融合，借以证明中华民族乃多源形成之理。可见，陈垣的中华民族多源形成的思想，是建立在充分考察史料之基础上得出的符合历史事实的结论。

陈垣有关中华民族历史形成的思想，科学地说明我国现代的以及在历史上曾经存在过的所有民族，其血统都不是纯而又纯的，都曾经历过不同类型的融合与同化。各民族共祖同源和多源多流的亲密关系，在历史上曾起过维系民族团结的纽带作用。中华民族，正是一个基于长期交流与融合而形成的

① 以上均引自陈垣《伟大之中华民族》，见《陈垣全集》第二十二册，安徽大学出版社 2009 年版，第 123—125 页。

具有丰富内涵的民族共同体。

二、历史融合造就中华民族的思想

民族融合是历史上两个以上民族互相接近、互相影响交融，最终形成一个民族的现象，其中既有血缘上的混合，又有文化上的融合。陈垣在民族史的研究中较早地注意了民族融合的问题，并且发现华夏精神文化的优越，对于其他各族产生了巨大影响和吸引力，以致造成了"凡以往侵略中国之民族，无不变为中华人"的情况。早年撰著《元西域人华化考》时，陈垣就着重考察了元代西域各族人进入中国之后，对华夏文化自觉地吸收、接受和认同。

在《伟大之中华民族》提纲中，陈垣引述了《论语》"丘闻有国有家者，不患寡而患不均，不患贫而患不安，盖均无贫，和无寡，安无倾。夫如是，故远人不服，则修文德以来之。既来之，则安之。"又引《中庸》"凡为天下国家有九经：曰来百工也，柔远人也，怀诸侯也。来百工则财用足，柔远人则四方归之，怀诸侯则天下畏之。"以见华夏族修德怀远的历史传统，并准备从先秦、汉魏六朝、唐五代、两宋、辽金元、明清等若干历史阶段来讨论"历朝外族之同化"，考察历史上中原华夏族与周边少数民族的融合。对民族融合的认识标准，陈垣在此提纲中也进行了着重说明，他认为"非我族类，其心必异，此就猾夏时言，如同化以后则如兄如弟，无异尔心矣。猾夏时则相仇，同化久则相安。当其猾夏时则诛之，当其归仁后则与之，亦《春秋》夷狄而中国则中国之之意也。"当民族冲突矛盾时，则华夷之分是可以理解的，但当民族融合之后则同为一家，如兄如弟，不应再有华夷之分。华夷之分，应以"礼义为准"，而不应以血统分，"夷狄而中国则中国之"。因此，对于民族史研究，陈垣以为应当"和众"，主张"昔之研究民族者喜言其分，今之研究民族者利言其混"。① 1945 年在《通鉴胡注表微》中，陈垣再次申明了

---

① 以上均引自陈垣《伟大之中华民族》，见《陈垣全集》第二十二册，第 122—125 页。

自己的观点，他说："昔之言氏族者利言其别，所以严夷夏之防；今之言氏族者利言其和，然后见中华之广。"①

对于中华历史上民族之融合，陈垣给予了高度关注。《元西域人华化考》为陈垣在这方面的名作，他在此书中将华化界定为"一旦入居华地，亦改从华俗，且于文章学术有声焉"②，并以丰富的材料、严谨的论证，考察了有元一代西域各族深受华夏儒学、文学、美术、礼俗、宗教影响的状况。元代西域人大批东来，在内地定居生活后，不可避免地要接触汉文化。"其初皆军人，宇内即平，武力无所用，而炫于中国之文物，视为乐土，不肯思归，则唯有读书入仕之一途而已"③。西域人来内地的第一代、第二代多以武功取得高官厚禄，但随着战争的结束，其第三代、第四代遂多敦诗书而悦礼乐，甚至通过科举而取得功名，于是不少西域人在文学、艺术、哲学、史学等方面取得了很高造诣。由此可见，"华化"是一种不可避免的历史现象。1943 年陈垣又拟写了《北朝之华化运动》《鲜卑同化记》的提纲，欲对五代十国时期的民族融合做一考察，惜未成书，但在《通鉴胡注表微》中，陈垣对这一时期的民族混合做了简要论述，他说："隋唐之交，华人固有入北避乱者，然自五胡乱华以来，北人华化者不可胜计，隋唐混一而后，涵容孕育，又数百年，遂与诸华无异矣。"④

民族融合是历史上两个以上的民族互相接近、互相影响，最终形成为一个民族的现象。民族的融合是多民族国家的普遍现象，是历史发展的必然趋势。古今中外民族共同体的形成、变化、发展，都与民族融合紧密相关。中华民族也是如此，正是多民族的交流融合促成了多姿多彩的中华文化。

---

① 陈垣：《通鉴胡注表微》，第 92 页。
② 陈垣：《元西域人华化考》，世纪出版集团、上海古籍出版社 2008 年版，第 2 页。
③ 陈垣：《元西域人华化考》，第 16 页。
④ 陈垣：《通鉴胡注表微》，第 228 页。

三、多民族共建中华历史的观点

几千年来，中华大地上先后生息和居住过许多民族，一些民族消失了，另一些民族又勃然兴起。伴随着中国历史上各民族的多元起源与发展，以及统一、分裂、再统一的反复交替，古代各民族之间的文化交流和相互借鉴融合，促成了中国各民族共同的进步，各民族共同建设了中华历史。陈垣在民族史研究中，敏锐地观察到这一点，他在《元西域人华化考》中，一方面彰显了中华文化巨大的影响力，一方面也充分论述了我国历史上的少数民族和外来民族在华化之后，在推动中华文化发展中所取得的成就。在《通鉴胡注表微》中，他又再次申述了历史上中国的各少数民族，"经若干年，语言文字，姓氏衣服，乃至血统，与中国混而无别，则同为中国人矣，中国民族老而不枯者此也"[1] 的思想，旨在说明中华民族和文化之所以"老而不枯"，原因在于经常有新鲜血液的补充。中国历史上有南北朝、五代十国、元、清等其他民族政权统治时期，在这些时期中，其他民族为中华文化所吸引，渐趋融入中华文明的同时，又将本民族的优秀文化引入华夏文化之中，为中华文明增添了新的活力，注入新的血液，为中华文化的延续与发展作出了巨大贡献。

《元西域人华化考》是陈垣详细论述元代西域各族华化后，在共建中华历史文化中作出贡献的著作。全书从儒学、文学、美术、礼俗、女学等各方面考察了元代进入中国的色目人逐渐融入华夏文化的情况及取得的成绩。首列儒学篇二十余人，陈垣以为："儒学为中国特有产物，言华化者应首言儒学。元初不重儒术，故南宋人有九儒十丐之谣，然其后能知尊孔子，用儒生，卒以文致太平，西域诸儒，实与有力。"[2] 充分肯定了西域诸儒对元代尊儒治国及对儒学发展所发挥的作用。《文学篇》列西域之文学家 53 人，说明他们的

---

① 陈垣：《通鉴胡注表微》，第 244 页。
② 陈垣：《元西域人华化考》，第 8 页。

华化及其在元代文学领域中的地位和成就。其中诗家 29 人、文家 8 人、曲家 16 人。书中引元人戴良在《丁鹤年集》"序文"中所列贯云石、马祖常、萨都刺等 12 人，以为他们皆居西北之远国，去中国不知其几千万里，而其为诗乃有中国古作者之遗风。可见西域诸人之诗歌成就，当世即为汉人文学家所称道。陈垣以为"此十二人者，其诗名高下不同，而其可与中国作者抗衡则一也"①。《文学篇》又论元代西域人华化之后，在散文写作上的成就，指出："至正间，诏修辽金宋三史，西域人预纂修之役者，《辽史》有廉惠山海牙，《金史》有沙剌班、伯颜师圣，《宋史》有斡玉伦徒、泰不华、余阙，皆一时之隽。"② 又引清人王士禛在《居易录》卷二里的评论曰："元代文章极盛，色目人著名者尤多。"③ 在分析元西域曲家的元曲写作之后，陈垣特别指出在元曲名家之中，"西域人特多，此西域人所以在元朝文学界中占有重要地位也"④，充分肯定了西域文学家推动元代文学繁荣的贡献。《美术篇》列书家 35 人、画家 5 人、建筑家 1 人。陈垣说：

> 书法在中国为艺术之一，以其为象形文字，而又有篆、隶、楷、草各体之不同，数千年来，遂蔚为艺术史上一大观。然在拼音文字种族中，求能执笔为中国书，已极不易得，况云工乎！故非浸润于中国文字经若干时，实无由言中国书法也。元人主中国不及百年，色目人醉心华化，日与汉字相接触，耳濡目染，以书名当世者大不乏人。⑤

西域人善书法者甚多，其中最著名者为巙巙，当时与赵孟頫齐名，号称北巙南赵。元时西域画家高克恭亦有大名，是能与赵孟頫抗衡者。陈垣以为："元朝书画，推赵独步，然与赵颉颃者，书画皆西域人，亦足见元西域人天资

---

① 陈垣：《元西域人华化考》，第 51 页。
② 陈垣：《元西域人华化考》，第 67 页。
③ 陈垣：《元西域人华化考》，第 67 页。
④ 陈垣：《元西域人华化考》，第 73 页。
⑤ 陈垣：《元西域人华化考》，第 75 页。

学力，不让汉人也。"① 西域人之中国建筑家，有也黑迭儿，元时大都都城及宫殿即为其所建造。陈垣以此为"极伟大而为吾人所未经注意者"，"元人自审除武力外，文明程度不及汉人，故不惜舍庐帐而用宫阙。也黑迭儿深知其意，故采用中国制度，而行以威加海内之规模"，并认为"（吾人）既知为也黑迭儿所为，今日不能不以此光荣还诸劳力劳心之原主"②。赞誉之情，溢于言表。后来，他在为《北京历史风土丛书》作序时，又再次申述："今人徒叹北京宫阙之宏丽，而不知其始建筑者阿剌伯回回教徒也黑迭儿也。""此吾国士夫从来轻视异教徒及工程学者之过也。愿因瞿子书一表彰之。"③ 总之，陈垣在《元西域人华化考》中，既论述了西域人华化的历史事实，又记载了许多少数民族学者在华化之后，为中华历史文化发展所作出的突出贡献。在他对这些少数民族学者的赞赏中，充分表达了多民族共建中华历史文明的思想观点。

1935 年，陈垣又撰有《切韵与鲜卑》一文，详细考察了《切韵》的作者陆法言的世系，阐明陆氏为鲜卑人，而久被华风，世传华学，"偃武修文，曾不数世，纯然华化，法言生于其间，濡染既深，握笔记述，遂为韵书不祧之祖"④。《切韵》不仅在当时成为考订古音及作诗文的根据，现在也成为研究汉语的中古音韵的主要资料。《切韵》一书上追古汉语，下启唐宋汉语，具有承先启后的作用，又因为《切韵》代表了中国研究语音的规则标准，所以《切韵》成为汉语音韵学的第一经典。鲜卑族华化的陆法言在中国语音史上具有重要的历史地位。

中华民族是我国古今民族在统一多民族国家的长期历史发展过程中逐渐形成的民族集合体。它不仅包括今天我国现存的五十多个民族，广义上也包

---

① 陈垣：《元西域人华化考》，第 83 页。
② 以上均引自陈垣《元西域人华化考》，第 87—89 页。
③ 陈垣：《瞿宣颖北京历史风土丛书序》，见《陈垣全集》第七册，第 863 页。
④ 陈垣：《切韵与鲜卑》，见《陈垣学术论文集》第二集，中华书局 1982 年版，第 454 页。

括历史上活动在中国版图的许多古代民族。这个集合体在形成发展过程中，既包容了各个民族的发展壮大，也包容了各民族的此消彼长，相互吸纳，以至相互混合。陈垣有关多民族统一发展的民族思想，充分说明正是在长期的历史发展过程中，各民族的交流、融合和共同建设，才构成了灿烂辉煌又生生不息的中华民族史。

第二节　守本兼容的文化史观

在 20 世纪中国史学近代化的进程中，陈垣以中华民族的历史文化为本，开展了古代史、宗教史、历史文献学、中外交通史的多种研究，在坚守民族文化个性的同时，他也密切关注中华文化与外来文化的相互作用和相互影响。他守本兼容的文化史观，使他的史学研究既坚持了民族化的发展方向，又具有世界眼光，从而受到国内外史学同行的称赞。

一、以中华民族文化为本开展中外文化交通史研究

20 世纪初叶，中国社会和中国史学处于大变革的关头，随着反对外来侵略、反对封建专制、挽救民族危亡运动的风起云涌，救亡图强的爱国主义史学思潮也日益高涨。陈垣青年时期在广东就参加了反帝反封建的宣传活动，爱国主义早已在他的思想中孕育生根。他虽然到三十多岁才正式转入史学研究领域，但却在青少年时期就博览群书，酷爱史学，并曾深入地研究过赵翼的《廿二史札记》[1]。他早年在广东办报和从事医学工作时，已经撰写了《释汉》《释唐》《更论宋高宗忌岳飞之原因》《闻大成》《吴学》《孔子之卫生学》《洗冤录略史》《中国解剖学史料》等一批有关史学的文章，宣传中华悠久的历史文化，表达了他的爱国思想。例如在《中国解剖学史料》中，陈垣

---

[1]　陈智超编注：《陈垣史源学杂文·前言》，见《陈垣史源学杂文》（增订本），生活·读书·新知三联书店 2007 年版，第 4 页。

既对中国古代医学的辉煌成就给予肯定，又对当时国家"日蹙百里"、民族危亡的现状深表忧虑，接着他说："吾今既述其祖若宗开国之雄烈，黄帝子孙，有能来言恢复乎？吾将执大刀利斧从其后。"① 表达了他复兴中华民族的宏伟志向。

1913 年，陈垣以国会议员的身份，满怀救国热情，北上京师，然而北洋军阀政治的腐败、无能和黑暗使他大失所望，不久他就逐渐淡出政界，转入学术著述和教学领域。19、20 世纪之交，随着东西文化交流日益频繁，"塞表殊族""西北史地"研究的兴盛及大量新史料的发现，中外文化交流的研究逐渐为人们关注。当时西方一些汉学研究者虽精通中文又广收史料，但他们由于缺乏对中国传统文化的体验，仅以西方近代的思想和方法来研究中国，往往有失文化的本色。当时一些积极接受新学的中国学者，也由于过分追求欧洲汉学的新法，而出现了邯郸学步或数典忘祖的弊端。陈垣 37 岁专注于史学研究，一开始就在以宗教传播史为阵地的中外文化交通史研究中，做出骄人的成绩。他的"古教四考"（《元也里可温教考》《火祆教入中国考》《摩尼教入中国考》《开封一赐乐业教考》）和有关基督教、回回教入华史略的论著，不仅以史料丰富、考证精密、方法科学著称，而且具有文化研究的整体观念，善于揭示本土文化和外来文化之间的互动关系，反映出他坚持以中华民族文化为本，开展中外交通研究的思想特征。这一民族文化史观的思想特征，具体表现在以下几个方面。

第一，深刻揭示中国历史上政治形势的变动与外来宗教传播的关系。陈垣说：

> 宗教无国界。宗教与政治，本分两途。然有时因传教之利便，及传教士国籍之关系，不得不与政治为缘。②

① 陈垣：《中国解剖学史料》，见《陈垣早年文集》，台湾地区"中央研究院中国文哲研究所"1992 年版，第 262 页。

② 陈垣：《摩尼教入中国考》，见《陈垣学术论文集》第一集，中华书局 1980 年版，第 347 页。

在阐述外来宗教在中国的传播时，陈垣特别注意从中国历史上的政治变动看宗教兴衰之潜在原因，这一点在他的《摩尼教入中国考》中阐述得尤为详尽。摩尼教原由波斯人摩尼创立于公元 2 世纪下半叶，唐朝武后延载元年（694）分别传入中国和当时的回鹘汗国，摩尼教入唐后流传并不广，但在回鹘却风靡一时。唐代宗宝应元年（762），回鹘因协助唐朝剿灭"安史之乱"叛军，势力进入中原，于是"唐人与回鹘交涉频繁，摩尼教在中国势力，遂随之膨胀"①。公元 840 年，回鹘汗国败于黠戛斯，回鹘势力退出唐朝，于是，在唐武宗禁一切外来宗教之前即会昌三年（843），摩尼教便先遭禁断，所有的摩尼教寺被罢废，财产被没收，摩尼教徒"配流诸道，死者大半"，"此为摩尼入中国百五十二年第一次大难"。② 陈垣从唐朝与回鹘政治关系的变化，准确地说明了摩尼教在唐朝随回鹘势力的兴衰而兴衰的原因。

不仅摩尼教如此，他分析火祆教盛行于唐朝的原因时也说：

> 唐代之尊崇火祆，颇有类于清人之尊崇黄教，建祠设官，岁时奉祀，实欲招来西域，并非出自本心。③

指出唐朝之所以允许火祆教在内地传布，为其建祠，并专设"萨宝""祆正"等官员管理，其政治目的是为了笼络西部少数民族势力。同样揭示了本土社会政治与外来宗教之间的密切关系。

第二，注意分析本土社会制度对外来宗教的作用。外来宗教传入中国，必然受到中国社会各项制度的影响，这些制度有的与政治联系，有的则与中国社会当时的经济水平或社会习俗相关。陈垣在研究外来宗教的传播时，密切注意了社会制度左右宗教发展的因素，从而展示了宗教融入社会的曲折历程。他在《元也里可温教考》中，就大量引用了《元典章》《元史》的材料，说明元朝在徭役制度和兵役制度上对也里可温教徒的优惠，如蠲免也里可温

---

① 陈垣：《摩尼教入中国考》，见《陈垣学术论文集》第一集，第 338 页。
② 陈垣：《摩尼教入中国考》，见《陈垣学术论文集》第一集，第 349 页。
③ 陈垣：《火祆教入中国考》，见《陈垣学术论文集》第一集，第 316 页。

教徒河工、当差的徭役，豁免也里可温教徒服兵役。至于田租商税等经济制度，虽曾一度免征，但终因教徒日众，"豁免租税，于国家收入影响至大，有不得不依旧征收者"[①]。元朝制度也有对也里可温教徒管束之处，如元马政极为严格，《大元马政记》就规定，各教教徒除"有尊宿师德，有朝廷文面，方许乘骑"，其余皆不得私人拥有马匹。虽有所约束，但元朝制度仍甚有利于也里可温教的发展，所以它在元朝得以兴盛。

在外来宗教的传播过程中，中国的科举制度对于回教则有较为明显的影响。陈垣指出明清回教有礼尊孔子的现象，明代王岱舆著《清真大全》模仿儒家典籍，清雍正间刘智著《天方性理》，杂以宋儒色彩，"凡此皆中国回教特异处。其原因由于读书应举，不便显违孔教也"[②]。

第三，深入考察中国思想文化对外来宗教传播的影响。中华文化因其千百年的传承不断而博大精深、积累雄厚，外来宗教在华传播时，如不注意迁就本土文化的庞大体系，则往往难善其事。陈垣的中外文化交通研究深入考察了这方面的历史真实，比如他叙述元也里可温教徒入华随俗，善文辞、习书法，其中以法书名者有哈剌、康里不花等人[③]。犹太教在中国流传的重要文献开封一赐乐业教碑，则"述一赐乐业教规仪，多用儒门术语"[④]，而唐宋间的摩尼教则与中国的本土宗教道教曾有互相的依托和包容[⑤]。在研究中华文化对外来宗教的影响时，陈垣通过宗教兴衰的比较，揭示了一条规律，即外来宗教如能对本土文化有一定的认同，并能为这种认同对自身做相应的调适，那么它就能得到迅速的传播和发展，否则就不易流传，或将归于消寂。在考察明清基督教入华史时，他作了两个比较，一是基督教与佛教的比较。佛教入中国后，中国化程度不断提高，"至唐，则'禅房花木深'，'僧敲月下门'，

---

① 陈垣：《元也里可温教考》，见《陈垣学术论文集》第一集，第22页。
② 陈垣：《回回教入中国史略》，见《陈垣学术论文集》第一集，第557页。
③ 陈垣：《元也里可温教考》，见《陈垣学术论文集》第一集，第16页。
④ 陈垣：《开封一赐乐业教考》，见《陈垣学术论文集》第一集，第274页。
⑤ 陈垣：《摩尼教入中国考》，见《陈垣学术论文集》第一集，第357页。

'姑苏城外寒山寺'等句俯拾即是";那么，"如寺、如僧、如禅，皆可入诗，何以福音堂、牧师、神甫等不可入诗"，其根本原因即在于"基督教文化未能与中国社会溶成一片"。① 但是，基督教本身也有差别，因此他又将 1700 年前后天主教在华情况作一比较。1700 年前的利马窦及其教徒接受汉学，故天主教得以盛行。他总结利马窦在华传教成功的六个条件，即"奋志汉学""结交名士""介绍西学""译著汉书""尊重儒教""排斥佛教"②。其中重要的因素即是能够了解和接受汉学，尊孔尊儒，融入中国文化和中国社会。此后清康熙年间，天主教罗马教会"判定尊孔尊祖为异端，不许通融"，于是"传教事业遂几乎中断"。③ 比较天主教在华先盛后衰的事实，陈垣指出："利马窦之所以成功，系于六个条件，这六个条件可以定其成功，也可以定以后来华之外人成功与否。"④ 一语见的地总结了中华文化对外来宗教的重要影响。

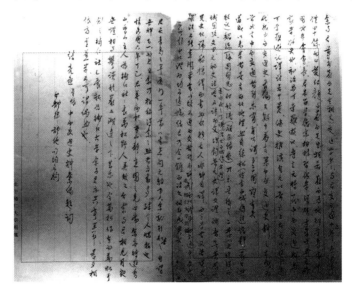

图 5　1926 年为张星烺《中西交通史料汇编》题词。

---

① 陈垣：《基督教入华史略》，见《陈垣学术论文集》第一集，第 90、91 页。
② 陈垣：《基督教入华史》，见《陈垣学术论文集》第一集，第 104 页。
③ 陈垣：《基督教入华史略》，见《陈垣学术论文集》第一集，第 90 页。
④ 陈垣：《基督教入华史》，见《陈垣学术论文集》第一集，第 104 页。

应该指出，陈垣在中外文化交通史的研究中，坚持以中华文化为本，并不是狭隘排它的民族主义，也不是孤立片面的东方文化决定论。他在说明中华历史文化主导作用的同时，仍运用大量史料论述了外来宗教在中国传播发展的事实，以及外来宗教对于本土文化的互动。比如，他指出了摩尼教在华传播时对宋代理学的影响，"宋儒理欲二元之说，实与摩尼教旨有关"①；又以元曲中有祆神的内容，指证元时火祆教在中国文学中留下的印迹②；他的《基督教入华史》《元也里可温教考》则多次阐明基督教以医传道，在华诊治疑难杂症的作用③。

二、表彰中华历史文化，弘扬民族道德传统

五四运动以后，中国的新文化运动和思想启蒙运动声势浩大、影响深远，但在波澜壮阔的思想文化运动中，一些启蒙思想家却走上形式主义的道路。他们把东西文化截然对立起来，有的人错误地认为一切西方文化都是进步的，一切中国文化都是落后的，他们声称"极端的崇外，未尝不可"④。发展到后来，甚至得出"非彻底和全盘西化，不足以自存"⑤的结论。

这种对民族文化的虚无主义态度当然不能说服当时的学术界和文化界。陈垣不是东方文化决定论者或国粹学派，他也没有参加当时激烈的东西文化论争，但他善于以实际行动表达自己的思想。他在史学著作中以实事求是的态度和确凿的史实，表彰中华民族文化巨大的生命力和影响力，用以批驳那些民族文化虚无的论调。1923年他发表的《元西域人华化考》，就是这样一部著名的著作。许多年以后，他在回忆这部著作的写作背景时说："此书著书于

①　陈垣：《摩尼教入中国考》，见《陈垣学术论文集》第一集，第366页。
②　陈垣：《火祆教入中国考》，见《陈垣学术论文集》第一集，第327页。
③　参见陈垣《陈垣学术论文集》第一集，第85、12页。
④　傅斯年：《通信》，《新潮》第1卷第3期，1919年3月1日。
⑤　陈序经：《东西文化观》，岭南大学1937年版，第178页。

中国最被人看不起之时，又值有人主张全盘西化之日，故其言如此。"①《元西域人华化考》从研究中外文化交通的角度，阐述在元朝多民族统一国家兴盛的形势下，大批过去被隔绝的大食、波斯、印度、叙利亚等外国人和中国西部少数民族，来到中国，进入中原，接触中华文化，深受感染而被同化的事实。通过这些事实的揭示，达到表彰中华历史文化的目的。《元西域人华化考》从几个方面阐述了中华文化巨大的感召力。

一是儒学的感召力。陈垣说："儒学为中国特有产物，言华化者应首言儒学。"② 他从"西域人之儒学""基督教世家之儒学""回回教世家之儒学""佛教世家之儒学""摩尼教世家之儒学"等五个方面，考察了马祖常、赡思等外国人或中国西部少数民族人物共 30 名，论述他们入华或入中原以后接受儒学甚至世代为儒的事迹，说明中国儒学巨大的影响力。他在论述畏吾尔人阿鲁浑萨理以佛教世家传人而习儒的事迹时指出：

> 元时佛教世家，无过阿鲁浑萨理。三世精佛学，父为释教总统，身受业于国师八思巴。以此世袭信仰，其思想宜不易动摇也，而抑知事实上不然，特患其不通中国之文，不读中国之书耳，苟习其文，读其书，鲜有不爱慕华风者。③

言简意赅地表达了他对中华民族悠久历史文化无比的自信心和自豪感。

二是宗教的感召力。中国的宗教对于外来人物也有巨大的感染力，这不仅包括中国本土生长的道教，也包括已经中国化的佛教。陈垣对于中国化佛教的影响，有严格而科学的界定，他认为，凡由汉译经论或晋唐以来中国佛教著述而入佛者，皆应谓之华化。④《元西域人华化考》的《佛老篇》论外国和西部少数民族崇信佛老者共 8 人，其中有由基督教世家而入道的马节、赵

---

① 陈智超编注：《陈垣来往书信集》（增订本），生活·读书·新知三联书店 2010 年版，第 912 页。
② 陈垣：《元西域人华化考》，第 8 页。
③ 陈垣：《元西域人华化考》，第 25 页。
④ 陈垣：《元西域人华化考》，第 32 页。

世延，有由"回回教世家"而入佛的丁鹤年。他记丁鹤年开始习佛不过因"避祸不得已之苦衷，暂行遁迹空门而已"，"然始而避地，继而参禅，终而高蹈，濡染既深，讵无所获"①，最终修行有得。这也足以证明中国宗教潜移默化的力量。

三是文学艺术的感召力。中国文学源远流长，富有内容美和形式美的统一，它是外来人士学习中华文化最先接触的领域，故常常以强大的魅力吸引他们浸淫其中。《元西域人华化考·文学篇》记载的文学人物最多，共51人，他们不仅倾倒于中国文学，而且为诗、为曲、为文，在中国文学史上留下许多动人的篇章，"此西域人所以在元朝文学界中占有重要地位也"②。中国艺术对外来人士的影响，包括书法、中国画和建筑。陈垣指出："书法在中国为艺术之一，以其为象形文字，而又有篆、隶、楷、草各体之不同，数千年来，遂蔚为艺术史上一大观。"元代外国人和进入中原的少数民族中有不少人精通书法，这样的造诣实属难能可贵，因为"在拼音文字种族中，求能执笔为中国书，以极不易得，况云工乎！故非浸润于中国文字经若干时，实无由言中国书法也"③。在论及外国人受中国建筑学影响的事例中，他特标举也黑迭儿建造元大都宫殿的贡献，说："今人游北京者，见城郭宫阙之美，犹辄惊其巨丽，而熟知筚路蓝缕以启之者，乃出于大食国人也。"也黑迭儿为阿拉伯建筑师，却能以中国营造法建大都宫阙，其原因固然有元朝统治者汉化的要求，也由于也黑迭儿对中国建筑术的钦服和感悟，"故采中国制度，而行以威加海内之规模"④。

四是礼俗的感召力。陈垣认为，元代外人来华，"一二传即沾被华风"而习华俗，因而可以说"元时西域人模仿中国习俗，应有尽有"⑤。如用汉语为

① 陈垣：《元西域人华化考》，第44页。
② 陈垣：《元西域人华化考》，第73页。
③ 陈垣：《元西域人华化考》，第75页。
④ 陈垣：《元西域人华化考》，第89页。
⑤ 陈垣：《元西域人华化考》，第100页。

姓名，沿用中国的丧葬习俗、祠祭习俗，甚至连居处别业的布置、室名斋号的命取，也皆因爱慕华风而例行华俗。有鉴于百方异俗，"一旦入住华地，亦改从华俗"的大量例证，他不无感慨地说："其旧俗譬之江河，中国文明则海也，海无所不容，故无所不化。"① 他以海纳百川之喻，深情赞颂了中华文明对外来百俗巨大的包容与同化力量。

"中国文明则海也"，凸昂了陈垣以中华历史文化为本开展文化史研究的思想。这种思想发展到抗日战争时期，因国难当头的忧患意识和爱国抗敌热情所激奋，表现得更为强烈。如果说在抗战以前，陈垣在以中华文化为本思想指导下的史学研究，多以表彰中华民族的悠久历史和灿烂文化为主的话，那么，抗战时期在这种思想指导下的史学研究则重在阐发中华民族的爱国情操和不屈意志等道德精神，并希望藉此鼓舞人们坚持抗战、保家卫国的斗志。

七七卢沟桥事变以后，陈垣在北京写下一系列意在弘扬民族精神传统，激昂爱国热情的著作，他曾回忆此期著述的思想说：

> 北京沦陷后，北方士气萎靡，乃讲全谢山之学以振之。谢山排
> 斥降人，激发故国思想。所有《辑覆》《佛考》《诤记》《道考》《表
> 微》等，皆此时作品，以为报国之道止此矣。②

其中所提五部作品，即《旧五代史辑本发覆》《明季滇黔佛教考》《清初僧诤记》《南宋初河北新道教考》《通鉴胡注表微》。在这五部作品中，陈垣言道、言僧、作考据、表大义，都是为了高扬民族精神和爱国志气，而其思想内容表现得最为集中、突出的，是被人誉为"最高境界"③ 的《通鉴胡注表微》。此书通过对胡三省注释《通鉴》的研究，一方面论述作者多年积累的治史经验和史学主张；另一方面则陈古证今，阐发作者对中华民族人伦道德精神的

---

① 陈垣：《元西域人华化考》，第 108 页。
② 陈智超编注：《陈垣来往书信集》（增订本），第 247 页。
③ 牟润孙：《从〈通鉴胡注表微〉论援菴先师的史学》，《史学史研究》1981 年第 1 期，第 70 页。

深刻体验。

首先，陈垣在书中表达了中华民族强烈的爱国情感。全书开篇即借对"本朝"称呼的讨论，抒发民族的爱国思想。他说：

> 本朝谓父母国。人莫不有父母国，观其对本朝之称呼，即知其
> 对父母国之厚薄。胡身之今本《通鉴注》撰于宋亡以后……然观其
> 对宋朝之称呼，实未尝一日忘宋也。①

他在书中充分肯定了胡三省的爱国思想，又结合史实，多次阐述中国历史上人民的爱国精神。如在论述胡三省注北魏占据中原史事时，就说："是时中原虽为魏所据，而其民皆曾奉正朔，固不忘中国也。" 又说："谁愿为敌国之民哉！"② 胡三省注晋宋之亡受臣妾之辱事，仰天悲叹"呜呼痛哉"！陈垣则据此表微曰："传言，仲尼之徒，皆忠于鲁国。人非甚无良，何至不爱国？"③ 指出爱国精神乃中华民族数千年历久弥坚的优良传统，"仲尼之徒，皆忠于鲁国"深刻阐明了爱国思想是每一个正直的中国人固有的自觉意识。

与爱国精神紧密联系的是强烈的民族意识。在中国，"民族意识，人皆有之"。"当国家承平及统一时，此种意识不显也，当国土被侵凌，被分割时，则此种意识特著。"他在这里特别强调，民族意识历来是中华民族团结克敌的精神支柱。近代以来，中国虽然国力日蹙、危机重重，然而"中国民族老而不枯"，自有其强大的生命力，在国难当头之际，炎黄子孙自能坚凝一致，战胜顽敌。因此他在书中多处以古喻今，坚定地指出，"中国之分裂必不能久也"，"中国人所以有信心恢复中原也"。④

在论述中华民族的爱国精神与民族意识的同时，他还特别表彰了一批宁死不降、为国捐躯的忠臣以及人民勇于反抗外敌的事例，用以昭示中华民族

---

① 陈垣：《通鉴胡注表微》，第1页。
② 陈垣：《通鉴胡注表微》，第245、263页。
③ 陈垣：《通鉴胡注表微》，第137页。
④ 陈垣：《通鉴胡注表微》，分别见第243、236、244、226、241页。

坚贞不屈、不畏强敌的光荣传统。其中如记宋末湖南安抚史李芾据守潭州，与元兵激战三阅月，城破而阖家殉国，令人读史为之大恸，"其义烈感人至深可想也"。又记宋末常州守将陈炤、胡应炎等人与常州共存亡，殉节后州人为其立祠，"忠义之名，人所共爱也"。他还借十六国时后赵汉人民变史事，引申发挥，指出"中国人虽爱和平，然不可陵暴之至于忍无可忍也"①，表明中国人民热爱和平，但又不畏强暴，敢于同侵略者奋战到底的坚强决心。

图 6 1942 年 4 月辅仁大学返校节运动会上发表演讲。陈垣在致辞中，讲了一个"孔子开运动会"的故事，借以讽刺在场的敌伪分子。典出《礼记·射义》。

陈垣在全面抗战期间以《通鉴胡注表微》等一系列著作，表达爱国热情，伸张民族正气，不仅坚定了自己抗敌的信念，也鼓舞了同道学者们的信心。这一时期，他以中华文化为本的史学思想因爱国热情的激励，在与社会现实紧密结合的过程中不断发展，从而提高到一个新的阶段。

三、赶超国外汉学，发展民族文化

陈垣以中华民族文化为本的民族文化史观还有一个重要的思想内容，这就是时时不忘推进和发展民族的新文化，在学术上赶超世界一流水平，让中

① 陈垣：《通鉴胡注表微》，分别见第 181、186、239 页。

国学术在国际学坛上占有一席之地，让中华文明发扬光大，自立于世界文明之林。

这一思想可以说在他决定弃政治学，献身于中国学术之时就已经确立了。1917 年，陈垣发表第一篇重要的史学论文《元也里可温教考》，在国内外学术界引起了轰动。值得注意的是，他三十多岁才正式转入史学研究和著述，为什么一开始就选择了中外文化交通史的课题为突破口呢？通常的解释是，他当时和天主教学者马相伯、英敛之熟悉并常有学术交往。这固然是陈垣着手进行元也里可温教研究的直接原因，但是其中更有他瞄准中外文化交通这一国际汉学研究的热门话题，欲发奋研究，以优异成果与国外汉学争胜的深层考虑。

20 世纪初叶，随着国门洞开，秦汉竹木简、敦煌经卷等珍贵文献相继发现，国外汉学界一方面为中国悠久的历史文化所吸引，一方面因列强掠夺而据有大量中国学的第一手资料，而大大激发了他们研究的兴趣。于是他们在中外文化交通史，甚至在中国史的研究上突飞猛进，在许多方面超越中国学者，涌现了一批学有所成的专家。当时国际的中国学研究以巴黎为重镇，日本的京都紧随其后。在巴黎学派中，著名的汉学家有以《史记》及西域出土简牍研究闻名的沙畹，有擅长敦煌学和元史的伯希和及专长于中国上古史的马伯乐；在京都学派中，则有研究甲骨文和中国古代史的内藤虎次郎，有研究敦煌学和中国哲学史的狩野直喜，以及元史专家那珂通世、西域史和中外文化史专家桑原骘藏。如此等等，国外汉学界的丰硕成果令许多中国学者引为奇耻大辱，这样的感受应该说陈垣是最为强烈、明显的，他曾不止一次地公开说过："每当我接到日本寄来的研究中国历史的论文时，我就感到像一颗炸弹扔到我的书桌上，激励我一定要在历史研究上赶过他们。"[1] 这样的话虽然是后来他的学生们所听到的，但仍不难反映出当年陈垣在选择研究课题时

---

① 刘乃和：《学习陈援庵老师刻苦治学的精神》，见《励耘承学录》，北京师范大学出版社 1992 年版，第 88 页。类似的说法亦见柴德赓《我的老师陈垣先生》，《文献》1980 年第 2 辑，第 219—231 页。

的深层思考。他看到了中国学术在研究本国历史文化时竟不如外人的差距，并为此倍感焦虑。这样的焦虑在他的著述里时有流露。1929 年陈垣发表《中国史料的整理》一文，谈整理研究中国史料的紧迫性，批驳有些人主张索性把中国史料统通烧掉的荒谬言论，指出："我们若是自己不来整理，恐怕不久以后，烧又烧不成，而外人却越俎代庖来替我们整理了，那才是我们的大耻辱呢!"① 1930 年他发表《基督教入华史》，在论述唐朝景教时说："以前景教碑中有好些人名，无从考其传略，现在新发现日多一日，但大多为外人从中国书内所发现，希望国人努力才好。"② 字里行间，无不流露他对中国学术状况的担忧。孟子曰："知耻近乎勇。"正是这样的忧患意识激励陈垣要迎头赶上，夺回中国在国际汉学研究的中心地位。为此，他选择了当时国外汉学家所擅长的中外交通史领域，以外来宗教在华传播史研究为突破口，准备以自己扎实的研究与国外汉学界争胜，为中国学术争光。

如果以上分析大致不错的话，那么，陈垣在《元也里可温教考》发表后，接连不断问世的作品，则可作为上述判断的进一步例证。1917 年以后，陈垣在他的外来宗教入华传播史即中外交通史领域大力推进，发表了大批研究成果，在国内外学术界引起极大影响。其中既有研究古代外来宗教的"古教四考"，又有研究世界三大宗教入华源流的《基督教入华史略》《回回教入中国史略》，以及与佛教相关的《记大同武州山石窟寺》《书内学院新校慈恩传后》《大唐西域记撰人辨机》；有研究中外交通史的工具书《中西回史日历》，更有阐述中华文化巨大影响力的《元西域人华化考》，等等。这些几乎纯以汉文史料撰写的著作，无不以其材料丰富、考证精密、方法科学令国内外学者折服，因而奠定了陈垣在国际汉学界的地位。当时国际汉学界的领袖人物、巴黎学派的代表伯希和因摩尼教研究和元史研究与陈垣有过多次学术来往。1933 年伯希和来华时曾在不同场合表示了对陈垣的敬佩。如在一次酒会上，有人问

① 陈垣：《中国史料的整理》，见《陈垣学术论文集》第二集，第 330 页。
② 陈垣：《基督教入华史》，见《陈垣学术论文集》第一集，第 97 页。

伯希和："当今中国的历史学界，你以为谁是最高的权威？"伯希和不假思索地回答："我以为应推陈垣先生。"① 在离开北平时，伯希和又对人说："中国近代之世界学者，惟王国维及陈先生两人。"② 日本京都学派的桑原骘藏虽与陈垣未曾谋面，但学术上却神交已久，他读过陈垣的"古教四考"等书，又为《元西域人华化考》撰写书评，指出该书"研究为科学的"，"方法周到"，征引考核"殆无遗憾"。他综合陈垣的学术成就，认为陈垣是中国"尤为有价值之学者也"，其研究成果"裨益吾人甚多"，中国"虽有如柯劭忞氏之老大家，及许多之史学者，然能如陈垣氏之足惹吾人注意者，殆未之见也。"③ 伯希和、桑原骘藏的评价反映了国际汉学界代表性的看法。事实证明中国学者完全可以依靠自身的努力发展中国的学术和文化，在国际汉学研究中占据领先的地位。陈垣的史学成就及其在国际汉学界的声誉，深受国内学者的赞扬，同时也鼓舞了中国学者将汉学中心夺回中国的信心。1928 年，傅斯年创建中央研究院历史语言研究所时，礼聘陈垣为特约研究员，他给陈垣写了一封深表仰慕、语气恳切的信，信中说：

> 斯年留旅欧洲之时，睹异国之典型，惭中土之摇落，并汉地之历史言语材料，亦为西方旅行者窃之夺之，而汉学正统有在巴黎之势。是若可忍，孰不可忍。幸中国遗训不绝，典型犹在。静安先生驰誉海东于前，先生鹰扬河朔于后。二十年来承先启后，负荷世业，俾异国学者莫敢我轻，后生之世得其承受，为幸何极。④

傅斯年本主张"极端的崇外"，但他也为汉学正统之在巴黎忍无可忍，同时他更为陈垣与国外汉学争胜，"俾异国学者莫敢我轻"而深受鼓舞，言辞中所表

---

① 转引自桑兵《陈垣与国际汉学界——以与伯希和的交往为中心》，见龚书铎主编《励耘学术承习录：纪念陈垣先生诞辰 120 周年》，北京师范大学出版社 2000 年版，第 191 页。
② 陈智超编注：《陈垣来往书信集》（增订本），第 124 页。
③ ［日］桑原骘藏著：《读陈垣氏之〈元西域人华化考〉》，陈彬和译，见《元西域人华化考》附录，第 130 页。
④ 陈智超编注：《陈垣来往书信集》（增订本），第 407 页。

达的感受，应能反映当时不少中国学者的心情。

　　陈垣虽以自己的努力，为中国学术争得荣誉，但他念念不忘的是将汉学研究中心真正夺回北京，念念不忘的是中国学术文化的整体发展。他不仅与同辈学者相互激励，更将希望寄托于后来的学人。1921年，他在北京大学讲演时，就鼓励学生说："我们应当把汉学中心夺到中国，夺回北京。"1928年，在辅仁大学学习的翁独健也听到陈垣在课堂上教育学生说："今天汉学的中心在巴黎，日本人想把它抢到东京，我们要把它夺回到北京。"① 由此可以看出，陈垣在学术上与国外汉学争胜，争的不是个人的胜败荣辱，争的是中国学术的进步，目的是为了推动中华民族文化的全面发展。

　　在提倡学术竞争，发展民族文化的同时，陈垣清醒地意识到学术文化的发展对于提高国家、民族地位的重要作用。因此，他特别注意强调中国的学者和文化人通过发展民族文化以提高民族自信心和国家地位的使命感。1929年他主持辅仁大学校务时，在学校章程中就要求学生要"对于中国固有文化的特长，发扬光大，以增长民族之自信力"②。七七事变前夕，当日本帝国主义侵华政策步步紧逼，日本兵在朝阳门外打靶的枪声已清晰地传到北京大学的教室时，他在课堂上语重心长地说：

图7　陈垣在1928年5月。

　　　　一个国家是从多方面发展起来的，一个国家的地位，是从各方面的成就积累的。我们必须从各方面就个人所干的，努力和人家比，我们的军人要比人家的军人好，我们的商人要比别人的商人好，我

---

① 刘乃和：《学习陈援庵老师的刻苦治学精神》，见《励耘承学录》，第88页。
② 北京师范大学档案馆藏《私立北平辅仁大学档案》，卷第21号。

们的学生要比别人的学生好。我们干史学的，就当处心积虑，在史学上压倒人家。①

这是他对于发展民族文化现实意义的充分认识。基于这种认识，在抗战中，他方能以弘扬民族优良传统、宣传爱国精神和民族意识为己任，发挥了史学为现实服务的作用。

新中国成立后，陈垣虽已年届七旬，但他发展中华民族文化的思想仍不断升华。在新中国总结继承中华民族优秀传统文化，建设社会主义新文化的进程中，他不辞年高，将自己的渊博学识和大量精力投入到新中国学术文化事业之中，为社会主义新文化的发展作出了新的贡献。②

陈垣的一生，真正是为弘扬和发展中华民族文化奋斗的一生。作为一种史学的思维方式，陈垣以中华民族文化为本的民族文化史观，强调了文化的个性和以此为基点的文化进化的包容性。因此，既避免了走向"国粹论"的保守和狭隘，又反击了"全盘西化"的民族虚无主义，从而在20世纪中国史学的建设中坚持了民族化发展的方向，这就是陈垣这一史学思想的重要价值和意义。历史在前进，当我们跨入21世纪时，中国早已崛起屹立于世界，中国史学家已经突破民族的视野，不仅可以从中国的角度看世界，也可以从世界的角度来看中国了。事实证明，人类社会的共性总是寓于具体民族的特性之中的，当我们站在全球的角度思考人类历史的发展和未来时，仍然不能忽视民族文化的个性与人类文明的共性之关系。从这个意义上讲，在21世纪中国史学的发展进程中，陈垣以中华民族文化为本的史学思想仍是我们需要学习和继承的宝贵遗产。

---

① 朱海涛：《北大与北大人——陈垣先生》，《东方杂志》第40卷第7号。
② 周少川：《陈垣晚年史学及学术思想的升华》，《史学史研究》2000年第4期，第11—19页。

第二章　客观理性的宗教史观
——开辟了 20 世纪中国宗教史研究道路

　　陈垣以考据治宗教史，在其著述中，蕴含着丰富的宗教史观。他在研究中国古代宗教传播和发展的历史现象时，能够把宗教现象放到一定的历史环境、一定的历史条件中去认识和理解。在分析和评价宗教现象的时候，能够把宗教现象和产生它们的各种历史条件联系起来，而不是脱离它们的历史环境和历史条件，对它们做孤立的考察，因而往往能作出客观合理的阐释。他的宗教史研究也不脱离宗教传播所处的历史环境和历史条件去分析评价，或作任意的拔高，或以现实的标准去苛求。他坚持信仰自由、宗教平等的立场，以客观公正的态度对待宗教现象和宗教史研究，阐述宗教盛衰与社会政治的密切关系，揭示宗教史在中外交通中的文化史意义，开辟了 20 世纪中国近代宗教史研究的道路。

　　陈寅恪在《陈垣明季滇黔佛教考序》中说："严格言之，中国乙部之中，几无完善之宗教史，然其有之，实自近岁新会陈援庵先生之著述始。"[1] 这是对于陈垣开拓近代宗教史研究领域之功的一个准确评价。陈垣的宗教史研究关注各教的兴衰和传播，而不研究各教的教义。他研究的范围非常广泛，无论是对历史上外来的古教，还是世界三大宗教、产生于中国的道教，都有专

---

　　① 陈寅恪：《陈垣〈明季滇黔佛教考〉序》，见《金明馆丛稿二编》，生活·读书·新知三联书店 2001 年版，第 272 页。

深的著述。从第一篇重要论文《元也里可温教考》起，他就连续写了《开封一赐乐业教考》《火祆教入中国考》《摩尼教入中国考》等几篇分别考证犹太教、火祆教和摩尼教的宗教史论文，合称为"古教四考"。他编有《道教金石略》，抗战期间又完成了《明季滇黔佛教考》《清初僧诤记》《南宋初河北新道教考》等"宗教三书"和《中国佛教史籍概论》，对佛教和道教进行了深入的研究。他还撰有《基督教入华史略》《回回教入中国史略》等研究基督教和伊斯兰教传播史的论文，以及大批研究宗教人物事迹的篇什，仅基督教史方面的研究，就有论文三十多篇，宗教史研究是陈垣史学的重要方面。

在宗教史研究领域，陈垣以其缜密的历史考证所向披靡，攻克了道道难关，解决了许多历史疑案。与乾嘉诸老的考据学相比，陈垣的历史考证极大地扩充了可资利用的史料范围。综观他所作的"古教四考"和"宗教三书"，所用史料除了 20 世纪初新发现的敦煌经卷、内府档案外，更有许多为他人未见或习见而未能运用之资源，如方志、碑铭、案牍、佛藏，甚至砖瓦图绘、匾额楹联。他取《至顺镇江志》《元白话圣旨碑》《元典章》的材料，论证了"隐七八百年，其历史至今无人能道"[1] 的元代也里可温教。他考开封犹太教而采及匾联，辨正了以往将一赐乐业教和回教混视为一的谬误。他利用字书，从训释"祆"字入手，考明火祆教来源，阐明了火祆教、大秦景教、摩尼教的"相异之点"，解决了钱大昕、杭世骏等人经常混淆的问题。他"取敦煌所出摩尼教经，以考证宗教史，其书精博，世皆读而知之矣"[2]。他的《明季滇黔佛教考》则大量利用佛典、佛教史籍和僧人语录，陈寅恪为此书作序，以为其中"征引之资料，所未见者殆十之七八，其搜罗之勤，闻见之博若是，至识断之精，体制之善，亦同先生前此考释宗教诸文"[3]。

在宗教史研究中，陈垣善于在考证的基础上贯通史实，说明历史事实的

---

① 陈垣：《元也里可温教考·总论》，见《陈垣学术论文集》第一集，中华书局 1980 年版，第 1 页。
② 陈寅恪：《陈垣〈敦煌劫余录〉序》，见《金明馆丛稿二编》，第 267 页。
③ 陈寅恪：《陈垣〈明季滇黔佛教考〉序》，见《金明馆丛稿二编》，第 272 页。

客观因果关系，阐述不同历史现象的内在联系，从而对历史的一些问题作出综合解释。这表现在，首先，他的宗教史研究重视阐明了宗教盛衰与社会政治的密切关系，比如他论述火祆教在唐代受崇奉，与唐朝交通西域的政策有关；摩尼教在中国的盛衰则深受回鹘政治势力变化的影响；也里可温教在元代中后期不受重视，是由于统治者逐步接受儒学政治思想的缘故；他的《明季滇黔佛教考》从士人逃禅反映当时政治的变迁，因此陈寅恪在序文中说此书"虽曰宗教史，未尝不可以政治史读也"。其次，他把宗教史作为文化史的组成部分来进行研究，他特别重视宗教人物对外来文化的介绍和对中华文化的学习，注意揭示中外文化交通与宗教传播的内在联系，因此"他对于外来宗教史的研究，同时也是他对中外文化交通史研究的主要内容"①。其三，他的宗教史研究能够从历史的是非褒贬中惩恶扬善，从而发挥史学的鉴戒作用。他在抗战时期所作的"宗教三书"和《中国佛教史籍概论》都有这个目的，他写《清初僧诤记》，意在抨击当时沦陷区汉奸的卖国行为；写《明季滇黔佛教考》，"所欲表彰者乃明末遗民之爱国精神，民族气节，不徒佛教史迹而已"②。其他各书，也是"其中论断，多有为而发"③。陈垣的宗教史研究以其精密的考证，解决了宗教史中的诸多疑难，并从宗教史研究的角度，对历史进行阐释。他的研究成果，不仅引领中国近代宗教史研究的开新和发展，而且蕴含丰富的史学思想。

第一节　主张信仰自由、宗教平等

　　陈垣的宗教观念，肇始于他早年的基督教信仰。1906年，他的父亲患膀

---

① 白寿彝：《要继承这份遗产》，见《励耘书屋问学记——史学家陈垣的治学》（增订本），生活·读书·新知三联书店2007年版，第2页。
② 陈垣：《明季滇黔佛教考·重印后记》，河北教育出版社2000年版，第480页。
③ 陈垣：《中国佛教史籍概论·后记》，中华书局1962年版，第161页。

胱结石病，当地中医治疗无效，后经西医动手术诊治痊愈。当时广州的西医医院大都是教会医院，这对他的思想有所影响。1907 年他报考了由美国教会创办的广州博济医学院，他的基督教信仰当产生于此时。陈垣虽有基督教信仰，但毕竟他自幼受中国传统文化的熏陶，思想中的民族意识和自尊是很强烈的，这使他对教会学校中美籍教师的傲慢、歧视中国师生的行为，感到无法忍受，便愤然离开博济，与几位爱国志士一起创建了我国第一所西医学校——广州光华医学院，在医学院毕业之后他又留校任教。陈垣主张信仰自由、宗教平等的思想，一方面源自他对宗教的基本看法，他说："从前对于宗教有一个看法，认为在人烦恼的时候，失意的时候，信仰宗教可以得到安慰，因此对任何宗教都有好感。"① 既然如此，那么任何宗教都是平等的，人们为了求得精神慰藉，选择哪一种宗教信仰也是自由的。另一方面，则应该是出自一个史学家的本能。陈垣的嫡孙陈智超说："陈垣研究宗教史，是把宗教作为一种历史现象、社会现象，着重研究它的流传以及与政治、文化、经济的关系，而不研究它的教义。他虽然一度信仰过基督教，但在研究中决不厚此薄彼。"② 作为一个严肃的史学家，为了客观理性地研究宗教史，信仰自由、宗教平等思想自然也会成为陈垣宗教史观的一个基调。

一、"唯自由信仰为真信仰"

陈垣主张宗教信仰自由，在其宗教史研究中，每遇有关信仰自由者，便有所阐发。唐德宗时李泌为相，出入禁中，处事有方，数为权幸所疾，然常以智免。《唐书》称其有智，但又说他"常持黄老鬼神说，故为人所讥"，胡三省注《通鉴》时，为李泌辩护。陈垣则以此事为由，阐发了信仰自由的主张。他说："李泌之笃好黄老，乃其个人之信仰与修养，与国家社会何损？必以此讥之，岂非不爱成人之美者乎！"他举《宋元学案》中所载一批学者，信

---

① 陈垣：《自我检讨》，见《陈垣全集》第二十二册，安徽大学出版社 2009 年版，第 614 页。
② 陈智超：《史学家陈垣传略》，见《陈智超自选集》，安徽大学出版社 2003 年版，第 114 页。

仰佛教，虽为时儒所讥，但都治学有成、风节凛凛，所以全祖望依然将他们收入学案之中。陈垣认为"学佛自是其个人修养，何负于国？李泌之于黄老，亦犹是耳。身之详为之辩，而独以智许之，深得信仰自由之义，其识远矣"①。甚为赞同胡三省信仰自由的观念，以此为高远之见。

元泰定元年二月，泰定帝宣谕也里可温各如教具戒。陈垣分析说："夫曰戒，即教中之诫命也。吾初质疑教徒之具戒，何至烦帝者之为敕谕；既而知元代诸教并重，时方尊礼帝师（佛教），或不无强人领受佛戒之事。观于世祖之命廉希宪受戒（佛戒），希宪对曰：'臣受孔子戒矣。'帝曰：'孔子亦有戒耶！'由此推之，当时之也里可温，亦必有因不肯受佛戒，然后有此信仰自由之宣谕也。"② 他很欣赏元代宗教信仰自由的现象，甚至一个家族之中，也可自由选择不同的信仰，比如马祖常家族，"老辈皆奉基督，后生则为道为儒，分道扬镳，可谓极信仰之自由者矣"③。信仰有世袭信仰、自由信仰。陈垣曰："世代为基督徒者，其信仰属于遗传，吾谥之曰'世袭信仰'。世袭信仰非出于自由，唯自由信仰乃真信仰。"④

有关"自由信仰乃真信仰"的看法，在别的著述中还有申说。他曾为清人许缵曾作传，记其幼年随母皈依天主教，然成年之后终不能敌世俗之熏陶，故曰："余因有感于幼年知识未定之人，其领洗不尽足恃，以其信仰非自动而被动也。"⑤ 之所以强调这个问题，也是为了彰显以个人独立意志自由选择信仰之权利和意义。

关于信仰自由的思想和根据，《通鉴胡注表微·释老篇》小序有较为集中的阐述，他说：

> 信仰贵自由，佛老不当辟，犹之天主不当辟也。且孟子尝距杨

---

① 陈垣：《通鉴胡注表微》，辽宁教育出版社 1997 年版，第 275、276 页。
② 陈垣：《元也里可温教考》，见《陈垣学术论文集》第一集，第 8 页。
③ 陈垣：《元西域人华化考》，世纪出版集团、上海古籍出版社 2008 年版，第 21 页。
④ 陈垣：《元西域人华化考》，第 21 页。
⑤ 陈垣：《华亭许缵曾传》，见《陈垣学术论文集》第一集，第 129 页。

墨矣，杨墨何尝熄，杨墨而熄亦其有以自致，非由孟子之距之也。韩昌黎辟佛亦然，唐末五代禅宗之盛，反在昌黎辟佛以后，其效可睹矣。况隋唐以来，外来宗教如火祆、摩尼、回回、也里可温之属，皆尝盛极一时，其或衰灭，亦其教本身之不振，非人力有以摧残之。①

他举宗教史上的若干事例，以说明宗教是一种客观的社会现象，有其内在的消长规律，非外力所能最终窒息。因此，尊重个人的信仰自由，也是尊重宗教发展的客观规律。

二、"道并行而不悖"

陈垣始终坚持宗教平等的立场，反对宗教之间的相互攻击和倾轧。他在《摩尼教入中国考》中说："吾读基督教史，无不诋毁摩尼教。吾读佛教史，亦无不诋毁摩尼教。所谓各是其所是，非其所非也。"② 批评了宗教间各自标榜、以己之见讥訾对方的狭隘心态。相反，他非常赞赏回教尊重他人的态度。他说，"回教不攻击儒教"，"回教徒对于孔子，独致尊崇，故能与中国一般儒生不生恶感"。③

他主张各宗教之间要和平共处、互相学习。民国时基督教士张纯一撰《耶稣基督人子释义》，征序于陈垣。陈垣很赞赏张氏精研佛典，"以佛说谈耶理"的做法，他说："吾友张子仲如，好以佛说谈耶理，以是为一般拘泥之基督教牧所不悦，仲如不顾也。仲如盖确有所见，谓中国现有诸教把臂入林者，惟佛庶几耳。恒人不入人室，而妄在门外评骘人室中铺陈之美恶，未见其能有当也。"④ 他在序言中阐述宗教间应该友好相处、互相学习的主张。

---

① 陈垣：《通鉴胡注表微》，第 267 页。
② 陈垣：《摩尼教入中国考》，见《陈垣学术论文集》第一集，第 361 页。
③ 陈垣：《回回教入中国史略》，见《陈垣学术论文集》第一集，第 559 页。
④ 陈垣：《耶稣基督人子释义序》，见《陈垣全集》第二册，第 406—407 页。

> 佛教史所谓三武一宗之厄，毁佛像，焚佛经，坑沙门，又与雍乾诸帝之禁基督教，及数十年前之仇教者何以异？皆以其为外国之教而排斥之也。吾读史至此，未尝不掩卷而悲，与有同感。①

他列举佛耶两教都曾受谤禁的史实，认为不同宗教皆有相同的遭遇，故应相互同情，进而相互学习。他说：

> 顾尝闻大秦寺僧景、净曾与沙门般若有同事翻经之雅（《贞元释教录》十七），会昌毁佛，大秦穆护同受摧残（《唐会要》四十七），基督教之于佛，可谓患难之交矣。使二教有志之士，能尽如仲如之互易其经，虚心研诵，不为门外之空辩，固必有最后觉悟及最后决定之一日也。又何必深闭固拒，鳃鳃然惧歧路之多亡哉！②

陈垣指出，基督教和佛教有共同译经的美好经历，也有同受损害的痛苦遭遇，是患难之交，所以应该像张纯一那样互通经典、"虚心研诵"，不作无据之歧视，而"深闭固拒"；只有研读对方经典之后，才能对彼此的宗教有最终的清楚了解和认识。这篇序文撰于1919年，是陈垣早期对信仰自由、宗教平等，各教之间相互尊重、互相学习等主张的具体表达。

陈垣虽曾有过宗教信仰，但他从不抱个人成见，偏袒一方，而是以客观公正的立场对待各种宗教。在他的宗教史研究著作中，曾多次批评历史上有些学者对待宗教的不公正态度。比如，在《摩尼教入中国考》中，他举二则陆游攻击摩尼教的材料之后说：

> 然谓明教经诞谩无可取，直俚俗习妖妄者所为，则韩愈毁佛故智耳。明季天主教入中国，信之者多一时名士。然清《四库总目》（子部杂家类存目二）批评天主教著述，辄谓其诞谩支离，莫可究诘。陆游之论明教，抑何与纪昀等之论天主教同也？此中国儒者习

---

① 陈垣：《耶稣基督人子释义序》，见《陈垣全集》第二册，第406—407页。
② 陈垣：《耶稣基督人子释义序》，见《陈垣全集》第二册，第406—407页。

气也。①

他列举不同时代的儒者对不同宗教的讥讽，如出一辙，皆施以"诞谩""妖妄"等空洞无据的诋毁，这是极不合理的。他认为学者对于宗教应该有包容之胸怀："孔子称'攻其恶，无攻人之恶'，使孔子而知有异教，必以为西方之圣而尊敬之。故吾人当法孔子之问理于老聃，不当法孟子之距杨墨也。"②他在《通鉴胡注表微》中多处盛赞胡三省通晓宗教和客观公正地对待不同宗教的学识，他说：

> 胡身之注《通鉴》，于释老掌故，类能疏通疑滞，间有所讥切，亦只就事论事，无辟异端习气，与胡明仲《读史管见》之攘臂而争者不同，足觇其学养之粹，识量之宏也。③

又说：

> 身之于二氏之学，夙所通究，故注中无矫激之谈。《中庸》言："万物并育而不相害，道并行而不悖。"尊此者固不必以抑彼为能也。④

相比之下，他批评韩愈毁佛，陆游之讥明教（摩尼教），纪昀《四库全书总目》之贬天主教："此中国儒者习气也。"⑤ 这就是陈垣主张信仰自由、宗教平等的公正态度。

第二节 论宗教与政治的关系

陈垣说："吾国民族不一，信仰各殊，教争虽微，牵涉民族，则足以动摇

---

① 陈垣：《摩尼教入中国考》，见《陈垣学术论文集》第一集，第366页。
② 陈垣：《通鉴胡注表微》，第267页。
③ 陈垣：《通鉴胡注表微》，第267页。
④ 陈垣：《通鉴胡注表微》，第278页。
⑤ 陈垣：《摩尼教入中国考》，见《陈垣学术论文集》第一集，第366页。

国本，谋国者岂可不顾虑及此。"① 指出宗教与政治有密切的联系，能否妥善处理宗教问题，关系政权的生死存亡，因而他的宗教史研究，特别注意从政治角度考察宗教的兴衰。

一、政治与宗教之相互影响

在他的宗教史研究中，多次说明古代外来宗教在中国的传播和盛衰，常常与政治势力的变化有关。他说："宗教无国界，宗教与政治，本分两途。然有时因传教之利便，及传教士国籍之关系，不得不与政治为缘。于是宗教之盛衰，每随其所信奉之民族为消息。"② 摩尼教借助回鹘的势力得以在中国传播，"回鹘势力入唐之际，正摩尼得志回鹘之时。唐人与回鹘交频繁，摩尼教在中国之势力，遂随之膨胀"③。火祆教能够流传中国，亦有政治因素。"唐代之尊崇火祆，有类于清人之尊崇黄教，建祠设宫，岁时奉祀，实欲招来西域，并非出自本心；然则唐代两京之有火祆祠，犹清京师各处之有喇嘛庙耳"④。当然，外教入华之初，往往亦因政治原因，受到某些传播范围的限制，"许外国人自行，而不许中国人信奉，二千年来，外教之入中国者，其始胥如此"⑤。

政治环境的变化，不仅关系宗教传播的消长，又常常会影响到宗教内部的纷争。陈垣《清初僧诤记》卷三《新旧势力之诤》之三"善权常住诤"，记述了清初佛教禅宗内部临济宗与曹洞宗纷争之事。临济宗禅师玉林琇因追附新朝顺治皇帝，号为"国师"，他仗势欺人，霸占曹洞宗在江苏宜兴的寺庙善权寺，派其徒白松丰入寺为主持，引起两派纠纷。后当地追随曹洞宗的陈氏族人与白松丰发生矛盾，又借三藩叛乱，江南反清民变日炽之势，火烧善权寺，焚死白松丰。陈垣考证善权寺之变始末，指出："此事与三藩之叛有

---

① 陈垣：《通鉴胡注表微》，第 267 页。
② 陈垣：《摩尼教入中国考》，见《陈垣学术论文集》第一集，第 347 页。
③ 陈垣：《摩尼教入中国考》，见《陈垣学术论文集》第一集，第 338 页。
④ 陈垣：《火祆教入中国考》，见《陈垣学术论文集》第一集，第 316 页。
⑤ 陈垣：《摩尼教入中国考》，见《陈垣学术论文集》第一集，第 335 页。

关，盖凡一新势力发生，旧势力为之推倒，必思乘时报复，此自然之理也。"
"可见宗教与政治之关系。"① 陈垣此书写于抗日战争时期，出于对当时汉奸附
敌为虐的痛恨，他揭露、批评了清初临济宗木陈忞、玉林琇之流藉新朝势力
欺压同类的卑鄙行为："夫二人者，性格似绝不同，然藉新朝势力欺压同侪，
则并无二致。所以彼此谤书皆盈束，非至死而诤不息也。"②

二、政治与宗教之消长

陈垣认为，人逢乱世或不得志，往往欲求宗教得以庇护和解脱，因而宗
教盛于政治混乱之时代。他说：

> 人当得意之时，不觉宗教之可贵也，惟当艰难困苦颠沛流离之
> 际，则每思超现境而适乐土，乐土不易得，宗教家乃予以心灵上之
> 安慰，此即乐土也。故凡百事业，丧乱则萧条，而宗教则丧乱皈依
> 者愈众，宗教者人生忧患之伴侣也。③

士人往往于社会动乱时皈依宗教，以求精神之寄托。《通鉴胡注表微·释老
篇》阐述了六朝时士人失意向教的风气："当时事佛风习，无间南北，盖荒乱
之极，精神无所寄托，相率而遁于玄虚，势使然也。"④ 此风一直延续到唐初，
"唐初承南北朝丧乱之余，豪杰之士，多栖心宗教，了澈生死"⑤。明季佛教复
兴亦似六朝情形，不能脱离乱世背景。陈垣说："明季中原沦陷，滇黔犹保冠
带之俗，避地者乐于去郐居岐，故佛教益形热闹。"⑥ 又说："黔南传灯之盛，
固自有原因，一佛教复兴，二中原丧乱也，二因缺一，不能成其盛。"⑦ "丧乱

---

① 陈垣：《清初僧诤记》，中华书局 1962 年版，第 82、83 页。
② 陈垣：《清初僧诤记》，第 85 页。
③ 陈垣：《明季滇黔佛教考》，第 452 页。
④ 陈垣：《通鉴胡注表微》，第 272 页。
⑤ 陈垣：《通鉴胡注表微》，第 286 页。
⑥ 陈垣：《明季滇黔佛教考》，第 234 页。
⑦ 陈垣：《明季滇黔佛教考》，第 258 页。

之余，信仰宗教之念愈切。"① 信仰宗教之念愈切，源于政治丧乱之由。

宗教的兴盛、新教的产生，也往往起于乱世。南宋金元之际，王重阳、刘德仁、萧抱珍创立全真、大道、太一等三教，正是出于乱世。"靖康之乱，河北黉舍为虚，士流星散，残留者或竟为新朝利用，三教祖乃别树新义，聚徒训众，非力不食，其始与明季孙夏峰、李二曲、颜习斋之伦讲学相类，不属以前道教也。迨儒门收拾不住，遂为道家扳去，然固汴宋遗民也。"② 他于此一方面阐述宗教起于乱世的道理，一方面赞赏王重阳、刘德仁、萧道珍"三教祖"建立新道教的行为，认为他们"别立新意，聚徒训众，非力不食"的做法其实是为了收拾民心，不忘故国，以对抗金元的统治。这也正说明了宗教与政治的关系。

然而，河北新道教的兴起，引起金朝统治者的猜忌。他记述曰：

> 欲于专制之时，创一教，立一说，以移易天下者，恒有左道惑众之嫌，言殊见疑，行殊得辟，由来久矣。倘统治者为非类，其猜忌尤甚，不知全真诸教何以能崛兴于完颜之代也。且金人既据河北，中国民情不服，乱言伏诛之事，史不绝书。③

因此《金史》多记"谋反""谋叛""乱言"伏诛事。全真教因被猜忌，屡遭劫难，但是却在磨难中不断发展。陈垣说："（姚）牧庵言全真之势似火，逾扑逾炽，吾言全真实似水，水至柔弱，故天下莫比其坚强也。"④

全真教等三教之所以能于逆境中发展，从政治上看，也是由于统治者的政治腐败，不得人心。陈垣说："人民信服全真之事，随处可见。即其推进之远，传布之速，已足惊人……然全真何以能得人信服乎？窃尝思之，不外三

---

① 陈垣：《南宋初河北新道教考》，见《明季滇黔佛教考》（外宗教史论著八种），河北教育出版社 2000 年版，第 608 页。

② 陈垣：《南宋初河北新道教考》，见《明季滇黔佛教考》（外宗教史论著八种），第 568 页。

③ 陈垣：《南宋初河北新道教考》，见《明季滇黔佛教考》（外宗教史论著八种），第 612 页。

④ 陈垣：《南宋初河北新道教考》，见《明季滇黔佛教考》（外宗教史论著八种），第 616 页。

端，曰异迹惊人，畸行感人，惠泽德人也。"① 又说："全真家能攻苦，能治生，又能轻财仗义，济人之急，人民信服，至于讼狱者不之官府而知全真，斯其效大矣。全真家深得财聚民散，财散民聚之奥者也。"② 太一教亦深得人民信服，"太一教之兴，其徒类能薄世味，举室清修，倾资产以奉教会，得人信仰若此，奇也。"③ 大道教亦如此，遗民自治，不服从金元统治，于是"教起于国亡以后，遗民自相保聚，有争端听教长调解，不肯赴有司，此美俗也"④。全真、大道、太一等三教得人信服，撼动了金元的统治。陈垣从政治上分析道："窥全真立教之微旨，盖隐然以汴宋之亡，欲与完颜、奇渥温氏分河北之民而治也。"⑤

陈垣还认为，讨论宗教不能脱离政治，是说宗教与政治有互相影响的密切联系，但不能把二者混同为一，否则便将祸国。他说：

> 离政治而言宗教，或以宗教为个人之修养，岂不甚善。梁武帝
> 等之于宗教，弊在因宗教而废政治，或与政治混而无别，遂以祸国，
> 宗教不任其咎也。⑥

梁武帝之害国，就是因为没有正确认识个人宗教信仰与政治之间的不同性质。

第三节　论宗教与文化的关系

从文化的角度考察宗教的传播发展与文化之间的关系，是陈垣宗教史思想的另一个特色。宗教是自然力量与社会力量在人的意识中的虚幻反映，通过对某种自然的或超自然的信仰和崇拜而生成。这种信仰和崇拜是以某种文

---

① 陈垣：《南宋初河北新道教考》，见《明季滇黔佛教考》（外宗教史论著八种），第603页。
② 陈垣：《南宋初河北新道教考》，见《明季滇黔佛教考》（外宗教史论著八种），第605页。
③ 陈垣：《南宋初河北新道教考》，见《明季滇黔佛教考》（外宗教史论著八种），第685页。
④ 陈垣：《南宋初河北新道教考》，见《明季滇黔佛教考》（外宗教史论著八种），第653页。
⑤ 陈垣：《南宋初河北新道教考》，见《明季滇黔佛教考》（外宗教史论著八种），第606页。
⑥ 陈垣：《通鉴胡注表微》，第271页。

化为基础的，宗教之所以能超出国界、民族而传播流行，也是借助于文化的相互交流和融合。陈垣有这样清醒的思想认识基础，保证了他的宗教史研究在科学理性的轨道上发展和深入。在他的宗教史研究著述和《元西域人华化考》《通鉴胡注表微》中有许多关于宗教与文化的思想和精彩论述。

一、宗教与儒学

陈垣曾论述宗教与其他文化类型相互吸收，儒学杂糅释、道之学而生成理学。他说：

> 宋元以来，中国儒学史上，有所谓理学或称道学一派，吾不知其称名当否，然其实确与汉唐以来儒学不同，盖儒学中之杂有道家及禅学之成分者也，元儒学既有此一派。①

至明季，儒学、佛学又发生了新的变化：

> 明季心学盛而考证兴，宗门昌而义学起，人皆知空言面壁，不立语文，不足以相慑也，故儒释之学，同时丕变，问学与德性并重，相反而实相成也焉。②

这是在论说明代佛教与心学的相互影响和相互作用。

中华文化有强大的生命力和影响力，外来民族与宗教入居中土，二三世后便融入中华文化的体系。《元西域人华化考》卷二《儒学篇》记述了元代佛教徒阿鲁混萨利受儒学影响的事迹。论曰："元时佛教世家，无过阿鲁混萨理，三世精佛学，父为释教总统，身受业于国师八思马，以此世袭信仰，其思想宜不易动摇也，而抑知事实上不然。特患其不通中国之文，不读中国之书耳，苟习其文，读其书，鲜有不被其陶化者。"又曰："孔子之道之所以能见重于元者，亦纯赖有多数异教西域人，诵其诗，读其书，倾心而辅翼之

---

① 陈垣：《元西域人华化考》，第 11 页。
② 陈垣：《明季滇黔佛教考》，第 303 页。

也。"① 陈垣还论及佛教徒华化的不同形式，指出："倘其佛学系由汉译经论，或由晋唐以来之支那撰述而得，而又非出家剃度，身为沙门，仅以性耽禅悦，自附于居士之林，则不得不谓之华化……若西域人既邃于汉学，又以境遇或性近之故，去而谈禅，则可谓之双料华化矣。"②

宗教有女学，寺观中也还保存有古代典籍，因而也对儒家教化有所助益。陈垣说："儒家无女学，道家有女学也。礼失求野，文教之保存，每不在黉舍而在寺观。"③ 许多寺观富有藏书，道教的《道藏》中还收有儒家易经类的多种典籍，明清藏书家常利用《道藏》来校勘传世典籍，这就是明显的例证。

二、宗教与文学艺术

宗教还与文学艺术有密切联系，陈垣认为佛教能在中国传播的原因还在于能利用文学艺术。他说"文学是士大夫接近的唯一工具"，"借诗来交结士大夫，是中国佛家的秘诀"④。在佛教利用文学结交士大夫的过程中，还影响了文学的发展。自南北朝起，诗人就逐渐以佛语入诗，唐诗中"则'禅房花木深'，'僧敲月下门'，'姑苏城外寒山寺'等句，俯拾即是"⑤。佛教的思想渗入了诗歌，诗人以禅拟诗、以禅参诗、以禅品诗，赋予诗歌宁静淡泊的风格和空灵悠远的意境。

在美术方面，佛教不仅丰富了中国绘画的内容，而且影响了绘画的风格和人们评价的标准。陈垣列举了佛教高僧中许多书画名家，如陈朝的智永，隋朝的智果，唐朝的怀仁、怀素，宋朝的梦瑛都是有名的书家。六朝的顾恺之、陆探微、张僧繇，唐朝的吴道子，五代的贯休，宋代的巨然都是有名的画家。《历代名画记》记载寺观壁画二百多处，其中佛寺壁画占十分之九；宋

① 陈垣：《元西域人华化考》，第25页。
② 陈垣：《元西域人华化考》，第32页。
③ 陈垣：《南宋初河北新道教考》，见《明季滇黔佛教考》（外宗教史论著八种），第607页。
④ 陈垣：《佛教能传布中国的几种原因》，见《陈垣全集》第二册，第738、739页。
⑤ 陈垣：《基督教入华史略》，见《陈垣学术论文集》第一集，第91页。

元以后，更兴起了以禅品画之风。陈垣说："至于其他美术，如寺塔、造像、写经、壁画等，无一不是佛教遗物，离开佛教来言中国美术，中国美术要去了一大半。"①

三、宗教与地方文化

宗教还为落后区域的经济开发和文明传播作出了杰出贡献。他认为："宗教每为文化先锋，理或然欤。"② "元明以来，滇黔初辟，多未设学，合全省书院学宫之数，曾不敌一府寺院十之一。"③ 到了晚明时期，由于中原僧侣和入教士大夫流徙边地，西南地区寺院藏经遍布，学术文化大兴，与明中叶以前相比，大不相同：

> 前此藏经，率皆梵筴，印造不易，请施尤难，宇内丛林，有藏经者十不得一，遐陬僻壤，更终年莫睹一经矣。殆运会即开，流风遂扇，宫廷既有全藏之颁，林下复有方册之刻，赍经之使，不觉于途，名山之藏，灿然大备。今可考见者，鸡山一隅，即有藏经十部，各建专室，特设知藏，所贮与院藏书埒，或且过之，与尊经阁之常拥虚名，藉培植风水者，尤不可同日而语，则当时佛教之盛，非偶然也。④

陈垣在《明季滇黔佛教考》中，阐论了佛教对西南地区经济文化开发的作用。一是僧徒极具吃苦耐劳之拓殖本领，这不仅使佛教兴盛，亦使滇黔得以开辟。他说：

> 滇黔之开辟，有赖于僧侣……盖探险一事，惟僧有此精神；行脚一事，惟僧有此习惯，兼以滇黔新辟，交通梗阻，人迹罕至，舍

---

① 陈垣：《佛教能传布中国的几种原因》，见《陈垣全集》第二册，第 741、742 页。
② 陈垣：《明季滇黔佛教考》，第 368 页。
③ 陈垣：《明季滇黔佛教考》，第 327 页。
④ 陈垣：《明季滇黔佛教考》，第 303 页。

僧更无引路之人，舍寺更无栖托之地，其不能不以僧为伴，以寺为

住者，势也。①

又指出明季滇黔佛教之盛，"尚有一特别原因，则僧徒拓殖之本领是也。僧徒何独有此本领？则以刻苦习劳冒险等习惯，为僧徒所恒有，往往一瓢一笠，即可遍行天下。故凡政治势力未到之地，宗教势力恒先达之。"② 僧徒拓殖于滇黔的深山老林，"乃官吏士绅不能为，必待僧侣而为之，岂非以其有利人之精神也"③。"一则利人住，一则利人行，一则利人饮，皆宗教利人精神之表现也"④。

二是逃禅士人为当地营造了文化氛围，带动了文化的兴起。明季逃禅至西南地区的士人人数颇多，史书有明确记载者数十人，他们在当地或因山水风光、感情宣泄而吟诗作文，或因有追随者而讲学，对提高当地文化水平发挥了作用。以明末文章高手陈启相为例，陈垣引《黔诗纪略》之记载，述陈启相隐居遵义县南平水里，掌台山寺，自称掌山老人，"遵义人才之开，掌山功最巨。"⑤ 此外，僧侣传教还借用许多神话，用以感通俗众，这些神话广为流传，生成一种新的地方文化。陈垣论曰："凡一文化之兴，其先必杂有神话，神话者不可以常理解释之奇迹也……滇黔神话则多出自僧侣，然则滇黔之开辟，有赖于僧侣可知也。"⑥

四、宗教与士人阶层

在中国古代宗教史发展中，士人是不可或缺的角色，因宗教既与文化密不可分，故知识阶层与宗教的传播发展有密切的联系。陈垣研究外来宗教时

① 陈垣：《明季滇黔佛教考》，第 372 页。
② 陈垣：《明季滇黔佛教考》，第 358 页。
③ 陈垣：《明季滇黔佛教考》，第 367 页。
④ 陈垣：《明季滇黔佛教考》，第 369 页。
⑤ 陈垣：《明季滇黔佛教考》，第 212、213 页。
⑥ 陈垣：《明季滇黔佛教考》，第 372 页。

曾指出："南宋摩尼教信者，固多智识阶级之人也。"又曰："明季天主教入中国，信之者多一时名士。"① 外来宗教之所以能够在中国传播，正是借助了中国士人，把中西文化融合在一起，为推广其信仰与崇拜提供了基础和条件。

古代中外宗教都十分重视结纳士人，通过思想、学术、文化的交流，相互借鉴、吸收，以此推动宗教势力的扩张。陈垣曰：

> 古之治方术者多矣，然或传或不传，其故不一端，而有无士类为之推毂，亦其一因也。语曰"射人先射马，擒贼先擒王"，欲其教广传，而不先罗致知识分子，人几何不疑为愚民之术，不足登大雅之堂邪！全真王重阳本士流，其弟子谭、马、丘、王、郝，又皆读书种子，故能结纳士类，而士类亦乐就之。况其创教在靖康之后，河北之士正欲避金，不数十年又遭贞祐之变，燕都亡覆，河北之士又欲避元，全真遂为遗老之逋逃薮。②

又曰：

> 夫全真家之好与士流接者，必其兼通儒学者也，即不通儒学，而于士流末务，如文字之属，必有一长，方足于世接。③

宋元之际河北新道教的开创者都是生于斯长于斯的土庶士大夫，传统的士人精神非常突出。因其为北宋遗民，其身份固为知识分子，深受儒家思想与夷夏之辨观念的熏染，傲立于世，不苟同世变，不随波逐流，为保全节操而创立全真、大道、太一诸教。陈垣说："以逸民名初期之全真，诚得全真之真相。"④ "全真之初兴，不过'苟全性命于乱世，不求闻达于诸侯'之一隐修会而已。世以其非儒非释，漫以道教目之，其实彼固名全真也，若必以为道教，亦道教中之改革派耳。"⑤ 他从北宋士大夫为保全气节，逃避现实政治，

---

① 陈垣：《摩尼教入中国考》，见《陈垣学术论文集》第一集，第366页。
② 陈垣：《南宋初河北新道教考》，见《明季滇黔佛教考》（外宗教史论著八种），第585页。
③ 陈垣：《南宋初河北新道教考》，见《明季滇黔佛教考》（外宗教史论著八种），第589页。
④ 陈垣：《南宋初河北新道教考》，见《明季滇黔佛教考》（外宗教史论著八种），第576页。
⑤ 陈垣：《南宋初河北新道教考》，见《明季滇黔佛教考》（外宗教史论著八种），第576页。

归隐于宗教的根源出发，分析了全真教产生的原因和特点。

全真教与士人交游读书，吸纳士人入教，刊行《道藏》，保留读书种子，发扬汉民族传统文化，这是其真实的用意。陈垣说：

> 全真家之刊行《道藏》，将以承道家统绪，留读书种子也。
>
> 《道藏》虽不讲"三纲五常"，而包涵中国固有杂学，如儒墨名法史传地志医药术数之属无不备，固蔚然一大丛书也。能寝馈于斯，虽伏处山谷，十世不仕，读书种子，不至于绝，则全真家刊行《道藏》之意义大矣。①

又曰：

> 天下岂有不读书之教士，而能张大其教者乎。②

大道教也是宋南渡后出现的新教，其精神与全真教亦相类。陈垣说："观其所谓不肯婴世故，蹈乱离，佯狂独往于山泽之间，力耕作，治庐舍，联络表树，自相保守，非遗民生活而何，然自来录宋遗民者多忽之，抑又何也。"③又曰："（大道教）不务化缘，自力耕桑以足衣食，夫缘且不化，更何求于人，而蝇营狗苟以干利禄乎！所谓不降其志，不辱其身，夷齐之所以称高，遗民之所以可贵者此也。"④

陈垣经考证，指出太一教初祖萧抱珍也是北宋遗民，"当生宋徽宗大观初"⑤。因此太一教也呈现出一些士人的传统观念，"太一教之兴，其徒类能薄世味，举室清修，倾资产以奉教会"⑥。而且以传统忠孝伦理维护教会组织，"太　嗣教，例需改从萧姓，吾始以谓他人父疑之，继思其效释氏耳。自古宗教类能以忠孝为本，动谓异教为无父无君者，迂腐之谈耳。"⑦ 太一教亦喜与

---

① 陈垣：《南宋初河北新道教考》，见《明季滇黔佛教考》（外宗教史论著八种），第 596 页。
② 陈垣：《南宋初河北新道教考》，见《明季滇黔佛教考》（外宗教史论著八种），第 684 页。
③ 陈垣：《南宋初河北新道教考》，见《明季滇黔佛教考》（外宗教史论著八种），第 639 页。
④ 陈垣：《南宋初河北新道教考》，见《明季滇黔佛教考》（外宗教史论著八种），第 642 页。
⑤ 陈垣：《南宋初河北新道教考》，见《明季滇黔佛教考》（外宗教史论著八种），第 664 页。
⑥ 陈垣：《南宋初河北新道教考》，见《明季滇黔佛教考》（外宗教史论著八种），第 685 页。
⑦ 陈垣：《南宋初河北新道教考》，见《明季滇黔佛教考》（外宗教史论著八种），第 684 页。

士人交游。陈垣曰:"道人而'乐于贤大夫游',知其好学。遁世而莫知其所往,见其不争。游心翰墨,有魏晋间风格,或与书符有关,此陈寅恪先生天师道与书法关系说也。"①

因佛教之注意文化,特别是有些高僧有较高的文化修养,故士人乐于接触。士人的禅悦风气,是明季佛教兴盛的原因之一。陈垣说:"万历而后,禅风浸盛,士夫无不谈禅,僧亦无不欲与士夫结纳。"② 又曰:"禅悦,明季士夫风气也,不独滇黔,然滇黔士夫已预其流矣。"③ "明季士夫禅悦之风,至清初未坠也"④。到了南明永历时,不仅佛教受到士人的重视,基督教、道教也受到重视,各教竞相发展,"士大夫热心宗教者,往往耶释不分,僧道并重"⑤。

第四节　论宗教史籍的史学价值

陈垣的宗教史观还包括他深刻揭示了宗教史籍、史料的重要史学价值。他撰写《明末清初教士译著现存目录》,记载天主教史籍的状况。他编纂《道教金石略》,收集自汉代迄明代 1300 种道教碑文,为道教史和历史研究所用。最为突出的,是他撰著《中国佛教史籍概论》(以下简称《概论》)一书,论列史学研究常用佛教史籍 35 种,精辟阐述佛教史籍的史学价值。《概论》不仅是一部学术水平较高的目录专著,而且是史学研究的重要参考书。撰著《概论》,"以为史学之助",是陈垣的初衷。可以说,这部著作的撰写,完全实现了他的目的。其论宗教史籍的史学价值,裨益史学研究之功,可从如下几方面来看。

---

① 陈垣:《南宋初河北新道教考》,见《明季滇黔佛教考》(外宗教史论著八种),第 665 页。
② 陈垣:《明季滇黔佛教考》,第 334 页。
③ 陈垣:《明季滇黔佛教考》,第 333 页。
④ 陈垣:《明季滇黔佛教考》,第 345 页。
⑤ 陈垣:《明季滇黔佛教考》,第 463 页。

一、发掘史学研究新材料

中国佛教史籍，历来与列朝史事密切相关，它作为史学研究的资料宝库，却很少被人所注意和利用，直到《概论》问世，佛教史籍的史料价值才被系统地发掘出来。书中在论述每部佛籍时，总是钩沉索隐，为读者指示该书的史料价值。在一些解题中，还专门辟有"本书在史学上的利用"专题，深入

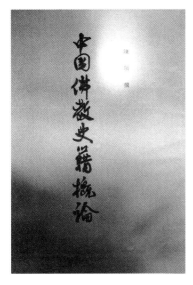

图 8《中国佛教史籍概论》封面。

进行阐释。例如：卷一论《出三藏记集》，陈垣从史源学的角度，分析此书为历代文史著作所采用之后，着重指出："此书撰自裴注《三国志》后，为裴松之所未见，故魏吴诸僧事，可补《三国志注》者尚多。"又如宋代释道原所著《景德传灯录》30 卷，采唐末五代诸僧名言至行，达一千余人，陈垣分析它的史料价值时说："一部《景德传灯录》，不啻一部唐末五代高逸传，惜乎欧、宋二公皆不喜佛，故《新唐书》及《五代史》皆阙失此等绝好资料焉。"① 说明了《景德传灯录》一书可补《新唐书》与《新五代史》的重要作用。再如，《高僧传》卷十三《昙迁传》，记《后汉书》作者范晔被杀后，门有十二丧，无敢近者，而僧人释昙迁"抽货衣物，为营葬送"。这段史实《宋书》《南史》的范晔列传皆不载，而《概论》则为之表彰。② 以上三例，在于开掘佛教史籍补史的意义。

佛籍的资料，不仅可用补史，还可用于考史。例如，后魏杨衒之所作《洛阳伽蓝记》一书"自序"，收于《历代三宝记》中。陈垣以此与今本《洛

---

① 陈垣：《中国佛教史籍概论》，中华书局 1962 年版，第 92 页。
② 陈垣：《中国佛教史籍概论》，第 27 页。

阳伽蓝记》"自序"相校，发现相异数十字，其中最重要者，今本"武定五年，岁在丁卯，余因行役，重览洛阳"一句，《三宝记》作"武定元年中"，无"岁在丁卯"四字，如此事实，《洛阳伽蓝记》诸校本，皆未能校出订正。① 又如卷二论《高僧传》一文，以该书诸条材料改正刘孝标注《世说新语》的错误数例，改《通鉴》"宋文帝元嘉十年，沮渠牧犍改元永和"一句中"永"为"承"。再如，卷二论《续高僧传》一文，他摘引其书数条史料，为考证《隋书·经籍志》之佐，而这些材料，却是清人姚振宗作《隋书经籍志考证》时所未能利用的。

新史料的发掘和运用，是史学研究发展进步的源泉，陈垣在《概论》的撰写缘起中说："初学习此，不啻得一新园地也。"此言至为的当，而《概论》作为新开的园地，其学术意义不仅在于它拥有众彩纷呈、任人采撷的史料新花，更在于它为新史料的发掘和利用，介绍了方法，指明了方向。

二、纠正前人对佛教史籍的错误记载

通过缜密的历史考证，陈垣纠正了前人对佛教史籍记载的诸多错漏，为学术界更好地利用佛教史籍扫清了障碍。陈垣史学研究的各个领域，均以历史考据为坚实的基础。在《概论》中，他运用科学的考证方法，考辨文献，利用名物、训释、历法、地理等方面的知识，纠谬正误。如卷二论《续高僧传》，他考证严可均《全南北朝文》在征引佛教文献时，将"扬辇""宗猷"认作人名的错误，指出南朝时"称建业为扬都，扬辇即指扬都"，故"扬辇"实为地名而非人名。至于"宗猷"，陈垣训释说："宗猷犹言推举耳。"② 严氏点句有误，遂将"宗猷"认为人名，铸成大错。此例考证，看似简单，但如果没有渊博的地理、训诂学识，又怎能究其原委，洞幽烛微呢？《概论》中像这样运用考证、疏通史实、解决疑误的内容，实在俯拾皆是，不胜枚举。

① 陈垣:《中国佛教史籍概论》，第 12 页。
② 陈垣:《中国佛教史籍概论》，第 33、34 页。

综观《概论》的此类内容，可见陈垣的考证，既继承了清代考据学，又有别于清儒，正如他在卷四论《辅行记》中说："清代经生，囿于小学，疏于史事。"① 因此，他能超越清儒考据的缺陷，综合各方面的资料，考证前人著述在记载佛教史籍方面的错误，并取得显著成绩。其中对于《四库全书总目》的订正，更为突出。陈垣深入考察了《四库全书总目》释家类的编纂过程，认为《四库全书总目》在著录有关佛籍时，并非按目求书，有目的地选择，而是根据内府所藏及各地呈献的佛籍，随手掇拾，因书著目，所以佛籍中最重要的典籍反而被漏录。如著录《宋高僧传》而不著录《梁高僧传》《续高僧传》，犹之载《后汉书》而不载《史记》《汉书》也。又著录《开元释教录》而不著录《出三藏记集》及《历代三宝记》，犹之载《唐书经籍志》而不载《汉志》及《隋志》也。②

仅此一例，就足见对《四库全书总目》有关佛籍提要辨误的必要了。《概论》通过考证纠正了《四库全书总目》释家类等提要的错误，共计 29 条。此外，还对其他目录书中有关佛教史籍的记载辨误补缺。所涉及者，如两唐书的《经籍志》《艺文志》，马端临《文献通考·经籍考》、胡应麟《少室山房笔丛》、黄虞稷《千顷堂书目》、姚振宗《隋书经籍志考证》《后汉书艺文志》，以及清代一批私藏目录如瞿镛《铁琴铜剑楼书目》、陆心源《皕宋楼藏书志》、丁丙《善本书室藏书志》，等等。

《概论》还深入研究佛教史籍的版本源流，准确判定其版本归属，从而一扫前人在有关版本记载上的混乱和谬误，为后人的深入研究指明了方向。卷三论释玄应《一切经音义》与释慧苑《新译华严经音义》一文，在"玄应书版本"一节中，考证了杨守敬《日本访书志》鉴定玄应书版本的若干错误，指出："最误者以南藏为北藏，以北藏为南藏，志中'南'、'北'字，均须互

---

① 陈垣：《中国佛教史籍概论》，第 91 页。
② 陈垣：《中国佛教史籍概论》，第 1 页。

易。"① 论《慧苑书版本》一书，则改正清臧镛堂刻本书序言中以四卷本为南藏，二卷本为北藏之误，指出臧氏"又生造一西藏之名，乱人耳目，夫所谓南北藏者，指刻板之地，非指藏书之地，若其书得之陕右，即称之为陕右本可也，岂能谓之西藏，况所谓西藏者即北藏耶！自镛堂刻此书以来，竟播其误于众，诚为可惜。"② 袭臧氏之误者，有钱熙祚所刻"宋山阁本"跋言，有瞿镛《铁琴铜剑楼书目》。清代目录学者，竞言版本，精于审定，但仅以上述几例，则可见其版本之学，或与陈垣相差甚远。《概论》以精密的考证，将佛教史籍的研究提高到一个全新的水平，从而成为研究这一领域的权威著作。可以说，凡治佛教史者，如不读《概论》，便很难得到正确的答案，甚至会走弯路、闯误区，为某些古籍书目的成误所迷惑。

三、揭示佛教史籍的思想文化内涵

陈垣还善于从政治文化的角度分析佛教史籍的内容与流传。例如卷一论《历代三宝记》一文，引《三宝记》中《忘名传》的材料，记述沙门释忘名原为梁朝人，梁败而出家，后周齐王入京，逼他还俗，释忘名誓不还俗事敌，并作《无正旧事》三卷。陈垣说："释忘名所撰，殆即梁末旧事，忘名盖遗民之抱国破家亡之痛者也。"寄予了同情和赞意。相反，同为梁人的宗懔、王褒、肖撝、庾信等士大夫，却降后周为臣，他则指斥曰："诸人皆梁之入周，靦然冠带，文人无节操至此，相形之下，和尚愧煞宗人矣。"在此一正一反，一褒一贬，表达了陈垣憎爱分明的态度。在论《历代三宝记》尊南朝为正统，黜北魏为闰位的纪年特点时，陈垣说："自晋室渡江后，南北分立者二百六十余年，中原士夫之留北者，始终以中国之未灭。"③ 借对这种社会政治心理的分析，表达了自己当时抗日救亡的信心。

---

① 陈垣：《中国佛教史籍概论》，第 73 页。
② 陈垣：《中国佛教史籍概论》，第 75、76 页。
③ 以上引文见陈垣《中国佛教史籍概论》，第 9、11、8 页。

　　在卷三论《法苑珠林》时，陈垣则重点从学术文化的角度评述此书的流行与清代汉学的关系。指出《法苑珠林》所引典籍，除佛籍外，还有其他典籍一百四十余种。《四库全书总目》认为："此书作于唐初，去古未远，在彼法中犹为引经据典，较后来侈谈心理者固有间。"由于该书重佛教故实，征引繁富，故为清代汉学家所重视，尤其是被《四库全书》收录之后，各藏书家目录多记有此书，《书目答问》也以其有关考证而著录，有的藏书家还刻版印行。陈垣说："书之显晦固有时，然苟不与汉学家气味相投，亦焉能登之儒藏也。"① 点明了此书能够广泛流传于清代学界的原因在于适合了当时汉学考据的文化风气。

---

　　①　陈垣：《中国佛教史籍概论》，第64页。

第三章　陈垣的史料学思想
——20世纪前期中国史学中最为丰富的史料学思想

陈垣对史料工作在历史研究的地位和作用有深刻认识，他的史料学思想大致可分为三个方面：一是强调搜集、考辨史料为治史第一要务，并提出扩充史料范围的观点。二是创立了考辨史料的史源学并阐发了有关史源学的一系列学科理论和方法。三是陈垣还甘愿"为智者不为"，致力于史料整理工作，总结了许多有关史料整理的观念和法则，于诸多种类的史料整理工作有筚路蓝缕之功。

第一节　搜集考辨史料为治史先务的史料观

陈垣认为搜集考辨史料为治史第一要务，强调史学研究无史料则无法开展论证，无准确史料则不能实事求是，因此他主张充分扩充史料，搜集史料要竭泽而渔，并总结了自己多年来搜集史料的方法传授给学生，于史料学的学科建设厥功甚伟。

一、史料工作为治史第一要务

陈垣论史学著作之法曰："第一搜集材料，第二考证及整理材料，第三则连缀成文。第一步工夫，须有长时间，第二步亦须有十分三时间，第三步则十分二时间可矣"①。可见，他认为搜集、考辨史料在史学研究中占有举足轻重的地位，这两个工作环节占据了史学研究工作中百分之八十的工作量，足见他对史料工作的重视程度。除了强调史料工作在史学研究过程中所占的工作量，陈垣还对搜集、考辨史料工作在史学研究中的基础性和重要性作了具体的分析。

首先，他指出了史料在史学研究中的重要作用，强调史学研究必须广泛地收集史料。他说："研究和著述，离不开资料，我们史学工作者提不出史实，就无法论证"②，"资料的搜集是问题研究的开始，资料搜集的过程，就是问题研究的过程"③，可见，他把搜集史料作为史学研究和著述的起点，并将之作为史学研究的重要组成部分。他特别强调史料在史学研究中的作用，指出"依我看，理论是作战方针，资料好比弹药。只有弹药，作战方针错误，打枪没有方向，则不能取胜。但如果只有正确的方针指导，而枪炮没有弹药，作战也难以取得胜利。"④ 陈垣的史学研究过程也充分证明了这一点。如在编写《释氏疑年录》的过程中，他曾言："《疑年录》稿尚须细改。见书愈多，修改愈甚，始知三家村学究先生株守一二高头讲章，安然自足，亦是一法也。"⑤ "见书愈多，修改愈甚"即指搜集史料越多，越能发现僧人生卒年著录中所存在的问题，而只有发现问题，才能更好地解决问题，得出正确的研究结论。这样的研究体会，说明了搜集史料的过程正是发现问题、解决问题的过程，也充分证明了史料工作在史学研究中的基础地位。

陈垣一直把广泛搜集史料作为史学研究的起点，用取材广博、研究精审

---

① 陈智超编注：《陈垣来往书信集》（增订本），生活·读书·新知三联书店 2010 年版，第 1109 页。
② 陈垣：《在历史研究所学术委员会扩大会议上的讲话》，见《陈垣全集》第二十二册，安徽大学出版社 2009 年版，第 737 页。
③ 杨殿珣：《学而不厌　诲人不倦——励耘书屋问学忆记》，见《励耘书屋问学记——史学家陈垣的治学》（增订本），生活·读书·新知三联书店 2006 年版，第 120 页。
④ 陈垣：《在历史研究所学术委员会扩大会议上的讲话》，见《陈垣全集》第二十二册，第 737 页。
⑤ 陈智超编注：《陈垣来往书信集》（增订本），第 1100 页。

的学术成果表现了他对史料搜集工作的重视。早在 20 世纪 20 年代，陈垣在研读梁启超《中国历史研究法》时就曾注曰："近代史研究愈难，非杂采各国对远东之史料不能成中国史。宋、元等史亦然，宋之于辽、金，元之于波斯、土耳其、阿拉伯等。"① 对近代史史料范围的认定，充分说明了陈垣搜求史料的广度。他所有的学术著作，都是在广泛搜集材料、去粗取精、去伪存真的基础上完成的。如《吴渔山年谱》参考文献达八十余种，终将吴渔山生平事迹考证清楚；《元西域人华化考》七万多字的篇幅，仅列于征引书目的史料就有 211 种。正因为他的论著都是建立在扎实的史料基础之上，才经得住时间的考验。陈垣对史料的广征博引也得到史学界的认可。陈寅恪在《明季滇黔佛教考序》中说："寅恪颇喜读内典，又旅居滇地，而于先生是书征引之资料，所未见者殆十之七八"，盛赞陈垣"搜罗之勤，闻见之博"。② 当代史学研究者在论及陈垣学术成就时，也都高度评价陈垣搜集史料之功力。可以说，陈垣正是源于对史料搜集工作的高度重视，才能在诸多研究领域多有创获。

其次，陈垣认为史料考辨是实事求是的前提，也是治"有意义之史学"的基础。广泛搜求所得的大量史料，难免有抵牾之处，面对这种情况，他曾指出："只患选择不精，考订不审，组织不密，不虞史料阙乏也。"③ 这时史料考辨便自然而然地进入研究视野。陈垣对史料考辨工作有非常准确、科学的定位，他认为"考证为史学方法之一，欲实事求是，非考证不可。彼毕生从事考证，以为尽史学之能事者固非，藐视考证以为不足道者，亦未必是也。"④ 这段话可从两方面来理解：其一，陈垣认为欲实事求是，非史料考辨不可。他常用"毋信人之言，人实诳汝"来强调史料考辨的重要性。仅以他对人物

① 陈垣《中国历史研究法批注》，见《陈垣全集》第二十二册，第 146 页。
② 陈寅恪：《陈垣〈明季滇黔佛教考〉序》，见《金明馆丛稿二编》，生活·读书·新知三联书店 2001 年版，第 272 页。
③ 陈垣：《南宋初河北新道教考》，见《明季滇黔佛教考》（外宗教史论著八种），河北教育出版社 2000 年版，第 575 页。
④ 陈垣：《通鉴胡注表微》，辽宁教育出版社 1997 年版，第 76 页。

生卒年的考辨即可见其对史料考辨的重视程度。陈垣曾说"考史而注意人之生卒年"①，对人物生卒年及生平履历的考证着力颇多。他编著《释氏疑年录》，记载并考证了自晋至清初两千八百余名僧人的生卒年岁，"同则取其古，异则求其是，伪者订之，疑者辨之"②，梳理了大量释家人物的生平线索，为后人提供了大量准确的史料。对史料的精心考证，为实事求是奠定了坚实的基础。其二，史料考辨固然重要，但并不是史学研究的全部，史料考辨还必须立意高，为"有意义之史学"服务。陈垣《通鉴胡注表微》便是史料考辨的典范之作。《表微》史法诸篇，运用近代科学精神和规范阐释、考辨胡氏注文，申明、示范文献考辨的方法，阐幽抉微，纠谬补缺，示人以范例，并将史料考辨提升到一个新的高度。陈垣指出"考证贵能疑"、考证"当于细微处加意"、需"明书之不可尽信"，说明运用史料时要有敢于怀疑的精神，明察秋毫，方能去伪存真。又如"读史必须观其语之所自出"，考证需"逐一根寻其出处"，则强调考证要追寻史源，审明史料的源流关系、正误偏差，了解其可信之程度，这些都是史料考辨的金科玉律。《通鉴胡注表微》的史事诸篇不徒为精密之考证，于史料考辨中阐发对于社会政治、民族与宗教、人生观与价值观的深邃史识，并通过陈古证今，反映出强烈的民族意识和抗日救国思想，充分体现了史学的时代精神。可以说，《通鉴胡注表微》以史料考辨为基础，既示范了考辨史料的方法，又彰扬了爱国精神，充分体现了陈垣不徒以考据为能事，而是以史料考辨为手段，为"有意义之史学"的观点。新中国成立之后，陈垣仍坚持有意义的考证，如他曾考证法献佛牙故事，皆因此事"事关宗教政策，国际信用"③，足见陈垣对有意义之史料考辨的坚持。

---

① 陈垣：《跋胡金竹草书〈千字文〉》，见《陈垣学术论文集》第二集，中华书局1982年版，第78页。

② 陈垣：《释氏疑年录·小引》，见《励耘书屋丛刻》下册，北京师范大学出版社1982年版，第1737页。

③ 陈垣书信底稿，转引自刘乃和、周少川、王明泽、邓瑞全《陈垣年谱配图长编》，辽海出版社2000年版，第800页。

以上看出，陈垣对史料考辨工作的分析，客观地分析评价了史料考辨在史学研究中的意义和地位，对史学工作者开展史料考辨具有方法论上的指导作用，对防止史学研究陷入琐碎考证和空论的泥潭具有重要警示作用。也正是基于对史料考辨工作的准确定位，陈垣的史料学不仅以史料多见长，更以辨识精、立意高取胜，他于史料考辨中还原史实，赋予史料考辨"有意义"之内涵，以史料考辨之技见史学方法和史学功用之大，充分展示了史料考辨对于史学研究的重要意义。他的史料观，不仅对史料学学科建设具有重大指导作用，更是指导后学开展史学研究的方法论。

二、搜集史料的原则与方法

陈垣视搜集、考辨史料为治史第一要务，因此他特别重视搜集史料在史学研究中的重要价值，以"竭泽而渔"比喻全面收集史料，同时他还做到了"授人以渔"，时常于课堂上或其著作中介绍他搜集史料的方法。现将陈垣搜集史料的原则和方法略加梳理，以期更全面地展现陈垣的史料学思想。

（一）搜集史料的原则

陈垣的著作和讲义中时常强调"竭泽而渔"，这是陈垣搜集史料的第一原则。启功也曾说：

> 老师研究某一个问题，特别是作历史考证，最重视占有材料。所谓占有材料，并不是指专门挖掘什么新奇的材料，更不是主张找人所未见的什么珍秘材料，而是说要了解这一问题各个方面有关的材料。尽量搜集，加以考察。在人所共见的平凡书中，发现问题，提出见解。自己常说，在准备材料阶段，要"竭泽而渔"，意思即是要不漏掉一条材料。至于用几条，怎么用，那是第二步的事。①

---

① 启功：《夫子循循然善诱人》，见《励耘书屋问学记——史学家陈垣的治学》（增订本），第140 页。

许冠三认为陈垣的"竭泽而渔"体现在考史所取资料有三多：数量多、种类多、版本多①。一是搜集、利用史料的数量极多。如《回回教入中国史略》，万字文章所引资料连碑记在内超过 70 种。其余如《元也里可温教考》《元西域人华化考》等专著更以取材多、见解精而得到盛赞。这点也可从陈垣对后学的教导中看出来，如陈垣曾云："欲撰陈同甫年谱，应将四库书全部南宋人文集与同甫年代不相上下者尽览一遍，方可无遗漏。"② 撰一人之年谱，务必尽览与其年代不相上下之人物作品，其搜集史料的数量之多可见一斑。二是搜集史料的范围极其宽广。所用史料种类非常多，从其史著征引看，有正史、杂史、金石、碑刻、谱牒、笔记、类书、方志、档案、诗文集、画谱、题名录、和尚语录、信札等等，无不信手拈来，做到了用最准确的史料来证明历史见解。三是版本多。陈垣还特别注意史料的不同版本，如《元西域人华化考》考余阙华化，所见《青阳集》即有元刊本五卷本、六卷本，明刊九卷本和四库六卷本四种。又如《元秘史译音用字考》，所据《元秘史》即有六种刻本，"多蓄异本"已成为陈垣学术研究的重要准则。

分析陈垣著作中运用的史料，可以发现"不囿成见"是陈垣搜集史料的另一个原则，即搜集史料要全面撒网，不固步自封、勿主观臆断。这一原则主要体现在两个方面：一是发掘、运用史料抛却成见，另辟蹊径。1934 年发表的《从教外典籍见明末清初之天主教》一文可以说是陈垣"不囿成见"史料学思想的集中体现。此文分上、下两编，仅从其上编六节之标题即可看出陈垣在搜集、运用史料方面的匠心独具，其标题说明了教外典籍可补教史之不足、可证教史之偶误、可与教史相参证、可见疑忌者之心理、反对者口中可得反证、旁观议论可察人言。陈垣并未受研究对象"天主教"之宗教内容所限而囿于教内典籍，而是大大拓展史料范围，于档案、诗文集和笔记等教外典籍中充分挖掘史料，从新的视角加以分析，对宗教史研究作出了突出贡

---

① 许冠三：《新史学九十年》，岳麓书社 2003 年版，第 134 页。
② 陈智超编注：《陈垣来往书信集》（增订本），第 1105 页。

献。陈寅恪曾论曰：

> 近来日本人佛教史有极佳之著述，然多不能取材于教外之典籍，
> 故有时尚可供吾国人之补正余地（然亦甚鲜矣）。今公此作，以此标
> 题畅发其蕴，诚所谓金针度与人者。就此点言，大作不仅有关明清
> 教史，实一般研究学问之标准作品也。①

又如陈垣曾用谱牒中的资料来考证开封犹太人姓氏之变迁，不仅体现了陈垣
扩充史料的能力，也体现了陈垣搜集史料不设范围，抛却成见，于旁人不在
意处发现新史料的能力。

二是充分运用禁书、伪书等史料来说明历史问题。陈垣早年研究天主教，
特意寻访《破邪集》，他认为"《破邪集》为明季攻击天主教之书，在中国久
成禁本，其中颇多关于教争历史，为考古者所万不可缺之书，不得以其狂吠
而弃之也。"② 陈垣还曾对四库撤出书有专门研究，所撰《四库撤出书原委》
《四库提要中之周亮工》等对四库禁书原因有详细剖析。对于后世伪造的史
料，陈垣也会加以使用。如陈垣曾影印胡金竹千字文帖，后来，陈垣发现此
帖是伪作。胡生于顺治十一年，卒年七十四，当在雍正五年丁未，而此帖末
署"乾隆丁未人日书于朱草诗林"，错周甲子。所以陈垣 1963 年 2 月在香港
《大公报》发表《跋胡金竹草书千字文》，声明"影印传布，疏忽之咎，诚不
能辞"，但陈垣亦言："今此帖虽伪，仍可证先生善书，使不善书，无书名，
人亦伪之何为，此可为反证也。"③ 用后人伪作之帖来说明胡金竹之善书，较
有说服力。又如前人认定的伪书如《大戴礼》《逸周书》《晏子》《司马法》
《吴子》之类，陈垣也认为"皆古书可以考见古代礼制风俗者，不得沿前人之
说概以为伪"④。此外，陈垣还善于利用伪作示人辨伪法则，如陈垣《跋黎二

---

① 陈智超编注：《陈垣来往书信集》（增订本），第 398 页。
② 陈智超编注：《陈垣来往书信集》（增订本），第 35 页。
③ 陈垣：《跋胡金竹草书千字文》，见《陈垣学术论文集》第二集，第 79 页。
④ 陈垣：《中国史学名著评论讲稿·古今伪书考》，见《陈垣全集》第二十二册，第 45 页。

樵伪书画卷》论曰：

> 承示《秋江独易图》卷，细勘题与画均非二樵笔迹，且图末有
> 磨擦痕。盖一小名家画，估人磨去其名而改题二樵者。画本可存，
> 何必作此狡狯技俩，幸值不贵，可留以示伪画挖款补款之例，亦鉴
> 藏家绝好之教材也。[①]

对禁书、伪作的合理利用，充分体现了陈垣点石成金、化腐朽为神奇的史料
学功力。

（二）搜集史料的方法

对于初学者，"竭泽而渔""不漏掉一条材料"是非常困难的。鉴于此，
陈垣经常在其著作中或课堂上向初学者传授搜集史料的方法和经验。这些方
法包括多读多想、据目求书、一举多得等。

多读多想　面对浩如烟海的典籍，如何才能迅速准确地找到相关材料呢？
陈垣认为搜集资料必须靠自己的刻苦努力，注重日常积累，"做到脑勤、手
勤、笔勤、多想、多翻、多写"[②]。对于如何读书，陈垣多有说明，有三点经
验值得借鉴。

第一，读书没有捷径，必须要持之以恒，勤奋刻苦。他经常和同学们说
的两句话："天下无难事，有志者成之；天下无易事，有恒者得之。"[③] 所讲道
理正是读书学习要持之以恒，他还特别强调"学习是不能间断的，更是不能
停止的"[④]，这种终身学习的态度正是获得丰富知识、掌握全面史料的最好方
法。陈垣所说的有志、有恒是读书治学的先决条件，具体读书、做学问时，
更要突出一个勤字。陈垣曾讲："要想获得丰富的知识，必须经过自己钻研和

---

①　陈垣：《跋黎二樵伪书画卷》，见《陈垣全集》第七册，第896页。
②　陈垣：《谈谈我的一些读书经验》，见《陈垣全集》第二十二册，第744页。
③　刘乃和：《书屋而今号励耘》，见《励耘书屋问学记——史学家陈垣的治学》（增订本），第
178页。
④　陈垣：《谈谈我的一些读书经验》，见《陈垣全集》第二十二册，第745页。

努力，没有现成的。只要踏踏实实地念书，就会有成绩。""不管别人介绍多少念书经验，指出多少门径，但别人总不能替你念，别人念了你还不会，别人介绍了好的经验，你自己不钻研、不下功夫，还是得不到什么。"① "读书而想找捷径，就等于不读书而想得到读书的效果，其结果是你想骗他，他也就骗你，骗来骗去，最后是自己骗自己。读书没有'捷'径，但还是有'径'的，这'径'就是由自己走，自己用辛苦劳动去获得的。自己不走，便永远没有'径'可言。"② 他的书斋名"励耘书屋"，"励耘"就是"要求自己做学问要像耕田除草一样，业精于勤，深耕细作。'励耘'也正是他一生勤奋的真实反映。"③ 刘乃和《书屋而今号励耘》一文全面介绍了陈垣一生刻苦读书的情况，充分说明了搜集史料无捷径可走，必须经过自身的刻苦努力才能获得成功。

第二，读书要博专结合，才能在搜集资料时左右逢源。对博与专的关系，陈垣曾有深刻论述：

> 不管学什么专业，不博就不能全面，对这个专业阅读的范围不广，就很像以管窥天，往往会造成孤陋寡闻，得出片面褊狭的结论。只有得到了宽广的专业知识，才能融会贯通，举一反三，全面解决问题。不专则样样不深，不能得到学问的精华，就很难攀登到这门科学的顶峰，更不要说超过前人了。博和专是辩证的统一，二者要很好的结合，在广博的基础上才能求得专精，在专精的钻研中又能扩大自己的知识面。④

陈垣自己正是因为广泛阅读经史子集各部典籍，才能在博里求精，在宗教史

---

① 陈垣：《谈谈我的一些读书经验》，见《陈垣全集》第二十二册，第744页。
② 杨殿珣：《学而不厌 诲人不倦——励耘书屋问学忆记》，见《励耘书屋问学记——史学家陈垣的治学》（增订本），第122页。
③ 刘乃和：《书屋而今号励耘》，见《励耘书屋问学记——史学家陈垣的治学》（增订本）第173页。
④ 陈垣：《谈谈我的一些读书经验》，见《陈垣全集》第二十二册，第742页。

研究、元史研究等领域超越前人。他还具体分析了阅读历史资料时如何博专结合：

> 中国历史资料丰富，浩如烟海，研究的人不可能也不必要把所有的书都看完，但不能不知道书的概况。有些书只知道书名和作者就可以了，有些书要知道简单的内容，有些书则要认真钻研，有些书甚至要背诵，这就是有的要涉猎，有的要专精。世界上的书多得很，不能都求甚解，但是要在某一专业上有所成就，也一定要有"必求甚解"的书。①

不仅如此，他还对特殊条件下如何专博结合提出了建议。1946 年陈乐素在遵义，陈垣曾去信教导："遵义现在书少，只可随其自然，遇有可以涉猎泛览时，则以博观为是，遇无可博观时，则专读一书，亦能有益处也。"② 在无书可观的条件下，专读一书，也能收获颇丰。陈垣认为：

> 学问要就自己环境。如果家藏书籍丰富的，则宜于博览；如果家中书籍少的，则宜于专精。余藏书不算甚少，但你则可算甚少甚少。无力多购，又无图书馆可利用，则唯一方法是先专精一二种，以备将来之博览。此所谓就环境，古人所谓素其位而行。不能因未有书遂停止不学，等有多书乃学也。③

这些读书指导，至今读来仍能令人受益。

第三，读书时要做笔记。"遇见有心得或查找到什么资料时，就写下来，多动笔可以免得忘记，时间长了，就可以积累不少东西，有时把平日零碎心得和感想联系起来，就逐渐形成对某一问题的较系统的看法。收集的资料，到用的时候，就可以左右逢源，非常方便。"④ 陈垣自己读书时，对书籍内容

---

① 陈垣：《谈谈我的一些读书经验》，见《陈垣全集》第二十二册，第 742 页。
② 陈智超编注：《陈垣来往书信集》（增订本），第 1147 页。
③ 陈智超编注：《陈垣来往书信集》（增订本），第 941 页。
④ 陈垣：《谈谈我的一些读书经验》，见《陈垣全集》第二十二册，第 745 页。

图 9　1946 年 10 月，陈垣和陈乐素等家人在南京。

多有批注，如他捐赠国家图书馆的图书中，"相当一些则是他仔细阅读、认真批注过的"①。批注的目的就是为了随时记下读书所得，以便以后开展相关的研究。举例来说，陈垣对《历代名人年谱》的批注就是为其史学研究涉及某些历史人物做准备的。他以光绪元年南海张荫桓重刻本《历代名人年谱》为底本，在此书每个干支纪年上标注西历年份，并在许多重要学术人物如白居易、胡三省、汤显祖、吕叔简、施闰章等和僧人如释道安、释法如、释定慧等的生卒年之下标注西历的年月日，如耶律楚材之生辰，吴书为"耶律文正楚材生于六月十二日"，陈垣订正为"耶律文正楚材生于六月二十日"。陈垣在此书上批注的年代学考证成果很多都与他的史学研究成果相关。不仅如此，他还教导学生"勤笔免思"，要养成记笔记的读书习惯。赵光贤在《回忆我的

① 张廷银：《国图所存陈垣藏书中的批校题赠本》，《文献》2009 年第 2 期，第 164 页。

老师援庵先生》一文中曾说："先生说，写笔记的方式是治学的一种好方式，读书有得，就记下来，集腋成裘，就是一条。"

据目求书　"据目求书"① 是陈垣搜集资料的重要方法，"从目录学入手，可以知道各书的大概情况。"② 陈垣早年治学由目录学开始，利用书目搜集资料得心应手，左右逢源。他的著作大多征引宏富，这与他扎实的目录学功底密不可分。

1892 年，陈垣在老师冯㧑微的书架上看到一本张之洞的《輶轩语》，后附《书目答问》，"书中列举很多书名，下面注着这书有多少卷，是谁所作，什么刻本好。我一看，觉得这是个门路，就渐渐学会按着目录买自己需要的书看。"③ 1894 年，广州发生大规模鼠疫，陈垣所在的学馆不得不停课放假，他离开广州回到新会。"学馆解散，因此不用学习科举的八股文，所以有时间读自己喜欢的书，在三年时间里看了读了不少书，打下初步基础。"④ 在这三年中，陈垣在家除去补读私塾中未读完的《左传》外，就按照目录买自己需要看的书阅读。1896 年，他开始购买大部头书籍，如《四库全书总目》《十三经注疏》《皇清经解》、二十四史等。他"更进而阅读《四库全书总目提要》，以后几年中，又把这本书读了好几遍。这样，他从少年时代开始，就掌握了比较丰富的目录学知识，为他后来从事史学研究和教学，打下了一个良好的基础。"⑤ 陈垣对《四库全书总目》非常重视，曾多次阅读、研究，由此博览经史子集各类典籍，了解了古代典籍概况。在熟悉《四库全书总目》的基础上，他还对文津阁《四库全书》进行了深入的调查研究。对《书目答问》和《四库全书总目》的熟练掌握使陈垣深知目录学是一切学术研究的起点，初学必经的阶梯。他和学生谈治学经验时说："目录学就好像一本账本，打开账

① 陈智超编注：《陈垣来往书信集》（增订本），第 1105 页。
② 陈垣：《谈谈我的一些读书经验》，见《陈垣全集》第二十二册，第 741 页。
③ 陈垣：《谈谈我的一些读书经验》，见《陈垣全集》第二十二册，第 740 页。
④ 陈垣：《谈谈我的一些读书经验》，见《陈垣全集》第二十二册，第 740 页。
⑤ 陈智超：《史学家陈垣传略》，《晋阳学刊》1980 年第 2 期，第 60 页。

本，前人留给我们的历史著作概况，可以了然。"他认为："经常翻翻目录书，一来在历史书籍的领域中，可以扩大视野，二来因为书目熟，用起来得心应手，非常方便，并可以较充分地掌握前人研究成果。"① 陈垣在多种场合强调目录学的重要性，正是源自他的切身体会。这些宝贵的治学经验也被他的后学所继承。

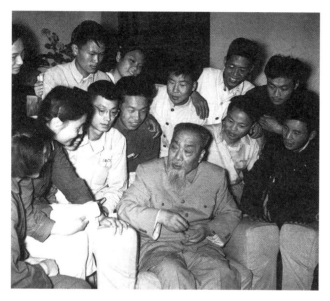

图 10 1961 年 5 月 27 日，陈垣与北京师范大学历史系毕业生座谈，介绍读书和治学经验。

一举多得 搜集史料是艰苦漫长的过程，在这个过程中如何能事半功倍，陈垣有自己的窍门和心得，那就是"一举多得"，即在搜集史料时，要注意统筹规划，尽量避免重复劳动，提高工作效率。陈垣曾说："当搜索材料时，应并注意他题，或同样诸题，庶不至劳多获少耳。"② 这里就指出了两个提高搜集史料之工作效率的窍门。一是"注意他题"。如"写'古教四考'的时候，已经在注意搜集《元西域人华化考》和《回回教入中国史略》的材料了，这样做可以节省不少时间。"③ 他的《南宋河北新道教考》则是搜集道家金石，编纂《道家金石略》的产物。

---

① 陈垣：《谈谈我的一些读书经验》，见《陈垣全集》第二十二册，第 743 页。
② 陈智超编注：《陈垣来往书信集》（增订本），第 1137 页。
③ 刘乃和：《学习陈援庵老师的刻苦治学精神》，见《励耘承学录》，北京师范大学出版社 1992 年版，第 78 页。

二是注意"同样诸题"。如陈垣曾道出编纂年谱时搜集资料的方法："凡撰年谱，应同时撰一二人或二三人，因搜集材料时，找一人材料如此，找三数人材料亦如此，故可同时并撰数部也。若专撰一人，则事多而功少矣。"① 这是他编纂《吴渔山年谱》得出的实践经验。他为撰写《吴渔山年谱》，搜集了大量的资料，"本可同时撰四王并南田年谱，以欲推尊渔山，故独撰之，其实找渔山材料时，各家材料均触于目也。"《董香光年谱稿》在此时完成，此文虽未发表，但也是此时工作的成果之一。这种"一举多得"的方法确为陈垣搜集史料的经验之谈，尤值得新入门者学习借鉴。

三、扩充史料的思想

陈垣强调搜集史料要竭泽而渔，因此他特别重视扩充史料的范围，他所作的"古教四考"和"宗教三书"，所用史料除了20世纪初新发现的敦煌经卷、内府档案外，更有许多为他人未见或习见而未能运用之资源，如方志、碑铭、案牍、佛藏，甚至砖瓦图绘、匾额楹联。他在论及近代史研究时亦言"凡道光以来一切档案、碑传、文集、笔记、报章、杂志，皆为史料"②，足见他扩充史料的见识。兹仅就他对各类史料的运用和评价，略论其史料扩充的思想。

碑刻铭文　陈垣对金石碑刻的整理和利用充分体现了他扩充史料的主张和功力。陈垣早年就非常重视碑刻铭文的史料价值，如《记王将军墓》③ 用碑文来研究王将军事迹。他的《识东西得胜庙白云庵》特别强调了碑刻及铭文的史料价值：

> 粤人游白云者夥矣，于此等故事能言其大略欤？不能则询之父老，都不能则徵诸金石。庵庙之壁既有碑文，而庵复有一大钟，为

---

① 陈智超编注：《陈垣来往书信集》（增订本），第 1105 页。
② 陈智超编注：《陈垣来往书信集》（增订本），第 401 页。
③ 陈垣：《记王将军墓》，见《陈垣全集》第一册，第 9 页。

> 通判周宪章所制。周亦汉人也。钟有铭，其铭亦足资考证也。奈游
>
> 白云庵者，熟视而无睹何!①

陈垣此文作于 1907 年，当时他仍未正式转入史学研究，但已利用白云庵碑文和平南王铁钟钟铭考证了平南王攻占广州的史实，并由此充分认识了金石铭文用于史学研究的价值。而当时之人多未见铁钟及其钟铭之作用，铁钟竟被弃置于废铁堆中，后幸而入藏广州博物馆，其铭文的史料价值获得专家一致认可。② 1923 年至 1924 年，陈垣更以北大所藏缪荃孙艺风堂拓片为基础，再

加上《道藏》中碑记、各家金石志及文集中有关道教碑文一千余通，编成大型道教碑刻资料集《道家金石略》。梁启超在《中国历史研究法》中曾批评金石家从碑志中取材以补史传之法不当，认为"从石刻中求史料，吾认为所得甚微"。陈垣批曰："然较同仁堂、王麻子帐簿何如？毋乃人所轻者重之，人所重者轻之而已。"③ 他用自己的学术成果充分证明了碑刻铭文的史学价值。比如，他在《元也里可温教考》中专辟《关于也里可温碑刻之留存》二章展示相关碑刻史料。又如他曾用《大秦景教流行中国碑》开展学

图 11　1961 年 6 月，在北京孔庙查看明清进士题名碑。

术研究，认为此碑"在景教考证上最有价值，明季天主教士目为至宝。碑文

---

① 陈垣：《识东西得胜庙白云庵》，见《陈垣全集》第一册，第 98 页。
② 邢照华：《平南王铁钟背后的惨烈史实》，《羊城晚报》2009 年 7 月 5 日。
③ 陈垣：《中国历史研究法批注》，见《陈垣全集》第二十二册，第 148 页。

系唐代文字，上列诏文语句，与他书如《唐会要》、《册府元龟》等相符，不过稍改几个名词而已。"① 由此可见，陈垣充分认识到碑刻铭文的史料价值，不仅注意运用前人业已整理的拓片，也善于运用碑刻遗迹，或于碑刻中发现新史料，或与史籍记载相比较，从而扩充了研究的史料。

方志　陈垣经常利用方志中的史料来进行学术研究。他在《至顺镇江志》中找到了有关元代基督教的大量史料并运用于《元也里可温教考》的写作中，称赞此志为考证元也里可温教的丰富宝藏。1920 年，陈垣著《开封一赐乐业教考》也参考了大量的方志资料。他的《释氏疑年录》多采方志资料，用以考证僧人生卒年。其《书大德南海志残本后》更是专门考订方志版本的学术论文，足见他对方志内容的熟识与重视。由于他对方志资料的重视以及其学术名望，1933 年他的家乡新会县在编修县志时聘陈垣为总纂，陈垣在回信中高度评价了方志的史料价值："方志之作，非独考古，且以知今。"② 并为修志委员会提出了很多指导性意见。

语录　陈垣在阅读《嘉兴藏》的时候发现了佛教语录的史学价值，多次将其运用到史学研究中，《汤若望与木陈忞》《语录与顺治宫廷》《顺治皇帝出家》《明季滇黔佛教考》等都大量采用了僧人语录。他曾多次强调发掘、利用语录于研究撰写《明季滇黔佛教考》的意义。在家信中就提到此书"所引僧家语录六十余种，多人间未见之书，更不料其有明季滇黔史料矣。此三百年沉霾之宝窟，待时而开，不足为外人道也。"③ "不足为外人道"是表明他对自己开发语录价值这一贡献的谦虚态度。1957 年，陈垣在此书《重印后记》中再次申明："本书特出者系资料方面多采自僧家语录，以语录入史，尚是作者初次尝试，为前此所未有。"④ 这些话都表达了陈垣对发掘并使用语录这一

---

①　陈垣：《基督教入华史略》，见《陈垣学术论文集》第一集，中华书局 1980 年版，第 84 页。
②　陈智超编注：《陈垣来往书信集》（增订本），第 447 页。
③　陈智超编注：《陈垣来往书信集》（增订本），第 1113 页。
④　陈垣：《明季滇黔佛教考·重印后记》，河北教育出版社 2000 年版，第 480 页。

新史料获得研究突破的欣喜之情，也反映出他强调扩充史料以推进史学研究的一贯主张。正如何龄修《读〈明季滇黔佛教考〉》一文中所言：

> 语录入史在《佛教考》中大放异彩。它大大丰富了滇黔佛教史本身的史实。若干滇黔僧人如懒石聆、破石卓、云腹智、山晖浣等的活动，几被埋没，都藉垣老从语录中一一勾稽出来。其余法门纷争、僧人开山建寺等事迹，垣老从语录检得的也不在少数。《佛教考》写成这样丰满、确实的科学著作，垣老开辟新的史料来源，提炼新的史实的努力，在其中起了明显的作用。①

诗文集　陈垣非常重视诗文集这一巨大的史料库。其著作后附的《征引书目》往往都列入大量的诗文集，他的《耶律楚材父子信仰之异趣》更可称为是运用诗文考史的范例，此文运用了从耶律楚材《湛然居士集》、尹志平《葆光集》、盛从梓《庶斋老学丛谈》、僧详迈《至元辨伪录》和耶律铸《双溪醉隐集》等多种文集中的诗歌，证明了耶律楚材父子信仰上的差异。又如《吴渔山入京之酬酢》② 一文，广搜各家文集中之诗文，将吴渔山入京之年份、目的、居留时间、在京之交游考证得很清楚。陈垣搜集史料往往重视诗文，如《广扬》杂志编辑部曾致信陈垣询问有关孙元化的资料，他回复曰："孙元化材料我也找过，没有很好的材料，我找到他的孙子致弥的诗集，这诗集是很难得的，但是也没有元化的材料。"③ 虽最终未获得研究孙元化的很好史料，但从侧面也反映出陈垣对诗文集的重视程度。陈垣对如何运用诗文集考史亦有专门论述，大意有二，一是史学工作者如能熟悉历代大家诗文集，则可较快掌握以诗文考史的门径。陈垣曾论：

> 注书例有二派：一注训诂典故，一注本事。如施国祁之注元遗

---

①　何龄修：《读〈明季滇黔佛教考〉》，《中国社会科学院研究生院学报》2001 年第 1 期，第 98 页。
②　陈垣：《吴渔山入京之酬酢》，见《陈垣全集》第七册，第 802 页。
③　陈智超编注：《陈垣来往书信集》（增订本），第 818 页。

山诗，亦注本事也。凡研究唐宋以后史者，除正史外，必须熟读各

朝一二大家诗文集。能有本事注者更佳。可以观其引用何书，即知

正史之外，诗文笔记如何有助于考史也。①

从中可以看出，他认为史学工作者如能熟读各朝一二大家诗文集，并注其本事，当能尽快掌握诗文考史的资料。二是运用诗文集等文学资料考史时当掌握虚实之度。陈垣云："文学中所用词句，不尽足据。如短檠、箪食、临池等，皆不过表意而已，未必真用短檠而不用电灯也。又如汗牛，极言其多，不能证明今日犹用牛车载书也。"② 陈垣所论当为以诗证史者所鉴。

敦煌文献　20 世纪 20 年代，陈垣正在从事古代宗教史的研究，他希望能够从敦煌经卷中找到佛教以外的宗教史料，便前去查阅，果然发现了"宇"字 56 号的摩尼教残经，他将这一稀见史料校录后附录于《摩尼教入中国考》，并考证了京师图书馆所藏汉文摩尼教经典为"一极通行之本，而曾翻译为各国文者。"③ 这一研究说明了陈垣对新史料学术价值的敏锐洞察和准确判断，更体现了他扩充史料的思想。1922 年春，陈垣以日阅百轴的速度，历时三个月，尽览当时京师图书馆所藏敦煌经卷，"知其中遗文异义，足资考证者甚多，即卷头纸背之日常帐目、交易契约、鄙俚歌词之属，在昔视为无足轻重，在今矜为有关掌故者亦不少。"④ 此后，陈垣将馆藏经卷仿赵明诚《金石录》前十卷体式，著录其每卷编号、起止、纸数、行数及内容，编为《敦煌劫余录》，成为研究敦煌写经不可或缺的工具书。陈垣以其对史料价值的敏锐洞察力，率先认识到敦煌经卷的史料价值，不仅在自己的研究中较早应用了敦煌经卷，更为别人利用这批史料提供了便利，为敦煌学的建立发展作出了突出的贡献。

---

① 陈智超编注：《陈垣来往书信集》（增订本），第 1121 页。
② 陈垣：《中国历史研究法批注》，见《陈垣全集》第二十二册，第 148 页。
③ 陈垣：《摩尼教入中国考》，见《陈垣学术论文集》第一集，第 331 页。
④ 陈垣：《敦煌劫余录序》，见《陈垣学术论文集》第一集，第 475 页。

内府档案 陈垣是较早对档案予以充分重视和积极利用的学者，他所作《四库撤出书原委》曾道出档案于考史的独特价值。他说："此等掌故，求之私家记载，多不可得，古人所以愿读兰台东观书也。"① 鉴于此，陈垣一直致力于档案的整理和利用工作，以为史学研究提供丰富史料。早在年轻时代，他就经常阅读《十朝圣训》《朱批谕旨》《上谕内阁》等清代官书资料，并把各书按条剪开，分类归并，称它为《柱下备忘录》②，后来《从教外典籍见明末清初之天主教》《雍正间奉天主教之宗室》等都大量采用了内阁档案。《两封无文字无年月的信》也是利用《十朝圣训》《东华录》中嘉庆"上谕"为线索，考出两封无名字无年岁的信札为王杰致汤金钊书，并考订了两书的年月。20 世纪 20 年代，陈垣还亲自参与了内阁档案的整理工作。沈兼士曾回忆："从前鄙人办北京大学国学研究所的时候，曾纠合多数学者，共同担任此种重大的工作，那时陈援庵校长就是中间一位最努力的；当时我们见到中国近代史最重要的材料就是清代的内阁档案，也就请陈先生指导整理；现在一般人都知道档案的价值，便是那时所开的风气。"③

照片插图 陈垣曾叹"吾国人薄于历史观念"，多不留意当世史料之留存，因此他非常注重搜集当世史料并加以整理，这其中就包括照片史料。他曾因黄绰卿"卒后才三十岁，仅得留姓氏于药物学书之首"④，故而特意访求黄绰卿遗像及其言行，以备后世史家之采。他曾作《题郑学士送别图》，详细介绍郑士豪赴挪威参会前所拍照片的拍摄地点和照片中人物，"俾他日有所考焉"⑤。陈垣搜求照片并题记以备后世史家考史的做法，充分说明他已将照片纳入史料的范围，体现了他扩充史料的观点。陈垣对古代史料中人像插图也

---

① 陈垣：《四库撤出书原委》，见《陈垣全集》第七册，第 507 页。
② 启功：《夫子循循然善诱人》，见《励耘书屋问学记——史学家陈垣的治学》（增订本），第 141 页。
③ 沈兼士 1931 年辅仁大学始业典礼开学训词，《辅仁大学校刊》第 3 卷第 1 期。
④ 陈垣：《黄绰卿像题词》，见《陈垣全集》第一册，第 183 页。
⑤ 陈垣：《题郑学士送别图》，见《陈垣全集》第一册，第 280 页。陈垣等人送郑士豪到白耳根万国麻风会，临行前拍照留念，陈垣题字。

多有考证，如《〈燕京开教略〉画像正误》一文中就指出图像错误百出，"岂非天下之至滑稽者乎！"文中他还对各类典籍所载图像的价值做出分析："史以徵信也。《晚笑堂画传》《明太祖功臣图》，出于理想，是艺术，非历史；《三国演义》绣像，亦出于理想，是小说，非历史。叙述历史，而插入理想之图像以增人兴趣可也。"但如果"取通行之画传小说袭其像，易其名，张冠而李戴之"，则有失历史研究之端正态度，读者在利用画像时也该有所警惕。新中国成立后，陈垣还曾指出科学院自然科学史研究室编《中国古代科学家》中郭守敬的画像是"不对的，目前我国还没有发现郭守敬的古代画像"。① 他还指出中小学历史教材中"插图的选择也还不完全精当，高中中国史的插图有很多印得比较模糊"②。陈垣对历史研究作品中照片、插图等视觉史料的重视也体现了他对扩充史料所做出的努力，他对这些材料的分析提醒学者在图像证史时亦应对所用视觉史料的真伪有所考辨。

　　书札字画　陈垣对清代名人书札颇有研究，对书札的艺术价值和史料价值都有精当的评论。不仅如此，他还将字画收藏与学术研究相结合，将书札字画纳入史料范围，这也是他扩充史料思想的重要体现。陈垣曾致信尹炎武："兹有近人手札真迹十八通、廿八页，并信封八个，密行细字，言皆有物，实为近代史资料珍品，谨以奉赠。"③ "密行细字，言皆有物"正是陈垣对书札艺术性和史料价值的总结和评价。当广东学者汪宗衍编陈澧年谱时，陈垣将自己所藏陈澧书札若干通寄送，告之曰："凡此既可补集外文，又可增加年谱少壮时资料，想尊处闻之必大高兴。"④ 书札以补文集、增年谱资料，正是书札史料价值的重要体现。陈垣多次运用书札考史，所撰《书于文襄论四库全书手札后》考出许多官文书所不及、私家记载稀缺的诸多有关《四库全书》

---

① 刘乃和、周少川、王明泽、邓瑞全：《陈垣年谱配图长编》，第775页。
② 陈垣：《新的中小学历史教科书》，见《陈垣全集》第二十二册，第657页。
③ 陈智超编注：《陈垣来往书信集》（增订本），第156页。
④ 陈智超编注：《陈垣来往书信集》（增订本），第511页。

编纂的掌故。陈垣对字画也有收藏和鉴赏，对字画辨伪也颇有心得，而且他"所藏字画大多数与历史有关，尤其是学术史"①。比如他对清康熙年间中国耶稣会士吴历字画的收藏和鉴赏，就成为他研究吴历学术生平和著述的重要资料。②

图 12 1959 年 6 月，在琉璃厂宝古斋鉴赏清代学者钱大昕撰题《吕孝子序》墨迹。

外文资料 陈垣虽极少直接利用外文史料，但他"非常注意日本或欧美的汉学家有什么著作论文发表，他自己时时看日本所编的杂志目录索引，也告诉学生要时时留心国际学术行情，以闭门造车为大忌"③。尽管他征引史料绝大部分为汉文资料，但他对涉及中国史的外文资料之利用则有独到见解。

　　所译拉丁文论犹太教一段，具见用功，唯原文材料，悉译自弘治、正德及康熙二年碑，不如仍求之汉文原本为愈。窃尝有一譬：先以中币换英币，又由英币换法币，复换德币，如是展转兑换，若欲得回中币之原价，恐所亏巨矣。以汉文译外国文，复由外国文译回汉文，其意义之损失，当复如是。尝见有未见景教碑原文，特由

------

　　① 牟润孙：《励耘书屋问学回忆》，见《励耘书屋问学记——史学家陈垣的治学》（增订本），第 75 页。
　　② 详见《陈垣学术论文集》第二集所收研究吴历（吴渔山）的 8 篇论文，第 228—326 页。
　　③ 牟润孙：《励耘书屋问学回忆》，见《励耘书屋问学记——史学家陈垣的治学》（增订本），第 73 页。

外国文译本言景教碑事，翻为汉文，有至足可笑者，正坐此病，似
当注意也。①

随着中外交流的深入，学术研究中引用外文文献越来越普遍，陈垣的提示，
当为药石之言。

匾额楹联　陈垣《开封一赐乐业教考》第十章"匾额"，将匾额用于考
史，可谓别开生面。他曾言此举深意："慨自古籍沦亡，考古者每进而求之金
石，或更进而求之砖瓦骨甲，皆以其为文字所存也。则将进而求之于木，亦
势所必趋。今考开封犹太教而采及匾联，犹此意也。"②　在此书中，陈垣共辑
录匾二十三方并考其作者，证其作者与一赐乐业教之关系，得见一赐乐业教
在清初之情况。《开封一赐乐业教考》第十一章"楹联"，辑录康熙二年以后
楹联十七联，楹联"皆教中人所题"③，"开封犹太寺扁联之发见于世，自此
始也。"④　这里体现了他力图将一切文字载体纳入史料范围的努力，正是其扩
充史料思想最好的证明。

现存实迹及口碑　陈垣对史料的扩充还体现在对现存实迹和口碑等史料
价值的评价上。他曾分析利用现存实迹和口碑材料时所应注意的问题，他说：

> 现存实迹及口碑，亦多不可靠。如一事发生，各报记载不一，
> 一比勘便知。所贵乎史识、史裁者此也。别择史料真伪最难。如十
> 七年十一月华威银行已倒闭，而十二月华威兑现之广告犹登。夏间
> 已改北平，而各处之信纸信笺犹多用北京。⑤

即现存实迹和口碑材料有时会和事实滞后或有意无意的偏差，陈垣举眼前之
事实以表古时亦然的情景，以说明他对现存实迹及口碑类史料所持的审慎态
度。将史识和史裁与史料扩充工作紧密结合起来，体现他对史料辨识的敏锐

---

① 陈智超编注：《陈垣来往书信集》（增订本），第 313 页。
② 陈垣：《开封一赐乐业教考》，见《陈垣学术论文集》第一集，第 291 页。
③ 陈垣：《开封一赐乐业教考》，见《陈垣学术论文集》第一集，第 296 页。
④ 陈垣：《开封一赐乐业教考》，见《陈垣学术论文集》第一集，第 300 页。
⑤ 陈垣：《中国历史研究法批注》，见《陈垣全集》第二十二册，第 147 页。

和眼力。

综上所述,陈垣扩充史料的思想有两点特别值得重视。首先,陈垣扩充史料的思想是与时俱进的,他非常关注新史料在史学研究中的作用。如照片是较晚才出现的史料形式,他及时将之纳入史料范围,并致力于整理工作以待后人利用。在当时,敦煌文献、内阁档案也是刚刚发现和披露的新史料,他及时将其运用于史学研究,并取得重大学术成果。其次,陈垣将扩充史料和史识、史裁结合起来,强调辩证地看待史料扩充,不能盲目求全而忽视史料的可靠性。陈垣论现存实迹及口碑的价值时,曾言此类史料"多不可靠",因此在史学研究中较少利用此类史料,即注意以史识和史裁明辨史料,既扩充史料的范围,又有效防止了滥收无功,这正是陈垣扩充史料思想的精髓所在。

第二节　创新体例的史源学思想

20世纪上半叶的史料学异彩纷呈,有的以史料学为史学之根本,有的着力拓展史料范围,有的重在史料辨伪。陈垣史料学的最大特色在于以根寻史源为出发点,引导对史料的综合考辨,确立了一套便于操作、行之有效、可以传授的史料考辨方法,即史源学。何谓史源学?陈垣在当年的教案中写道:"择近代史学名著一二种,一一追寻其史源,考正其讹误,以练习读史之能力,警惕著论之轻心。"[①] 可见,史源学就是一门追寻史料来源,进而稽考史实、辨明正误的学问。陈垣治学一直贯彻史源学的思想和方法,并将金针度人,开展史源学的教学和实习,使选修者受益良多。

一、考辨史源的目的

根寻史源是陈垣史学考证的一贯作风。他认为研究历史必须审订史料,

---

① 陈智超编注:《陈垣史源学杂文》(增订本),生活・读书・新知三联书店2007年版,第2页。

找出原始根据，然后才能稽考史实、辨明正误。他把"读史须考本末"看作是历史研究的"药石之言"①，他常说："读史必须观其语之所自出。"② 其目的就是要考究史料的出处，进而"沿流溯源，究其首尾"③，检核史料的可靠程度。陈垣将治史不问史料源流，不求甚解，甚至辗转抄袭的做法，称为"无本之学"④。由此可以看出，史源学的目的就是为了求得可依信的第一手材料，使历史研究建立在可靠的史料之上。陈垣所积极倡导并熟练运用于史学研究的史源学有以下四个方面的主要意义。

（一）判明史料的真伪优劣

史料是历史研究的基础，梁启超说："史料为史之组织细胞，史料不具或不确，则无复史之可言。"⑤ 可见，史学家所掌握史料的优劣，会直接影响史学研究成果的质量。郭沫若也曾论道："无论作任何研究，材料的鉴别是最必要的基础阶段。材料不够固然大成问题，而材料的真伪或时代性如未规定清楚，那比缺乏材料还要更加危险。因为材料缺乏，顶多得不出结论而已，而材料不正确便会得出错误的结论。这样的结论比没有更要有害。"⑥ 因此，必须采用各种手段来判明史料的真伪优劣以保证历史研究有坚实的基础。史源学就是其中一种非常

图13 《陈垣史源学杂文》增订本封面。

① 陈垣：《通鉴胡注表微》，第96页。
② 陈垣：《通鉴胡注表微》，第81页。
③ 陈垣：《通鉴胡注表微》，第97页。
④ 陈垣：《通鉴胡注表微》，第97页。
⑤ 梁启超：《中国历史研究法》，东方出版社1996年版，第44页。
⑥ 郭沫若：《十批判书》，见《郭沫若全集·历史编》第二卷，人民出版社1982年版，第3页。

有效的手段。考寻史料的原始出处，梳理史料流传演变的线索，比较对同一史实的不同记载，有助于确定史料的真伪优劣。

根据史料来源判断史料的真伪优劣是非常有效的一种方法。举例来说，从史料来源上看，历史上的史料可以分为私人撰述、官方文书等。通常来说，对于同一史实的记载，官方所存文件档案的史料价值就比私人撰述要高，如陈垣撰《雍乾间奉天主教之宗室》[①] 一文利用了大量雍乾时期的上谕和奏折等第一手资料，纠正了《燕京开教略》《圣教史略》等私家撰著对苏努的不实记载，因为从史料来源上看，上谕和奏折常常在事件的发生中形成，史料的原真性更强、真实性更高。在考证德沛生平时，陈垣也从史料来源上比较并判定了各家对德沛记载的优劣："《清史稿·列传二·德沛传》系删《宗室王公功绩表》传而成，其误较少。"而《小仓山房文集》《测海集》等私家撰述就存在较多错误，应据《清史稿》给予改正[②]。

（二）明辨史料的取舍裁剪

判明史料真伪优劣之后，就需要在此基础上去粗取精，按照取材典型全面、不缺不漏、文简意赅的原则，合理地剪裁取舍史料以运用于史学研究。这同样需要运用史源学的方法。因为只有把史料的渊源关系和本义弄清，才能最大限度地保证史料的剪裁取舍恰如其分。

陈垣在撰写论文时，非常注重对材料的取舍和裁剪。首先，要选用最典型的史料，以期能够全面准确地说明问题。陈垣主张搜集资料要竭泽而渔，但是在写文章的时候，要对史料进行甄别，要舍得割弃。面对众多史料，他总是"使用最能说明问题的材料"[③]。他写《旧五代史辑本发覆》时，搜集的

---

① 陈垣：《雍乾间奉天主教之宗室》，见《陈垣学术论文集》第一集，第 140 页。
② 陈垣：《雍乾间奉天主教之宗室》，见《陈垣学术论文集》第一集，第 166 页。
③ 刘乃和：《书屋而今号励耘》，见《励耘书屋问学记——史学家陈垣的治学》（增订本），第 183 页。

史料很多，稿本有三尺多厚，但他删繁就简，最后定稿仅用194条资料就充分说明了问题。其次，征引史料时，要对史料进行裁剪，在确保史料完整、使人明白的前提下尽量文简意赅。他采用了多种方法和手段来达到这一效果。一方面，陈垣认为，"凡引书声明引自古人者，可略而不可改"①，因此在不改变文义的基础上，他善于用自己的语言来概括引文，"不论引文、解释、考证、评论，皆作正文"②，将引文消化在正文中。另一方面，在对史料进行剪裁的时候，一定要保证史料的完整性。如陈垣在行文中，"引诗如果仅三句有用，那不成联的单句必然另引，绝不使它成为瘸腿诗。"③ 因为只有保证史料的完整性，才能让读者明白，并有效防止断章取义。

（三）稽考史实以纠谬正误

追寻史源往往和考证讹误联系在一起。因为许多研究成果，常常因史料来源不正确，导致结论错误，所以稽考前人成果，纠谬正误，以防止"浊流靡已"也是史源学的重要意义之一。学者在进行史学研究的时候，不可避免地要利用先贤的研究成果，但是由于史家的素质和客观条件的限制等原因，前人的研究成果有时会存在各种疏漏。这就需要我们在利用前人资料的时候不能迷信，要逐一根寻其出处，加强辨识能力，防止以讹传讹。

考证前人的研究成果，纠谬正误是陈垣史源学研究的重要组成部分，如《中国佛教史籍概论》的一项重要内容就是对《四库全书总目》进行考证纠谬。在"缘起"中他特别强调，"凡所注意者，《四库》著录及存目之书，因《四库提要》于学术上有高名，而成书仓促，纰缪百出，易播其误于众。"④《四库全书总目》是钦定之书，在学术上有高名，学者多盲从，但由于各种原

① 陈垣：《通鉴胡注表微》，第17页。
② 陈智超编注：《陈垣来往书信集》（增订本），第1142页。
③ 启功：《夫子循循然善诱人》，见《励耘书屋问学记——史学家陈垣的治学》（增订本），第146页。
④ 陈垣：《中国佛教史籍概论·缘起》，中华书局1962年版，第1页。

因，此书仍旧存在很多讹误，陈垣通过追踪史源，对于其中存在的讹漏给予指正纠谬，这样不仅避免了错误的继续流播，更重要的是通过这一过程能知前人用功之密，知前人致误之原，提醒自己在运用史料的过程中要继承前人的优点，吸取其致误的教训。

（四）彰扬严谨求实学风

在考证史源的过程中养成严谨求实的学风，即陈垣所说的"警惕自己论撰时之不敢轻心相掉"①，这也是史源学的重要意义之一。李大钊曾有一段话论述了史学有助于培养良好的治学态度：

> 史学能陶炼吾人于科学的态度。所谓科学的态度，有二要点：一为尊疑，一为重据。史学家即以此二者为可宝贵的信条。凡遇一种材料，必要怀疑他，批评他，选择他，找他的确实的证据；有了确实的证据，然后对于此等事实方能致信；根据这确有证据的事实所编成的记录，所说明的理法，才算比较的近于真理，比较的可信。②

这说明科学严谨的史学研究方法有助于培养良好的学风和治学态度，而史源学正是具备这一特点的史学研究方法；彰扬尊疑重据、严谨求实的良好学风正是史源学的目的和意义所在。陈垣曾撰写了很多史源学范文，这些论文的一个重要目的就是利用史源学找出前人史学著作的疏误，指明造成疏误的原因，用实例告诉学生在历史研究中必须尊疑重据，既不能盲目迷信，也不能轻易齮龁前人成果。他在《书〈读史拾沈〉杨妃年岁条后》一文中指出：

> 杨妃年岁，见于旧、新唐书杨妃本传，无问题。平景孙《读史拾沈》二考此，乃犯四病：一、册为寿王妃年月，据《外传》误文，不据《唐大诏令集》，是谓无识。二、聘韦昭训女为寿王妃之日，壬

---

① 《北平辅仁大学文学院概况》，北平西四丹明庆代印，1935 年。
② 李守常：《史学要论》，河北教育出版社 2001 年版，第 55 页。

午误为壬辰，未加纠正；又以为册贵妃与之同月，是谓粗率。三、
杨妃卒时年岁，引《外传》不引正史，是谓不知轻重。四、考史至
引乩语，是谓遁入魔道。皆学者所当引以为戒也。①

陈垣此文仅有134字，却强调了在史料考辨和征引中所必须遵循的四条重要原
则：尽量使用第一手资料、征引史料要辨其正误、重视正史记载以及不语怪
力乱神。这些都是严谨学风的基本要求，而这种严谨求实的优良学风则需要
通过考究史源的过程在史学研究中加以贯彻和推扬。

二、考辨史源的程序和方法

陈垣史料学思想的重要创新内容，就是详细阐述了考辨史源的程序和方
法，使史源学成为一门可以传授、研习和运用的学问。他有关考辨史源的程
序和方法的阐述，奠定了史源学的学科理念和方法论基础。

（一）考辨史源的程序

从陈垣大量的史源学实践和表述，可以看出史源学有一套科学完整、可
供后人参考仿效的工作程序。具体说来，史源学的工作程序可分为三个步骤：
一是追寻史源，二是辨析源流，三是判明是非。且不说陈垣为教学所作的史
源学范文大都明确包括以上三个程序，就是他的长篇巨著在对细节问题展开
考证时，这三个环节也是清晰可辨的。

《书〈十七史商榷〉第一条后》是陈垣为史源学实习课教学所写的范文，
因此各个工作步骤之间的区分非常清晰却又有很好地衔接。此文先将《十七
史商榷》第一条所用史料的出处考出，通过根寻史料的出处和来历，比较原
始资料与王鸣盛所引材料的区别，陈垣发现王鸣盛此条竟有四处错误，即误
李汧公为李沂公、误桐孙为桐丝、称《汉志》《史记》百三十篇误、由百三十

---

① 陈智超编注：《陈垣史源学杂文》（增订本），第101页。

篇改为八十卷称"分"误。以下仅以此文为例，分析文中所呈现的史源学研究各个程序。

一是追寻史源。文中将李勉见于史料记载的出处考出。《李勉传》见于《新唐书》卷一三一和《旧唐书》卷一三一，两传皆载李勉在大历中被封为汧国公，这都是可以依据的准确史料，而王鸣盛称李勉为李沂公，实为未究史源，将"汧"误为"沂"。对于这样的问题仅"追寻史源"并借助对校法，就能够做到是非分明。

二是辨析源流。《书〈十七史商榷〉第一条后》分析"桐孙"被误为"桐丝"的源流。陈垣首先找到李勉造百衲琴一事的有关记载是唐李绰《尚书故实》的"李汧公取桐孙之精者杂缀为之，谓之百纳琴"① 和《学海类编》本韦绚《刘宾客嘉话录》的"李汧公勉取桐丝之精者杂缀为琴"②。"桐孙""桐丝"两说不同，于是陈垣进而辨析"桐孙""桐丝"二词的出处和含义。"桐孙"一词有其渊源和特定含义，桐孙者，桐之幼枝，并举两例为证，"《太平御览》卷九五六引《风俗通》云：'梧桐生于峄山阳岩石之上，采东南孙枝为琴，声甚清雅。'《庚子山集》五《咏树》诗：'枫子留为式，桐孙待作琴'，以孙对子，是也。"《风俗通》为东汉应劭作品，《庚子山集》为北周庚信作品，从史料源流上讲，皆比唐人著作早，况且又有李绰《尚书故实》为证，因此"桐孙"之说正确。借助校勘学，陈垣辨析韦绚文中"桐丝"一词当是传写错误，因"丝"与"孙"草书字体相似而讹也。就此，王鸣盛未尝一究"桐孙"史源，造成以讹传讹之误显而易见。

三是判明是非。有追寻史源、辨析源流两道程序作铺垫，判明是非已经是水到渠成。《书〈十七史商榷〉第一条后》在辨析源流之后，确定了"桐

① （唐）李绰：《尚书故实》，见景印文渊阁《四库全书》第 862 册，台北商务印书馆 1986 年版，第 471 页。
② 因馆臣认为韦绚此句乃抄掇《尚书故实》，故四库全书本《刘宾客嘉话录》将此句删除，而《学海类编》本《刘宾客嘉话录》则误桐孙为桐丝。

孙"是正确的说法，那么王鸣盛"桐丝"之说和海山仙馆本《敏求记》"丝桐"之说皆误。具体分析陈垣的研究成果，可以发现这一程序实际上还有两个技巧。一是要分析错误产生的原因，如陈垣分析海山仙馆本《敏求记》误"桐孙"为"丝桐"的原因，"丝、桐是二物，桐孙是一物。校者习见丝桐，以桐丝为误，遂臆改之。不知桐丝固误，丝桐更误，此又在《商榷》下矣！"二是下断语时要有理有力有节，如针对王鸣盛误"汧"为"沂"、误"孙"为"丝"的错误，陈垣批评曰："《商榷》未敢许遵王能校书，然则西庄可云能校书乎？一眼前习见故事，而误者二字。翻刻本《商榷》如此，固可委为手民之误也，乾隆五十二年洞泾草堂原刻本《商榷》亦如此，西庄能辞其责乎？且在全书第一条，正是骂人不能校书，何自疏忽如此。"在下断语时，陈垣充分考虑到了翻刻本《十七史商榷》可能会因刻书者刻错而误，特别指出原刻本即如此，错误全在王鸣盛身上，此为有理；陈垣所指出错误都是眼前习见故事，皆在《十七史商榷》第一条，可谓切中王鸣盛文风浮躁之要害，此为有力；面对王鸣盛如此的大意和自以为是，陈垣委婉地批评其"何自疏忽如此"，此为有节。

(二) 史源学的研究方法

陈垣在当年讲授"史源学实习"课的教案中指出，史源学就是要对相关史著"一一追寻其史源，考正其讹误"①，并从四个方面提出了史源学的具体研究方法，下面我们结合他的实际考证来做深入的了解。

第一，"看其根据是否正确：版本异同，记载先后，征引繁简。"这一条是强调通过史源学考察前人所用史料是否可信恰当。陈垣重点强调了从三个方面来考证史源。首先是审定版本异同，看其所用典籍版本是否是善本。比如，《四库全书总目》讥讽唐释道宣《广弘明集》题当世皇帝"高宗"之谥，

————————————

① 陈智超编注：《陈垣史源学杂文》（增订本），第 2 页。

以为"殊不可解"。陈垣运用史源学的方法，发现《总目》所据版本有误，并以高丽本为证，证明《广弘明集》原本并不误，其书唐高宗者皆作"今上"。《总目》之所以认为《广弘明集》直书当时皇帝谥号不可理解，是因为《总目》在研究中采用了较差的本子以致得出错误的评论。其次，考察记载先后以保证使用更为可靠的第一手资料。如《〈廿二史札记〉七〈晋书〉条末引唐艺文志订误》一文通过考察史料记载先后，纠赵翼多处疏漏并论到"论唐初所存晋史，自应引《隋志》，不应引《唐志》，更不应引《新唐志》也。"①再次，考察史料征引繁简。如陈垣在《元也里可温教考》中考证爱薛其人其事，"《雪楼集》又有《拂林忠献王神道碑》一道，碑文与《元史》爱薛本传全同，盖即《元史》所据之蓝本。惟中有'有列边阿答者，以本俗教法，受之定宗，荐其贤，召侍左右，为世祖所器'等句，为《元史》所不载。"② 通过考证史料来源，检阅史料征引的繁简，不仅从碑文中补充了《元史》的资料，还厘定了各史料间的"父子""兄弟"关系。

第二，"看其引证是否充分。"考证前史所下结论往往需要追踪史源，看其对史料的引证是否充分。清代史家曾争论一则历史公案，即楚汉战争中项羽拘刘邦家属为人质，究竟所拘为何人？顾炎武《日知录》据《汉书·高帝纪》所载"太公吕后"，认为所拘之人只有刘邦之父及妻。赵翼《廿二史札记》据《史记·高祖纪》所记"父母妻子"，认为除太公、吕后外，还有刘邦母及刘邦子。陈垣遍查《史记》《汉书》，发现顾、赵二人引证皆不充分，因为两种提法《史记》《汉书》二书皆曾多处用过，可证"父母妻子"乃家属通称，不必拘泥于具体人物的考辨。顾炎武、赵翼之所以各执其词，"皆仅据两书片面之词，未统观两书全面也。"③ 正是由于两人未能全面考察《史记》《汉书》的用语特点，而得出了武断的结论。

---

① 陈智超编注：《陈垣史源学杂文》（增订本），第 25 页。
② 陈垣：《元也里可温教考》，见《陈垣学术论文集》第一集，第 18 页。
③ 陈智超编注：《陈垣史源学杂文》（增订本），第 7 页。

第三，"看其叙述有无错误：人名、地名、年代、数目、官名。"前人采集史料或有疏忽，或没有正确叙述并理解史料的准确含义，就会造成结论之谬。这就需要用史源学的方法，从细节入手去考察其对史料的转述和使用是否与史料本义相符，如陈垣在《书〈鲒埼亭集·陈忠肃公祠堂碑〉后》① 文中，便是先求史源，查出全祖望所谓陈忠肃妹婿西山先生李深为元祐党人的史料，出自朱熹文集，但是全祖望在理解和转述这则史料时与原文出现了偏差，因为按朱熹所记，李深应为陈忠肃姊婿而非妹婿，"西山先生"也非李深而是其子李郁。又如《汪容甫〈述学〉年月日多误》② 一文纠正了汪中《述学》中多处时间记载上的讹误。由于人名、地名、年代、数目、官名等细节问题往往比较琐碎而被忽视，由此造成各种意想不到的错误；而且由于这些问题通常会涉及历史地理、年代学、职官、典章制度等专门学问，在考证中也容易产生错误；因此陈垣特别要求运用史源学的方法重点关注和考证这些细节和难点，避免因细节而影响历史研究的结论。

第四，"看其判断是否的确：计算、比例、推理。"追根史源，还应注意核对前人的判断是否准确。就"计算"这一问题来说，陈垣曾特别强调"考史当注意数字，数字有不实，则当稽其不实之由。"③ 比如赵翼《廿二史札记》在考证《后汉书·光武帝纪》时，认为光武帝年岁应为 64 岁。陈垣以年代学进行核算，指出凡"一年有两纪元之例，中间须少算一年"④。光武帝在建武三十二年改元建武中元元年，赵翼未注意一年之中有两纪元之例，将光武帝即位时年岁，累加建武三十二年、中元二年而未减一年，计算上失误。因此，光武帝去世时实为 63 岁。对于前人所做推理，陈垣也经常运用史源学的方法对其结论进行审查，如法国人罗朗波奈巴《元代金石图志》有《虎儿

---

① 陈智超编注：《陈垣史源学杂文》（增订本），第 49 页。
② 陈智超编注：《陈垣史源学杂文》（增订本），第 98 页。
③ 陈垣：《通鉴胡注表微·考证篇》，第 76 页。
④ 陈智超编注：《陈垣史源学杂文》（增订本），第 16 页。

年七月圣旨碑》影本,《寰宇访碑录》判断虎儿年之甲寅为宪宗四年之甲寅,而陈垣运用大量的史料为佐证确定"虎儿年"为延祐元年甲寅①,《访碑录》所作判断与正确结论相差 60 年。

由以上可以看出,陈垣总结的史源学方法涵盖了史源学研究的三个程序,"看其根据是否正确"中,考察版本异同就是分析史源是否正确,了解记载先后是在辨析史料的源流,以保证使用的材料是最初始的第一手材料。"看其引证是否充分"主要对前人论著的史料和论据进行审查,这是从另一个角度考察史料的来源是否全面。之所以对此进行考究,是因为如果所用史料有误则很难保证结论的正确,而如果在论证过程中遗漏了某则关键史料很可能会导致结论以偏概全,甚至谬以千里。"看其叙述有无错误"重点针对史家对史料的理解能力,审查史家是否正确地理解史料并恰当地运用于自己的研究中。"看其判断是否的确"则注重审查史家在史学研究中的推理论证过程是否准确严谨。这两条讲的都是史源学研究的第三个程序,即判明是非的过程。在所述的每则方法中,陈垣还明确指出所应重点关注的细节问题,如版本异同、征引繁简、人名、地名、年代,计算、推理等等。可以看出,这些细节往往是前人在历史研究中容易出现疏漏的地方。陈垣通过多年史学研究的经验,将这些细节一一指明,保证了史源学研究全过程的深入和缜密。

三、史源学的基本原则

综观陈垣的史源学实践,可以看出陈垣在运用史源学时始终遵循以下基本原则。

(一) 毋轻信

陈垣在史源学实习的《课程说明》中说:"考寻史源,有二句金言:毋信

---

① 陈垣:《元也里可温教考》,见《陈垣学术论文集》第一集,第 40 页。

人之言，人实诳汝。"① 这两句金言生动地揭示了史源学的基本原则，即在史学研究中要敢于怀疑、刨根问底、求真求实。这条原则强调的是史学研究中必须保持警惕，不要轻信前人所用史料和所持观点，要敢于怀疑并发现问题，这不仅能够为历史研究提供第一手的资料，还有助于进行学术创新。这就是陈垣所说的"考证贵能疑，疑而后能致其思，思而后能得其理。"② 举例来说，陈垣运用史源学的方法对《四库全书总目》进行了令人信服的纠谬。《总目》谓宋释惠洪撰《林间录》，"书中载杜衍、张咏同居睢阳事，晁公武《读书志》尝辨其疏。胡应麟《笔丛》亦称其载杜衍呼张咏为安道。安道乃张方平字，非咏之字。"③ 短短五十字，陈垣指出其中四处讹误。

> 一、《林间录》之误，谓杜祁公衍、张文定方平，致仕同居睢阳。二、《晁志》之误，谓杜祁公、张安道致仕，相去二十年。三、胡氏《笔丛》之误，谓杜公呼文定字为安道，安道乃方平，非文定。又谓其说本之《扪虱新话》。四、《提要》之误，又以文定为张咏。④

陈垣利用史源学方法，对《总目》所用史料一一究其原委，洞幽烛微，并对《总目》由此得出的错误结论进行了批驳，还由此及彼，纠正了《林间录》、晁公武《读书志》、胡应麟《少室山房笔丛》中的讹误，功莫大焉。最后陈垣总结道："《诗》曰毋信人之言，人实诳汝。可为《提要》咏矣。"由于《总目》轻信前人结论，导致了此类疏漏，而正是由于陈垣善于怀疑，才纠正了《总目》和其他著作的一系列讹误，这正反两面的实例为我们在史学研究中坚持怀疑精神提供了绝好的例证。

（二）坚持实事求是的学风

"毋信人之言"只是怀疑，但要否定还需拿出真实的根据。陈垣强调史源

---

① 陈智超编注：《陈垣史源学杂文》（增订本），第 2 页。
② 陈垣：《通鉴胡注表微》，第 76 页。
③ （清）永瑢等：《四库全书总目·释家类·林间录、后集》，中华书局 1965 年版，第 1238 页。
④ 陈垣：《中国佛教史籍概论》，第 142 页。

学考证在没有得到确切证据时，宁可存疑，也不轻下结论。比如他在《书全谢山与杭堇浦论金史第四帖子后》一文，对济南究竟有无刘豫墓这个问题，因无确证，仅指出全、杭二人论据都不充足的缺陷，而不武断做出谁是谁非的结论。这就是史源学考证中所要坚持的实事求是、言之有据的学风。又如《书全谢山〈先侍郎府君生辰记〉后》一文指出全祖望《先侍郎府君生辰记》中八处错误，并指明其中两处为抄手抄错，一处为避时忌而改，其余几处"皆不得其致误之由"①，这里陈垣将致误原因一一分析归类，对于其中无法明确判断的失误单独归类，做到了实事求是。又如陈垣认为"《晋录》五卷，不见《隋志》，《旧唐志》亦无撰人。是否实有其书，颇为疑问。"② 通过考察各家目录，皆不见著录《晋录》，因此此书是否存在值得怀疑，但是由于没有确切证据证明本无此书，因此他并不妄断为无，而是疑则存疑。

（三）提倡学术上的平等态度

陈垣一贯坚持在学术上以理服人的平等态度，认为学术考证的目的是拾遗规过，因此在学术批评中，要坚持平等的原则，反对任意訾毁前人，更不能进行人身攻击。他曾在《书〈十七史商榷〉第一条后》文中，批评清人王鸣盛在学术考证中"好骂人，昔贤每遭其轻薄，如谓刘向为西汉俗儒；谓李延寿学识浅陋，才短位卑"③。指出这是一种缺乏修养，又自以为是的做法，而正是这个动辄骂人的王鸣盛，在《十七史商榷》第一条中便出现了四处错误，陈垣以确凿的证据和严密的考证一一指正后，用平和的语气论曰："错固人所恒有，胡为开口骂人耶？"陈垣在运用史源学的时候，一直坚持学术平等、谦虚平实的研究态度。如全祖望曾经因为有清以来未尝闰十一月，而认为这是清代置闰之失。他在《书全谢山〈先侍郎府君生辰记〉后》一文中指

---

① 陈智超编注：《陈垣史源学杂文》（增订本），第 52 页。
② 陈智超编注：《陈垣史源学杂文》（增订本），第 26 页。
③ 陈智超编注：《陈垣史源学杂文》（增订本），第 79 页。

出，其实有清一代都未曾闰十一月，全祖望之论是因为"明清所用历法不同，谢山岂不知，而复有云者，慨故国之久亡，特借闰以寄其意耳"①。此处他并没有武断地把全氏论断完全否定，而是将自己置身于全祖望所处时代，充分考虑到了全祖望著文的时代背景，在保证研究者和被研究者处于平等地位的前提下，仔细分析了全氏论述的深层次原因，这不仅保证了陈垣论述的准确，而且将研究的深度更推进了一步，为后学理解全祖望当时的故国之情提供了新的材料。

（四）强调征引史料的规范

《总目》在唐释道宣《广弘明集》提要中称道宣为僧祐后身②，陈垣利用史源学的方法，明确指明其中的疏漏，"按《神僧传》乃明初撰集之书，其《道宣集》全采自《宋高僧传》十四。《宋高僧传》，《四库》著录，《提要》何以不引宋传而引明传，可知其随手翻检，未尝一究史源，实为疏漏。"③ 此处，他提出了史源学中征引规范的问题，认为引用材料时必须用第一手资料以最大限度保证材料的原始性，提高材料的可信度。著述中如遇征引前人学术成果，陈垣坚持严格的征引标准，"凡考证家引书通例，必该书原本已佚，无可寻检，始据他书所引以为证，同时并须声明系据何书所引，不能直称引用原书。""若其书未佚，即当检阅原书，不能据他书转引以为足。""凡考证家引用古书，为行文方便，删节字句，原无不可。然不能任意改窜，仍称出自原书，眩人耳目。"④ 许冠三曾将陈垣的征引规范总结为"采择文献材料，务须核对原本原文；如属转引，务必注明亲见出处；引文虽可删节，但不得更改。"⑤ 陈垣如此强调征引规范，既最大限度地保证了史料的可靠性，也为

① 陈智超编注：《陈垣史源学杂文》（增订本），第 52 页。
② （清）永瑢等：《四库全书总目·释家类·广弘明集》，第 1236 页。
③ 陈垣：《中国佛教史籍概论》，第 59 页。
④ 陈垣：《回回教入中国史略》，见《陈垣学术论文集》第一集，第 561 页。
⑤ 许冠三：《新史学九十年》，第 123 页。

读者检寻原文、根寻史源提供了方便。

四、"史源学实习" 课的教学

"史源学实习" 课是陈垣将多年的史源学研究经验加以总结概括而创设的课程，是陈垣史源学研究的重要组成部分。它使中国传统历史考证法成为可以传授的一门学科，而且课程教学效果显著，培养了大批的史学研究人才，"史源学实习" 课程至今仍然被其后学津津乐道。正如刘乃和在《陈垣评传》中所说，"史源学实习" 课 "是有意义的，是成功的，教学效果也是显著的"①。

图 14   1945 年 6 月在辅仁大学后花园鲒埼亭下与选修《史源学实习》课的同学合影。

---

① 刘乃和：《陈垣评传》，北京师范大学出版社 2002 年版，第 372 页。

（一）"史源学实习"的教学目的

陈垣在史源学实习课的《课程说明》中说："择近代史学名著一二种，逐一追寻其史源，检照其合否，以练习读一切史书之识力及方法，又可警惕自己论撰时不敢轻心相掉也。三年级选修，每周二小时，全年四学分。"① 即是史源学实习课的教学目的。

史源学实习课程，要让学生练习读史之能力。通过指导学生研读前人的史学著作，学会前贤如何驾驭史料，进而培养学生独立地搜集、考辨、运用史料的能力是"史源学实习"课的核心目标。在"史源学实习"课上，陈垣要求学生在阅读前人著作的时候，先要找到前人所引用史料的出处。在这个过程中，学生能实践如何运用目录书等工具书来搜集资料，并且在查找史源的过程中阅读大量的典籍，获得搜集史料的最基本能力。在阅读的过程中，学生还要考察前人分析史料的过程，看其对史料的运用是否正确，以训练学生考辨史料的能力，并在考证史源的过程中学习前人对史料的裁剪安排。通过研读名著，学生可掌握搜集、考辨、运用史料的基本能力，为史学著述奠定基础。

史源学实习课程，要让学生警惕论著之轻心。陈寅恪赞陈垣《元西域人华化考》："今日吾国治学之士竞言古史，察其持论，间有类乎清季夸诞经学家之所为者。先生是书之所发明，必可示以准绳，匡其趋向，然则是书之重刊流布，关系吾国学术风气之转移者至大，岂仅局于元代西域人华化一事而已哉。"② 从此话可以看出，陈垣在著述中杜绝夸诞之气，追求严谨求实的文风。陈垣不仅如此要求自己，还在教学中提倡并培养学生养成严谨求实的踏实学风。他在"史源学实习"课上，批评王鸣盛"开口便错"，多次强调"毋信人之言，人实诳汝"，就是为了提醒学生在写作中做到实事求是，避免

① 陈垣：《史源学实习》，见《陈垣全集》第二十二册，第431页。
② 陈寅恪：《陈垣〈元西域人华化考〉序》，见《金明馆丛稿二编》，第270页。

以讹传讹，以养成严谨求实的学风。除了通过口头强调，他还教给学生写作规范，以具体可行的手段保证严谨的学风。通过一系列的学术训练，学生掌握了基本的科研程序和写作规范，为保证学风的严谨求实提供了最基本的技术支持。

（二）"史源学实习"的教学步骤

史源学实习课的教学分为三个步骤。一是选择教材。陈垣认为史源学实习教材应选史学名著，一方面让学生在研读名著中得到教益，知其文"组织之方法及其美恶"；一方面在阅读中发现名著引证史料的讹误，能使学生"以找出其错处为有意思"，从而不迷信前人，增强研究的自信心，有效激发研究兴趣；此外，学生在考证史源时，体会到名家之作也会疏漏错误，"则自己将来作文精细也"。陈垣当年为学生常选的史源学实习教材是顾炎武的《日知录》、全祖望的《鲒埼亭集》、赵翼的《廿二史札记》。第二步是让学生抄书。每次实习课选文数页，"长者一篇，短者二篇"，让学生用正楷抄写。陈垣强调，"虽自有书亦须抄，亦一种练习"。这里的练习当然指严谨学风的综合练习，不仅练书法，而且为了不抄错，还要练校对。第三步是追寻史源，考证疏误，再连缀成文。具体要求是："抄好后即自点句，将文中人名、故事出处考出，晦者释之，误者正之。隔一星期将所考出者缀拾为文，如《某某文考释》或《书某某文后》等"①。为了让学生的实习有所依据，陈垣还不惮繁难，每次布置学生实习，他自己也亲自撰写史源学考证短文，事后或印发或张贴，作为示范。《陈垣史源学杂文》所收录的文章大部分是他当时讲授"史源学实习"课所作的范文。

（三）"史源学实习"的教学方法

陈垣非常注重教学技巧和方法。启功曾回忆说："我知道老师并没搞过什

---

① 以上引文皆出自陈垣《史源学实习》，见《陈垣全集》第二十二册，第454页。

么教学法、教育心理学，但他这些原则和方法，实在符合许多教育理论，这是从多年的实践经验中辛勤总结得出来的。"① 陈垣根据"史源学实习"课的教学目的和教学步骤，以及学生的实际情况和可接受水平，选择和运用了多种合适的教学方法。

讲授法　讲授法是指教师通过简明、生动的口头语言向学生系统地传授知识和技能的方法。陈垣在运用教授法的时候非常注重以下教学环节：一是讲课前制定周密的教学计划，并严格执行。"学年开始就定好这年的教学计划，这门课一年共多少课时，准备在这个课解决什么问题，每堂课讲授什么内容，都有一定计划和要求。他的教学计划做得非常周密。当时我作为学生也不知道他上课前已做好教学计划，直到我后来帮助他工作，看见了他上课前写的教学计划时才晓得的。"② 二是认真备课。陈垣对上台授课总是认真负责，他没有一堂课不是认真准备的。课前都"充分预备，宁可备而不用，不可不备也"③。有些课程他都教过几次，但是他也会认真备课，及时修改补充教学内容。三是讲课注重技巧。他曾说"要学生有精神，生趣味为要。凡说学生懒学生闹者，必教者不得法之过也"④。因此，他特别强调课堂教学要得法。陈垣所讲的史源学，课程本身既枯燥又难学，但由于他课前作了充分的准备，讲授起来得心应手，条理清晰，深入浅出，颇能引人入胜，使同学们学起来逐渐有了兴趣，学后又非常有收获。

练习法　练习法就是引导学生运用知识去完成一定的操作，以巩固知识、形成技能技巧。为了培养学生不同方面的能力，陈垣运用了多种练习法，如书面练习、模仿性练习、独立性练习等。在运用练习法的时候，为了达到较好的教学效果，他非常注重以下两个关键问题：一是明确练习的目的和要求，

---

① 启功：《夫子循循然善诱人》，见《励耘书屋问学记——史学家陈垣的治学》（增订本），第135页。

② 刘乃和：《陈垣老师勤奋的一生》，见《励耘承学录》，第9页。

③ 陈智超编注：《陈垣来往书信集》（增订本），第1108页。

④ 陈智超编注：《陈垣来往书信集》（增订本），第1111页。

让学生掌握练习的原理和方法。陈垣每年在上"史源学实习"课前都要精心撰写导言，让学生明白此课的目的。对于教材选择的标准，他在上课之前也会告知学生。① 至于考寻史源的方法和技巧，更是不仅讲明考寻要点，还亲身示范，让学生在自己进行练习之前明确这一方法的程序、规范和要领，避免在训练的过程中走弯路。二是在练习过程中循序渐进，逐步提高。他在练习的数量、质量、难度、速度、独立程度和熟练程度及综合应用与创造性上，对学生都有计划地提出要求，引导学生由易到难逐步提高，达到熟练、完善。"史源学实习"课是历史系三、四年级及研究所史学组研究生的选修课，每周两小时，隔年开课一次。从教学对象来看，陈垣就已经考虑到了这门课程的可接受程度。在进行训练的时候，他对学生的教学也是循序渐进的。史学家来新夏回忆他当年听课用的教材是全祖望的《鲒埼亭集》，"隔周必有作业，布置作业只发一张 500 字的红格作文纸，多写不收。我曾耍过小聪明，在一格内写成双行，结果被发回重作，并告诫我：只有能写小文章，才能放开写大文章。"② 可见，陈垣要求学生从小文章练起，打好基本功，等具备一定学术功底之后，才能做大文章。

演示法 陈垣利用自己为"史源学实习"课写作的范文，引导学生获得对历史考证基本技能和方法的感性认识，这些范文不仅是帮助学生感知、理解教材内容的手段，也是使学生获得历史研究方法和技能的重要来源。他的演示法，特点有二：一是做好演示前教具的准备工作。就"史源学实习"课来说，演示法的教具就是他撰写的范文。范文必须具有典型性，能够包含需要学生养成的各种技能，给学生以示范。从《陈垣史源学杂文》收录的文章来看，这些文章包含了历史考证的各种技能，如目录学、校勘学、版本学、避讳学、年代学等，有的侧重某一项技能的演示，有的则蕴含了各种方法的

---

① 刘乃和：《陈垣评传》，第 370 页。

② 来新夏：《重读〈史源学杂文〉——缅怀陈垣老师》，见龚书铎主编《励耘学术承习录：纪念陈垣先生诞辰 120 周年》，北京师范大学出版社 2000 年版，第 181 页。

综合运用。通过这些范文，学生可以比对自己习作中存在的缺点，如刘翰屏的习作"《日知录》八停年格条注引辛球考"被评为优秀，但是在陈垣的范文发表之后，刘翰屏"阅后很受教益，他的文字约 700 字，比我的习作短五分之一，考证更为全面精辟，文末有概括性的表述"。从陈垣的范文中，刘翰屏还进一步体会到"先生的治学精神和好的文风，实在应好好学习"。① 可见，好的范文不仅能够让学生学到基本方法，还能够让学生体会到优良学风的重要。二是在演示过程中，明确演示的目的、要求和过程，并作适当讲解、指点，引导他们边看、边听、边思考、边议论，引导学生知道要看什么、怎么看，需要考虑什么问题，从而积极主动自觉地投入观察和思考，以获得最佳效果。陈垣在授课时常说"我是陪你们读书的"②，这种"陪"不仅体现在他撰写范文为范例，还表现在他在课堂上将自己的经验毫无保留地传授给学生。在课堂上，他"不仅讲授他的学说，更进一步说明他取得这些学说的由来。原原本本，一个脚步，一个环节，都不轻易放过。虽说是要言不烦，却是巨细靡遗。以前有人说过：'鸳鸯绣罢从君看，不把金针度于人。'援庵先生不仅要人看鸳鸯绣，而且是在度人以金针。"③ 陈垣所演示的方法，是他自身多年精深学术研究所用方法的概括总结，这些经验和方法对刚入门的学生来说终身受用无穷。

（四）"史源学实习"的教学效果

从当年有幸聆听陈垣"史源学实习"课的老前辈的学术成就和回忆来看，这一课程的教学效果非常明显，受学者受益匪浅，如葛信益曾说："我深深感

---

① 刘翰屏：《励耘书屋受业心得》，见《励耘学术承习录：纪念陈垣先生诞辰 120 周年》，第151页。

② 李瑚：《励耘书屋受业偶记》，见《励耘书屋问学记——史学家陈垣的治学》（增订本），第232页。

③ 史念海：《忆先师陈援庵先生》，见纪念陈垣校长诞生 110 周年筹委会编《纪念陈垣校长诞生110 周年学术论文集》，第 289 页。

到，陈老师的这些教导是做学问打好基础的办法，是最宝贵的经验，学到手，就可以一辈子受用无穷!"① 相信很多受业者都有同感。这门课程的教学效果主要体现在以下三个方面。

研究方法的培养 要考察一门学科的教学效果，首先要看是否达到了最核心的教学目的。"史源学实习"课的核心目标是培养学生考辨和运用史料的能力。在这一方面，"史源学实习"的教学效果是非常明显的，听课者的学习体会充分证明了这一点，如柴德赓颇感陈垣史源考究的方法对自己影响很大。他曾说：

> 在我读书时候，吴士鉴《晋书斠注》刚出来，我花了半年多时间从头到底读，连小注也不放过，并且抄出来，对原文，看他到底引了多少书来注《晋书》。这样，我不仅读了《晋书斠注》，而且也读了不少关于《晋书》的其他书籍。这是要花一些工夫的，必须日积月累地去做，到后来，得益是很大的。②

又如牟润孙说：

> 我学了先师的方法，以正史与《通鉴》相比对，不仅了解了《通鉴》的史源，更进一步认识清楚司马温公如何剪裁史料，如何安排史料，如何组织成书。同时，也了解了他的史料取舍标准。我之能窥见涑水史学之堂奥，实在是基于陈先生的启发。③

聆听过陈垣"史源学实习"课的学生或陈垣的私淑弟子中，很多人成为史学研究工作者，他们在研究中经常会使用陈垣所教授的史学考证方法。柴德赓、方豪、史念海、牟润孙、启功、赵光贤、来新夏等人，在史学著作中经常运用史源学的方法。

---

① 葛信益：《永远怀念陈援庵老师》，见《纪念陈垣校长诞生110周年学术论文集》，第300页。
② 柴德赓：《陈垣先生的学识》，见《励耘书屋问学记——史学家陈垣的治学》（增订本），第82页。
③ 牟润孙：《励耘书屋问学回忆》，见《励耘书屋问学记——史学家陈垣的治学》（增订本），第74页。

优良学风的形成　与掌握几种研究方法相比，养成严谨求实的学风对初学者而言显得更加重要。"史源学实习"课在培养学生优良学风方面起了重要的作用，很多学生在课堂上接受了陈垣的言传身教，养成了踏实严谨的学风和实事求是的文风。这一点同样可以从学生的回忆中得到印证。某次史源学实习作业的篇目是《日知录》卷廿一"文章繁简"条。这条中有句话是"韩文公作樊宗师铭曰：维古于辞为己出，降而不能乃剽贼。"甲凯认为顾炎武文中已经标明出处，因此不必再查，并想当然地将"维古于辞"中的"于"字改为"文"字。作业完成上交，隔周发下后，甲凯发现作业首页上有陈垣红笔眉批"开头便错"四字。未明原因的甲凯向老师求教，陈垣告诉甲凯，古书绝不可任意删改，必须先查史源，因此甲凯用同治重刊《昌黎先生集》与顾炎武的引文对校，才知道韩愈原作题目为《南阳樊绍述墓志铭》，不仅"于"字不可改，就是顾炎武所引文字也已经与原文不尽相同。陈垣之所以批"开头便错"，的确是因甲凯不究史源，妄改原文而造成的错误。经此事后，甲凯"读书始知小心"①。不仅对甲凯一人如此，当时班上有三十多名同学听课，对每人作业，陈垣都详加批改，尽量将学生的文章改成史料去取得当，论述无一虚字赘语的佳作，让学生从中得到教益。可见，他的教学不仅让学生养成了严谨的学风，而且也养成了求实尚简的文风。

教学思想的继承　陈垣一生进行史学研究和教育工作，他并没有研究过教育理论，但是他凭着多年的研究，从实践中总结出"史源学实习"这一课程，而且在教学过程中形成了一系列符合教学规律的教育方法和思想，对大学历史学的教学产生了巨大的影响。这点可以从后学对"史源学实习"课程的继承和发扬上得到印证。经过陈垣细致地指导，陈乐素 1946 年在浙江大学史地研究所也开设了"史源学"一课。张其凡曾撰文回忆了 1980 年聆听陈乐素"史源学实习"课的情景：

---

① 甲凯：《援庵史学在台湾》，见《纪念陈垣校长诞生 110 周年学术论文集》，第 248 页。

　　　　乐素先生为我们选择的第一篇用于作业的文章，乃援老《陈垣史源学杂文选》中的《北宋校勘南北八史史臣考》一文。其时，援老《陈垣史源学杂文选》一书刚出版，乐素先生即用以为范本，并从此书之文开始，以强调援老之"考史金言"：毋信人言，人实诳汝。经过一周之努力，我们居然从援老文中发现了几个小疏忽之处，并得到了乐素先生的首肯，因而颇受鼓舞。初学考史者，因功力浅，易生怯意，对大家之论尊而信之，此乃考史之大忌。是故，乐素先生由援老文章入手。援老以考证精密著称，尚可能有疏忽之处，更遑论他人了。这样，使我们上了考证学的第一章：勿迷信他人，当尊重事实。①

通过这次的"史源学实习课"，听课者从实践上对考据学有了深刻体会，受益匪浅。陈垣的"史源学实习"课在港台地区也得以继承发扬。牟润孙曾经用"史源学实习"课的教学方法在港台开展教学，他说："我运用先师的方法，在台湾、香港教了若干学生，有些人因而进入史学之门。他们的成就纵有高低之不同，甚或他们不提个人治学渊源于励耘书屋，而他们之受援庵先师影响，则是无法涂饰或擦掉的。"② 可见，"史源学实习"课在港台地区也产生了一定的影响。

　　从教学目的、步骤、方法和效果来看，陈垣开创的"史源学实习"课将中国传统的历史考证方法和手段熔铸成一门学科，并采用了有效的教学步骤和方法将其传授给初学者，使之可以在短时间内掌握考证学的技巧并循径而深，为开展更高层次的历史研究奠定了坚实基础。至今，"史源学"已经被列为全国普通高校历史系本科生的专业基础课，史源学的重要性已经被广泛地

---

　　① 张其凡：《浅谈陈垣先生的"史源学实习课"》，见《励耘学术承习录：纪念陈垣先生诞辰120周年》，第289页。
　　② 牟润孙：《励耘书屋问学回忆》，见《励耘书屋问学记——史学家陈垣的治学》（增订本），第74页。

认识和肯定，并将持久地发挥其在史料学考辨上的重要作用。

第三节　史料整理的观念与方法

源于对史料搜集和考辨工作的重视，陈垣也充分认识到史料整理的重要性和必要性，在多种场合呼吁专家学者要积极从事这项工作。他推崇"一人劳而万人逸"的史料整理观，致力于史料整理工作，并取得丰硕成果。他还对史料整理工作提出许多建议，归纳了许多科学的史料整理方法和规则，这对当代的史料整理工作仍具有重要指导价值。

一、史料整理的必要性和重要性

陈垣非常重视史料整理工作。早年习医和办报期间，他就曾梳理古代典籍中的医学文献，整理编纂各类与医学研究有关的史料，并将史料整理与科学研究、爱国情怀结合起来，如他曾搜集东北防疫成绩报告，整理其中足为研究资料者，编成《奉天万国鼠疫研究会始末》。郑豪在此书序中赞曰："陈君固邃于国学，其于细菌学，又为专门，故所纪述，能原原本本。其于国权一节，尤三致意，又不徒为研究学术观而已。"[①] 从此时的工作来看，他已经充分意识到史料整理工作的必要性和重要性。1929 年，陈垣在燕京大学现代文化班的演讲"中国史料急待整理"，补充后以"中国史料的整理"为名发表，此文体现他在 20 世纪上半叶对中国史料整理工作的基本观点，充分展示了他的远见卓识。不仅如此，他还在许多场合呼吁要重视史料整理工作，直到 20 世纪 60 年代初，已八十多岁高龄的陈垣，还在《光明日报》上发表了《不能轻视资料工作》的文章。重视并致力于史料整理工作贯穿于陈垣史学研究的整个过程。陈垣认为史料整理的重要性和必要性主要体现在两个方面。

---

① 郑豪：《奉天万国鼠疫研究会始末·郑序》，见《陈垣全集》第一册，第 355 页。

第一，"为什么我们的史料要整理呢？理由是很简单的：人类的寿命有限，史料的增加却是无穷"[1]，如不整理则"不免要兴庄子的'吾生也有涯，而知也无涯，以有涯随无涯殆矣'之叹了。"可见，陈垣意识到了史料无限增多与人的精力有限之间的矛盾。他举例说明"唐宋人研究历史只须研究到唐宋为止，我们现在就要研究唐宋以后的历史了；不止这样，唐宋人研究历史的范围只局于中国及中国附近，我们现在因为交通便利东西文化接触的结果，就要把范围扩大到全世界去。"[2] 为了解决这个矛盾，必须要"改良读书的方法，整理研究的材料，使以最经济的时间得最高的效能"[3]，这便是史料整理工作的重要意义。他认为史料是随着时代发展不断增加的，而研究者的精力却是有限的，史料不能烧毁，只能用科学的方法尽力对其进行整理，方便学者使用。这一观点与陈垣其他的史料观也是一致的。如前所述，他认为搜集史料的环节在史学研究中占有举足轻重的地位，须占用研究过程中的较长时间，而史料整理工作恰能大大提高这一环节的工作效率。陈垣在 20 世纪 60 年代初期还强调"对科学研究工作来说，资料工作是很重要的。解放以来，已经出版了大批资料，但还远远不能满足工作需要，所以我们还要大搞资料工作"，足见他对史料整理工作重要性的认识以及对这项工作的持续关注。

第二，我们若是自己不来整理，"外人却越俎代庖来替我们整理了，那才是我们的大耻辱呢！"[4] 这是陈垣从爱国主义的角度来分析史料整理工作的重要性和必要性。陈垣的爱国思想贯穿于他的史学研究的各个领域，在史料整理方面也不例外。据郑天挺回忆，1922 年陈垣任北京大学研究所国学门导师，曾在一次集会上说："现在中外学者谈汉学，不是说巴黎如何，就是说西京

---

[1] 陈垣：《中国史料的整理》，见《陈垣全集》第七册，第 455 页。
[2] 陈垣：《中国史料的整理》，见《陈垣全集》第七册，第 455 页。
[3] 陈垣：《中国史料的整理》，见《陈垣全集》第七册，第 456 页。
[4] 陈垣：《中国史料的整理》，见《陈垣全集》第七册，第 456 页。

（日本东京）如何，没有提中国的，我们应当把汉学中心夺回中国，夺回北京。"① 在当时的学术环境中，外国列强对敦煌经卷、西北简牍的掠夺和整理，已引起国人的注意和愤怒。陈垣把学术研究和古籍整理作为与列强抗衡的阵地，抢夺中国在国际汉学界的话语权，充分体现了他的爱国主义思想。他1929年曾致信叶恭绰，"常盘大定编印之《支那佛教史迹》七巨册已出齐，曾见及否？我不自谋，他人越俎而谋之，真堪愧煞。"② 正是"真堪愧煞"的自觉，让他一直非常重视史料整理工作。他曾编有敦煌写经目录《敦煌劫余录》，刘乃和撰文论述此目录中蕴含的一片丹心：

> 民国初敦煌残卷移京师图书馆，1922年援师兼任馆长时，以每天阅读百轴速度，用三个月时间阅毕。1924年，北京文化界爱国人士鉴于敦煌珍贵文献仍被继续劫掠外运，乃组织"敦煌经籍辑存会"，从事搜集整理，并阻止继续外流。会址在故宫午门历史博物馆，众人推援师任采访部长。这时他将馆藏经卷，辨其类别，考其同异，汇编成此书。取"劫余"二字为书名，意谓此为"历劫仅余"之物，序里有"匈人斯坦因，法人伯希和，相继至敦煌，载遗书遗器而西"。当时朋友们劝他不要直接提名，因他们来华时，在学术会上还有时见面，且说"劫余"二字太刺激，劝他改一下。他说："用劫余二字尚未足说明我愤慨之思，书名不能改，序里名字也不能删。"这书名的"劫余"二字，反映了他对中华文化的挚爱及其爱国的一片丹心。③

陈垣以自身所长，不仅取得了史料整理的丰硕成果，而且为当时积贫积弱的国家赢得了一定的国际声誉。他对史料整理的坚持也正是其早年"本其

---

① 郑天挺：《回忆陈援庵先生四事——致刘乃和同志书》，见《陈垣校长诞生百年纪念论文集》，北京师范大学出版社，1980年内部出版。
② 陈智超编注：《陈垣来往书信集》（增订本），第176页。
③ 刘乃和：《著作的标题与学者的用心》，见《历史文献研究论丛》，广西师范大学出版社1998年版，第207页。

所学，为国争光"① 思想的充分体现。

陈垣从史学研究的学科规律和社会价值两方面分析了史料整理工作的重要性和必要性。首先，从史学研究工作的学科规律来看，史料的增加是无尽的，而搜集史料又是史学研究的基础工作，只有加强史料整理工作，才能发掘、整理出更多的史料，提高史学研究的工作效率。这便是陈垣所说的"资料工作总是要有人去作，不作，资料就不能很好地被利用。"② 其次，史料整理工作也是强化民族、国家和文化认同的重要工具。陈垣认为史料整理工作不仅是史学研究的重要组成部分，也是汉学研究的内容之一，做好史料整理工作也是彰显国家实力的重要平台。做好史料整理工作，向国际汉学界展示更多的研究成果，是中国史学研究水平提高的重要标志，也是中国学者能力的标志。如果更多的学者能"本其所学，为国争光"，则能大大提高史学研究水平，提升国家在国际汉学界的形象，甚至能为国家的整体形象加分。正是源于这两点，陈垣一直致力于史料整理工作，并以其思想和方法影响了当时许多学者及后辈学人，在一定程度上促进了史料整理工作的开展。

二、"一人劳而万人逸"的史料整理观

陈垣对史料整理工作的重视，不仅体现在对史料整理工作重要性和必要性的深刻认识上，更体现在他坚持"一人劳而万人逸"的史料整理观，身体力行，致力于史料整理工作，取得的丰硕成果上。

陈垣舍得投入时间和精力去开展史料整理工作，正如刘乃和所言：

> 他一向愿意做辅助别人读史的笨工作，只要对读者参考使用有利，他就乐此不疲。有人劝他不要总挑选这类课题，因为这是费事不讨好的工作，他在《中西回史日历》自序里，回答了这位朋友，

---

① 陈垣：《奉天万国鼠疫研究会始末·自序》，见《陈垣全集》第一册，第356页。
② 陈垣：《在历史研究所学术委员会扩大会议上的讲话》，见《陈垣全集》第二十二册，第737页。

他说："兹事甚细，智者不为，然不为终不能得其用。"所以他为了使别人得其用，就不怕麻烦地写出很多"为考史之助"的著作来，虽然智者不为的事，只要对别人有帮助他就不辞劳苦，宁愿自己用几年时间，以节省别人的劳动，当然这著作本身也都具有很高的学术价值和水平。①

1961 年，陈垣有感于有些人认为史料整理工作不算科研而发表意见：

> 有人认为，资料工作是为别人服务的，本身不是研究工作，所以就看不起，并且不愿做资料工作。我认为不管资料工作算不算科学研究，我们也不能不重视，看不起这种"服务行业"是错误的，我看至少是缺乏全局观点。学术理论是为人民服务，资料工作也是为人民服务。②

基于此，陈垣积极投身史料整理工作，并呼吁大家"若是肯从此努力，把我们的史料整理起来，多做机械的工夫，笨的工夫，那就可以一人劳而万人逸，一时劳而多时逸了。"③ 为了达到"一人劳而万人逸"，陈垣一直愿意花"笨功夫"致力于史料整理工作。他在早年的医学史研究中，就已经特别重视对传统医学中具有科学精神的学术资料进行梳理，如《洗冤录略史》④ 一文，就整理了中国古代典籍中与法医学有关的资料，这些文献资料多为"吾国实用解剖学之仅存者"⑤，具有重要的学术价值。陈垣正式进入史学研究领域并在国内外学术界取得赫赫声名之后，仍不惜投入大量时间精力作史料整理或工具书的工作，以下几项成果可体现他这种脚踏实地的学术精神。

编制《敦煌劫余录》　《敦煌劫余录》是陈垣主持北平图书馆工作时编定的反映该馆馆藏敦煌经卷情况的一部专题目录。陈寅恪曾指出：

---

① 刘乃和：《立志耕耘　追求真理》，见《历史文献研究论丛》，第 224 页。
② 陈垣：《在历史研究所学术委员会扩大会议上的讲话》，见《陈垣全集》第二十二册，第 737 页。
③ 陈垣：《中国史料的整理》，见《陈垣全集》第七册，第 464 页。
④ 陈垣：《洗冤录略史》，见《陈垣全集》第一册，第 207 页。
⑤ 陈垣：《洗冤录略史》，见《陈垣全集》第一册，第 207 页。

夫敦煌在吾国境内，所出经典又以中文为多，吾国敦煌学著作较之他国转独少者，固因国人治学罕具通识，然亦未始非以敦煌所出经典涵括至广，散佚至众，迄无详备之目录，不易检校其内容，学者纵欲有所致力，而凭借未由也。①

当时北平图书馆所藏敦煌经卷破损混乱，陈垣克服种种困难，考订首尾不俱之残轴，设计编排体例，加以详细著录。陈寅恪认为此目"分别部居，稽核同异，编为目录，号曰《敦煌劫余录》。诚治敦煌学不可缺之工具也"②，高度评价了《敦煌劫余录》在敦煌学研究中的基础性作用。白化文也曾深入分析此书的价值，认为："相对于原来的工作基础，即原馆藏流水号财产帐来说，《敦煌劫余录》所作的工作，可决不是低水平的重复，而是在原有基础上作了一次质变性的飞跃。从敦煌学发展史的角度来观察，《敦煌劫余录》是世界上公布的第一个馆藏敦煌汉文文书目录，是一个创举。从图书馆学的角度来观察，它也是世界上公布的第一个敦煌汉文文书的分类目录。我们知道，只有分类目录才可以叫作真正的图书馆目录。这正是《敦煌劫余录》在敦煌学发展史和敦煌学目录工作发展史上的最大贡献。一直到五十年代末期，英国的翟理斯才步《敦煌劫余录》的后尘，刊布了世界上第二部馆藏敦煌汉文文书分类目录。它比《敦煌劫余录》晚出三十年。"③从这个评论也能看出，陈垣编制的敦煌经卷目录不仅是中国敦煌学的起步，在目录学和图书馆学上也有重要的学术价值。

编纂《道家金石略》　　《道家金石略》是陈垣编纂的道教石刻史料汇编。陈垣在《南宋初河北新道教考》一书中曾说："余昔纂《道家金石略》，曾将《道藏》中碑记及各家金石志、文集并艺风堂所藏拓片，凡有关道教者悉行录

---

① 陈寅恪：《陈垣〈敦煌劫余录〉序》，见《金明馆丛稿二编》，第268页。
② 陈寅恪：《陈垣〈敦煌劫余录〉序》，见《金明馆丛稿二编》，第268页。
③ 白化文：《简评〈敦煌劫余录〉和〈敦煌遗书总目索引〉》，《社会科学战线》1989年第1期，第324页。

出，自汉至明，得碑千三百余通，编为百卷，顾以校雠不易，久未刊行。"①
此书经陈智超、曾庆瑛增补校正，于 1988 年由文物出版社出版。据陈智超
《校补前言》，《道家金石略》在陈垣生前虽未刊行，但陈垣遗留下来的八十多
万字的《道家金石略》稿本、其手定之《道家金石略目》二册及其从《道
藏》、方志、文集等选出的道教碑文目录登记簿一册等资料，已为全书的编纂
打下了坚实基础。正式出版的《道家金石略》按时代共分为汉魏六朝、唐、
宋、金元、明五部分，金元部分因数量多又按全真派、真大道派、太一派、
正一派以及归属不明者分列。所录文字出自实物者记其尺寸、行款、字体、
存所；出自拓片及古籍文献所载者，详登出处。文后多附有前代考证材料。
全部碑文均加标点，书后还附有作者、主要人名、主要宫观索引。从全书内
容来看，此书是一部难得的道教历史资料汇编。以金元部分为例，陈垣收录
艺风堂藏拓约一百八十余通，其中十之八九均为前人金石志所未刊，弥足珍
贵。其他散见于《道藏》、金石志及文集的石刻文字，虽非罕见，但经陈垣广
事搜录，汇为巨编，其内容之宏富，也足以迈越前人。如该书所收全真道有
关文字，即多为元人《甘水仙源录》及近人《长春道教源流考》所未载，实
为最为完备的全真石刻汇编。诚如蔡美彪所言：

> 援庵先生早年收录石刻文字，原为从事研究之用，故而也兼及
> 与道家有关的史事人物。所以，本书不仅是研究道教或道家历史者
> 所必需，也为汉魏以来尤其是金元历史研究者筑造了一座石刻文字
> 宝库。研究者倘善于汲取，自可从中发前人所未发，从多方面获得
> 助益。②

从全书体例来看，陈垣摒弃了古代金石家以考证为能事的研究方法，而是综

---

① 陈垣：《南宋初河北新道教考》，见《明季滇黔佛教考》（外宗教史论著八种），河北教育出版
社 2000 年版，第 575 页。

② 蔡美彪：《读陈垣编〈道家金石略〉书后》，见《陈垣教授诞生一百一十周年纪念文集：1990
年江门国际学术研讨会论文集》，第 11 页。

录古今碑刻，"它绝非是陈垣先生玩物癖古的兴趣之笔，而是他刻意开创，意在聚实物资料与纸本文献为一编的崭新成果。它也标志着金石学向近代考古学的发展。"① 陈智超、曾庆瑛的整理工作也遵循了陈垣生前所倡导的古籍整理方法，无论是对陈垣遗稿的校勘、标点，以及编制全书目录及索引、编制《征引拓片及书目略》等工作，皆是陈垣生前所极力推广的方法，这些整理工作极大地方便了读者对《道家金石略》的使用。可以说，无论是从内容还是体例来看，这部历经六十多年，几代人共同努力才整理出版的《道家金石略》都充分体现了陈垣所倡导的"一人劳而万人逸"的史料整理思想。

编制《中西回史日历》《二十史朔闰表》　据刘乃和记载，陈垣在作这两种年表时，学术界的朋友们曾劝他不要在这类工作上费时间②，但陈垣还是坚持作了下来，历时四年，完成了这两部与人方便的学术工具书。白寿彝认为这两部书为中西回"三种历法的纪年提供了确实可靠的换算工具，为中外史料的运用在纪年方面开辟了方便的途径"③，《中西回史日历》"不啻二千年之中西月份牌，而一千三百五十年之西域斋期单"④，《二十史朔闰表》"为旧历作一总结"⑤。《二十史朔闰表》前有《例言》一篇，不仅简明扼要地总结了春秋时期以来中国历法的沿革，还介绍了西历、回历的源流，可以说是一篇提纲挈领的中西回历简史。《例言》对中西回历的解释可令读者对历法的沿革有初步的了解，这也给初学者使用该书带来极大的便利。此书正文内容设计严谨，结构简明合理，便于查询。刘乃和 1981 年撰文称："这部书是我国历表的创举，六十多年来，学人称便。内容有其自己的特点，为目前其他历表

---

① 卢仁龙：《崭新的开拓——评陈垣〈道家金石略〉》，《中国道教》1989 年第 3 期，第 38 页。
② 刘乃和：《学习陈援庵老师的刻苦治学精神》，见《励耘承学录》，第 84 页。
③ 白寿彝：《要继承这份遗产——纪念陈援庵先生诞生一百周年》，见《励耘书屋问学记——史学家陈垣的治学》（增订本），第 107 页。
④ 陈垣：《陈氏中西回史日历自序》，见《中西回史日历》，北京大学研究所国学门 1926 年版，第 1 页。
⑤ 陈垣：《二十史朔闰表例言》，见《二十史朔闰表》，中华书局 1962 年版，第 1 页。

所不能代替，所以说这是一部读史不可一日离的极好工具书。"① 这一观点至
今看来仍不为过。关于编制历表的工作，陈垣曾说："兹事甚细，智者不为，
然不为终不能得其用。"② 正因如此，陈垣不惮费心劳力完成了这两部嘉惠世
人的工具书。用过这两部书的学者都会在感受便利时，切身体会到陈垣这项
工作对历史年代学及史学研究的巨大贡献。

除了以上长篇巨帙，陈垣还在《四库全书》整理、宗教史料整理、《元秘
史》校勘整理等方面做过大量的工作，发掘了大量的珍贵史料，受到学界广
泛赞誉。

除了自己身体力行外，陈垣还积极号召和鼓励学生进行史料整理工作。
20 世纪 20 年代，陈垣在北大研究所国学门任导师时，曾指导同学编纂古籍目
录索引，"剪裁、编辑了《艺文类聚引用书籍》《太平御览引用书籍增订目录》
《慧琳一切经音义引用书目录》《希麟续一切经音义引用书细目》和《慧琳一
切经音义引〈小尔雅〉》《慧琳一切经音义引〈白虎通〉》《慧琳经音义引
〈释名〉》《慧琳一切经音义引〈切韵〉》《慧琳一切经音义引〈唐韵〉校勘
记》等。后两种在刘复主持下于 1937 年由史岫海精抄付印。"③

受陈垣影响，他的许多学生也致力于史料整理工作，来新夏曾说：

> 大学者往往不屑作为他人服务的学问，包括像编工具书这样的
> 重要工作，甚至某些号称学者的人也以编工具书为小道，不仅不屑
> 为，还歧视甘为人梯的学者。陈师则不为俗见所扰，深刻地指出
> "兹事甚细，智者不为，不为终不能得其用"的道理，足以振聋发
> 聩。以他这样一位智者，甘愿去为"智者不为"之事，实在难得。
> 他更身体力行地亲手编制过《中西回史日历》《二十史朔闰表》等

---

① 刘乃和：《考史必备的工具书〈二十史朔闰表〉》，见《励耘承学录》，第 171 页。
② 陈垣：《陈氏中西回史日历自序》，见《中西回史日历》，第 1 页。
③ 傅振伦：《陈援庵先生与古籍、档案整理》，见《纪念陈垣校长诞生 110 周年学术论文集》，
第 13 页。

等嘉惠几代学者的大型工具书。这种精神也影响了他的学生。就以我为例，我的一点微不足道的学识，视陈师的学术造诣诚若小溪之望大海，惟独于工具书一道，我一直奉行师教不辍。我曾历时 20 余年，中经艰难的年代，重写被毁手稿达数十万字，终于撰成《近三百年人物年谱知见录》，呈献于学术界，虽不能达到陈师水平的高度，但自以为惟此一点，尚可称无负师教。①

由于陈垣对中国古代史料的熟识程度和他对史料整理工作的真知灼见，许多大型古籍整理项目都会征求陈垣的意见，陈垣对此皆能知无不言，不惮繁难，积极为大型古籍整理项目出谋划策。如中华书局整理点校二十四史时，在前四史定稿后，中华书局曾将每书的出版说明、点校后记等送他审阅；又曾送交有关样稿请他审定。对作为校勘样本的《旧唐书》卷一、卷八校勘记，他逐字审阅，并由刘乃和代他提交了长达二千余字的总体意见稿和五千余字有关具体问题的意见。1958 年，国务院科学规划委员会古籍整理出版规划小组成立，陈垣成为委员之一，每当整理小组向他征求意见，陈垣都能给出针对性的建议。如中华书局影印《册府元龟》时，陈垣曾就工作计划、底本选择、书名题字、印刷样式等提出很多建议，并撰成《影印明本册府元龟序》。此外，陈垣的许多讲话和发言也和史料整理工作相关，对史学各分支学科中的史料整理工作发表了具体意见。如《在道教研究工作座谈会上的发言》②，对道藏、文集、正史、方志、碑刻中与道教有关的史料做了梳理，建议要在统一领导下"把道教史和道教的思想，作一较全面的、有系统的研究，还是有用的。就是有些道教的古籍文献，也有必要加以选择，有些可以整理校勘出版，以供研究者的参考。"③ 这些意见对现今的古代道教研究工作仍具有一

---

① 来新夏：《为"智者不为"的智者》，见《励耘书屋问学记——史学家陈垣的治学》（增订本），第 213 页。

② 陈垣：《在道教研究工作座谈会上的发言》，见《陈垣全集》第二册，第 869 页。

③ 陈垣：《在道教研究工作座谈会上的发言》，见《陈垣全集》第二册，第 871 页。

定的指导意义。

从以上论及的陈垣进行的史料整理实践以及他的相关论述来看，"一人劳而万人逸"是陈垣史料整理思想的核心。陈垣以一人之劳，给学界带来巨大的便利，他所编制的工具书和资料集，不仅为自己查找资料提供了便利，还为他人所用，于学界颇有裨益。囿于当时条件所限，陈垣编著的许多工具书和资料集并未公开出版，但是别人如有所求，他皆能相助。陈寅恪就曾致信陈垣，以借助陈垣所编工具书检索史料，如："顷欲乞灵于公所编《全唐文》《全唐诗》等索引，谨将人名列后，蕲转托记室诸君代为一检，不胜感激之至。"①"顷欲检布拉特阿哈（元世祖时派赴波斯者，《新元史》卷二十八、十六页上，氏族表上，其父名卜儿吉）事迹，非乞灵于尊编之《七家元史类目》不可，求便中示复，不胜感激之至。"② 对于后学于史料方面的求教，陈垣也能以个人所藏所学悉心回复，如蔡美彪曾言："50 年代初，我在编纂《元代白话碑集录》时，也曾向援庵先生求教。援庵先生慨然将他珍藏的赵州柏林寺碑等拓本五通惠借给我收录，以补此书的不足。"③ 可见，"一人劳而万人逸"的观念，不仅为许多学者减轻了查找资料的负担，也体现了陈垣在研究工作中大公无私的学术精神。

三、史料整理的方法和规则

陈垣治学一贯坚持科学方法，在史料整理领域也不例外。他将史料和古籍整理视为一项系统工作，从工作开始前制定整理计划到工作完成后撰写详细的整理说明，通过不断地实践、总结，形成了对史料和古籍整理工作各个环节的精辟见解，并提出了一系列有关史料整理的方法和规则，为我国的史

---

① 陈智超：《陈垣来往书信集》（增订本），第 397 页。
② 陈智超：《陈垣来往书信集》（增订本），第 397 页。
③ 蔡美彪：《读陈垣编〈道家金石略〉书后》，见《陈垣教授诞生百一十周年纪念文集：1990 年江门国际学术研讨会论文集》，第 11 页。

料学发展作出了贡献。

制定完善的整理计划　史料和古籍整理是一项内容丰富、工序较多的工作，包括选择底本、校勘、影印、标点、编制索引等许多工作环节和方法，许多大型史料和古籍整理项目甚至需要合众人之力花费多年时间才能完成。面对头绪纷纭的工作环节，必须制定合理的工作计划才能保证整理工作的顺利完成。从陈垣所进行的史料和古籍整理工作来看，在确定选题之后，他都会制定科学的工作计划，对整个工作流程进行统筹规划，以保证每道工序皆能按部就班、有序有效地开展。如 1920 年陈垣主持检查文津阁《四库全书》册数页数，在整理工作进行之前，他撰写了《检查文津阁书页数简章》①，详细制定了检查工作的流程和方法，确保检查结果的准确无误。又如，陈垣对《册府元龟》和《旧五代史》用功颇多，他曾撰写《以册府校薛史计画》②，详细制定以《册府元龟》校《旧五代史》的工作步骤。在计划书中，陈垣首先指出该工作的难点，"最难者要知《薛史》此文，见于《册府》何部何门，次难者要知《册府》此文，见于《薛史》何卷何传。"他将编制四种目录作为解决这两个难题的方法，第一步编制《薛史人名目录》，第二步编制《薛史年月目录》，第三步编制《册府五代事迹目录》，第四步编制《薛史册府目录》。第五步工作便是按《薛史册府目录》"将《册府》各条检出，与《薛史》核对。有则互注二书卷数于眉端，无则将目录下所注《册府》卷数取消。"第六步工作是按照《册府五代事迹目录》将《册府》未见《薛史》各条，因其年月或人名，利用《薛史人名目录》《薛史年月目录》以检《薛史》，有则互注书眉，无则于《册府五代事迹目录》下注"辑本阙"三字。第七步工作是按照《薛史》眉端所注《册府》卷数，将《册府》各条检出，逐字校雠，依《薛史》之卷页行数，作成校记。从陈垣编制的计划来看，各项工作目的明确，步骤安排得当，各个工作环节紧密相扣，可以极大地提高

①　陈垣：《检查文津阁书页数简章》，见《陈垣全集》第七册，第 492 页。
②　陈垣：《以册府校薛史计画》，见《陈垣全集》第七册，第 582 页。

工作效率和校勘质量。照此计划，他以《册府元龟》校对《旧五代史》三种刻本，校出异同之处尤多，并撰成《旧五代史辑本发覆》，成为《旧五代史》整理研究不可或缺的史料。他生前草拟过不少史料整理工作计划，有些计划未正式发表，有些计划也未及施行或完成，但是这些都是证明陈垣坚持有计划、有步骤地开展古籍整理工作的可靠材料，也可以当作指导后学开展史料整理工作的教材。

有选择地影印翻刻古籍　陈垣早年曾参与影印出版过许多宗教文献，他曾在与英华的通信中谈及对影印的意见，"顷言翻刻旧籍事，与其倩人缮钞，毋宁径将要籍借出影印。""如此所费不多，事轻而易举，无缮校之劳，有流通之效。"① 从事史学研究之后，他也曾参与影印翻刻过许多稀见古籍，《景印四库全

图15　1963 年 3 月 26 日，与柴德赓、刘乃和讨论新旧《五代史》的整理点校工作。

书未刊本草目签注》② 集中体现了他对影印翻刻古籍的观点。1933 年，中央图书馆筹备处编印《影印四库全书未刊本草目》请有关专家审议，陈垣在签注中对影印古籍的许多重要问题提出了自己的看法。首先，影印翻刻应注重选择前人未刊、未刻之书。在经费有限的情况下先影印未刊、未刻古籍，使

---

① 陈智超编注：《陈垣来往书信集》（增订本），第 29 页。
② 陈垣：《景印四库全书未刊本草目签注》，见《陈垣全集》第七册，第 513 页。

之化身千百，既能以广其传，也能起到保护古籍的作用。此外，选择影印未刊、未刻古籍还可以有效地避免重复建设并保证典籍的学术价值。正如陈垣所说，若古籍"已有宋元刊本，流传虽少，若将来有人影出，库本即失其价值，《湖北先正遗书》中之《雪楼集》其前车也。"其次，影印古籍要注重版本的选择，以保证典籍的学术质量。他认为："书之曾有刊本，卷数不符，应先校核，果库本为优，方可影印。"此论虽针对四库本而发，但是也反映出他所坚持的择优影印以免陋本流传贻误后人的工作原则。

最低限度要标点分段 陈垣在 1929 年曾论："现在我们要整理史料，第一步的工作便是有翻印旧书的时候，最低限度要将旧书点句，能分段分节，加以标点符号更佳。"[①] 他举例说，中国古代的书籍多半是不分句、不分段、不分章节的，有标点符号的更少，越是有名的著作，越是没有点句，1928 年出版的《王静安先生论文集》也未加句点，这样就会使研究者事倍功半，浪耗精力时光。他还指出，在宋代已出现章句标点，"八九百年前宋代的学者，便已经整理出一部现在我们见到的章节句读非常明白的《四子书》了。就是旧刻的佛家经典，也是有圈点的。"[②] 将标点、分段、分节视为古籍整理的基础性工作，在当时的条件下无疑是具有开创性的。随着古籍整理工作的推进，古书标点分段已渐成共识，但是也显露出不少问题。陈垣在 1961 年就曾指出《人民日报》所载邓拓《从借书谈起》一文中的句读问题，以提醒学界对古文标点问题的注意。1963 年他参加点校"二十四史"的工作会议时，又在会上强调古籍标点问题，他指出："给古书加标点，必须注意'香蕉苹果'之类的问题，究竟是'香蕉苹果'还是'香蕉、苹果'呢?"[③] 到底是指"香蕉和苹果"还是指"香蕉苹果"这一品种呢? 句读不同，文义亦不同。他将句读中

---

① 陈垣:《中国史料的整理》，见《陈垣全集》第七册，第 457 页。
② 陈垣:《中国史料的整理》，见《陈垣全集》第七册，第 457 页。
③ 赵守俨:《陈援老对基础知识和历史科学基本建设工作的重视》，见《纪念陈垣校长诞生 110 周年纪念论文集》，第 44 页。

容易出错的人名、地名、典章制度、名物等各种问题生动地归纳为"苹果香蕉论"，切中句读关键，即便是初学者也能藉此深切体会到句读稍有不慎，便可能失之毫厘差之千里的道理，对于今人标点古籍也仍有警示意义。

古籍校法四例　校勘是古籍整理的基本方法，陈垣总结的"校法四例"至今仍被学界奉行。在《校勘学释例》中，他将传统校勘方法和思想融会贯通，并结合自己校勘《元典章》的实践，总结出对校、本校、他校、理校四种校勘方法。对校法"即以同书之祖本或别本对读，遇不同之处，则注于其旁。刘向《别录》所谓'一人持本，一人读书，若怨家相对者'，即此法也"。"此法最简便，最稳当，纯属机械法"。"其主旨在校异同，不校是非，故其短处在不负责任，虽祖本或别本有讹，亦照式录之；而其长处则在不参己见，得其校本，可知祖本或别本的本来面目。故凡校一书，必须先用对校法，然后用其他校法"①。本校法者，"以本书前后互证，而抉摘其异同，则知其中之谬误。吴缜之《新唐书纠缪》，汪辉祖《元史本证》，即用此法。此法于未得祖本或别本以前，最宜用之"②。"他校法者，以他书校本书，凡其书有采自前人者，可以前人之书校之，有为后人所引用者，可以后人之书校之，其史料有为同时之书所并载者，可以同时之书校之，此等校法，范围较广，用力较劳，而有时非此不能证明其讹误。丁国钧之《晋书校文》、岑刻《旧唐书校勘记》皆此法也"③。又论理校法曰："段玉裁曰：'校书之难，非照本改字不讹不漏之难，定其是非之难。'所谓理校法也。遇无古本可据，或数本互异，而无所适从之时，则须用此法，此法须通识为之……非有确证，不敢借口理校而凭臆见也。"④　除了总结出这四种方法，陈垣还总结了如"原本误字，经沈刻改正者不校""元本借用字不校"等校勘工作中的校改原则，并举例阐明了

---

① 陈垣：《校勘学释例》，中华书局 1963 年版，第 144 页。
② 陈垣：《校勘学释例》，中华书局 1963 年版，第 145、146 页。
③ 陈垣：《校勘学释例》，中华书局 1963 年版，第 146、147 页。
④ 陈垣：《校勘学释例》，中华书局 1963 年版，第 148、149 页。

如此校勘的原因，这些原则对于校勘工作具有普遍的指导意义。《校勘学释例》甫一出版就得到胡适等学者的赞誉，到 20 世纪 60 年代，国家组织学者点校 "二十四史"，也将陈垣的 "校法四例" 印发给各组，作为重要参考资料，此 "校勘四法" 已成为现代校勘学必然遵循之不二法门。可以说，从事古籍整理而不懂校勘四法是难以胜任工作的[1]。尽管陈垣在校勘学领域取得如此重大的成就，但对校勘工作仍不敢怠慢，他曾论曰："余惟校书虽小技，可以悟

图 16　1964 年 7 月 17 日，在京参加 "二十四史"、点校工作会议的郑天挺、刘节、唐长孺、王仲荦、王永兴、罗继祖、卢振华、张维华、陈仲安等专家来访，陈垣与他们座谈后合影。

_____

① 邓瑞全：《陈垣与古籍整理》，《传统文化与现代化》1998 年第 3 期，第 90 页。

道。古人言校书如扫落叶，扫后又有。人每自以为无过，然过恒不能无。蘧伯玉言欲寡其过而未能，孔子言五十以学易可以无大过，皆此意。校书之道亦如是，一校二校三校仍恐不能无误，则惟有多校几次而已。"① 通过此论，今人仍可窥见他对校勘工作的严谨态度。

编制目录索引　陈垣非常重视古籍目录和索引在学术研究中的重要性，特别提倡编制各种目录索引以提高古籍的利用率。他不仅完成《敦煌劫余录》《中国佛教史籍概论》等目录的编纂，还提出了不少编制目录和索引的方法。这些方法和设想在他那个时代是很超前的，有的在他提出后几十年才实现，有的至今还没有实现，但是这些方法或设想无疑都是科学、合理和具有实用性的。比如，针对"普通所谓目录学，多只注重书目"，导致古代笔记、文集使用不便的问题，陈垣提出编制群书篇目目录和群书篇目汇纂的方法。他认为：

> 笔记是非常难读的：一来笔记的份量多，内容复杂；二来笔记的编制非常不经济，除了极少数的每段有目录外，其余的不是完全无题目，便是有题目而无总目。要想从笔记里寻材料的，除了以披沙沥金的法子慢慢地去找寻以外，着实没有办法。所以笔记题目的整理是非常必需的；要把所有的笔记，无目录的加上目录，有目录的加上总目，有总目的，编为索引，使后来要从笔记里找寻任何材料的都可以一目了然。②

又如，中国文集在所有书籍中占最多数，但是中国文集虽然每书必有目录，却没有汇集一个朝代文集或全部文集的总目录，陈垣有一个大胆的设想，他认为"倘若我们有了一部完整的所有文集的总目录或索引，对于我们研究学问一定大有帮助。"这个设想后来被一些学者部分实现了，如王重民、杨殿珣编纂的《清代文集篇目分类索引》、陆峻岭编纂的《元人文集篇目分类索

---

① 陈垣：《通鉴胡注表微校稿题记》，见《陈垣全集》第七册，第936页。
② 陈垣：《中国史料的整理》，见《陈垣全集》第七册，第459页。

引》。现在随着电子网络技术的发展，全面实现陈垣近百年前的宏伟设想也应该是有可能的了。除了编制各种目录，针对许多常用古籍卷帙浩繁、检寻资料不易的问题，他提出以书为单位编制索引的方法，即把每一部重要书籍的内容凡是有名可治的，都编成索引，使检查者欲知某事某物系在某书之某卷某篇，皆能由索引内一索即得。这是他有感于"西洋近出的书籍差不多都有索引，故学者研究学问时间极省而效能极高"而提出的策略。陈垣特别倡导编制索引，并将"有长远的历史，丰富的史料，而无详细的索引"列为当时中国的四大怪事之一。① 新中国成立后，他承担新、旧《五代史》点校任务，在动手之前，曾让刘乃和编制人名、地名索引。虽然前期工作很费时间，但具体点校时就容易多了。

编集"专题资料汇编"　陈垣提出将古籍中的有关材料用分类或专题的方法编纂汇辑，编成"专题资料"的整理方法。他认为：

> 分类专题编集是以题做单位，然后将群书中所有有关系的材料统通都编集在一起，使后来研究的人不用再费时去搜集。例如：以运河或长城做专题，然后将所有书籍中有关于运河或长城的材料都编集在一块便是。去年北平学术界不是有个古代铁器先用于南方的论战？倘若我们已经有了关于铁字专题的编集，那岂不是要省事得多吧？这种分类专题的编集中国以前并非没有，类书中如《艺文类聚》《北堂书钞》《太平御览》《古今图书集成》都有这种意思，就如《文献通考》之类也是这种意思；不过从前搜集的目的，多注重供给人作诗文的词料，我们今日的目的，在注重便利人的检寻，其目的不同，其方法之疏密自异。②

这一方法在当时能极大地提高检寻史料的效率。近年来随着古籍数字化程度的提高，各类专题数据库的设立仍是这一方法的体现和延续。

---

① 以上引文见陈垣《中国史料的整理》，见《陈垣全集》第七册，第459—461页，第464页。
② 陈垣：《中国史料的整理》，见《陈垣全集》第七册，第461页。

档案整理八法　陈垣认为档案是未成书册的史料，他对古代档案的整理有一套完整的设想和方法。早在 20 世纪初，他就如何整理、利用军机处档案给北洋政府的函件就充分说明了档案整理的重要性，"考历代官私书目，史料传者，大抵编勒成书，方能流布。其以散帙传者，未之前闻。即已有成书，如唐二十二朝实录之见于高氏《史略》者，除顺宗一朝外，至明多已不传。宋代史料之见于晁、陈二家书目，如《元丰广案》百卷、《嘉祐御史台记》五十卷、《国朝会要总类》五百八十八卷，至明朝亦已不传。元代史料之见于明初《文渊阁书目》，如《经世大典》七百八十一册，《太常集礼稿》百册，《大元通制》四十五册，至清初亦不传。以此类推，清代遗文，失今不图，后将何及。查德、法等国所有各机关过时档案，均移存文献馆，以为编纂国史之用。本院现为保存有清一代文物典章起见，用特函请贵院，将旧存军机处档案移存故宫博物院文献部，以便从事整理。一面分类陈列，并可勒成专书，一举两得，岂不较胜于束之高阁，徒供蠹鱼，终归湮没也。"①

正由于他的努力，这批档案得以保存。结合多年的实践经验，陈垣归纳出整理档案八法：

> 其一，分类，按照档案的种类，或由形式分，如纸样格式，长短大小，颜色红白，或成本的，散页的，都把它们汇别起来；或由文字分，如汉文的满文的蒙文的，都分在一起，这是最初步的工作。其二，分年，是分类之后，以年做单位，把同一年份的同类文件都集在一起。例如先分明清、清又分康熙乾隆，乾隆又分六十年，同年的按月日先后集在一起。其三，分部，档案有属于各部署的，例如兵部的文件归兵部，礼部的文件归于礼部，这样类推下去。其四，分省，例如报销册一项，有浙江省来的归在浙江省，福建省来的归在福建省。其五，分人，把一省一省的督抚所来的文件按人分在一

---

① 陈智超编注：《陈垣来往书信集》（增订本），第 284 页。

起。雍正朱批谕旨，即是这种分法。其六，分事，是整理档案的较为细密的工作，把所有与某一事情有关系的文件，如乾隆时纂修《四库全书》的文件，接待英国使臣的文件，凡同一事的，都按年月集在一块，这样便理出头绪来，可以检阅了。其七，摘由，完成了分析的工作以后，再把每一文件的事由摘出来，使研究的人一看摘由便能了解内容的大概。此种工作非常重要。其八，编目，是最末一步的工作，就是把所有整理成功的档案编成几个总目，或分部，或分省，或分人，或分事，使后来检查档案的人只须将总目一查，便能依类查出。①

在当时的条件下，这八种整理方法切实可行，能大大提高利用档案的效率，即便今日看来，仍有其重要的借鉴价值。

撰写详细的整理说明　古籍整理工作完成后，往往需要整理者撰写整理说明，以序文或跋文的形式对古籍内容和整理过程加以总结介绍。可以说，撰写序跋是古籍整理不可或缺的重要工序。只有在序跋中详细说明古籍整理的依据和方法，读者才能对整理后的古籍有更加准确的认识。陈垣撰写的此类序跋，不仅展示了古籍整理的工作步骤，而且针对不同的典籍，具体问题具体分析，论及古籍的内容大略、作者生平、体例方法、版本源流、整理方法等，为读者阅读使用古籍提供了许多参考。如《重刊〈铎书〉序》，陈垣首先征引大量典籍，考述作者韩霖的生平事迹及著述，随后总结该书主要内容和使用价值，马相伯先生称此序"详博而赅"。又如《跋〈明季之欧化美术及罗马字注音〉》，纠正了《四库提要》对此书作者和成书年代的谬误。其他如《重刊〈灵言蠡勺〉序》《重刊〈辩学遗牍〉序》《三版〈主制群徵〉跋》《〈名理探〉跋》等，皆能充分借鉴传统考据式书目提要的精华，融介绍、考证及评论于一体，向读者全面介绍古籍整理过程并准确评价整理成果的学术

---

①　陈垣：《中国史料的整理》，见《陈垣全集》第七册，第462—464 页。

价值，极大地提高了古籍的实用价值。陈垣晚年所作《影印明本〈册府元龟〉序》也是一篇具有很高学术价值的整理说明。此文详细地介绍了《册府元龟》的学术地位，比较了宋本、明本的不同特点，为使用《册府元龟》提供了很大的便利。

陈垣提出的史料整理的方法非常系统科学，至今仍有其现实的借鉴意义。正如陈垣所说："我已经简略地把中国史料整理的方法说过了；倘若能够依着这种方法整理下去，那么中国的史料虽多也不用烧了，我们的寿命虽不加长，也不难窥见中国史料的全貌了。"①

第四节　在 20 世纪中国史料学中的地位

20 世纪上半叶，中国史学界在史料整理和考辨上取得了巨大的成就，史料学得到长足发展。陈垣与当时的许多史学家一起继承古代史学重考据的优良传统，吸收西方传入的治史观念和方法，对史料在历史研究中的地位和意义有了更深刻的认识，并且自觉地总结许多整理考辨史料的理论和方法，为现代史学的建立奠定了坚实的基础。这其中被称为史料学派、新考据学派或方法学派的史家，对史料学的发展贡献最为突出。这些学者都充分认识到史料在历史研究中的重要性，因此对史料的定义和范围有了更新的界定，大大扩充了史料范围。他们还非常重视史料研究方法的建设，把史料工作上升到理论高度来认识，提出了各具特色的史料考辨、整理方法和理论。

一、　20 世纪上半叶其他史家的史料学

在 20 世纪上半叶，王国维、胡适、陈寅恪、顾颉刚、傅斯年等都对史料提出了各具特色的精辟见解，并将其应用于史学研究，这些理论和方法各具

① 陈垣：《中国史料的整理》，见《陈垣全集》第七册，第 464 页。

特色，为史料学的繁荣发展作出了突出贡献。

王国维对史料在历史研究中的作用有深刻认识。1925 年，王国维曾以"有孔子壁中书出，而后有汉以来古文家之学；有赵宋古器出，而后有宋以来古器物、古文字之学"等学术现象，例证"古来新学问起，大都由于新发见"①，高度评价和总结了史料在历史研究中的重要性。为给历史研究提供更加准确可靠的史料，王国维还提出了"二重证据法"。"吾辈生于今日，幸于纸上之材料外，更得地下之新材料。由此种新材料，我辈得据以补正纸上之材料，亦得证明古书之某部分全为实录，即百家不驯之言亦不无表示一面之事实。此二重证据法，惟在今日始得行之。虽古书之未得证明者，不能加以否定；而其已得证明者，不能不加以肯定，可以断言矣。"② 所谓"二重证据法"，就是将地上、地下的文献资料相结合，运用多种不同来源的史料相互印证，以获得更准确的史实。他运用当时考古发掘的新材料甲骨卜辞开展学术研究并取得了巨大的成就。例如，他于 1917 年相继发表的《殷卜辞中所见先公先王考》及《续考》两文，用传世文献和出土的甲骨文相结合，系统地考证了商代先公先王的名号，勾勒出一个大体可信的世系。文中，他还利用甲骨文纠正了《尚书》《史记》等古籍的讹误，取得了重大的学术成果。"二重证据法"也成为王国维对 20 世纪史料学发展作出的重要贡献。

胡适对史料和史料工作也有精辟的论述。在学术研究中，胡适非常注重证据，也就是史料。他用实验主义的态度和法则来对待史料的考证工作。胡适曾这样阐述学术研究工作的步骤："第一步，须搜集史料；第二步须审定史料的真假；第三步须把一切不可信的史料全行除去不用；第四步须把可靠的史料仔细整理一番。"③ 从这段话中不难看出，胡适把史料工作列为学术研究

---

① 王国维：《最近二三十年中中国新发见之学问》，见《王国维文集》第四卷，中国文史出版社 1997 年版，第 33 页。

② 王国维：《古史新证》，见《王国维文集》第四卷，第 2 页。

③ 胡适：《中国古代哲学史》，见欧阳哲生编《胡适选集》，吉林人民出版社 2005 年版，第 26 页。

的首要任务，也就是说"审定史料乃是史学家第一步根本工夫。"① "拿证据来"已经成胡适治学的首要原则。胡适还特别提出了考察史料可靠性的一系列方法。如："我们对于'证据'的态度是一切史料都是证据。但史家要问：1. 这种证据是在什么地方寻出的？2. 什么时候寻出的？3. 什么人寻出的？4. 地方和时候上看起来，这个人有做证人的资格吗？5. 这个人虽有证人资格，而他说这句话时，有作伪（无心的或有意的）的可能吗？"② 胡适还在《中国哲学史大纲·导言》中提出了中国哲学史资料审定的五点意见③，他的一系列方法和意见对于史料的整理和审定工作具有重要的指导意义。

顾颉刚也为20世纪上半叶史料学的发展作出了很大的贡献。他非常重视史料的审定和考辨工作。他说："研究历史，第一步工作是审查史料。有了正确的史料做基础，方可希望有正确的历史著作出现。"④ 认为对古代史料"作严密的审查，不使它僭冒，也不使它冤枉，这便是我们研究历史学的人的任务。"⑤ 这些都体现了他对史料工作的基本态度。顾颉刚还大大扩充了史料的范围，他认为史料大致可以分为三类："一类是实物，一类是记载，再有一类是传说。"⑥ 这些史料在经过审定后都可以运用于史学研究。顾颉刚运用新的研究方法和手段，在史料甄别和辨伪方面取得了巨大的成绩，并提出了推翻伪造的古史体系的系统观点"层累地造成的古史"说，其要点有三：一是对传统中的古史演变过程加以审查，可以发现"时代愈后，传说的古史期愈长"。二是"时代愈后，传说中的中心人物愈放愈大"。三是研究者即使"不能知道某一件事的真确的状况，但可以知道某一事件在传说中的最早的状况"⑦。此学说一出，引起了当时学术界对古史考辨和史料辨伪的广泛关注，

① 胡适：《中国古代哲学史》，见欧阳哲生编《胡适选集》，第19页。
② 胡适：《古史讨论的读后感》，见《古史辨》第一册，上海古籍出版社1982年版，第197页。
③ 胡适：《中国古代哲学史》，见欧阳哲生编《胡适选集》，第19页。
④ 顾颉刚：《战国秦汉间人的造伪与辨伪》，见《古史辨》第七册上编，第1页。
⑤ 顾颉刚：《战国秦汉间人的造伪与辨伪》，见《古史辨》第七册上编，第1页。
⑥ 顾颉刚：《战国秦汉间人的造伪与辨伪》，见《古史辨》第七册上编，第1页。
⑦ 顾颉刚：《与钱玄同先生论古史书》，见《古史辨》第一册，第60页。

而他所提出的"层累地造成的古史"学说，"真是今日史学界的一个贡献"，"这种见解重在每一种传说的'经历'与演进，这是用历史演进的观点来观察历史上的传说"①。顾颉刚的这一学说提供了史料辨伪的新视角和方法，为史料学的发展作出了独特贡献。

陈寅恪在史料工作上也取得了很大的成就。他对史料范围的界定非常宽泛，很多材料都被纳入史料范围之中，这从其著作的取材就可以看出。他在论著中使用的材料不仅有正史、笔记小说、诗文、方志，而且还有道藏、佛经、农书、壁画、医书等。他还提出了很多审查考订史料的方法，特别是"诗史互证，以诗证史"的研究方法，取得了巨大的成就，他的《元白诗笺证稿》《论再生缘》和《柳如是别传》都是诗文证史的重要成果。他提倡在进行史料分析时，必须对古人之学说具有"了解之同情"："吾人今日可依据之材料，仅为当时所遗存最小之一部，欲藉此残余断片，以窥测其全部结构，必须备艺术家欣赏古代绘画雕刻之眼光及精神，然后古人立说之用意与对象，始可以真了解。所谓真了解者，必神游冥想，与立说之古人处于同一境界，而对于其持论所以不得不如是之苦心孤诣，表一种之同情，始能批评其学说之是非得失，而无隔阂肤廓之论。"② 在考辨史料时，他非常重视比较不同来源史料的学术价值，如对官修和私修典籍价值的比较、不同语言文字史料价值的比较考证等。陈寅恪的史料研究方法不仅保证了学术作品的质量，而且他提出的各种史料考辨方法对现今的史学工作者仍有很大的参考价值。

傅斯年对史料的基本观点是"史学即是史料学"。强调史料的重要性，扩大史料范围，严格审查史料的可信程度，以科学的方法整理史料是他的基本主张。他 1928 年所写的《历史语言研究所工作之旨趣》，集中表达了这一主张："近代的历史学只是史料学，利用自然科学供给我们的一切工具，整理一

---

① 胡适：《古史讨论的读后感》，见《古史辨》第一册，第 192 页。
② 陈寅恪：《冯友兰〈中国哲学史〉上册审查报告》，见《金明馆丛稿二编》，第 279 页。

切逢得着的史料。"① 可以看出，傅斯年的史料学思想包括两个基本方面：一是史学工作的中心任务是史料工作，要"上穷碧落下黄泉，动手动脚找东西"。他所称"史学即是史料学"中的史料一词，包括的范围相当广泛，在《史料与史学》的发刊词所列举的名目中，除了传统意义上的文献古籍之外，还包括田野考古报告以及人类学集刊、中国人类学报告等考古学、人类学方面的原始资料。这种建立在考古发掘资料上的史料学思想，为新史学的发展奠定了坚实的基础。二是重视史料研究的方法，借用自然科学的研究方法和工具，"要把历史语言学建设得和生物学地质学等同样"。傅斯年再三强调用科学的方法整理史料。他认为史料处理的基本方法是比较法："假如有人问我们整理史料的方法，我们要回答说：第一是比较不同的史料，第二是比较不同的史料，第三还是比较不同的史料。"② 他把史料分为八种十六类，进行比较研究。他最重视并在研究中用得最多的，是"新发见的直接史料与自古相传的间接史料相互勘补的工作"，也就是将二者有机结合才能构成史料的整体。傅斯年先后著有《中国古代文学史讲义·史料论略》《安阳发掘报告第一期序》《明清史料档案甲集序》《史学方法导论》等文，特别评析了各种不同性质的史料的发掘、鉴定与应用的方法，为 20 世纪史料学的发展提出了他独特的思想和主张。

从以上可以看出，20 世纪上半叶，史料研究方法和理论层出不穷，如王国维的"二重证据法"、胡适提倡的实验主义方法、顾颉刚运用的"层累地造成的古史"说、陈寅恪的诗文证史、傅斯年的"史学即是史料学"等。正是这些学者的共同努力，推动了中国史料学在 20 世纪的发展和繁荣。

---

① 傅斯年：《历史语言研究所工作之旨趣》，见《傅斯年全集》第三卷，湖南教育出版社 2003 年版，第 3 页。

② 傅斯年：《史学方法导论》，中国人民大学出版社 2004 年版，第 3 页。

二、陈垣史料学思想的突出贡献

在 20 世纪上半叶，很多史学家针对史料问题提出了各种观点和方法，他们总结出很多关于史料整理、鉴别利用的理论和方法。和其他史家一样，陈垣的史料学思想强调史料在史学研究中的重要作用，重视拓展史料的范围。较之其他史家，他的史料学思想在以下两个方面作出了突出的贡献。

（一）系统阐述了收集和整理史料的方法

基于对史料工作的重视和扩充史源的必要性，史学研究要求研究者必须首先要学会如何去搜集和整理汗牛充栋的文献，因此陈垣提出了一系列搜集、整理史料的方法。

面对浩如烟海的典籍，如何才能迅速准确地找到相关材料呢？陈垣总结了搜集资料的方法。他认为搜集资料必须靠自己的刻苦努力，注重日常积累，"读书的时候，要作到脑勤、手勤、笔勤、多想、多翻、多写，遇见有心得或查找到什么资料时，就写下来，多动笔可以免得忘记，时间长了，就可以积累不少东西"[1]，多读多想就是搜集资料的最基本方法。这虽然是陈垣晚年才明确表达的思想，却是他一贯坚持的方法。比如他曾因研究需要而搜求《北游集》多年未得，只因以往书目未曾明载，知者绝少，但是在后来的读书过程中，他无意中看到《嘉兴藏·弘觉语录》附有《北游集》，这正是缘于勤于阅读，才终于找到此书。除此之外，陈垣还有搜集资料的一些诀窍。比如"据目求书"[2] 的方法，搜集资料要注意一举多得的办法，都是陈垣搜集史料的经验之谈，尤值得新入门者学习借鉴。

陈垣非常重视史料的整理工作。1929 年，他在燕京大学现代文化班上作题为"中国史料急待整理"的演讲，此后经补充以"中国史料的整理"为名

---

① 陈垣：《谈谈我的一些读书经验》，见《陈垣全集》第二十二册，第 744 页。
② 陈智超编注：《陈垣来往书信集》（增订本），第 1105 页。

发表。此文体现了陈垣在 20 世纪上半叶对中国史料整理工作的基本观点，充分展示了他的远见卓识，对当代的史料整理、古籍整理工作仍然具有一定的指导意义。《中国史料的整理》一文是单就文字记录的史料来说的，其范围与如今所讲的文献范围一致。关于文字记录的史料，陈垣把它们分做两大类：一是已成书册的史籍，一是未成书册的档案。针对史籍，他提出了书籍翻印的改良、类书工具书的改良、书籍装订的改良、笔记的整理、文集的整理、群书篇目汇纂、重要书籍索引、分类专题编集八种方法；针对档案，陈垣提出了分类、分年、分部、分省、分人、分事、摘由、编目八种整理方法，这些种方法都强调了要使整理后的古籍文献更便于利用和检索，并着重强调了工具书的重要性。这与陈垣在 20 世纪 50 年代以后重视古籍整理工作的思想和主张是一以贯之的，他关于史料整理的方法和设想，至今仍是古籍整理工作需要努力践行的目标。

（二）独创的史源学思想意义重大而深远

史源学是追寻史料来源，进而辨别史料真伪、评判史料价值，为史学研究提供可靠史料的一门学科。史源学是史料学的分支学科，是陈垣在 20 世纪中国史料学上的一个重要创造。他的史源学思想对于中国史料学乃至中国史学影响重大而深远。

首先，史源学的运用保证了史学著作的质量。史源学特别强调史料的原真性和使用的准确性，因此要求在进行历史研究时，不仅要"竭泽而渔"，还要保证史料来源和史料运用的质量。遍览陈垣著作，可以发现陈垣的作品不但征引广博，且精于考订。正如刘乃和所说："他不但能充分地掌握资料，而且又善于鉴别资料的价值、真伪，检验资料的正误和可信程度，对材料进行分析、综合、比较、研究，据以做出结论。"[1] 而史源学正是陈垣考辨史料的

---

[1] 刘乃和：《书屋而今号励耘》，见《励耘书屋问学记——史学家陈垣的治学》（增订本），第 182 页。

法宝。在史学研究中，陈垣非常重史源，强调用第一手材料和原始材料，并且注重分析史料间的渊源关系。正因为如此，他研究过的问题，史料确切，结论精当，别人很难再有什么新的补充。对于其他史学工作者而言，掌握了史源学，就掌握了鉴别史料的重要方法。从考察史料的出处和流传过程入手，进而分析其真伪和可信程度。史料是史学著述的基础，只有依据真实可信的材料，才能从根本上保证史学著作的质量。

其次，史源学将多种传统考史方法融会贯通并发扬光大。对中国传统史学方法的科学总结和发扬光大是史源学的一个重要特点，这也是使史源学在20 世纪初叶各种史料学思想中独具特色。比起同时代其他史学大师，陈垣的史学方法受西方史学方法影响相对薄弱，中国传统史学方法所占的比重则非常大。如许冠三认为陈垣治学"土法为本，洋法为鉴"，刘乃和也认为这一说法"尤能道出陈氏治学精神"①。剖析史源学的方法和理论来源，固然有西方学术思潮和方法的影响，但是其核心内容和操作方法还是来自土生土长的学问，如目录学、校勘学、版本学、避讳学、年代学等。陈垣将传统治史方法中关于目录、校勘、版本、史讳、年代等考据之学融会贯通，灵活运用，熔铸成自己的史源学。又以史源学为利器，在历史考证中取得骄人的成就。由于史源学融会了多种的考史方法，因此它为 20 世纪的史料学乃至史学提供了历史考证的有力武器。因而无论在史料发掘，还是在史实考辨上，都取得了卓越成就。对于具有中国特色的传统考史方法的融会贯通、发扬光大也使陈垣成为享誉世界的学者。

再次，史源学对历史学学科的人才培养和学科建设具有重要意义。古代史学蕴含大量有效的史料考辨方法和手段，但是由于古代学者缺乏方法论的自觉，因此他们并没有系统明晰的史料学方法论专著传之后世，这导致初学者只有通过长期、严格的学术训练和实践摸索才能逐渐掌握这些方法。进入

---

① 刘乃和：《〈新史学九十年〉陈垣篇点评》，岳麓书社 2003 年版，目录前。

20世纪以后，随着白话文和新式教育的普及，传统的国学训练基本上消失了，如何使接受现代教育的学生在规定的学期内初步掌握历史研究的方法成为一个亟待解决的问题。正是基于这种考虑，陈垣创立了史源学这门新学科，在大学历史教学中创立了"史源学实习"这一课程。史源学使用简单清楚的概念和技巧将传统考史方法融会贯通于一套体系，教授初学者如何妥善处理研究中遇到的史料问题，避免了学生在试验和犯错中浪费时间。他的史源学方法操作程序明确，方法系统，便于操作，只要初学者沿此路径进行操练，假以时日，都可以初步掌握史料工作的诀窍。许多当年陈垣的学生，如赵光贤、赵守俨、牟润孙、刘乃和、李瑚、来新夏等学者，在回忆"史源学实习"课时，都深有感触地指出，"史源学实习"课是一门启迪思维，训练基本功，锻炼研究能力，将理论和实践结合，培养严谨学风的重要课程。因此，近些年教育部在教学大纲中已将史源学规定为大专院校历史学专业的基本课程，然而至今仍有一些专业教师不知史源学为何，高校中坚持开设史源学课程的也不多，这是需要引起注意的。

最后，史源学为坚持学术规范和树立严谨学风提供了切实保障。史源学是治史考史的基本功，它强调了治学的严谨态度，并提出了具体的学术要求和规范，这些基本要求对于保证学术规范和严谨学风具有重要意义。讲究史料考证是中国史学的优良传统，但是随着时代的发展，很多学者在从事史学研究的时候都忽视了最基本的文献考订工作，"尤其是解放后的文章，彼此抄来抄去，谬误百出"①，这种状况当然要改正，而史源学正是纠正这一不良风气的重要手段和方法。很多学者都已经意识到史源学具有促进良好学风建设的作用，如为了纠正这种不查原文的情况，赵光贤常用史源学的原则来提醒史学工作者要使用一手资料，千万不要从报纸杂志的文章中抄材料，因为这类文章往往割裂原文，甚至加以窜改，与原文本义相反，稍一不慎，就会上

---

① 赵光贤：《回忆我的老师援庵先生》，见《励耘书屋问学记——史学家陈垣的治学》（增订本），第157页。

当。又如来新夏《漫说海外中国近代史研究方法》① 一文曾检讨了近年来中国在近代史研究方面的不良风气，并从史源学角度提出了纠正这些不良现象的方法。可见，贯彻史源学的思想，对于克服当前某些急功近利、浮躁空疏的学风，确立正确的治史方法和严谨认真的治史态度，有着重要的实践意义。

---

① 来新夏：《漫说海外中国近代史研究方法》，《中华读书报》2000 年 7 月 19 日。

第四章　陈垣的历史编纂学思想

陈垣著述宏富，无论是鸿篇巨制还是短文随笔，皆能"自辟畦町，成一家言"①。他认为著史要做到"事实要确实，文章要优美，意义要深远"②，从文章的结构布局到行文中的遣词造句，皆能自成一派，杨志玖称之为"援庵体"③。陈垣的这种著述方法和风格，今人仍可学习借鉴。他的历史编纂学思想和方法，是对中国传统史学的继承和发展。

第一节　类例以明通则的撰述思想

白寿彝曾论陈垣"在治学方法和撰述体例上，善于从个体看一般，从类例的探索中引导学者进窥全貌。"④ 这一说法从方法论的高度上总结了陈垣治史的特色，并指出了陈垣"类例以明通则"的历史编纂学思想。具体而言，陈垣类例以明通则的思想包含了类例与通识两个方面的基本精神，即在广征

---

① 汪宗衍：《读陈援老遗著杂记》，见暨南大学编《陈垣教授诞生百一十周年纪念文集：1990 年江门国际学术研讨会论文集》，暨南大学出版社 1994 年版，第 204 页。

② 陈垣：《关于读史作史》，见《陈垣全集》第七册，安徽大学出版社 2009 年版，第 822 页。

③ 杨志玖：《陈垣先生对元史研究的贡献——励耘书屋私淑记》，见纪念陈垣校长诞生 110 周年筹委会编《纪念陈垣校长诞生 110 周年学术论文集》，北京师范大学出版社 1990 年版，第 119 页。

④ 白寿彝：《历史教育和史学遗产》，河南人民出版社 1983 年版，第 170 页。

博采的基础上，通过类例的方法将考史所得条理化、系统化，总结为具有普遍指导意义的治史法则和历史认识。讨论陈垣"类例以明通则"的史学思想和方法，对于理解陈垣的史学思想具有重要价值。

一、类例方法

"区分类聚"是中国历史上史书编纂的重要思想和方法之一。唐刘知幾《史通·编次》论曰："昔《尚书》记言，《春秋》记事，以日月为远近，年世为前后，用使阅之者雁行鱼贯，皎然可寻。至马迁始错综成篇，区分类聚；班固踵武，仍加祖述。"① 可见，正是区分类聚，编而次之的思想，直接促进了史学作品的成熟和发展。至宋代，郑樵明确提出了"类例"之法，并特别论述了"类例"在史书编纂中的重要性。他认为"学之不专者，为书之不明也。书之不明者，为类例之不分也"②。"类书犹持军也，若有条理，虽多而治；若无条理，虽寡而纷；类例不患其多也，患处多之无术耳"③。"类例既分，学术自明，以其先后本末具在"④。他强调"善为学者，如持军治狱，若无部伍之法，何以得书之纪；若无核实之法，何以得书之情。"郑樵的论述，将类例之法提到史学方法论的高度，对其后的史书编纂产生了积极的影响。至清代，章学诚充分肯定了郑樵的方法："自刘、班而后，艺文著录，仅知甲乙部次，用备稽检而已，郑樵氏兴，始为辨章学术，考镜源流。"⑤ "辨章学术，考镜源流"也正是对传统史学中类例方法的最好总结。历史上，许多著作用到过类例法，如晋杜预《春秋释例》、唐吴缜《新唐书纠缪》《五代史记纂误》，以及清王筠《说文释例》、俞樾《古书疑义举例》等，都是大家熟知

---

① （唐）刘知幾：《史通》，上海古籍出版社 2008 年版，第 74 页。
② （宋）郑樵撰，王树民点校：《通志二十略》，中华书局 1995 年版，第 1804 页。
③ （宋）郑樵撰，王树民点校：《通志二十略》，第 1806 页。
④ （宋）郑樵撰，王树民点校：《通志二十略》，第 1806 页。
⑤ （清）章学诚撰，王重民通解：《文史通义·焦竑误校汉志第十二》，上海世纪出版集团 2009 年版，第 63 页。

的运用类例法写作而成的著作。

陈垣继承类例传统并加以发展，将之广泛运用于自己的史学研究中，他将"竭泽而渔"般搜集而来的纷繁文献条分缕析，从中选取最典型的史料，归纳出某些历史现象或治史通则。例如，就历史研究中的"史事"而言，陈垣的《元西域人华化考》从儒学、佛老等方面全面总结了元西域人华化的历史现象，于中国被人最看不起之时，又值有人主张全盘西化之日，彰扬了传统文化；就历史研究中的"史法"而言，《校勘学释例》归纳出42条误例，并将校勘方法升华为"校勘四法"，使中国校勘学第一次走上科学的道路。循此两条路径，可以考察他的几部著作在使用类例上的编纂思路和具体方法。

在"史事"研究方面，陈垣的《元西域人华化考》和《通鉴胡注表微》"史事"诸篇可为类例法的典型代表。陈垣一生撰写了大量的史学论著，他自己最满意的两部史著，一是《元西域人华化考》，一是《通鉴胡注表微》，这两部著作是分别代表他前、后期史学研究特点的两座高峰。《元西域人华化考》分六个方面分析了元西域人的华化，《通鉴胡注表微》是陈垣"学识的记里碑"，该作后十篇言史事，用丰富的史料申明了胡三省注史之微言大义。

《元西域人华化考》作于1923年，该书广泛搜集了元人文集中的材料，从儒学、佛老、文学、美术、礼俗、女学等六个方面，全面系统地论述了元代西域人接受汉文化的历史。这六个方面的归纳和划分，充分体现了陈垣对当时"华化"内容区分归类的类例思想，有助于学者从分散的事例进入对历史全貌的认识和理解。翔实的史料通过合理的分类归纳，使陈垣将西域人华化的问题分析得透彻深入，故陈寅恪在《重刻〈元西域人华化考〉序》中说："今日吾国治学之士竞言古史，察其持论，间有类乎清季夸诞经学家之所为者。先生是书之发明，必可示以准绳，匡其趋向，然则是书之重刊流布，关系吾国学术风气之转移者至大，岂仅局限于元代西域人华化一事而已哉。"①

---

① 陈寅恪：《陈垣〈元西域人华化考〉序》，见《金明馆丛稿二编》，生活·读书·新知三联书店2001年版，第270页。

　　《通鉴胡注表微》始撰于 1942 年 9 月，成于 1945 年 7 月，陈垣认为这部作品是他自己的一个"学识的记里碑"。此书分二十篇，共选用胡注精语七百余条，引证书籍二百五十余种，每篇选胡注精语 30 条左右进行注释，每篇前有小序，概括该篇所阐释的史法或史事之要旨，并指明胡三省《通鉴音注》在这方面的成就。小序之下，为各组正文，每组包括《通鉴》文、胡注文和表微文三部分内容。此书先顶格列胡氏所注《通鉴》文，下空一格列胡注之文，再下空二格为陈垣表微之文。二十篇的前十篇侧重讲史法，后十篇为治术篇、臣节篇、伦纪篇、出处篇、边事篇、夷夏篇、民心篇、释老篇、生死篇、货利篇。在这十篇中，陈垣分门别类，结合历史事件、人物和胡注的内容，阐发了自己对社会政治、民族与宗教、人生观与价值观的深邃史识。从史事篇的分类来看，所列十个类目概括了中国传统历史研究中大部分的重要命题，涉及政治、人物、军事、民族关系、宗教、经济等各个方面，并通过陈古证今，反映出作者强烈的民族意识和抗日救国思想，充分体现了史学的时代精神。这十个类目，是陈垣在深入研读《资治通鉴》和《通鉴音注》的基础上，结合史实和当时现实总结提炼出来的，类目设置科学合理，概括性强；在各类目下，史料丰富恰当，论述严谨科学。可以说，《通鉴胡注表微》的类例集中体现了陈垣博大精深的学识和缜密睿智的思想，体现了陈垣史学发展的新高度。

　　以上两种著作都是陈垣利用类例法来论史事的代表作，《华化考》和《表微》史事诸篇类目设置科学系统，逻辑性强，在类例上真正做到了纲举目张。此外，陈垣还有著作专论"史法"，通过类例之法来总结治史通则。《史讳举例》《校勘学释例》《通鉴胡注表微》"史法"诸篇，都是以列举类例的方法来解释史法，示人法则的著作。

　　《史讳举例》共 11 卷，全书的编纂方法明言"体裁略仿俞氏《古书疑义举例》，故名《史讳举例》。为例八十有二"①。与以往研究避讳不同的是，陈垣的避讳研究不仅限于对历代帝王名讳的一般性敷陈记述，而且注意对历代避讳的通例、特例进行规律性总结。他从史书中撷取大量的例证，归纳出古代避讳的四种方法，即改字、空字、缺笔和改音，他认为前三种方法最常使用，后一种并未真正实行。他还将历代避讳归纳为改姓、改名、改官名、改地名、改干支、改常语、改物名，避家讳、避外戚讳、避孔子讳、恶意避讳等 17 类，每类之下各举例证予以充分说明。如避讳本为尊者长者讳，然也有因厌恶而讳者，"恶意避讳"则是避讳的特殊类型，故需特别注意。如唐朝安史之乱后，肃宗恶安禄山，凡地名中有"安"字者多改易，如安定改保定、宝安改东莞、安海改宁海等等，陈垣共列 35 例，类例典型确当，充分说明了这一特殊的避讳类型的共同特点。刘乃和曾记："有人不体会'例'的用意，他在北大教过的一个学生，曾将《史讳举例》补写，拿给他看，他说：'补得虽多，而未出其例。我只举例，其余自在其中，实可不必补。'"② 陈垣所说"未出其例"正是其类例之法的精妙所在。正因他有过人的史识，在运用类例法时，归类典型，释例科学，才使后人对他的著作虽有零星补充，但却难有突破性超越。

《校勘学释例》也在序言中明确指出选用沈刻《元典章》"为校勘学之资，可于此得一代语言特例，并古籍窜改通弊，以较彭叔夏《文苑英华辨证》，尚欲更进一层也"③。全书共 6 卷分 50 类例，各卷皆以类例命题，如卷一为行款误例，内容包括：有目无书有书无目例、条目讹为子目例、非目录误为目录例、误连上文例、错简例、阙文例、字体残阙径行删去例、空字误连及不应空字例、正文讹为小注小注讹为正文例、抬头遗迹改革未尽例、表

① 陈垣：《史讳举例·序》，中华书局 2004 年版，第 2 页。
② 刘乃和：《著作的标题与学者的用心》，见《历史文献研究论丛》，广西师范大学出版社 1998 年版，第 206 页。
③ 陈垣：《校勘学释例·序》，见《校勘学释例》，中华书局 2004 年版，第 1 页。

格误例。陈垣认为"讲校勘学，要举例说明"，只有用类例的方法，才能把古籍窜乱的各种情形条理清楚，给就学者以直观明显的例证，然而"欲广引群书，则检对不易，欲单引一书，则例子不多"。经反复挑选，他发现只有沈刻《元典章》"写刻极精，校对极差，错漏极多，最适合为校勘学的反面教材"①。因此，他从沈刻《元典章》中归纳出 50 个类例，包括通例和特例，通例适用于所有古籍的校勘，特例只适用于元代典籍的校勘。这反映出在运用类例法的时候，他的考察全面细致，既重视归纳通例，又不放弃特例；也只有把通例与特例结合起来，才能梳理古籍窜乱的各种致误原因，从而使校勘学走上科学的轨道，奠定了校勘学的理论基础。

《通鉴胡注表微》"史法"诸篇分别为本朝篇、书法篇、校勘篇、解释篇、避讳篇、考证篇、辩误篇、评论篇、感慨篇、劝诫篇，这十篇基本囊括了传统史学方法的基本类型，充分体现了他对中国传统史学方法的深刻理解。既从校勘、目录、考辨、避讳等方面总结历史考证的方法和经验，又从议论、感慨等方面分析了史学评论这一方法在历史研究中的作用。陈垣通过类辑史文，将中国传统的史学方法用近代科学精神提炼成十个方面，在十个类目下对这些内容进行论述，从史书体例、历史考据、史学评论等方面总结了一系列具有传统特色和时代精神的史学方法。这样的类例将传统史学的丰富内容加以科学整合，不仅使得读者易于理解，更有归纳法则、得出新知的功能。

陈垣的类例法，摒弃了以往孤立琐碎的考证，而是将所有史料加以梳理统合，甄选最有代表性的释例归类考察，并从中归纳总结出历史规律或治史通则。他在类例中条分缕析的材料，并非对众多现象的简单罗列，而是对典型事例的科学归纳，如前所述《校勘学释例》一书，就是他在校出《元典章》的一万二千多条材料中，筛选其中十分之一写成，书中既有元代特例，又有校勘典籍时的通例，不但对元代书校勘时适用，且对校勘学及其实践都有指

---

① 陈垣：《校勘学释例·重印后记》，见《校勘学释例》，第 155 页。

导意义。正因材料的博采约取和求得通例的宗旨，使得陈垣运用类例方法所得出的研究结论具有极高的普适性，对于后人治学具有重要的参考价值。

二、通识思维

自司马迁提出"通古今之变"后，中国史学逐步形成"通史家风"的优良传统。这种"通"不仅仅体现在历代对通史的编纂上，更体现在史学编纂方法和历史思维上。就编纂学方法而言，刘知幾曾论："自古探穴藏山之士，怀铅握椠之客，何尝不征求异说，采摭群言，然后能成一家，传诸不朽"①，这里讲的是著述者要为通识之士，于史料要广泛涉猎，广征博采，才能成一家之言。又如郑樵所论之"古人编书，必究本末，上有源流，下有沿袭"②，所论的是著述撰文要有全局的史识，从整体上、从历史事物的发展过程来看历史问题，这可以理解为著书必须要有通识思维，著作才能传之久远。陈垣在历史编纂中，用自己的著作继承和诠释了中国古代这种优秀的"通识思维"，具体表现为以下三个方面。

第一，陈垣治史以考证见长，他所做的考证，皆能从大局着眼从细节入手，通过诸多细节考证勾勒事物发展过程，研究其源流、盛衰、始末，这种从局部研究到整体研究，从具体研究到理论研究的过程充分体现了他的通识思维。

陈垣早年所作《元也里可温教考》《开封一赐乐业教考》《火祆教入中国考》《摩尼教入中国考》等，都是通过考证来贯通史实、梳理古教盛衰的著作。通过"古教四考"，陈垣将散见于历代文献的史料条分缕析，并按照各教发展历程对其加以融会贯通，向读者展示了各教在历史上的发展历程。此外，陈垣的《史讳举例》《校勘学释例》《旧五代史辑本发覆》《元秘史译音用字考》等著作都是利用考证建立起某一学科或总结出规律的著作。

---

① （唐）刘知幾：《史通》，第 84 页。
② （宋）郑樵撰，王树民点校：《通志二十略》，第 1807 页。

以《史讳举例》为例，此书通过考证，实现了两个方面的会通见识。一是《史讳举例》综合考察了避讳萌芽、发生、发展和衰落的过程，显示出陈垣对考史的通识思维。陈垣认为"避讳为中国特有之风俗，其俗起于周，成于秦，盛于唐宋，其历史垂二千年"①。可以说《史讳举例》正是一部简明的两千年避讳历史，此书继承了宋以后学者对古代避讳的研究成果，通过考证梳理了中国古代皇朝避讳的历史，第一次系统地总结了历代避讳的方法和种类。避讳始于西周，虽无明确的事例，但在文献上也可找到一些例证。唐宋避讳日盛，因此研究避讳的著述增多，如宋洪迈的《容斋随笔》、王楙的《野客丛书》、王观国的《学林》、吴曾的《能改斋漫录》，以及宋末元初周密的《齐东野语》等著述中，都有记录避讳的内容。到了清代，学者们对避讳的研究逐步深入，在史学家顾炎武、王鸣盛、钱大昕、赵翼、王昶等人的著作中，皆曾论及避讳。清代也有一些避讳专书，如周广业的《经史避名汇考》，但只是材料汇编，又不曾刊行流传。另如陆费墀的《帝王庙谥年讳谱》、黄本骥的《避讳录》、周榘的《廿二史讳略》，内容大致相同，且都"谬误颇多"。这些书大多只敷陈历代帝王名讳，陈垣的《史讳举例》则总结了各朝避讳的历史沿革和特点，并爬梳各类典籍，将每朝帝号、名讳和避讳事例一一详列，为人们了解历朝的避讳提供了依据。他在书中不仅总括了避讳的历史，还总结了某些避讳方法的源流，如陈垣认识到宋代、清代曾有因避讳改音而未能流行的事例，并概括曰："避讳改音之说，亦始于唐。然所谓因避讳而改之音，在唐以前者多非由讳改，在唐以后者，又多未实行，不过徒有其说而已。"②这些贯通历史细节的考证，充分体现了陈垣的通识思维。

二是陈垣并非孤立地看待避讳，而是将避讳学与史学研究工作相结合，揭示了利用避讳进行考证的各种途径，使避讳学成为历史文献学的一门专学。这种归纳义例和法则、建立专学的创新，也是通识思维的重要表现。他指出，

---

① 陈垣：《史讳举例·序》，见《史讳举例》，第 2 页。
② 陈垣：《史讳举例》，第 7 页。

《史讳举例》的编撰目的是"意欲为避讳史作一总结束，而使考史者多一门路一钥匙也。"他认为，历史上大量的避讳现象造成古书中有许多因避讳而将文字改易的地方，使古书淆乱不清，"为避讳史作一总结束"就是要使人们掌握避讳学常识，用以解释古书的疑滞。同时，又因为每朝避讳的字不一样，方法也不一致，正可利用它们作为时代的标志，用以识别古书的版本、真伪、审定史料的时代，这便是"使考史者多一门路多一钥匙"的功用。他所说的"研究避讳而能应用之于校勘学及考古学"正是《史讳举例》的闪光之处。通过《史讳举例》，他发掘了避讳知识在史学研究中的作用，通过对利用避讳进行校勘考证等手段的总结，第一次构建了避讳学的科学体系。

以上看出，他的长篇著作大都充分反映了他的通识思维。除此之外，其考证短文也多能以小见大，求得历史真相和通识。陈垣曾撰写过许多史源学杂文，这些杂文虽大多篇幅短小，却多事涉关键，如《〈廿二史札记〉四光武及汉文年岁考证》《书全谢山〈先侍郎府君生辰记〉后》《汪容甫〈述学〉年月日多误》等文就揭示了史学研究中关涉年代考证的重要问题。《书全谢山〈先侍郎府君生辰记〉后》一文，指出全祖望文中年代错误八处，其中第一条就是年号纪年与干支纪年不相匹配的错误："开首第一句曰：'弘治十年戊午闰十月'"。通过精密的推算，陈垣发现弘治十年并非戊午年，而是丁巳年，弘治十一年才是戊午年，纠正了全祖望之误。《汪容甫〈述学〉年月日多误》一文也指出了汪中在干支纪年和年号纪年进行转换时的错误："徐寿辉治平三年，当至正之十二年，岁在丙戌也。按元至正十三年癸巳，非丙戌，丙戌至正六年也。"也就是说元代至正十三年是癸巳年，至正六年才是丙戌年。陈垣多次指明此类讹误，其目的不仅仅在于纠正历史研究中的讹误，更重要是想通过自己的例证来引起学者对于纪年转换这一年代学问题的重视，以保证历史研究的严谨性，避免因年代问题而导致研究成果的偏差。从小处着手，从大处着眼；所考问题虽小，关联之事却大，是他晚年考证尤为突出的特点。比如，他跋王羲之书法旧拓，揭示题记中嶙峋、边鲁、偰玉立、忽都鲁弥富、纥石烈希元、雅琥等题名，皆元代精于汉字书法的少数民族书家，说明元代少数民族对中原书法了解掌握之深度，不仅人数多，且其中巎巎乃当时尤为著名的书家，与赵孟頫并称北巎南赵，由此见元代各族文化之融合。① 从这样一个小问题的考证，看不同文化的交流，看中华民族融合发展的大趋向，这些考证都充分体现了陈垣以小见大的通识思维。

第二，陈垣的通识思维还表现在他对选题的研究注意完整性和系统性，其研究往往穷究本末，上有渊源，下有流变，注重在长时段中全面考察历史现象或事物的变化。

《通鉴胡注表微》是陈垣系统研究中国历史和中国史学的最佳例证。在这部著作中，陈垣对中国传统史学中的史法和史事区分类例，进行了概括性的总结和研究。首先，《通鉴胡注表微》选择的研究对象之一是《资治通鉴》这一我国历史上包括时间最长的编年体通史，这一选题表明了陈垣对司马光通识思想的认可和继承。元马端临曾赞《资治通鉴》云："《诗》《书》《春秋》之后，惟太史公号称良史，作为纪、传、书、表，纪传以述理乱兴衰，八书以述典章经制。后之执笔操简牍者，卒不能易其体，然自班孟坚而后，断代为史，无会通因仍之道，读者病之。至司马温公作《通鉴》，取千三百余年之事迹、十七史之纪述萃为一书，然后学者开卷之余，古今咸在。"② 这一巨著中蕴含的史学思想及史学方法论对后世产生了深远的影响。在抗日战争期间，陈垣时常阅读《通鉴》，即他自云之"杜门无事，辄以此自遣"，并由此引发了对胡三省《通鉴音注》研究的兴趣。刘乃和记陈垣"青年时曾通读过"《通鉴》，撰写《通鉴胡注表微》的时候，陈垣更是对《资治通鉴》进行了全面的研究，"不但要多次通读，并要细读、精读"③，精读的过程就是对中国历

---

① 陈垣：《跋王羲之小楷曹娥碑真迹》，见《陈垣学术论文集》第二集，中华书局 1982 年版，第 428 页。

② （元）马端临：《文献通考·自序》，中华书局 1986 年版，第 3 页。

③ 刘乃和：《重读〈通鉴胡注表微〉札记》，见《励耘承学录》，北京师范大学出版社 1992 年版，第 348 页。

史及司马光著述思想进行全面总结的过程。通过这一过程，陈垣对五代之前的历史有了全局的把握，对通史的编纂方法和"贯穿古今"的通识思想有了充分的认识，并将《通鉴》中的会通思想和方法运用于《通鉴胡注表微》，如《民心篇》中，他精选了《通鉴》史料30则，结合胡三省的音注，对汉至五代等历代民心向背进行了深入的分析。对具体历史事件的分析，也常能放到长时段中考察其影响，如从晋武帝之失民心，看到此后300年内动乱之原因，并结合历史大势对民心与政局的关系做出分析。他在《民心篇》中说：

> 明前此之易代，晋为内政之争，自此以后，始有异族相倾之局也。内争不已，异族纷乘，自晋太康十年己酉，至隋开皇九年己酉，凡三百年，中国始复归一统。身之于此大书特书刘渊之得众者，谓其得民心也，晋不足惜，如中国何！故与其谓之南北分裂三百年，毋宁谓之民心被劫三百年之为合于史实也。①

这段论述中，他总结了民心向背对六朝时期中国社会历史发展的影响，深得中国史学"疏通知远"的通识精髓。凡此类的边疆问题、民族问题、宗教问题，以及在"史法"篇对史学方法的论述，陈垣皆能从综合贯通的角度，得出通识结论，反映了他对中国历史问题和中国史学方法的深刻认识。

　　除了《通鉴胡注表微》这部研究通史的著作，陈垣的许多断代研究也具有极高的系统性和完整性，充分体现了陈垣的通识思维。《元西域人华化考》就是一部"对西域人华化在各方面的表现综述无遗的大著作，令读者叹为观止"②。在这部著作中，陈垣的通识主要体现在两个方面：一是书中贯通事实，对有关历史问题作出综合论述。他从儒学、宗教、文学、艺术、礼俗等几个方面分析例证，全面阐述元代文化之影响力，从而说明如以百年为限相比，元代文化之盛可以超越汉唐；他通过西域各族从各方面接受汉文化的事实，

---

　　①　陈垣：《通鉴胡注表微》，辽宁教育出版社1997年版，第258页。
　　②　杨志玖：《陈垣先生对元史研究的贡献》，见《纪念陈垣校长诞生110周年学术论文集》，第119页。

表彰中华文化的巨大魅力；他以文化认同作为识别民族的重要标志，说明了元代民族融合的成就。二是此书摆脱以往在元史研究上局限于政治史、军事史的束缚，对元代文化的几个主要方面展开系统的历史考证，开文化史研究之风气，为 20 世纪的中外交通史研究提供了一部精品之作，所以此书一经刊布，即为中外学者所推服。

陈垣在 1943 年曾以问答的方式表述过自己对当时中国历史编纂的意见：

> 或问现在中国史应如何作法？答曰：一方面要发挥本民族伟大之精神，一方面要指摘历朝政治之缺点。处处说明社会进化之原理，及国民与国家之关系。目的在造成现代式的国家，与各国享平等之幸福。此现代本国史之作法也。①

结合以上的分析再来看陈垣的这段话，可以看出陈垣"处处说明社会进化"的通识思维始终贯穿于他的历史写作之中。

第三，陈垣的通识思维还体现在非常注重协调好史学研究中博与约、深与广的关系，提倡由博返约，用广博的学识来进行专深的研究。

他特别强调读书要以广博为基础，博专结合，这样才能融会贯通，举一反三。陈垣自少年起便按照目录选购经史子集各部中自己所需要的书籍，得以广泛地读到自己所愿意读的书。他在民国初年定居北京后，又开始断断续续地研究《四库全书》，"经过这样反复细致的钻研，不但对《四库》的情况非常熟习，而且对我国浩瀚的文史图书了如指掌。他下过这样扎实的苦功夫，有了这样坚实深厚的基础，所以后来不论是讲课还是撰著，对资料的掌握就常常是得心应手，左右逢源了。"② 他自己晚年介绍治学经验时也说："不管学什么专业，不博就不能全面，对这个专业阅读的范围不广，就很像以管窥天，往往会造成孤陋寡闻，得出片面褊狭的结论。只有得到了宽广的专业知识，

① 陈垣：《如何作中国史》，见《陈垣全集》第七册，第 823 页。
② 刘乃和：《学习陈援庵老师的刻苦治学精神》，见《励耘承学录》，第 74 页。

才能融会贯通，举一反三，全面解决问题。"① 为了融会贯通，就是在做小的专题研究时，他也注意全面搜集材料，如"他在研究佛教史时，除去参考教外典籍外，把嘉兴藏、大正藏和后来印行的碛砂藏都先摸清楚，对其中有关佛教史部分翻阅一遍，把后来准备用的材料抄录下来。"② 正是基于"由博返约""融会贯通"的治学思想，陈垣的考证史学才能获得通识，他才能成为见识远大的世界级学者。

第二节　重视命题与谋篇的撰述方法

陈垣撰述非常注重命题与谋篇，他对于论著的选题和布局有严谨缜密的安排。为了使论著标题醒目，结构层次分明，他非常注意为文的法度格调。杨志玖曾以《元西域人华化考》为例分析陈垣为文的特色："陈先生对文章结构，语言运用，甚为考究，其遣词造句，简洁流畅，无冗句赘语，意达而易解。如《元西域人华化考》一书，引据资料 200 余种，列举人物 168 人，各种事例更不可以数计，如此纷纭复杂的内容，如何组织编排，使之脉络分明，有条不紊，实大费苦心。陈先生像个建筑大师，精心设计，合理布局，巧妙安排，构筑了一座艺术殿堂，令人有美轮美奂之感。文中原始资料与解说语言，浑然一体，天衣无缝，一气呵成，读来琅琅上口，无雕饰之迹，有自然之美，令人百读不厌。"③

一、精心选题

选题是著述第一道程序。陈垣这样论述选题：

① 陈垣：《谈谈我的一些读书经验》，《陈垣全集》第二十二册，第 742 页。
② 刘乃和：《书屋而今号励耘》，见《励耘书屋问学记——史学家陈垣的治学》（增订本），生活·读书·新知三联书店 2006 年版，第 176 页。
③ 杨志玖：《陈垣先生对元史研究的贡献》，见《纪念陈垣校长诞生 110 周年学术论文集》，第 119 页。

论文之难，在最好因人所已知，告其所未知。若人人皆知，则无需再说；若人人不知，则又太偏僻太专门，人看之无味也。前者之失在显，后者之失在隐，必须隐而显或显而隐乃成佳作。又凡论文必须有新发见，或新解释，方于人有用。①

由此可见，陈垣认为选题应"隐而显"或"显而隐"，兼具开创性和实用性的特点。

首先，所谓"显而隐"即指论文的开创性，陈垣认为开创性有两层含义，一指有新发现，二指有新解释，只有这样文章才有价值。杨志玖曾论创始性是陈垣著作的重要特点，他认为："创始性也可称为开创性或独创性。我指的是，无论从选题到论点，都由陈先生首先提出或首先发现。如中回历法的不同、西域人的华化、《元秘史》译音用字的特点乃至《通鉴》胡注的微言大义等。"② 其实，陈垣一直以论文要有"开创性"的标准来选择论题。他曾谈到《明季滇黔佛教考》"所引明季书四十余种，滇黔书五十余种，多人间共见之书，而不知其有佛教史料。所引僧家语录六十余种，多人间未见之书，更不料其有明季滇黔史料矣。此三百年沉霾之宝窟，待时而开。"③ 并自称"此书尚是采铜于山，非用旧钱充铸者也"④。也就是说此书多采用前人所没有发现或使用的新材料，是以据此发明新见。他认为自己三十年来著书之中，"此书为得左右逢源之乐"。又如《通鉴胡注表微》一书，陈垣以前，学界对《通鉴》胡注司空见惯，但极少有人深入挖掘胡三省蕴于书中的深层次的思想内涵。陈垣结合切身感受，体会出胡三省的爱国之情，对胡注进行了新的阐发，此即为新解释。综观陈垣著作，他的作品都是精心选题，运用大量的新材料

---

① 陈智超编注：《陈垣来往书信集》（增订本），生活·读书·新知三联书店2010年版，第1109页。

② 杨志玖：《陈垣先生对元史研究的贡献》，见《纪念陈垣校长诞生110周年学术论文集》，第119页。

③ 陈智超编注：《陈垣来往书信集》（增订本），第1113页。

④ 陈智超编注：《陈垣来往书信集》（增订本），第1116页。

或对旧材料进行独特的编排和阐释而写成的创新之作。

其次，陈垣并不一味追求新发现新解释，还要求文章选题的实用性，不可太偏、太冷、太小，要"隐而显"，"于人有用"，于己则要有助于提高自身学术水平。在他的家书中，他曾经就陈乐素的一篇文章写道："直斋本名瑗一节，前此未见人说过，可算是一发见。但此等作法甚劳，而所获不算大，在乾嘉诸老中，不过笔记一条，扩而充之，则为今人一论文矣。譬如炼奶，一匙可冲水一大碗也，为之一笑。"① 陈乐素发现陈振孙本名瑗，陈垣认为这是新发现，前人未曾论及，但是这种选题"作法甚劳，而所获不算大"，于己费力太多，对自己的学术提高作用甚微，而解决的也是一个小问题。如将此小考证扩充为一篇论文，他形象地比喻为炼奶冲水，这样写出来的文章，其学术价值自然会大打折扣。

陈垣选题还非常注重考虑社会现实和学术情势，充分发挥史学经世致用的功能。全面抗战爆发之前，他素以考据著称，全面抗战时期的治学方向却发生了重大转变，"从前专重考证，服膺嘉定钱氏；事变后，颇趋重实用，推尊昆山顾氏；近又进一步，颇提倡有意义之史学。"② 在全面抗日战争期间，陈垣撰写了《旧五代史辑本发覆》《明季滇黔佛教考》《清初僧诤记》《南宋初河北新道教考》《通鉴胡注表微》等著作。这些选题，皆蕴含了"以古证今"的深意，正如陈垣自己所言"言道，言僧，言史，言考据，皆托词，其实斥汉奸，斥日寇，责当政耳。"③ 陈垣还在《通鉴胡注表微·边事篇》明确表达了他在非常时期有关史学选题的取舍："史贵求真，然有时不必过泥。凡足以伤民族之感情，失国家之体统者，不载不失为真也。"④ 从"专重考证"到"趋重实用""提倡有意义之史学"，从"史贵求真"的最高理想到"凡足

---

① 陈智超编注：《陈垣来往书信集》（增订本），第 1137 页。
② 陈智超编注：《陈垣来往书信集》（增订本），第 326 页。
③ 陈智超编注：《陈垣来往书信集》（增订本），第 247 页。
④ 陈垣：《通鉴胡注表微》，第 220 页。

以伤民族之感情，失国家之体统者，不载不失为真"的取舍，充分体现了陈垣这位爱国的知识分子在民族生死关头，以民族抗战为重的思想境界，"他的抗战史学在中国史学史上留下了光辉的一页，可以说是在举国抵御强敌的斗争中增加了力量，是抗日战争中的另一战场，在特定的历史时代起了应有的作用，也为我们树立了典范。"①

二、编次谨严

陈垣年少时曾以科考佳作为范本，"揣摩其法度格调"，虽然这是为旧式科考而作的训练，但是也为他日后著述奠定了良好的基础。考察其著作特点，可以看出他重视谋篇，关注编纂著述中的每处细节，小至句读提行，大到谋篇布局，皆能认真对待，保证了结构合理、行文流畅，使人易懂。

注意句读提行 陈垣于句读颇为留意，多次强调出版物要加句读，以便读者阅读。他早年提出的史料整理方法，句读便是其中之一。晚年他所作《三国志集解审查意见》中，也提出"必要将全书加上标点，才算功德圆满，才合现代需要"②的意见。对句读的重视与他多年的学术心得有直接关系，陈垣曾对元史有深入研究，认为"句读不明难治史，有元一代更难参"，可见他注重句读，实出自为读者考虑的初衷。除了句读，陈垣还颇重行文之提行与格式。他早年曾任报纸编辑，曾特意敬告投稿作者要注意提行，"寄来诸稿，间有长篇大论，一气呵成，并不提行者。则文字上言之，何不可。但既为说理文字，又为医学专门的说理文字，阅报者又未必尽为医界中人，故欲其学说之普及于大众，不得不多提行以清眉目，令阅者省一番精神也。作者以为如何？"③说明必要的提行，可以使文章条理清晰、层次分明，也为读者提供便利。有鉴于此，陈垣特别注意自己的行文格式。他对《通鉴胡注表微》的

---

① 刘乃和：《陈垣的抗战史学》，见《历史文献研究论丛》，第 315 页。
② 陈垣：《〈三国志集解〉审查意见》，见《陈垣全集》第七册，第 845 页。
③ 陈垣：《再告寄稿诸君》，见《陈垣全集》第一册，第 339 页。

写作格式曾做过深入思考，刘乃和曾回忆说：

> 原来总没想出怎样格式才能分析胡注、表达自己的思想，经多日思考已决定也用他替我设想写论文的形式，以《通鉴》文顶格，《胡注》低一格，《表微》低二格，问我有何意见，我也提不出什么，只告以我的论文用此形式，觉得眉目清楚，一目了然。后来他虽又曾想过其他格式，但最后还是用了这个设计。①

《通鉴胡注表微》的格式为读者理解文义带来了很大的便利，该书的表现形式为著作内容的清晰表达发挥了重要作用。

重视序跋附录 陈垣的著作大都有自序。以《〈史讳举例〉序》为例，他首先明确"避讳"的定义，总结避讳的历史和作用，并综述以往学者对避讳研究成果，最后说明本书的体例、主要内容及编写目的是"意欲为避讳史作一总结束，而使考史者多一门路一钥匙也"。此序言简意赅，提纲挈领，充分体现了"书之有序，所以明作者之旨也"。序言内容上又层次清晰，一气呵成，诚为深思熟虑之作；读者读过序言之后便知此书之大概，而且能够产生进一步阅读正文的兴趣，足见序言的重要作用。此外，陈垣的长篇著作大都附有《征引书目》，为后人了解其著作的史料范围和查引资料提供了诸多方便。如细阅《元西域人华化考》书后所附征引书目，读者即可看到作者对该选题研究的广度和深度，书目中所列典籍内容丰富，涉及面广，充分反映了陈垣在搜集材料时"竭泽而渔"的做法。此外，这一书目也可以说是研究元代中西文化交流的重要参考书目，为后人在这一方面的研究提供了指南。

统筹文章结构 陈垣著述，结构布局合理，思路明晰，材料编排注重时间和逻辑顺序。他坚持按照出现的先后顺序来编排使用资料，如《四库提要》置《程氏墨苑》于《方氏墨谱》之前，陈垣在《跋〈明季之欧化美术及罗马字注音〉》一文中提到，方于鲁《方氏墨谱》成书早于程大约《程氏墨苑》，

---

① 刘乃和：《重读〈通鉴胡注表微〉札记》，见《励耘承学录》，第347页。

应置《方氏墨谱》于《程氏墨苑》之前,指出《四库提要》之失,体现了他按时序编排材料的观点和思想。陈垣还注重按照材料和论题内部的逻辑顺序展开论述,如在《元西域人华化考》中,他首先确定西域之范围,明确"华化"之概念,"西域之范围明,华化之意义定,可以进言元西域人之如何华化。"① 在论述"华化"的内容和表现时,注意按照"华化"的层次来论述,如"儒学为中国特有产物,言华化者应首言儒学。"② 在其作品中,经常看到"欲……,当先……""欲知……,应先知……"等表明事物逻辑层次的字词。在行文中,他"最不喜'见下文'",认为"先后次序,不可颠倒。"③ 在推理论证时,他也注重按照一定逻辑顺序排列论据,如"证丁氏为回回一节,则有八证,且举证皆按效力强弱定先后,条理井然。"④ 这种科学的递进方法,注重事物发展的纵向关系,避免了杂乱的资料罗列和堆砌,使文章层次分明,条贯有序,历然可阅。

三、征引规范

在史书编纂中,规范的征引不仅是对前人学术成果的尊重,也是保证自己研究成果质量的有效手段。许冠三曾将陈垣的引注程式归纳为四点:"一、采用文献材料,务须核对原本原文,以免为人所误;二、非不得已不可转引他件,如有必要,亦当注明亲见出处;三、征引旧文,虽可删节,但不可改窜,专名尤不可更改,更不可于改窜后仍宣称出自原书,所采为原文;四、引述素材,当以制作、完成和印行先后为序。"⑤ 陈垣在著书为文中,严格贯彻执行了这四条原则,试举例说明。

---

① 陈垣:《元西域人华化考》,世纪出版集团、上海古籍出版社 2008 年版,第 7 页。
② 陈垣:《元西域人华化考》,第 8 页。
③ 启功:《夫子循循然善诱人》,见《励耘书屋问学记——史学家陈垣的治学》(增订本),第 145 页。
④ 许冠三:《新史学九十年》,岳麓书社 2003 年版,第 128 页。
⑤ 许冠三:《新史学九十年》,第 140 页。

　　"采用文献资料，务须核对原本原文，以免为人所误。"这一原则与"毋信人之言"一脉相承，其主要目的就是防止为人所误。陈垣撰《释氏疑年录》就非常注重核对原文。如《隆兴佛教编年通论》《释氏通鉴》引许尧佐之文，认为庐山东林寺熙怡于唐贞元十五年卒。于是陈垣核对许尧佐所作原文，此文见《唐文粹》卷六二，结果发现原文记载熙怡贞元十二年丙子岁卒。因此，他弃《隆兴佛教编年通论》和《释氏通鉴》的记载，直接采用许氏原文，定熙怡唐贞元十二年卒，年七十一。① 检核原文的原则避免了文献辗转传抄中产生的讹误，减少出错环节，为历史研究提供了更为可靠的资料。

　　"非不得已不可转引他件，如有必要，亦当注明亲见出处。"陈垣曾论道："凡考证家引书通例，必该书原本已佚，无可寻检，始据他书所引以为证，同时并须声明系据何书所引，不能直称引用原书。"他还举例说明在撰作中如何具体执行这一原则，如"杜环《经行记》已佚，吾人引用《经行记》，只可从《通典》所引。若其书未佚，即当检阅原书，不能据他书转引以为足。"② 也就是说，如某课题需要征引杜环《经行记》中的资料，但是此书已经散佚，因此只能从《通典》中转引，而且务必要注明转引自何处。

　　"征引旧文，虽可删节，但不可改窜，专名尤不可更改，更不可于改窜后仍宣称出自原书，所采为原文。"征引旧文，自当以保持原貌为准。如陈垣《元也里可温教考》引用了大量《元典章》的资料，其引文皆保持原貌，并说明了这样做的原因："有元起自朔方，入主中国，本不知有所谓汉文；况承宋人语录著书之后，其诏令又大抵由蒙文译出，故多用当时俚语，至今口每不可句读。姑存其真，亦犹《元史》直录《泰定帝登极诏》之例（卷二十九），并以证明当日也里可温诸教之盛，非用通俗文体，不足以家喻而户晓也。"③ 但有时史学家为了行文方便，需要对所引古书进行适当删节，这本无不可，

① 陈垣：《释氏疑年录》，见《励耘书屋丛刻》下册，北京师范大学出版社 1982 年版，第 1927 页。
② 陈垣：《回回教入中国史略》，见《陈垣学术论文集》第一集，中华书局 1980 年版，第 560 页。
③ 陈垣：《元也里可温教考》，见《陈垣学术论文集》第一集，第 21 页。

"然不能任意改窜，仍称出自原书，眩人耳目。"对于专属名词更不能任意改窜，"又一代有一代译名，如前述摩诃末、谟罕募德等译名，一望即知其为某时代所译。有如如德亚及犹太等名，一望即知其为明天主教所译，抑清耶稣教所译。后人翻刻古书，应仍原译，或附注说明亦可。然不能任意改窜原文，致失原来面目。今回教人翻印书籍，辄任意增改，如雍正间刘智著《天方至圣实录》，耶稣之名，原作尔撒，近印《实录》，竟有改刻为耶稣者。又如乾隆间金天柱撰《清真释疑》，后人有补辑者，竟将原书窜乱改编，至不辨谁为金氏原文，谁为后人补辑。甚至翻刻古碑，亦时有此病。"① 此条原则中尤可值得今人注意者，即 "一代有一代译名"，藉此可了解文献产生的时代，故不可任意改窜；然当今不少学者的著作中，常以通行译名改换原文译名，又不附注说明，貌似为了读者方便，结果是改变了原史料的面貌，降低了史料的价值，贻误后人。

陈垣将考察 "记载先后" 作为史源学研究的重要方法，这一方法所提倡的正是 "引述素材，当以制作、完成和印行先后为序" 的原则。从他对 "记载先后" 的审查可以看出，在引用史料时候，如果不顾史料产生时代先后、不顾史料间的父子、子孙关系，而是信手拈来，将很有可能会造成因果倒置的严重后果，直接影响历史研究的结果。这正是他强调史料以出现先后排序的原因。

除此四条原则之外，还有几点征引规范值得特别说明：其一，陈垣在征引他人史料或者观点时，会予以特别说明，不贪人之功。在《史讳举例》一书中，他有多处引用了别人的研究成果，都明确注明了来源。他在《避讳改地名例》《因避讳二人误为一人或一人误为二人例》《不知为避讳而致疑例》中，分别引用了朱希祖、杨树达、伦明的研究成果②，都明确标明了研究成果的所有人，在当时还很少有人注意标明研究成果出处的情况下，陈垣的做法

---

① 陈垣：《回回教入中国史略》，见《陈垣学术论文集》第一集，第 560 页。
② 陈垣：《史讳举例》，第 16、54、79 页。

首开征引规范之风。其二，他在所著各书之后，都附有"征引书目"，这不仅便于读者参考原文，更是一种学术自律，对防范抄袭等不良风气起了积极作用。其三，陈垣还非常注重改正自己文章中征引不规范的缺点。如在《史讳举例》的"重印后记"中，他曾特别说明《史讳举例》一书是为了纪念钱大昕诞生二百周年之作，当时急于成书，因此"引书概未注卷数，引文又未加引号"。为了改正这些缺点，他特别嘱托刘乃和"将全部引文一一检对原书，正其谬误，其须加卷数及引号者并加注卷数引号"①。正是这种严谨认真的精神保证了陈垣自己所确立的征引原则能够贯彻执行。陈垣如此强调征引规范，既最大限度地保证了史料的可靠性，也为读者检寻原文、根寻史源提供了方便，同时也为树立良好的学术风气发挥了积极作用。

四、注重标目

刘知幾论："名以定体，为实之宾，苟失其途，有乖至理。"② 由此可见文章标题的重要性。陈垣非常重视文章标目，其作品的标题大都几经修改，如"《新创三教考》拟改为《新道教考》"③，即《南宋初河北新道教考》；《旧五代史辑本忌讳改窜例》最后定名为《旧五代史辑本发覆》；又如《元西域人华化考》，开始题为《元时代外国人之中国化（文学）》，后改为《元代西域人之中国化》《元世种人汉化考》《元代西域人之汉化考》，到油印稿时确定为《元西域人华化考》④。比较修改前后的标题，定名都更加贴切，充分概括了作品的主要内容，于细微之间体现了学者的良苦用心，尤其是"汉化"改为"华化"，更准确地反映了中华民族发展到元代时，早已不是汉族一名可以概括得了。准确简明的标题充分体现出一个学者对学术的认真态度，分析其著

---

① 陈垣：《史讳举例·重印后记》，科学出版社 1958 年版，第 175 页。
② （唐）刘知幾：《史通》，第 67 页。
③ 陈智超编注：《陈垣来往书信集》（增订本），第 1128 页。
④ 详见陈智超《陈垣〈元西域人华化考〉创作历程：用稿本说话》，国家图书馆出版社 2008 年版。

作的标题，可以看出陈垣命题有以下三个特点。

首先，陈垣讲求标题要恰当、简洁、新颖，能吸引人的注意，引起读者的阅读兴趣。他在早年的医学研究中就非常重视文集命题，如他纂辑《奉天万国鼠疫研究会始末》，在"纂例"中说："是书不名报告而名始末。报告非外人所得为，他日大部自为之。此名始末，乃私家著述，纪其事之首尾云尔。"① 转入史学研究后，陈垣对标题的重视有增无减。周祖谟曾撰文回忆陈垣与他谈及文章命名的问题：

> 有一次，先生讲到文章的命题贵于醒目，如能引发人的兴趣更妙。于是谈到先生所作《切韵与鲜卑》一文。这篇文章的主旨在于说明作《切韵》的陆法言和给《切韵》作笺注的长孙讷言两个人都是鲜卑人的后代。陆法言是鲜卑步陆孤氏陆俟的后代，长孙讷言是拓跋氏后人长孙俭的后代。先生说："《切韵》的作者和注者都是鲜卑的后人，你说奇不奇？我这样标题，怎么样？我在文章里并非要谈《切韵》如何如何，而说《切韵》与鲜卑，啊，你们研究音韵的人还不要拿起来看看吗？"说完，莞尔而笑，还抚摸一下颔下的胡须。情趣感人。②

从这则谈话，可以看出陈垣命题的用心。

其次，陈垣著作的标题朴实无华，体现了他谦虚谨慎的学风。陈垣曾说自己撰写的《史讳举例》，只是史讳的举例而已，如称之为《史讳研究》，还不能名副其实。又如《中国佛教史籍概论》，实际上为中国提要目录开拓了一个新的道路，称之为"研究"也不为过，但陈垣名之为"概论"，可见其谦虚。从陈垣的著作看出，他为文多喜题"考""记""商榷"等，这都充分体现了他谦虚的学术精神。

---

① 陈垣：《奉天万国鼠疫研究会始末·纂例》，见《陈垣全集》第一册，第 357 页。
② 周祖谟：《怀念一代宗师援庵先生》，见《励耘书屋问学记——史学家陈垣的治学》（增订本），第 161 页。

再次，陈垣除了重视全书统名的命名，还非常重视著作中章节的定名。陈垣对章节目的重视由来已久，在1915年他曾校《南美共和政治》一文并做评论，他认为"原书不分章节，因便检阅，故特为标目"①，观陈垣拟定的章目，便可知内容大略。陈垣的著作中，许多都是有章节题目的。对章节的标目使得文章眉目清楚，便于阅读，如《元也里可温教考》共分十五章，标目分别为："也里可温之解诂""也里可温教士之东来""也里可温之戒律""也里可温人数之推想""也里可温人物之大概""也里可温军籍之停止""也里可温徭役之蠲除""也里可温租税之徵免""也里可温马匹之拘刷""政府对于也里可温之尊崇""异教归附也里可温之一斑""也里可温被异教摧残之一证""关于也里可温碑刻之留存""也里可温与景教之异同""总论"，标题对每一章节的内容高度概括，题目言简意赅，要言不烦，使读者从目录即知全书大略，使得标题也具有了导读的作用。

第三节　史文简洁确当的撰述风格

陈垣的著述史料扎实，文字简练，结论确当，这三方面紧密结合，从文字上保证了文章的严谨简洁，使人明白信服。以下将从史料运用、叙事行文、史学批评三个方面来分析陈垣在史学表述方面行文简洁确当的撰述风格。

一、史料博采慎取

史学家撰文离不开对史料的征引。陈垣在搜集、征引史料的时候，一直坚持博采慎取、合理剪裁的原则，选取最恰当典型的史料以运用于史学研究。这两条原则充分地保证了陈垣的著作史料丰富扎实但不冗长繁琐，并且史料与行文融为一体，确保了著作的可读性。

---

① 陈垣：《南美共和政治之评论标目及序》，见《陈垣全集》第七册，第856页。

第一，博采慎取史料。陈垣著作中所选用史料都经过严格的考证和层层筛选，避免盲目堆砌史料，保证了史料的适用性、准确性和典型性。

陈垣非常注重审查与研究对象适用的史料范围。如撰写《华化考》，在搜集史料的过程中曾将拟收人物列举了一份提纲。在这份提纲中，最初列入了耶律楚材，但后又勾去，"因为他是契丹人，不是西域人（色目人），不属于本书所论的范围"①。由此可见，陈垣在选取史料的时候，将适用性作为首要原则，如若史料不符合选题，则必须删去，只有这样才能保证论证的科学性。又如，《中国佛教史籍概论》中，陈垣明确限定了所选史料的范围："本论所及，大抵为士人所常读，考史所常用，及《四库》所录存而为世所习见之书。先取其与中国史事有关者，故以《出三藏记集》《高僧传》等为首，而《释迦氏谱》《释迦方志》等略焉。"② 他划定的取材范围充分契合"中国""佛教史籍"这两个关键词，将六朝以来史学必须参考之佛教史籍纳入研究范围，避免了滥收造成的泛泛而谈，从而使得此书特色鲜明，成为佛教史籍研究的权威著作。陈垣对史料适用性的审查，既避免了论证中的论据不当，又保证了史学著作的体例精纯，从而从史料的角度保证了论著的学术质量。

在确定史料范围之后，他仍继续对史料进行选择，从诸多待引史料中选取最典型、最能说明问题的史料运用到论著中，避免同类型史料的堆砌和罗列。如在《通鉴胡注表微》中，陈垣从前期搜集的上千条资料中，按照"如果找事实，则必须与身之相近时事实，即宋末及元初事实，是为上等；南宋事实，次之；北宋事实又次之；非宋时事实，则无意味"的原则，择取了七百多条最能说明胡三省心声的资料，写成了《通鉴胡注表微》，材料典型准确，紧贴写作宗旨，充分揭示了胡三省的生平抱负和治学精神。陈垣对典型史料的执着追求，最大限度地保证了以最少篇幅的史料说明最关键的问题并给读者提供最大的信息量，避免了劳而无功的长篇大论，不仅保证了论著的

---

① 陈智超：《陈垣〈元西域人华化考〉创作历程：用稿本说话》，第 7 页。
② 陈垣：《中国佛教史籍概论·缘起》，中华书局 1962 年版，第 1 页。

可读性，而且给读者节约了宝贵的阅读时间。

第二，合理剪裁史料。陈垣在引用史料的时候，必要时会对史料进行裁剪，在确保史料完整的情况下使表述文简意赅。

陈垣非常重视学习前人对史料的取舍裁剪与安排。他治学并无师承，自学的一个重要方法就是利用名家手稿来学习如何来创作、修改文章，他最珍视的学习材料是钱大昕《廿二史考异》和王念孙《广雅疏证》这两份手稿。通过研读前贤手稿，他从中吸取了两位学术大师剪裁安排史料的方法。由于名家手稿并不易得，他就充分利用史源学的原理，创立了一种考察前人如何剪裁史料的方法，并传授给学生。这就是鼓励学生以《史记》《汉书》相对勘。他主张先用墨笔抄录《史记》中与《汉书》相同的几篇纪传，然后用红笔依照《汉书》去改，这样就可以看出两位大史学家剪裁字句安排材料的异同来了。"他更主张将《三国志》与《后汉书》相同的传，也这样对比一番。他说前人有《史汉方驾》《班马异同》，我们可以自己动手作一部，更可以作一部陈范异同"①。通过这种方法，学生能够学习前人对史料的裁剪安排，如陈垣的学生牟润孙回忆：

> 我学了先师的方法，以正史与《通鉴》相对比，不仅了解了《通鉴》的史源，更进一步认识清楚司马温公如何剪裁史料，如何安排史料，如何组织成书，同时也了解了他的史料取舍标准。我之能窥见涑水史学之堂奥，实在是基于陈先生的启发。正是通过找寻史源，比较史料原文和引文，体会先贤征引史料的特点，学生学到了裁剪安排史料的方法，学会了如何征引史料，为史学撰述奠定了基础。②

---

① 牟润孙：《励耘书屋问学回忆》，见《励耘书屋问学记——史学家陈垣的治学》（增订本），第73页。

② 牟润孙：《励耘书屋问学回忆》，见《励耘书屋问学记——史学家陈垣的治学》（增订本），第73页。

由此可见陈垣对史料取舍和安排的高度重视和良苦用心。

陈垣不仅学习前人的长处，还经常指出前人著述中对史料裁剪取舍的不当之处以为警惕，如他论元释念常《佛祖通载》在史料取舍上的失当之处，颇能为作史者戒。《佛祖通载》为叙释氏故实的编年体书，所记上起七佛，下迄元顺帝元统元年。此书述二十八祖悉抄《景德传灯录》，自汉明帝至五代十余卷悉抄释祖琇《隆兴佛教编年通论》，其所自纂者，仅宋元两代，然无论是抄纂还是自纂的内容，在史料剪裁方面都有不当。就抄纂而言：

> 其抄《通论》，不独史料抄之，即叙论亦抄之。计所抄叙论三十八段，明著为石室论者，仅藏本卷五及卷十一等三段，其中有有立论主体者，如《五代叙》云"予尝以唐新旧本纪参校，粗见文忠师仰《春秋》纪事褒贬之妙，因采数十端著《新唐史本纪略例》一篇。及得《五代史》，阅其自发述作之意，与予亦颇合。"此所谓予，祖琇自谓也，今抄之于《通载》，而不明著为琇叙，则所谓予者，念常自谓乎？念常亦尝著《新唐史本纪略例》乎？①

释念常在该书凡例中并未明言该书叙论悉采《通论》，而在抄纂史料的时候，并未对有立论主体者之叙论加以剪裁，不仅出现了张冠李戴的错误，也露出了抄袭的马脚。就自纂之部分而言，其"《通论》所采诸家之文，如《牟子理惑》三十七篇，采二十篇，已觉繁冗。《通载》于卷首载八思巴《彰所知论》，于金代载李屏山《鸣道集》，于元代载《至元辨伪录》，连篇累牍，不知所裁。"② 可见，释念常在史料征引方面未曾精心剪裁取舍，影响了《佛祖通载》的史料价值和学术价值。

陈垣在自己的学术实践中，将从前人著述中体会出的学术方法充分运用到自己的写作中，仅以《元西域人华化考》成书后又不断修订的情况为例，就可看出他对史料的精心安排和剪裁。《华化考》从成书至今，大致出现过四

---

① 陈垣：《中国佛教史籍概论》，第 148 页。
② 陈垣：《中国佛教史籍概论》，第 148 页。

个版本，一是油印稿本上、下册，二是发表于北京大学《国学季刊》和《燕京学报》的排印本，三是励耘书屋木刻本，四是根据 1963 年陈垣修订所形成的各种修订本。四个版本中文字颇有修改之处，比较各版本文字异同，能明显看出陈垣对史料的剪裁精到之功。如油印稿本卷二儒学篇"西域人之儒学"一节论及伯颜师圣时，引《元史·儒学传》，油印稿本中有"既死，人或剖其腹"一句，但是在此后版本中此句被删除。因其史料无关伯颜师圣之儒学造诣，且"或"字表明此说法并不确定，故删除此句于全篇行文更佳。又如卷一绪论"西域人华化先导"一节论及明人著述对宋末蒲寿庚兄弟多有微词，初引曹学佺《泉州府志胜》一段，后改为引弘治《八闽通志》的内容。两相比较，《八闽通志》为《泉州府志胜》之史源，史料更为确切。可以看出，陈垣后边对所引史料的剪裁取舍，使得史料更加准确、行文更加紧凑，这样的史料征引也成为其文风的重要特色。

二、叙事文简辞达

陈垣既重视考据，也同样重视辞章。他主张发表的文章，最低要求应当"闲话不说，或者少说"①。为了达到这个要求，他特别讲求写作方法和艺术，在保证读者正确理解自己观点的前提下，真正做到了"一字不可增，一字不可减"②。

他认为："写作应当像顾炎武的《日知录》，一字一句能够表达就不要再写出第二个字第二句话。"③ 为此，他特别注意凝练文字之功，同时在借鉴总结前人经验的基础上，也把自己的学习心得总结出来传授给学生。比如，他以《史通·点烦》为教材，让学生按照文中所举实例去修订原文，在实践中

---

① 陈垣：《在历史研究所学术委员会扩大会议上的讲话》，见《陈垣全集》第二十二册，第 736 页。
② 李瑚：《中国历史考证学与陈垣先生对它的贡献》，见《陈垣教授诞生百一十周年纪念文集：1990 年江门国际学术研讨会论文集》，第 44 页。
③ 蔡尚思：《陈垣同志的学术贡献》，见《励耘书屋问学记——史学家陈垣的治学》（增订本），第 60 页。

增强锤炼语言的能力。他还教学生将《史记》与《汉书》、《三国志》与《后汉书》对读，比较文字异同，学习如何著述行文。不仅如此，他还亲自教授"大一国文"，强调学生要提高文学修养和写作水平。正所谓"教学相长"，陈垣在长年的研究、教学工作中积累了丰富的写作技巧和写作经验，保证了叙事辞达文简，形成了以下的叙事风格。

第一，重复字宜检点，闲字要铲除。陈垣特别注重语句的简练，尽力铲除冗文余字，他对《元西域人华化考》的题目修改中即可看出惜字如金的风格。《华化考》最初名为"元时代外国人之中国化（文学）"，后曾改为"元代西域人之中国化"，到油印稿本时最终定为"元西域人华化考"，其间字句的修改充分体现了陈垣提炼关键词的功力。从"元时代"到"元代"再到"元"；从"外国人"改为"西域人"；从"中国化"到定为"华化"，这三个关键内容的锤炼，使得题目在行文上更为醒目简练。

第二，力避小注。他主张史学论著必须尽量减少小注，这样的行文方式使他的作品行文通畅而无阻隔停歇之碍。陈垣在家书中说："我近日作品，力避小注，不论引文、解释、考证、评论，皆作正文。此体将来未知如何，我现在尚在尝试中，未识能成风气否也？且要问注之意义为何，无非是想人明白，恐人误会耳。既是想人明白，何以不作正文？若是无关紧要之言，又何必注？"综览其著作，他极少采取注的形式，而是通常在引文前后加上自己的话，或说明史料出处，或解释史料含义，或作出研究结论，力争将所有问题全部在正文中论述清楚。试举一例：

　　《两浙金石志》卷十五有《元答失蛮重装佛像记》，云："灵隐禅寺，伏承大功德主江浙等处行省□□左丞相答失蛮，布施金子彩色，重装佛国山诸佛菩萨圣像，所集洪因，端为祝延皇帝万岁。至大三年九月日，住持僧正传谨题。"记在西湖飞来峰，摩崖正书，字径一寸。答失蛮《元史》无传，然以答失蛮为名，当为回教徒。重装佛像何事，而可出于回教徒者！《元史·武宗纪》载："至大三年

九月，御史台臣言：江浙省丞相答失蛮，于天寿节日殴其平章政事
字兰奚，事属不敬"云云。与此题记年月正合，是答失蛮一面出资
重装佛像，一面于大庭广众中殴人，亦元西域人之特色。出于巨官，
载之正史，均可为发噱者也。①

这段论述中，陈垣首先交代史料出处，其次逐一解释史料中涉及的石碑和人
物原委，最后佐以旁证来论述答失蛮出资重装佛像确有其事，清晰完整地论
证了西域人在祠祭方面的华化。可以看出，这段论述无一小注，却完全符合
现代学术著作的规范，这样的做法使得行文毫无阻滞，避免了因注文而打断
读者阅读思路的弊病。

图 17　陈垣 1918 年留影。

第三，"镕化众说，陶铸以成文"。陈
垣在《中国佛教史籍概论》中论僧传作法
及文体之不同曰："一则类聚众文，裁剪而
成传，其作用为物理的；一则镕化众说，
陶铸以成文，其作用为化学的"②。这一说
法生动地将著史为文的方法归纳为"物理
的"和"化学的"两种形式，准确说明了
"史家之法"和"文家之法"的主要特点。
作为一位严谨治学的史学家，陈垣始终坚
持竭泽而渔地搜集史料，经严格考证后合
理剪裁而阐述成文，是运用"史家之法"
的专家，然而他不仅仅满足于一般的"史
家之法"，也常常兼用"文家之法"，重视内容的表达形式，重视论著的可读
性。通过融会贯通，使读者更容易看懂他的学术成果，如他的《记大同武州
山石窟寺》便是史学家运用"文家之法"的典范。这篇文章史料丰富，考证

① 陈垣：《元西域人华化考》，第 105 页。
② 陈垣：《中国佛教史籍概论》，第 135 页。

翔实，一气呵成，朗朗可诵，曾入选当时的国文教材。又如他所做的宗教人物传记《休宁金声传》《浙西李之藻传》等，都是把"史家之法"与"文家之法"巧妙结合的杰作。

第四，巧用修辞。陈垣在文章中经常恰当地使用一些修辞方法，使得文章语意更为生动流畅、文简辞达，比如论《四库全书总目》在著录佛教典籍时的疏漏云：

> 《四库》著录及存目之书，因《四库提要》于学术上有高名，而成书仓促，纰缪百出，易播其误于众。如著录《宋高僧传》而不著录《梁高僧传》《续高僧传》，犹之载《后汉书》而不载《史记》《汉书》也。又著录《开元释教录》而不著录《出三藏记集》及《历代三宝记》，犹之载《唐书·经籍志》而不载《汉志》及《隋志》也。①

在论述中，陈垣充分考虑到了有的读者对佛教典籍并不熟悉的情况，以最常见的《史记》《汉书》与《后汉书》的先后关系和体例异同为喻，充分说明了《梁高僧传》《续高僧传》与《宋高僧传》的关系。这样的比喻非常便于读者阅读和理解。又如陈垣论马祖常之高祖马庆祥：

> 始吾读《元遗山集》二七《恒州刺史马君神道碑》，知为马祖常之高祖马庆祥，固明明基督教世家也（说见《儒学篇》）。而马庆祥没后，金人为立像汴京褒忠庙，岁时致祭。吾极疑之，以为不应以此施之基督徒；既而思之，立像犹铸铜像耳，岁时致祭，纪念云尔，所异乎铜像者，庙祀而已，有何不可。及读周霆震《石初集》卷七，又有《义兵万户马合麻安塘生祠记》，始知元人对于回教徒，亦以此施之，所谓有功于民则祀也。②

---

① 陈垣：《中国佛教史籍概论·缘起》，第 1 页。
② 陈垣：《元西域人华化考》，第 103 页。

这段论述中，从"极疑之"到"思之"再到得出确实结论，他层层设问，使得问题的推进和解决更加自然，在起承转合之间有力证明了西域人在祠祀方面的华化。

第五，善用图表。陈垣充分利用表格在著述中的独特作用，如《文津阁四库全书册数页数表》"提挈纲领，使观者若登泰山俯培楼，足虽未践，已历历在目矣。"① 通过表格这一形式，他将用文字难以准确描述的问题简单化，既节省了篇幅，又便于读者理解。又如《元西域人华化考》中《偰氏一门九进士图》，《明季滇黔佛教考》中《明季黔南灯系表》，《回回教入中国史略》中所列关于回回教的四幅图表等，都用系统明晰的表格充分说明了问题。陈垣善用年表，并认为"既称年表，则要便于查看，一目了然"②，应避免过于繁细，眉目不清。他的《二十史朔闰表》眉目清晰，成为治史者重要的参考书，《中西回史日历》达到了"一展卷，而历史中之阴阳历月日，不难屈指而得"③ 的功用，为后人治学提供了便利。正由于陈垣充分认识到了表格的重要性，他的《校勘学释例》专列"表格误例"一节，特别论述表格制作、使用及校勘的注意事项，"表格之用，最重位置，位置一乱，则失其效用。然位置之所以能不乱者，全在横直线，横直线一失，而欲位置不乱，难矣。夫翻刻有表格之古籍，必贵依其行款，行款照旧，表格可以不动。"④ 此论切中肯綮，道出表格之关键，为编写和校勘表格提供了借鉴。

以上各种手法的综合运用，形成了陈垣作品独特的风格——文简辞达。刘知幾论："夫国史之美者，以叙事为工，而叙事之工者，以简要为主"，"文约而事丰，此述作之尤美者也。"⑤ 陈垣运用以上手法，充分保证了论著的文

---

① 陈智超编注：《陈垣来往书信集》（增订本），第44页。
② 刘乃和、周少川、王明泽、邓瑞全：《陈垣年谱配图长编》，辽海出版社2000年版，第777页。
③ 陈垣：《拟编中西回三历岁首表意见书》，见《陈垣学术文化随笔》，中国青年出版社2000年版，第122页。
④ 陈垣：《校勘学释例》，第15页。
⑤ （唐）刘知幾：《史通》，第122页。

简事丰。不仅如此，他还继承了顾炎武"辞主乎达"① 的观点，将史家之法与文家之法紧密结合，保证了文章的事实准确、叙事清楚。

三、史学批评平实准确

史学批评和历史评论是史学著作重要的内容，陈垣对史论在历史研究中的学术价值有深刻认识，在《通鉴胡注表微》的《评论篇》中指出史论是史学的重要内容，不仅史书有论，史注也应有论。他举史注中著名的裴注，皆在注解中参以议论之例，说明"注中有论，由来尚矣"。史论的作用一方面在于"言为心声"，便于表达史家对于历史的看法，故"觇古人者宜莫善于此"，后人能从史论中较为直接地了解史家的历史认识；另一方面能更好地表现史学"鉴古知今""彰往知来"的功用。史论既是史学的重要内容，自然也是治史的重要方法，因此他强调治史应并兼考据和议论，"务立大义"，"不专为破碎之考据也"。

正因如此，他才能在著作中恰如其分地运用史论，并一以贯之地以简洁确当的表述，形成了独特的评论风格。陈垣史论的内容丰富，既包括从客观历史中引古鉴今、对历史人物善恶褒贬的历史评论；又包括对历史撰述中得失问题的史学批评。他的史评多以考证开路，贯通史实之后，再给予画龙点睛的评论，因而他的评论也大多是言简意赅，一如大家所常见的史文特色。另外，谦和平实、严谨允当则是其史学批评中更值得我们注意的风格。

第一，陈垣的史学批评一直坚持学术平等、谦虚平实的态度，主张"批评的文章，也应作到以理服人。我们反对批评人采取简单粗暴的态度，不要对别人一笔抹煞。"② 如清康熙二年《重建清真寺记》碑文是研究一赐乐业教的重要史料，但是其中也有讹误，"《碑》称阿耽为盘古十九世孙，当系因《弘治碑》'阿无罗汉为盘古阿耽十九代孙'一句而误。《碑》称'五思达重

---

① （清）顾炎武撰，陈垣校注：《日知录·文章繁简》，安徽大学出版社 2007 年版，第 1063 页。
② 陈垣：《在历史研究所学术委员会扩大会议上的讲话》，见《陈垣全集》第二十二册，第 736 页。

建寺于元至正十六年'，至正当为至元，弘治、正德《碑》明谓'至元十六年乙卯重建寺'，惟至元乃有乙卯，至正无乙卯也。一字之误，相差几八十年。"陈垣用史源学的方法纠正了碑文中的讹误，然后指出："刘昌本非一赐乐业人，其文自称为据旧记而作，其所叙述，少有谬误，本可原也。"① 他并没有苛责此碑的疏漏，反而指出其错误是由客观条件造成的。不仅如此，在看到碑文对一赐乐业教的规仪记载较详之后，就此称赞碑文撰者刘昌"于一赐乐业教，并非绝无所知"，其记载为后人研究一赐乐业教保存了宝贵资料。由此可见，陈垣在史学研究中对古人抱有深深的同情，对于前人讹误一一指出并分析其致误原因，对于前人的优点也加以肯定。正是这种学术平等的原则，使他的文章真正作到了以理服人，也显示了一代史学大师虚怀若谷的学术品德。

陈垣秉持平实谦和的史学批评风格，特别反对在史学批评中盛气凌人、任意訾毁前人的做法。他曾经在《书〈十七史商榷〉第一条后》一文中，批评清人王鸣盛在学术评论中"好骂人，昔贤每遭其轻薄，如谓刘向为西汉俗儒；谓李延寿学识浅陋、才短位卑；谓杜元凯剽窃；蔡九峰妄谬；又谓陈振孙为宋南渡后微末小儒；王应麟茫无定见"②。指出这是一种缺乏修养，又自以为是的做法，而正是这个动辄骂人的王鸣盛，在他的《十七史商榷》中出现了不少错误。举例来说，王鸣盛在书中指责《南史·齐高纪》"纪末附益甚多，皆言符瑞，疑神见鬼，巫媪不经之谈，哓哓不休，共约一千一百余字，皆《南齐书》所无，此因增添而失者。"③ 也就是说，王鸣盛认为《南史》所增加内容都未见载于《南齐书》，实为画蛇添足。但是通过考究史源，陈垣发现《南史·齐高纪》的这两项罪名皆不成立："纪末所附符瑞，一千一百余

---

① 陈垣：《开封一赐乐业教考》，见《陈垣学术论文集》第一集，第 274 页。
② 陈智超编注：《陈垣史源学杂文》（增订本），生活·读书·新知三联书店 2007 年版，第 79 页。
③ （清）王鸣盛：《十七史商榷》卷五五《南史合宋齐梁陈书三·齐〈高帝纪〉增添皆非》，商务印书馆 1959 年版，第 504 页。

言，大概可分为二十二节，除明帝寝疾一节外，余皆见《南齐书》十八《祥瑞志》。"况且"延寿之书，既不撰志，凡旧志史料可采者，皆设法散入纪、传中，此著书之体应尔也。"又"至以此为巫媪不经之谈，史不应载，亦未尽然。史家记事，如镜照物，其时社会之知识如此，攘夺者之虚伪宣传又如此，史家不过据事直书而已，岂待《十七史商榷》始知其妄乎？此不足辩者也。"①王鸣盛在没有确实证据的情况下任意批评前人，且言语激烈，不仅暴露了他自身的学术缺陷，还显露了他稍嫌浮夸务虚的学风和自以为是的性格弱点。陈垣认真考察了《南史》的内容，认为该书的史料来源基本可靠，作者并未作随意的增添；至于书中记载符瑞，虽属不经之谈，但限于当时社会知识的水平，是作者据实而书的结果，不应苛求。给予作者充分的同情，对《南史》作出了实事求是的分析和评价。

第二，陈垣的史学批评非常谨慎，他主张史学批评要严谨准确，反对妄下断语、任意批评的做法。例如，宋代高僧释惠洪才名皆有，但是往往轻于立论。《宋僧传·唐泗州僧伽传》记载僧伽为葱岭北何国人。惠洪否定了这一说法，其论据为：

僧伽龙朔中游江淮间，其迹甚异，有问之曰："汝何姓？"答曰："姓何。"又问："何国人？"答曰："何国人。"唐李邕作碑，不晓其言，乃书传曰："大师姓何，何国人。"此正所谓对痴人说梦耳，李邕遂以梦为真，真痴绝也。僧赞宁以其传编入僧史，又从而解之曰："其言姓何，亦犹康会本康居国人，便命为康僧会。详何国在碎叶东北，是碎叶国附庸耳。"此又梦中说梦，可掩卷一笑。②

对于惠洪的这种论证，陈垣分析说：

夫洪去僧伽五百年，何由知僧伽之"何国"非国名，不过偶尔

---

① 陈智超编注：《陈垣史源学杂文》（增订本），第 85 页。
② （宋）释惠洪：《冷斋夜话》卷九《痴人说梦梦中说梦》，见景印文渊阁《四库全书》第 863 册，台湾商务印书馆 1986 年版，第 275 页。

触机，觉何为代明耳。羌无故实，以理想为故实，作一假设，未为不可，乃过甚其词，至诋前贤为梦中说梦，既自暴其不学，复自暴其寡养。①

他进一步用确凿的史料驳斥了释惠洪的草率论证：

《东坡志林》二尝注意及此，曰："泗州大圣《僧伽传》云：和尚何国人也。又世云莫知其所从来，故云不知何国人。近读隋史《西域传》，乃有何国"云云。岂特隋史、《通典》并载其武德、贞观中皆遣使来贡也。则僧伽之为何国人，有何可笑乎？惜东坡知之，而洪未之知也。②

为了准确开展史学批评，陈垣一直坚持知人论世的史论原则。因为只有在清楚了解作者的撰述背景之后，才能充分地理解历史著述的内容，保证作出实事求是、准确无误的史学批评，然而很多学者在史学评论的过程中未能探清前人著述的前因后果就妄下结论，从而影响了学术批评的质量。因此，他强调批评要知人论世，不能不论背景作不切实际的评论，并据此纠正了一些史学批评的错误。比如，赵翼《廿二史札记》中《〈汉书〉书恒山王条》认为《汉书》对恒山王的身份前后记载不一致，前称孝惠后宫子，后云皆非孝惠子，以此为歧互。陈垣认为实际上并非如此，因为"前所书者系立之之时，太后谓为孝惠后宫子；后所书者系诛之之时，大臣谓为皆非孝惠子。据事直书，并不歧互。"③ 赵翼立论时并没有考虑《汉书》所载内容发生的历史背景，想当然地认为《汉书》对恒山王是否为惠帝之子的记载前后矛盾，是《汉书》编撰上的疏漏，而实际情况是，由于历史事件发生背景的变化，时人对恒山王是否为惠帝之子的说法也发生了变化。在恒山王被立为帝时，吕后称其为"孝惠后宫子"；而被诛后，大臣们从区分嫡系或庶出的角度，称其

---

① 陈垣：《中国佛教史籍概论》，第 134 页。
② 陈垣：《中国佛教史籍概论》，第 134 页。
③ 陈智超编注：《陈垣史源学杂文》（增订本），第 14 页。

"非孝惠子"。《汉书》只是如实记载了当时主事之人的说法，对此事有前后不同的记载，正是真实反映历史的实际面貌。由于赵翼未能结合历史事件的来龙去脉背景考察《汉书》记载的背景，导致对《汉书》作出了不恰当的评价。陈垣对赵翼史论的评说和纠正，反映出实事求是、严谨允当的批评风格。

第四节　对前人著述方法的评骘戒鉴

陈垣著作体例完善，风格独特。这其中固然有其钻研自得，也得益于他对前人著述方法的揣摩学习。在长期的观察琢磨之中，他形成了对前人著述方法的许多看法和评价，这些评骘意见主要表现在两个方面：一是他在课堂教学和与学生的日常交流中，经常以前人史书为例讲解著书为文的规范，为学生指示治学门径。如他开设《中国史学名著评论》课，"择取历代史学名著说明其史料及来源，编纂之体例及得失，板本之异同，使学者明了著述及读史之方法"；或"取历代史学名著，说明著者之生平，本书之体例，以及史料来源、编纂方法、板本异同等等，俾学者读书引书时得一明了指导"①；或利用课堂教学，指导学生通过研读名著"因人所读之书而读之，知其引书之法，考证之法，论断之法"②。又如牟润孙曾记："先师对叶昌炽的《藏书纪事诗》，颇为爱好，但批评它说：'叶氏找到了这么多资料，却用诗表示出来，未免减低了价值。'显然是惋惜叶昌炽既缺乏著史之才，更不知史书体例。如果叶氏用那些材料写一部《中国藏书史》，其在学术上的作用一定要大过今天。陈先生对叶德辉的《书林清话》也说：'书是很好，只是体例太差。'"③从陈垣对二叶著作的评论中可明显看出他对古书著述体例的研究。二是陈垣

① 陈垣：《中国史学名著评论》，见《陈垣全集》第二十二册，第 463 页。
② 陈垣：《史源学实习》，见《陈垣全集》第二十二册，第 441 页。
③ 牟润孙：《励耘书屋问学回忆》，见《励耘书屋问学记——史学家陈垣的治学》（增订本），第 75 页。

在著作中对古书著述体例亦多有评骘，如《通鉴胡注表微》之"本朝篇""书法篇"对于《通鉴》及《胡注》的体例多有分析评论。不仅如此，他还曾有意撰写专讲著述方法的著作《广书林扬觯》。因他对方东澍的《书林扬觯》大为赞赏，并设想撰写一部《广书林扬觯》，为此搜集了大量资料并拟定了《广书林扬觯提纲》。

以下就以《广书林扬觯提纲》为主要依据，并辅以"史源学实习"的教案和范文，分析陈垣对古书编纂体例和方法的评骘，以及他从古人史书编纂中总结出的经验和教训。

一、史文宜前后照应忌重复

在历代史书中，经常可以看到史文不相应、前后体例不一、多处重复的情况，陈垣在《广书林扬觯提纲》及资料集中指出了许多此类问题[1]，大致包括以下四个方面。

（一）史文前后不相应

由于历代正史内容丰富，叙事庞杂，且多成于众手，经常会产生书中内容前后不相应或矛盾的地方，陈垣举出以下两种典型情况：

一是"语在某某传而某某传无之或其书无此传"。他以钱大昕《廿二史考异》所论《晋书》之疏来论述这一问题。"《李重传》：'于时内官重，外官轻，兼阶级繁多，重议之，见《百官志》。'按《晋书》有《职官志》，不称'百官志'，且亦不载李重之议。又《司马彪传》，'泰始初，武帝亲祠南郊，彪上疏定议，语在郊祀志。'考《晋书》不立'郊祀志'，惟有《礼志》，亦不载彪议也。"[2] 钱大昕认为产生以上疏漏的原因在于："自唐以后，修史不出

---

① 陈垣：《广书林扬觯提纲》，见《陈垣全集》第二十二册，第68—83页。以下所引若干问题皆出自此提纲。

② （清）钱大昕：《廿二史考异》卷二一《晋书·四》，上海古籍出版社2004年版，第367页。

一人之手，志、传之文不相检照，至于如此。"正是由于纪、志、传、载记出自众人之手，撰修《晋书》者抄录旧晋史文不相统一，书成后又无一高手总其成，故造成前后不相检照。陈垣还以《读书脞录续编》卷三中的一则史料再次论证这一问题，"史家有虚张传目而实无其传者，盖由采自旧史，失于检照，或作非一手，删改未尽也。如《晋书·殷觊传》云'弟仲文、叔献别有传'，而《晋书》无殷叔献传。"他在此条批曰："书前后不相应。"

二是"语在某某志而其书无此志"。此处，陈垣引钱大昕论《隋书·郑译传》为例，"'前后所论乐事，语在《音律志》。'今隋史有音乐志，有律历志，无所谓音律志也。"钱大昕认为："史不出一人之手，欲其首尾义例无一舛驳，固是难事，然不应如是之甚也"①。对此，陈垣亦持相同观点。

（二）一事牵涉数人而各传记载或有或无

在纪传体史书中，经常会遇到一事牵涉数人，但是在各人纪传中，对此事记载有无不同的情况。对此，陈垣所引例证是"一事兼该诸传而传中有载有不载者"。《新唐书纠缪》卷十五指出："《长孙无忌传》云：'太宗曰：朕当评公等可否以相规。'今案太宗所评诸人短长，惟杨师道一人载入本传，然亦有不同。其外诸人皆不见于本传。未审当载之欤？不当载之欤？此亦义例之不明者也。"查《新唐书·长孙无忌传》中记太宗评诸臣有高士廉、唐俭、杨师道、岑文本、刘洎、马周敏、褚遂良、无忌等八人，但只有杨师道一人的评语被写入传记，其余七人之评语未见诸本人传记。陈垣对此批曰："一事牵涉八人。"此事牵涉八人，而各自处理情况不同，且行文前后各有不同，可见著史之难。

（三）一语牵涉数人而各人处理不同

陈垣在此条下引用了《新唐书纠谬》的一则史料："《裴行俭传》云：

---

① （清）钱大昕：《廿二史考异》卷二一《隋书·二》，第 561 页。

'善知人。在吏部时见苏味道、王勮，谓曰：二君后皆掌铨衡。'《王勮传》云：'寻加宏文馆学士，兼知天官侍郎。始裴行俭典选，见勮与苏味道曰：二子者，皆铨衡才。至是语验。'愚谓此乃裴行俭能知人之美，独书于《行俭传》可也。至《王勮传》又见之，则颇似重复。若以为此语《勮传》当载，则《味道传》中亦当具载，今《味道传》则止言行俭才之而已。"吴缜认为裴行俭论苏味道、王勮皆铨衡才，载于《裴行俭传》即可，实无必要再于《王勮传》中赘言。若《王勮传》当载，《苏味道传》亦当载，而《味道传》却未有此言。裴行俭一语牵涉苏味道、王勮二人，《新唐书》于此二人传记中处理方式不一，导致史文前后不相应。

（四）一事牵涉较多而前后重复

对于一部卷帙浩繁的纪传体史书而言，史文前后重复是很难完全避免的问题，尤其是面对牵涉面很广的事实，往往容易前后叠见。如《孔氏杂说》载："自昔史氏所书，两人一事，必曰语在某人传。《晋书》载王隐谏祖纳弈棋何如著述一段，几二百字，两传俱出，此为文烦矣。"为证此言，陈垣抄录了《晋书》卷六二《祖纳传》及卷八二《王隐传》有关段落，《晋书》重沓繁复之弊显而易见。陈垣又举张宗泰在《鲁岩所学集》卷六《续资治通鉴事多重出》中的论述，来警示史文重复之弊。张宗泰曰：

编辑史策，要叙述详明，不蔓不复，方无遗憾。其有一事而前后叠见者，虽非宏旨所关，亦不免繁冗之嫌也。如《续资治通鉴》"闾阎妇女小儿，皆号王德用为黑王相公"，既见五十二卷第十九页，又见五十六卷第十九页。"女直本女真，避辽兴宗讳改曰女直"，既见三十九卷第一页，又见七十卷第二十一页。"初议塞河也，故道湮而高水不得下"以下一百十三字，既见七十二卷第二十七页，又见七十三卷十一页。"王安石用事，引升之自助"以下四十八字，已见六十七卷第十三四页，又见七十四卷第七页。"帝至后所，后曰：吾

闻民间甚苦青苗助役，宜罢之"，既见七十卷第八页，又见七十四卷第十六页。"赵抃知衢州，时诸州皆榜衢路，禁增米价，抃独令有米者任增价粜之"，既见七十二卷第八页，又见七十八卷第二页。"不许以龙天君王帝上圣皇等字为名字"，既见九十二卷第十五页，又见九十五卷第二十一页。"蕲之蕲阳，江之湖口，池之雁汊，为大小法场"，已见一百二十九卷第十五页，又见百四十一卷第二十四页。右所摘若干条，当两处参酌而存其一，庶有当于谨严之旨耳。①

陈垣在此条批曰："凡八处。"即指《续资治通鉴》述一事而有前后八处重复之文。正如张宗泰所言："编辑史策，要叙述详明，不蔓不复，方无遗憾。其有一事而前后叠见者，虽非宏旨所关，亦不免繁冗之嫌也。"从《广书林扬觯提纲》看出，陈垣正是要强调"史文宜前后照应忌重复"的主旨，因为史文前后重复叠见，不仅有繁冗之弊，也暴露了作者在撰述体例上的前后失据。

二、剪裁史料须文意通畅

史学著述离不开史料的征引。如前所述，陈垣在史料征引方面自成一派，深得"史家之法"与"文家之法"的精华。正因如此，他对于前人在史料征引方面的是非得失有深刻的认识。

（一）节引史料要顾前后文

张宗泰《鲁岩所学集》卷五载："刘恕著《通鉴外纪》，其书不引据经传，惟以《国语》为主，而杂采诸家说以附益之。而于《国语》其割并翦裁之处，有未惬人意者。如《国语》卷十七，楚庄王使士亹傅太子葴，问于申叔时。叔时曰：'教之春秋而为之耸善而抑恶，教之世而为之昭明德而废幽

---

① （清）张宗泰：《鲁岩所学集》卷六，清光绪刻本。

昏'云云，一一分疏其所以然之故。《外纪》乃摘录其文曰：'教之春秋世诗礼乐令语故志训典'，而令语故志等字，茫然不知其所谓。倘曰有《国语》原文在，可覆按也，则无取乎著此书矣。"《国语》所载申叔时之言，是说要太子学习《春秋》《世》《诗》《礼》《乐》《令》《语》、故志、训典等典籍文献，以蓄其德。刘恕节引过多，将史文删节为"教之春秋世诗礼乐令语故志训典"，节引后之"令语故志"在无上下文语境的情况下，颇不易理解。这正是由于史料剪裁时未顾及前后文，删节过多而未对前因后果略加解释，导致史文语意不明。对此，陈垣批曰："节引古书应照顾上下文。"

又如《诸史然疑》论："《魏·姚兴传》，兴将数千骑乘西岸窥视太祖营，束柏材从汾上流下之，欲以毁桥。官军钩取以为薪蒸。《北史》改云'将数千骑乘西桥，官军钩取以为薪蒸'，删去'束柏材'句，遂不复成语。"《魏书》记载姚兴"束柏材"，即将柏树等木材束在一起，使之沿汾河而下以摧毁北魏搭建的浮桥，但北魏官军却将这些木材"钩取以为薪蒸"。《北史》在引用《魏书》这则史料时，将交待木材由来的"束柏材"一句删去，导致语义不明，对此，陈垣指出："删节前人文句应注意"①。

（二）杂缀前人文句应注意

史家在征引史料时，经常需要博采众长，对各家记载加以综合运用，但如果对各家记载熔铸不佳或考证不精，则容易造成前后重复甚至前后矛盾。如陈垣引《诸史然疑》史料一则，"《北史·齐文宣纪》云：'帝虽明敏，外若不足。'又云：'内虽明察，外若不了'，又云：'外若不远，内鉴甚明。'一篇之中，辞语复沓。盖此纪总叙，杂缀而成，其半则用李氏《齐书》，其半则王劭、丘悦等之论，牵引割裂，不复诠次，弊乃如此。"对此，陈垣批曰"杂缀前人文句应注意"，指出杂采诸书应避免文字复沓，力求文句顺畅。

---

① 陈垣：《广书林扬觯提纲》，见《陈垣全集》第二十二册，第72页。

在《通鉴胡注表微》中，陈垣也强调过这一问题。如《资治通鉴》记载陈宣帝太建八年十月"丙辰，齐主猎于祁连池，癸亥，还晋阳……庚午，齐主自晋阳帅诸军趣晋州。周主日自汾曲至城下督战……遂克晋州……齐主方与冯淑妃猎于天池，晋州告急，自旦至午，驿马三至。右丞相高阿那肱曰：大家正为乐，边鄙小小交兵，何急奏闻！至暮，使更至，云平阳已陷。齐主将还，淑妃请更杀一围，齐主从之。"① 对于这则史料，胡三省在"齐主从之"句下有详细考证，认为猎祁连池与猎天池是一回事。"《通鉴》粹集诸书成一家言。自癸亥排日书至庚午发晋阳，是据《北齐纪》；书高阿那肱不急奏边报，是据《阿那肱传》；书请更杀一围，是据《冯淑妃传》，合三者而书之，不能不相抵牾。"对于胡三省的考证，陈垣在《表微》中说："高似孙《纬略》十二谓'《通鉴》一事用三四出处纂成'，此条即其例。然非逐一根寻其出处，不易知其用功之密，亦无由知致误之原也。"② 陈垣认为抄纂各家而造成的抵牾会给后人带来很大的困扰，如非运用史源学的精密考证，很难发现其致误原因，故而史家在杂缀前人文句时应统筹安排史料，杜绝前后矛盾。

三、修人物传记应先做索引和年表

在研读历代著作的过程中，陈垣发现不少史书中存在人物混淆，或人物行事次第混乱的问题，对此他做了如下总结：

（一）编史传先做索引及考证则无重复之弊

《读书脞录》卷三记载："《后汉书·方术传》之蓟子训、计子勋，盖一人也。方士姓名诡幻，传闻异词，音转字易，蔚宗遂误以为二人尔。葛洪《神仙传》止载蓟子训，其所云'陈公以葛布单衣送之，至时，子训乃死。'正与《后汉书》传计子勋事相合，尤可证其非二人尔。"对此，陈垣批曰：

---

① 陈垣：《广书林扬觯提纲》，见《陈垣全集》第二十二册，第74页。
② 陈垣：《通鉴胡注表微》，第84页。

"有姓名索引，则可以不重传。然此则虽有索引，亦不能免，仍当究其内容也。"①

从他的批语看出，《后汉书·方术传》之所以将蓟子训、计子勋同时列举，误认一人为二人，实则源于在编纂史书时未能对立传之人预先开列索引，并对其人之姓名生平详加考证所致。关于此类问题，他又举证《元史考异》之一例：

> 《元史考异》卷九载："雪不台，蒙古兀良罕氏。雪不台即速不台，译音无定字也。朱锡鬯云：《元史》既有速不台矣，而又别出雪不台。"

雪不台、速不台实为一人，而《元史》不究其实，导致二人重出。若事先认真考证，则可避免此类失误。正是由于意识到这一问题，陈垣在《元西域人华化考》中，对所涉人物严格考证，合理编排，保证了全文眉目清楚，所涉人物无一出现重复。

（二） 作长编传记先排年表则次第不乱

在历代史传中，经常会出现人物行事次第混乱的问题。陈垣曾论曰：

> 《慈恩传》五卷，为慧立未定稿。立卒后，其稿散佚，至彦悰乃搜辑本文析为十卷。故史料犹是，然错综笺补，已非慧立昔时之旧。以此传与他传校，牴牾恒有；以此传前后互校，矛盾亦复不免。其显而易见者：如武德五年法师年满二十，贞观三年年二十六，显庆五年年六十五之类；试一推算，即知其说之讹。欲舍此传而从他传，其各自矛盾亦如是：如《续高僧传》之《玄奘传》，及冥详之《法师行状》，既谓武德五年为二十一岁，又谓贞观三年为二十九岁；《续传》更谓麟德元年为六十五岁；皆自相矛盾者也。盖诸师撰传时，各据所闻，并未预先制为年表月表，而后系以事实，故有

---

① 陈垣：《广书林扬觯提纲》，见《陈垣全集》第二十二册，第73页。

此误。①

陈垣认为由于在撰述之前未能先编制人物年表，在撰述完成之后又未能对著作进行精密校勘，导致《慈恩传》《玄奘传》《法师行状》等著作在记载玄奘年龄时都存在自身内容上的前后矛盾。为了避免这种错误，在撰述之前就应对史料进行统筹，对体例进行设计，在完成之后也要进行细致的检核，以保证典籍的质量。

四、引书须分朝代

陈垣特别强调引用史料，要注意考察史料产生的时代，如《〈廿二史札记〉一列传名目沿革条正误》一文便是如此。赵翼《廿二史札记》有"《晋书》改循吏为良吏，方术为艺术，不过稍易其名，又增孝友、忠义二传""《齐书》改孝友、忠义为孝义""《魏书》改孝行为孝感，忠义为节义"② 之语。陈垣考证各史成书的时代，发现赵翼在叙述时忽略了"各史朝代之先后与成书之先后不同"③ 这一重要问题，因此赵氏在讨论各史例目沿革的时候，是按照各书所记朝代先后顺序来讨论的，于是混淆了各书体例沿革的先后次序。为了纠正这个错误，陈垣先将各史按成书时代先后排序，即史、汉、三国、后汉、宋、南齐、魏、梁、陈、北齐，周、隋、晋、南，北。然后以此来分析各史类目的异同，"若按成书先后，当谓《宋书》改循吏为良吏；《周书》改方术为艺术；《宋书》孝义，《魏书》分为孝感、节义，《晋书》分为孝友、忠义，庶不至倒果为因"④。这一实例提醒我们，在研究历史问题时，一定要注意史料产生的先后顺序，以防止颠倒因果。

又如有人因全谢山《鲒埼亭集》中一首诗《大讨贼》有"为我讨贼清乾

---

① 陈垣：《书内学院新校慈恩传后》，《陈垣学术论文集》第一集，第 410 页。
② （清）赵翼：《廿二史札记》卷一《各史例目异同》，中华书局 1984 年版，第 2 页。
③ 陈智超编注：《陈垣史源学杂文》（增订本），第 3 页。
④ 陈智超编注：《陈垣史源学杂文》（增订本），第 4 页。

坤"一句，便认为全祖望曾因此入狱，其论据是"为我讨贼清乾坤"，在"清"字上加"贼"字，属于违碍字句，在文字狱盛行的时代，全祖望一定因此获罪入狱。但是通过考究这首诗的刊刻年代，陈垣发现这样的推论存在明显的错误："谢山文集刊于谢山卒后四十九年，谢山生前未闻入狱。"也就是说全祖望的这首诗刊刻于他死后 49 年，就是 1804 年，这时全祖望已不在世，即使因文集流传被发现此诗违碍，全祖望也不可能入狱。那么，全氏生前会因此诗受罪吗？陈垣找到了其它佐证作进一步分析，"谢山病中手定文稿，如果觉此等句语有碍，自当删除；门人董秉纯等亲受遗稿，如果觉此等句语有碍，亦必不敢录存。何以辗转传抄，至嘉庆九年（一八〇四）集刊出时，'为我讨贼清乾坤'一句，尚赫然在集中卷一之五叶，未尝因忌讳铲除，则其生前未尝因此语受祸可知也。"① 全祖望在病中审定文集时，正是文字狱盛行的年代，但他在去世前（全祖望 1755 年去世）并未将此句删除，他的学生在对文稿进行审定的时候也并未删除此句，因为在 1804 年此稿公开刊行的时候，"为我讨贼清乾坤"一句仍在文中，可见全祖望并未因此获罪。否则，此句早应因忌讳而被删除。如果在下结论前考证一下"为我讨贼清乾坤"的刊刻年代及其刊刻过程，全祖望曾因文字狱获罪的错误说法便可纠正。

正因为看到了辨明史料产生时代的重要性，陈垣非常注重考证典籍产生的年代，并取得了大量成果。在他撰写的许多序跋中，都将典籍成书时代作为考证的重要内容。如陈垣考证艾儒略《大西利先生行迹》的成书年代：

> 此篇无载笔年月，篇中称叶向高为文忠公，向高卒于天启七年丁卯，崇祯初始谥文忠；篇末又有今相国吴公、今太仆李公之文，吴宗达以崇祯三年六月相，李之藻以崇祯三年十一月卒，此篇盖作于宗达入阁后，之藻未卒前，崇祯三年秋冬之间也。②

又如考证李之藻《頖宫礼乐疏》的写作时间：

---

① 陈智超编注：《陈垣史源学杂文》（增订本），第 78 页。
② 陈垣：《〈大西利先生行迹〉识》，见《陈垣学术论文集》第一集，第 70 页。

> 是书不知撰自何年，其论射仪，有"二百五十年来，文盛教治，
> 士夫渐思复古"之说，所谓二百五十年者，当为万历四十五年，然
> 观其从祀沿革，则止于万历二十二年从祀启圣祠之周辅成，而不及
> 四十二年从祀两庑之罗从彦，是此书必成于万历四十二年以前，明
> 二百四十年以后，为之藻未受洗前一二年所著也。①

根据典籍记载史实的发生年代，陈垣准确判断出了这些典籍的写作年代，为准确理解和引用史料提供了重要参考。陈垣在考证信札年月方面更是成就显著，他的《跋寿尹炎武书札》《跋凌次仲藏孙渊如残札》《钱竹汀手简十五函考释》《跋陈东塾与郑小谷书墨迹》《两封无名字无年月的信》都是考订年代的佳作。在《跋陈东塾与郑小谷书墨迹》② 中，东塾书札仅署五月十五日，未署何年。陈垣抓住信中所言"去年大病""注疏已刊成""谭玉生已逝"等事件为同治十年（1871）事，初步判定此信写于同治十一年。他又考出信中称曾国藩谥号"文正"，曾国藩卒于同治十一年二月，而郑小谷卒于同年十月，因此最后判定此信作于同治十一年五月十五日，辨识无比精当。难怪尹炎武认为考订无名断简年代，非陈垣"无第二手"③。

五、引书须注卷数

多年的读书治学过程中，陈垣发现前人著述的不少疏漏和讹误是因为征引不注或误注卷数造成的，因此他特别指出引书不注卷数所带来的各种问题。

引书不注明卷数会降低著作的严谨性和利用价值。他分析明人著述被清人轻视的一个重要原因就是引书不注出处，如"《四库提要》于此书（《广弘明集》）卷三搜得阮孝绪《七录序》，矜为瑰宝，实则明人早已见及，特明人纂述，不尽注出典，即注出典，亦不注卷数，方法不如后人之密，故每为清

---

① 陈垣：《浙西李之藻传》，见《陈垣学术论文集》第一集，第 72 页。
② 陈垣：《跋陈东塾与郑小谷书墨迹》，见《陈垣学术论文集》第二集，第 411 页。
③ 陈智超编注：《陈垣来往书信集》（增订本），第 157 页。

人所轻，而严可均《全汉魏南北朝文》遂称独步矣，此时代风气之赐也。"①明代的许多学术著作常未注引文出处或不注卷数，如上述《七录序》，明人虽早已见及，但不注明出处，使人无法利用，故其学术价值很容易被忽视。如果他们的作品能有严谨的引注程序，其学术价值就不至于被埋没了。

不仅如此，引书不注卷数还容易导致各种讹误。陈垣曾撰文纠正全祖望引书不注卷数而产生的讹误："谢山喜提倡节义，故于《鲒埼亭集》三一《西汉节义传题词》及《困学纪闻》十二注中，曾补载豫章太守贾萌讨莽事，集外编四九又有专篇论贾萌，均谓其事出《水经注》。然《水经注》并未言其讨莽，亦未言其为张普所卖也。"全祖望在《鲒埼亭集》和《困学纪闻》注中都记载了豫章太守贾萌讨伐王莽的史实，并且注明此事出处在《水经注》。然通过史源考究，陈垣发现《水经注》并无此说。遍览《水经注》，仅发现有关贾萌的记载在三九《赣水》条，记载"赣水又迳郡北为津步。步有故守贾萌庙，萌与安侯张普争地，为普所害"，但是《水经注》所载"争地"与全祖望所说"讨莽"不同，"所害"亦与"所卖"不同，所以全祖望的说法并非来源于郦道元《水经注》。全祖望在文中还提到此事《太平御览》也有记载，"然《御览》九五〇《蜂》字条引谢承《后汉书》，言豫章太守贾萌，举兵欲诛王莽，有蜂附萌车衡，主簿严丰以为不祥，萌果见杀。虽言讨莽，未言为张普所卖，然则谢山所引者亦非出《御览》也。"通过检核原文，陈垣发现全祖望的说法和《太平御览》的记载也有很大差异。那么全祖望此说的依据是什么？陈垣运用深厚的文献学功底，最终找到此说的来源是《太平寰宇记》。"《寰宇记》一〇六南昌县龙沙庙条，言西汉末太守贾萌与安成侯张普，共谋诛莽，普反告萌，收萌而杀之。时人感叹，故为立庙。此张普卖贾萌之说也。事并见《寰宇记》一〇九安福县新茨山条引王烈之《安城记》，及废安福县条引顾野王《舆地志》，此谢山所本也。"

---

① 陈垣：《中国佛教史籍概论》，第54页。

通过以上三步考证，陈垣证明了全祖望"豫章太守贾萌讨莽"并非源于《水经注》和《太平御览》，而是源自《太平寰宇记》卷一〇六和卷一〇九。那为什么全祖望会将引文出处弄错呢？他又通过一番考究和推理解释了这个问题，"盖所谓《太平御览》者，乃《太平寰宇记》之讹。朱谋㙔笺《水经注》，已误作《御览》引《安城记》，谢山特袭其讹耳。然则当云'《寰宇记》载贾萌殉节，为张普所卖，亦见《水经注》'，不当云'《水经注》载贾萌殉节，为张普所卖，亦见《太平御览》'也。今谢山云云，不独误《寰宇记》为《御览》，并误《寰宇记》为《水经注》，皆不检原书之过也。"① 由于全祖望在引用史料的时候并未检核原书，所以也无法在文中具体标明所用史料的卷数，最终导致了这一错误。可见，引书注明卷数和引用原文是相辅相成的问题，仅凭记忆的引文必然难于写出具体翔实的出处，要标注引书的具体卷数，就必须查验原文。因此，引书标注具体卷数可以看作是保证引用史料质量的有效手段。

引书不注卷数容易导致讹误，引书标注了错误的卷数也会给历史研究带来一定的麻烦。陈垣《〈旧五代史〉辑本引书卷数多误例》就纠正了《旧五代史》辑本所注引《永乐大典》卷数的多处错误，并据此分析四库本《旧五代史》不注出处的原因是：

> 四库全书本《旧五代史》，号称从《永乐大典》诸书辑出，初次定稿每条均注有所引《永乐大典》及《册府元龟》卷数，后来定本及武英殿刻本将所引《大典》《册府》书名卷数尽行删去，读者以为憾，不知办书者当时实有隐衷也。隐衷为何？即所注引书卷数多误，而四库成书，期限迫促，无法覆检，索性尽删之也。②

陈垣进一步分析其实很多卷数的误标"皆可以常识断其误，而不知为何误者也"，但是"当时辑书诸臣全不注意及此，殆至发现错误时，又未能一一复

---

① 陈智超编注：《陈垣史源学杂文》（增订本），第 59 页。
② 陈垣：《〈旧五代史〉辑本引书卷数多误例》，见《陈垣学术论文集》第二集，第 211 页。

核，乃尽举而删之，所谓因噎废食也"①。认为纵然引书卷数有误，但是如果能够将其保留，其中的错误还有改正的可能，"倘并此而无之，则吾人又何由知其误，故与其去之，毋宁留之"②。他的这一观点从反面印证了引书注明卷数的重要性。

　　综合以上所论，陈垣从五个方面指出了前人在著作中因编纂方法不当而产生的一些问题。他对前车之鉴的全面总结，不仅对自己的史学研究和著述有重要的启示作用，更对初学者具有重要的参考价值。

---

① 陈垣：《〈旧五代史〉辑本引书卷数多误例》，见《陈垣学术论文集》第二集，第213页。
② 陈垣：《〈旧五代史〉辑本引书卷数多误例》，见《陈垣学术论文集》第二集，第227页。

第五章　陈垣的治学思想与方法论

从 1917 年第一次发表规范的史学论文《元也里可温教考》起，陈垣正式开始了史学研究工作。在此之后的几十年里，他以刻苦治学、力求创新的治学精神，不仅在宗教史、元史、历史文献学等领域为中国史学作出了开创性贡献，而且以他特色鲜明的治学思想和方法论，影响了代代学人。陈垣一生经历了晚清、中华民国、中华人民共和国三个不同的时代，无论在风雨如晦的旧中国，还是在新中国成立以后的新时代，他始终坚持治学，与时俱进，老而弥坚。陈垣在治学上一丝不苟，刻苦自励，持之以恒，谦虚谨严；在论著中，务求言之有据，言简意赅，精益求精，不断创新。可以说，陈垣的一生是勤奋治学、开拓进取的一生，总结和继承陈垣在学术上严谨专精、创新进取的"励耘精神"对现今的史学研究工作也具有重要的学术价值。

第一节　励志耕耘、力求创新的治学精神

陈垣的书斋名为"励耘书屋"，以"励耘"为名，体现了他要求自己做学问要像农夫耕田锄草一样，业精于勤，深耕细作。"励耘"二字也正是他一生勤奋治学的真实反映。由于深知治学著述的个中艰苦，他曾有"著书难比习

凿齿"① 之语，从陈垣的著述及其在不同场合所表述的治学心得中，我们也可以看出他一贯坚持的立志耕耘、力求创新的治学精神。

图18 1920年英敛之为陈垣题写的"励耘书屋"匾额。

一、治学刻苦自励，持之以恒

陈垣读书之勤，治学之苦，友朋弟子对其多有称道，他自己更是时常强调治学要刻苦钻研、坚韧不拔、持之以恒，经常告诫青年学子要注意读书治学的长期性和艰苦性，学术上没有捷径可走，不要企图"一蹴即就""毕其功于一役"②。他这种刻苦自励、持之以恒的优良学风，是在长期刻苦治学的过程中逐步形成的，并且始终贯彻于其读书治学、研究著述的全过程。

（一）治学必须刻苦努力，求不得半点捷径和偷懒

20世纪50年代末，陈垣曾连续在报刊上发表文章，和青年学生谈读书和治学，他说："有人问我读书有什么秘诀，我想读书并没有什么秘诀，如果说有秘诀的话，那就可以说是要有决心、有恒心，刻苦钻研，循序渐进。'天下无难事，有志者成之，天下无易事，有恒者得之。'任何学问，都是靠较长期

---

① 陈垣：《诗稿》，见《陈垣全集》第二十二册，安徽大学出版社2009年版，第570页。
② 陈垣：《和青年同学谈读书》，见《陈垣全集》第二十二册，第726页。

的积累得来的。"他还指出欲走捷径而实际上却往往适得其反：

> 在学习上并没有什么"捷径"可走，也不能采取任何粗暴的简
> 单的方法。评比竞赛也可能暂时看来轰轰烈烈，表面上或可以达到
> 所谓"多快好省"，而实际上却适得其反。古人说"欲速则不达，见
> 小利则大事不成"，这话时很有道理的。要想学得好，学得快，就要
> 循序渐进，踏踏实实的去学，这不是为了慢，而相反的是为了快。①

陈垣回忆起自己年少读书时，经常提到他是靠刻苦自励来克服诸多困难
的。他说，那时家乡方圆数百里内，找不到一部二十四史，后来有个本家买
了一部，他就经常在夜里提着纸灯笼，去借阅这部二十四史。② 他年轻时曾参
加过顺天乡试，但未考中。回广州后，发奋一定要把八股作好：他买回十科
《直省闱墨》，从头到尾细读，读到自己合意的，即在此篇上画一个圈；再从
头读第二遍，把更好的画两个圈；再读第三遍，再选一批认为最好的画三个
圈；然后把三个圈的抽出，装订成四本，仔细研读，领会其文究竟好在哪里，
认为满意的甚至把它背熟。如此坚持苦读两年，八股文大有进步。后来由于
形势变化，科举取消，但他自此养成的勤奋精神，却一直保持延续下来，贯
穿在他的一生。1961 年他曾和北京师范大学毕业班同学谈过此事，说："这次
可惜白白糟蹋了两年时间，但也因此得到一些读书方法。"他说："我当时就
是苦读，也就是我们现在所说的刻苦钻研，专心致志，逐渐养成了刻苦读书
的习惯。"③

三十多岁时，陈垣开始研究《四库全书》。当时，他家住在北京城内西南
角，文津阁本《四库全书》贮存在城东北角的京师图书馆，而紫禁城前后的
东西街道还是宫廷禁地，没有直达道路，必须绕道走，来回路程需要三个多
小时，逢阴雨风雪，甚至要四个多小时。他每天清早，带着午饭，到图书馆

---

① 陈垣：《和青年同学谈读书》，见《陈垣全集》第二十二册，第 727 页。
② 陈垣：《和青年同学谈读书》，见《陈垣全集》第二十二册，第 729 页。
③ 陈垣：《谈谈我的一些读书经验》，见《陈垣全集》第二十二册，第 740 页。

查阅《四库全书》，图书馆刚开馆就赶到，下午到馆员下班时才离开。就这样前后读了十年，把这部包括三千多种、三万多册的大丛书作了详尽地了解。还把文津阁本《四库全书》所收典籍的书名和撰者作了索引，并与《四库全书总目》和当时流行的赵怀玉本《四库全书简明目录》对勘，校出有书无目、有目无书、书名不符、卷数不对等情况，写成《四库书目考异》五卷。又因纂修《四库全书》的掌故，私人多不记载，于是他利用《乾隆御制诗文集》以及其他清代史料，写成《编纂四库全书始末》一卷。经过这样反复细致的钻研，陈垣不仅对《四库全书》的基本情况有了充分的认识，而且也了解了我国历代典籍的基本情况。正是由于他下了这样扎实的苦功夫，所以后来不论是讲课还是撰著，对资料的掌握就常常是得心应手，左右逢源。

陈垣不但读书如此，在开展史学研究时，也始终表现出坚韧不拔、锲而不舍的精神。撰写《元也里可温教考》时，他为了把元代也里可温教的基本情况研究清楚，在动手撰写前，先把二百一十卷、二百多万字的《元史》通读一遍，其中凡是提到"也里可温"的地方，都在书上做出标志，然后全部录出，加以研究。搞明白这些基本史料后，再参阅其他有关书籍，才开始动手撰写。因为他认为，如果撰文前掌握的材料不详尽，便得不出确当的结论。这篇文章是他生平第一篇正式的史学论文，以后几十年中的著作实践，也无不是用这种精神来从事写作的。如为撰写研究明末清初画家、天主教司铎吴历（字渔山）的年谱，他搜罗吴渔山遗诗和各家画录，及与他同时人的文集等，撰成《吴渔山年谱》一书，所据典籍达八十余种。又如在抗日战争时期艰苦的研究条件下，他还是尽可能地搜集史料，撰成《明季滇黔佛教考》，陈寅恪在给此书所作的序中认为"征引之资料，所未见者殆十之七八，其搜罗之勤，闻见之博若是"①，高度评价了陈垣搜罗史料之勤奋，见闻之广博。

---

① 陈寅恪：《陈垣〈明季滇黔佛教考〉序》，见《金明馆丛稿二编》，生活·读书·新知三联书店2001年版，第272页。

（二）治学必须持之以恒

陈垣屡次强调治学必须有"恒心"，他曾特别解释："恒心，就是要有恒，常语说'学贵有恒'，学习一定要有恒心，不能只凭一时热情。要坚持到底，不要半途而废。要做好长远打算，制定一个严格的学习计划，科学的安排自己的工作和学习的时间。"① 他曾在家书中对其长子陈乐素提到自己治学的心得："非有坚忍之心不可也。二十年来余立意每年至少为文（专题）一篇，若能著比较有分量之书，则一书作两年或三年成绩，二十年未尝间断也。"他还教导陈乐素："每年必要有一二稍有分量之文发表，积之数年，必有可观。"② "有坚忍之心""未尝间断""积之数年"都是持之以恒的具体表现。综观陈垣一生治学，"风雨如晦，鸡鸣不已"和"不知老将至，希古意弥真"③ 这两句诗句，正充分说明了他在任何情况下都坚持治学的坚忍态度。

"风雨如晦，鸡鸣不已"。在陈垣 57 岁的时候，日军占领北平，由于种种原因，他未能离开沦陷的古城，而是坚守辅仁大学，用抗战史学的丰硕成果为祖国尽到了一份学者应尽的责任。他曾提到抗战时期北平的境况，人民在极端黑暗中过活，汉奸更依阿苟容，助纣为虐，同人同学屡次遭受迫害，他自己更是时时受到威胁，精神异常痛苦。然而，即使在这种情况下，依然不间断治学。陈垣在家书中的一段话，颇能看出他在这种境遇下仍旧坚持治学的观点和态度："此次来信说日本事，云读书非其时。然则我辈舍读书外，尚有何可做？风雨如晦，鸡鸣不已，正是吾人向学要诀。"④ 在特殊时期，陈垣一方面要忍受民族危亡、国土沦丧的悲痛苦闷之情，另一方面还要抵抗日军和敌伪对他的各种骚扰。在这种艰苦情况下，他杜门谢客，专心教书治学，

---

① 陈垣：《会做学生才会做先生》，见《陈垣全集》第二十二册，第 661 页。
② 陈智超编注：《陈垣来往书信集》（增订本），生活·读书·新知三联书店 2010 年版，第 1103 页。
③ 沈兼士赠陈垣五言律诗，见《励耘承学录》，北京师范大学出版社 1992 年版，第 64 页。
④ 陈智超编注：《陈垣来往书信集》（增订本），第 947 页。

在 1938—1945 年期间，撰成专著 7 部，论文若干。学界对陈垣抗战史学的学术成就给予了高度评价。透过这些成果，反映出陈垣于逆境中仍持之以恒、坚持治学的精神。抗战时期，他不仅严格要求自己，还设法避开敌伪的监视，充分利用教学阵地，巧妙地在课堂上和著作中宣传爱国思想，告诫同学不能灰心丧气，无所作为，即使身在沦陷区，也要努力学习，充实自己，以待机报国。在抗战时期，陈垣以自己充满爱国热情的学术成果和对"风雨如晦，鸡鸣不已"精神的大力宣传，激励和鼓舞了诸多年轻学子，而治学不辍的这份执着精神则值得世代学人继承和发扬。

图 19　1941 年 9 月与留守北平的辅仁大学同仁合影。前排左起：张怀、严池、陈垣；右起：英千里、沈兼士、雷冕；中排左一：刘子明；左三：余嘉锡；左五：赵锡禹；右一：张汉民；后排左四：张星烺；右四：胡鲁士；右三：张重一。

"不知老将至，希古意弥真"。这两句诗是 1940 年辅仁大学文学院院长沈兼士为陈垣所写五言律诗中的两句，热情称颂了陈垣老而弥坚的治学精神。陈垣生活极有规律，无论冬夏，每天都是清晨四时起床，盥洗后就看书写作；午饭后只在椅子上靠几分钟，接着继续工作；每晚九时多，最晚到十时就睡觉，几十年天天如此。1949 年后，由于参加学习开会，逐渐改变了作息时间。1953 年后，遵照医嘱，才安排了午睡。这种苦干精神，至老不衰。1961 年，中国佛教协会为了佛牙出国供人瞻仰，拟整理一份介绍材料。佛牙自南北朝时传入中国后，中间有几百年在史籍上找不到流传的下落。他应协会之请，在中国的内典、外典中考证佛牙流传延续的历史。当时正是三伏天气，气候闷热，他不顾酷暑，亲自指导学生阅读查找《历代三宝记》《宋高僧传》等大量文献。刘乃和曾记载过陈垣当时考证研究史料的情况：

> 他一会儿亲自去书库翻书，一会儿又阅读、思考。屋里太热就把书桌搬到廊下，汗流如雨，汗水浸透了他的夏布背心，贴在身上，他索性脱去背心，只见他背上淌出一粒粒的汗珠。请他休息，他执意不肯，后来就用两条湿毛巾轮换披在肩背上以增加凉意，仍不懈地坚持工作。有一天午睡时间，他已躺在床上很久，忽然叫我到书库拿出沈括《梦溪笔谈》，他说偶然想起，好像这书里有记佛牙之事。我当时想沈括这个科学家会不会记载佛牙呀，等翻找一过，果见有一段有意思的佛牙记载。他看了非常高兴，索性翻身下床，伏到书案去推敲、研究。①

当时陈垣已经是八十多岁的老人，然而为了解决佛教史中的一个难题，身为史学大师的他在酷暑之中仍然苦苦追索，其顽强的治学精神确实令人感佩。陈垣的晚年即使有不少时间会被政治活动或行政事务所占用，但他仍把大量精力投入到史学研究和新中国文化事业的建设之中。他耕耘不息，七十多岁到八十多岁期间，依然撰写了四十多篇史学论文，主持了整理《册府元龟》和点校新旧《五代史》的大型项目。正是源于这种"不知老将至"的精神，促使他在晚年依然取得了不菲的学术成就。

陈垣的一生，正是以这种刻苦顽强、持之以恒的精神，数十年如一日地

---

① 刘乃和：《学习陈援庵老师的刻苦治学精神》，见《励耘承学录》，第 76 页。

撰写了 20 部专著和近 200 篇论文，留下了恢宏的史学成果。陈垣有诗曰："寒宗也是农家子，书屋而今号励耘"①，"励耘"二字是他刻苦治学学风的真实写照。

二、行文不说空话，论著精益求精

文风是学风的具体表现，陈垣特别重视树立优良的文风。他的著作和论文，处处独运匠心，体现精炼严谨的文风。启功曾说："陈老师对文风的要求，一向是极端严格的。字句的精简，逻辑的严密，从来一丝不苟。"② 行文不说空话，论著精益求精是陈垣对著书为文的基本要求，他主张写文章时要使人看懂、去浮词、去空谈，文章写成后要精雕细琢，以臻完美。

（一）写文章要清楚、明白，闲话少说

1961 年，陈垣曾在中国科学院历史研究所二所的学术会议上谈到文风的问题，他说："现在有些学术性论文，空论太多，闲话不少，有时看到报上的一些文章，登了满满一整版，而细细分析一下，如果把重复的、空洞的话去掉，就可以省掉一半。"鉴于此，陈垣提出：

> 我以为，发表的文章，最低要求应当：一、理要讲清楚，使人心里服；二、话要讲明白，使人看得懂；三、闲话不说，或者少说。③

这是一次匡正文风、针砭时弊的重要讲话，陈垣所提出的关于学术文章的三条基本要求，也是他自己写作中始终坚持的基本原则，至今仍可作为规范学术论文文风的标准。

---

① 陈垣：《诗稿》，见《陈垣全集》第二十二册，第 557 页。
② 启功：《夫子循循然善诱人》，见《励耘书屋问学记——史学家陈垣的治学》（增订本），生活・读书・新知三联书店 2006 年版，第 144 页。
③ 陈垣：《在历史研究所学术委员会扩大会议上的讲话》，见《陈垣全集》第二十二册，第 736 页。

图20　1961 年 1 月 23 日，陈垣出席中国科学院历史所二所学术委员会扩大会。会后在历史博物馆门前合影，有刘导生（左一）、张政烺（左二）、金灿然（左三）、顾颉刚（左五）、侯外庐（左六）、吴晗（左七）、白寿彝（左八）、邓广铭（左十）、翁独健（左十三）、熊德基（提皮包者）、唐兰（右八）、陈垣（右七）、胡厚宣（右六）、陈乐素（右五）、范文澜（右四）、傅乐焕（右三）、尹达（右二）、郦家驹（右一）等人。陈垣在会上发表了《谈谈文风和资料工作》的重要讲话。

第一，理要讲清楚，使人心里服。陈垣写文章从不轻率从事，每得一论点，总是确凿有据，论证要经得起推敲，使读者对研究结论信服。令人信服的结论必须是建立在扎实的史料和严谨的论证之上，他特别重视史料搜集和考证，常常形象地比拟史料和文章的关系就像建筑，如果基础不稳固，就像建在沙地上的楼房，楼房再华丽，也站不稳，是经不起考验的。他还说不能作"无本之学"，无根之木易倒，无源之水易涸，立论不扎实的论文也不能让人信服，论文一定要建立在扎实的史料基础上，并依据史料作出科学合理的分析，而不是简单地以史料说话。因此，他不但注意充分掌握资料，而且注意鉴别资料的价值、真伪等可信程度，对材料进行分析、综合、比较、研究，才据以做出结论。

另外，陈垣还特别强调："批评的文章，也应做到以理服人。我们反对批评人采取简单粗暴的态度，不要对别人一笔抹煞。"① 在讲话中，他特别强调了学术批评要摒弃简单粗暴、无视优点、一概否定的做法，必须以严肃的科学态度和实事求是的精神展开学术批评，才能收到以理服人的效果。这样的精神，无论是在当时的环境下还是在现今的学术界，仍特别值得大力提倡和发扬。

第二，话要讲明白，使人看得懂。将自己的学术心得用简单明了的语言表述出来，使读者看懂并接受，是学者著述的重要目的，也是学者综合学术水平的表现之一。陈垣强调"写文章总要使人能看得懂才好"，只有使更多一点的人能看懂，才能达到应有的效果。他认为"理论深，文字简练，通俗易懂，即所谓深入浅出"的文章才是好文章。② 陈垣的著作，思路清晰，语言流畅，自成一体，充分体现了文史贯通的学术功底。为了达到"话要讲明白，使人看得懂"的目的，他非常重视写作技巧，曾以"艺舟双楫"为喻，把为文比作人生之舟的双桨之一，把写作能力作为史学研究素养的重要内容。陈垣的许多学生都曾受惠于此，如李瑚曾提到：

> 陈先生对于学生们的文章，总是亲自批改。他常说，当他看到好的文章时，就很高兴，看到了文中稍有内容或稍有新材料的地方，就在眉批中加以表扬，如"探骊得珠"、"诸卷所无，足征独到"、"先用思想，对"等。对于文章总的评语则写在文章最后，如"举止安详，立言不苟"、"此文乃精心结构之作"等。最后在文章开头处画上标记，最好的画三个圈，其次是两个圈一个三角，再次是两个圈、一个圈等。段落中有好的字句，则在句旁加点。最好的文章张

---

① 陈垣：《在历史研究所学术委员会扩大会议上的讲话》，见《陈垣全集》第二十二册，第736页。
② 陈垣：《在历史研究所学术委员会扩大会议上的讲话》，见《陈垣全集》第二十二册，第736页。

贴在校长办公室门旁，以示鼓励。对于文章中的错误、缺点或用字不当等，也在眉批中指出，如"非本题重要材料，则人名不必列举，仅云○○等足矣""共见之文，不必多引""用《册府》宜引门，不必引部""两行四其字，省其一""三个亦字，省其一"等。看得非常仔细。①

对文章的锤炼，是陈垣优秀文风的体现，也使他的著作得以垂之久远。

第三，闲话不说，或者少说。陈垣写的文章朴实无华，不尚空谈。他曾说："文章不怕长，但要有内容，没废话，能够让人懂。有一种文章，看起来洋洋大观，而只在一个论点上绕来绕去。"他认为"大家都在争分夺秒，言之无物的文章最好少写，看起来太费眼力，更重要的是太费时间。"② 他作了一个比喻，说如果一人费10分钟，100人就费1000分钟，就是17小时，等于费去一个人两天的工作时间，这是多大的浪费！因此，他写文章时，坚持"一字一句能够表达就不要再写出第二个字第二句话"③，力求文简意赅。他曾举例说前人著书，常有本人删去不用的材料，后人不知，得到几条资料，反以为是新发现，拿来写成"某某书补"，又把作者原已删去的材料给补上，就大可不必了。这也是长期撰著心得的总结，他撰写《元西域人华化考》时所留稿本，足有三四大捆，但写成的论著只有七万多字。陈垣闲话不说或者少说的观点，就是要求对自己写下的文字，反复凝练、精雕细琢后再呈现于读者面前。

（二）论著必须力求慎重，精益求精

陈垣认为："写学术文章，不可不力求慎重，对一个问题没研究成熟，就

---

① 李瑚：《励耘书屋受业偶记》，见《励耘书屋问学记——史学家陈垣的治学》（增订本），第233页。

② 陈垣：《在历史研究所学术委员扩大会议上的讲话》，见《陈垣全集》第二十二册，第735页。

③ 蔡尚思：《陈垣同志的学术贡献》，见《励耘书屋问学记——史学家陈垣的治学》（增订本），第60页。

拿出去发表，将来极可能有悔其少作之感。"① 他非常反对为了急于发表而赶写文章，或乱写文章。在家书中也谈道："草草成文，无佳文可言也"。他更反对"随风气"而写作，并告诫学生，要努力做专题研究，写文章不要流于空泛，"如果不是冷静钻研，而是'随风气'写作，更是不易产生好的效果。"② 他对于写作和发表论著，总是非常慎重。认为：

> 文章要写，但不要轻易发表。文章写出来，放在抽屉里，一二年，三五年，甚至十年二十年都可以，学术性文章没有时间性，多放些时间，过后拿出来看看，可以检验你的学问有无进步。如果觉得不满意，需要修改，这说明你有进步。如果经过几年时间，没有发现什么不妥，那说明你这篇文章可能站得住，然后再发表，或请师友们看看，提提意见，然后发表。③

陈垣生前就有不少著作虽已完成，但仍想修订至善或因慎重起见而终未发表的。例如，20 世纪 30 年代，他曾写了一部《汉以来新氏族略》，内容是从氏族的角度讲汉以后我国各族融合的历史，后因牵涉面广，为慎重起见，不拟刊发。再后来，他索性用这书的草稿，翻过来当稿纸，抄写其他稿件，最终连最初的底稿也不完整了。又如新中国成立后写过探讨鉴真和尚失明问题的短文，他认为鉴真失明事，《宋高僧传·鉴真传》不载，仅真人元开撰《唐大和上东征传》说了一句。后人说他失明，都是根据这一句话，应该找他同时或当时人的话作参考，方能释疑。这篇仅 600 字的短稿，却思考研究了几个月。1963 年 7 月初步定稿，曾于 10 月寄给他一个朋友商量，但是终因感到论据尚不足，且鉴真和尚国际国内影响大，对这问题还要慎重从事、仔细考

---

① 牟润孙：《励耘书屋问学回忆》，见《励耘书屋问学记——史学家陈垣的治学》（增订本），第 72 页。

② 李瑚：《励耘书屋受业偶记》，见《励耘书屋问学记——史学家陈垣的治学》（增订本），第 222 页。

③ 赵光贤：《回忆我的老师援庵先生》，见《励耘书屋问学记——史学家陈垣的治学》（增订本），第 115 页。

核，所以终不拟发表。

论著完成后，陈垣也总是精益求精，广泛听取各方面意见，提升论著的学术价值。他认为文章"做得容易，打磨则更费时日"①，仅对论著的修改就有不少方法可讲。首先是自己修改，对待发表文章，他总是慎之又慎，在发表之前要经过数次修改。他说著述过程中"见书愈多，修改愈甚"②，如"《佛教考》已印至第五卷，随印随改，颇有增补"③。在著作完成之后，如发现有新资料，往往会重新来做。如《释氏疑年录》在整理完竣之后，他无意中发现某处所藏《嘉兴藏》有清初语录二百余种，塔铭可采者多，便又将第十一卷和第十二卷改造，并视此为"意外收获"④，丝毫没有因多次修改而厌烦。已经出版的著作，如发现新材料，也一定在再版时补充修订，如他为《元也里可温考》增订再版时写道："是稿出版仅三月，续获资料几及倍，其中复有有力之证据数条，不敢不亟谋增订再版，以遗同志。"他对作品的自我修改保证了学术作品的质量和思想观点的科学性，同时体现了一位学者高度的历史责任感。

其次，他还求教他人。陈垣认为"文成必须有不客气之诤友指摘之"⑤，他的文章要给三种人看，"比自己高明的、与自己平辈的、自己的学生"⑥；看完之后最好要提出各种意见，"只要找出个标点错，就好；有字抄错，小好；有引文错了，那是大好"⑦。陈垣曾把自己的文章拿给两位学生看，并说："考证文最患不明白，令人易于误会；又患有可省不省之字句，关于此二点，希

---

① 李瑚：《励耘书屋受业偶记》，见《励耘书屋问学记——史学家陈垣的治学》（增订本），第223 页。
② 陈智超编注：《陈垣来往书信集》（增订本），第1100 页。
③ 陈智超编注：《陈垣来往书信集》（增订本），第1117 页。
④ 陈智超编注：《陈垣来往书信集》（增订本），第1105 页。
⑤ 陈智超编注：《陈垣来往书信集》（增订本），第1109 页。
⑥ 刘乃和：《书屋而今号励耘》，见《励耘书屋问学记——史学家陈垣的治学》（增订本），第183 页。
⑦ 柴德赓：《陈垣的学识》，见《励耘书屋问学记——史学家陈垣的治学》（增订本），第91 页。

两兄为我尽力挑剔，俾得改定。"又说："文中砂石甚多，殊不满意，请细为雠勘讥评，以便洗刷磨。"① 面对别人意见，他从善如流，虚心接受，"别人提了意见，他一般都是改的，他认为至少这问题讲得不清楚，别人看了有疑问，那就得改。"② 陈垣虚心接受别人意见，但从不掠人之美，总是通过多种方式将别人的指正和帮助标明并表示感谢。在《史讳举例》中，他写道此书早年匆忙成书，后经刘乃和校正，"刘君于本书用力至深，曾将全部引文一一检对原文，正其谬误，其须加卷数及引号者并加注卷数引号。"③ 他还把别人的意见写在论文里面，如在《李志常之卒年》一文篇首，他首先感谢陈乃乾、汪宗衍二位先生对自己的帮助。因为二位先生阅读陈垣作品后产生了疑问，并给陈垣去信询问相关问题，陈垣在收到信后，查阅相关典籍，承认"是皆余之误据也"，并表示"诸君万里驰书，告余以过，何幸如之"④。

陈垣对文章的自我修改和不断寻求他人指正，透露出他对学术孜孜追求的认真精神，也体现了他精益求精的治学思想。

三、提倡创新自得的优良学风

陈垣提倡创新自得的学风。他曾明确指出："凡论文必须有新发现，或新解释，方于人有用。"⑤ "新发现、新解释"正是陈垣学术之魅力所在，他对宗教史、校勘四法和避讳学的总结，他对年代学、元史、中西交通史研究的开拓，都在各个研究领域里开一代风气，供后人取法，这是他倡导创新自得学风的有力见证。

---

① 《励耘书屋问学记》插图《陈垣遗墨之二》，见《励耘书屋问学记——史学家陈垣的治学》，生活·读书·新知三联书店 1982 年版。
② 柴德赓：《陈垣的学识》，见《励耘书屋问学记——史学家陈垣的治学》（增订本），第 91 页。
③ 陈垣：《史讳举例·重印后记》，科学出版社 1958 年版，第 175 页。
④ 陈垣：《李志常之卒年》，见《陈垣学术论文集》第二集，中华书局 1982 年版，第 73 页。
⑤ 陈智超编注：《陈垣来往书信集》（增订本），第 1109 页。

（一）论文要有新发现

综观陈垣的著作，可以深刻体会到他的作品往往能发现新问题、开辟新领域，于诸多方面超迈前人。

第一，陈垣的史学作品往往能发前人所未见，提出并解决史学研究中诸多前人未提及的新问题，创获颇多。仅以《元西域人华化考》和《通鉴胡注表微》为例，看陈垣在史学研究中的新发现。

在《元西域人华化考》一书中，陈垣从中外文化交流的角度，全面揭示并阐释了元朝多民族统一国家兴盛的形势下，大批波斯、大食、印度、叙利亚等外国人来到中国，及中国西部的少数民族进入中原，从而接触中华文化，深受感染并被同化的事实，达到表彰中华历史文化的目的。陈垣所揭示的"西域人华化"问题，不仅关系元代文化的发展变化，也是元代民族融合的重要表现。杨志玖曾论："这样一个大题目，由陈先生首先发现、研究并写成专著，说明陈先生不仅对元史有深厚的功底，而且有史学家敏锐的眼光和深邃的洞察力。"① 不仅如此，陈垣在书中切实解决了许多前人著作中语焉不详或众说纷纭的史学问题。如元代著名画家高克恭所属民族诸说不一，《四库全书总目》载其为金人，《清河书画舫》称其为回鹘人。陈垣据泰定时平章政事乌伯都剌为克恭之婿，又据程钜夫《雪楼集》卷二乌伯都剌三代封制，其父为益福的哈鲁丁，系至元时回回国子学教授亦思替非文字之人等记载，知其为回回人，"益福的哈鲁丁为高克恭之亲家，以此断高克恭为回回人"。除此之外，陈垣书中所发议论也切中肯綮，给人以耳目一新之感。过去曾有学者对元朝文化的研究存有偏见，有人认为蒙古入主中原前尚无文字，文化极落后，入主中原后，又实行民族压迫，压抑了汉文化的发展。但陈垣以确凿的史料和翔实的论证，说明元朝文化"盛极一时"，他说："盖自辽、金、宋偏安后，

---

① 杨志玖：《陈垣先生对元史研究的贡献》，见纪念陈垣校长诞生110周年筹委会编《纪念陈垣校长诞生110周年学术论文集》，北京师范大学出版社1990年版，第113页。

南北隔绝者三百年，至元而门户洞开，西北拓地数万里，色目人杂居汉地无禁，所有中国之声明文物，一旦尽发无遗，西域人羡慕之余，不觉事事为之仿效。"陈垣认为，汉、唐、清三朝立国时间较长，而元朝为时不过百年，如果仅以三朝立国后100年间的文化和仅仅享国百年的元朝比，也不能说元朝文化水平较低。① 陈垣这种肯定元朝文化水平的见解，得到了学术界的承认，纠正了过去某些鄙薄元朝文化的偏见。

《通鉴胡注表微》一书更是陈垣治学的"记里碑"，此书不仅揭示了胡三省的生平事迹，而且表彰了中国传统史学的学术方法和思想价值。"通鉴胡注"指宋末元初人胡三省为《通鉴》所作的注释。胡三省（1230—1302），字身之，浙江宁海人。他的生平事迹和重要贡献长期被湮没，《元史》无传，《宋元学案》也仅有百余字的小传。至于胡三省的史学，历来人们也知之甚少，只以为《通鉴》胡注擅于音训、地理，不了解其中丰富的学识和内容。正如陈垣在《表微》中所说："《鉴注》成书至今六百六十年，前三百六十年沉埋于若无若有之中，后三百年掩蔽于擅长地理之名下，身之殆可谓真隐矣。"② 直到陈垣做《表微》时，才根据清光绪《宁海县志》卷二十中胡三省的墓志及其他材料，将胡三省的生平事迹公之于世，更通过《表微》揭示了胡氏《通鉴音注》重要的史学价值和丰富的思想。《通鉴音注》的内容极其丰富，涉及字音、文义、名物、典制、地理、史论等等，他以"音注"为名（故注中有关辨字读音和训释的内容俯拾皆是），但胡注的价值又不仅仅在音注。陈垣说："其注《通鉴》，名音注，实校注也。"胡三省校注的范围非常广泛，包括对《通鉴》正文及有关文献的校勘考证，对《通鉴》史文的注释和补充，还有丰富的历史评论。《表微》所阐发者即蕴含在胡注之中治学方法论和历史思想大义。陈垣认为在《通鉴音注》历史评论的字里行间，胡三省常常流露出思念故国和反抗压迫的感慨悲愤之情。《表微》的"重印后记"中

① 陈垣：《元西域人华化考》，世纪出版集团、上海古籍出版社2008年版，第118页。
② 陈垣：《通鉴胡注表微》，辽宁教育出版社1997年版，第54页。

谈道：

> 我写《胡注表微》的时候，正当敌人统治着北京，人民在极端
> 黑暗中过活，汉奸更依阿苟容，助纣为虐。同人同学屡次遭受迫害，
> 我自己更是时时受到威胁，精神异常痛苦，阅读《胡注》，体会了他
> 当时的心情，慨叹彼此的遭遇，忍不住流泪，甚至痛哭。①

正是相同的处境，感慨彼此的遭遇，使他能够深入体会胡三省注文中深蕴的
含义，因此决心来研究胡三省的学术和思想。举例来说，全书开篇的"本朝
篇"，旨在揭示胡三省以宋朝为宗国、决不仕元的立场，以明《通鉴音注》之
体例。陈垣说："胡身之今本《通鉴注》，撰于宋亡之后……然观其对宋朝之
称呼，实未尝一日忘宋也。"② 因为《音注》全书数百卷之中，凡遇宋朝多称
"我朝"或"我宋"，至于前后数十卷中只单称"宋"或称"宋朝"之处，陈
垣认为这明显与全书体例不符，应是元末刻版时为避免违碍所改，而书中大
量尊宋的称呼，才是胡注的本文。此外，胡注文中也可见"大元"之说，这
又似乎不符胡注亲宋疏元之例。陈垣以为，按《元史》卷七所载"建国诏
令"，"大元"本为元朝国号，当时要求二字连用，"称宋曰我，称元曰大，我
者亲切之词，大者功令之词"③，故"大元"无胡氏亲元之意。陈垣通过大量
的例证，从字里行间总结出胡三省绝不仕元的立场，揭示了历来被学者所忽
视的胡三省之民族气节。

第二，陈垣的许多著作和研究开辟了史学研究的新领域，他对于火袄教、
摩尼教、一赐乐业教、佛教、基督教、伊斯兰教等外来宗教在中国的流传及
盛衰都有专门的论述。这些作品中，不少都是中国历史学家对这些宗教第一
次系统的论述，诚如陈寅恪所言之"中国乙部之中，几无完善之宗教史，然

---

① 陈垣：《通鉴胡注表微·重印后记》，见《通鉴胡注表微》"出版说明"，辽宁教育出版社
1997年版。
② 陈垣：《通鉴胡注表微》，第1页。
③ 陈垣：《通鉴胡注表微》，第7页。

其有之，实自近岁新会陈援庵先生之著述始"①。仅以"古教四考"为例，就可略见陈垣对宗教史的开拓与创新。

"古教四考"是陈垣1917年至1923年完成的四种著作，在当时就"已成了史学者公认的名著"②。《元也里可温教考》是陈垣第一篇正式的史学论文，也里可温是元朝基督教各种派别的总称，但几百年来很少有人做过专门研究，陈垣的论文对元朝基督教做了较全面的论述，解决了基督教史上过去所没有解决的问题，并开拓了中国宗教史研究中的新领域。文中，陈垣从《元典章》《通制条格》和白话碑中找到了大量有关也里可温的资料，为研究工作打开了新局面。正是由于陈垣的大力发掘，使这些史料日渐受到研究者的重视，不仅为也里可温研究提供了有价值的新资料，而且为整个元史研究开辟了新的途径。《开封一赐乐业教考》详细考证了明弘治二年（1489）"重建清真寺记"、正德七年（1512）"尊崇道经寺记"、清康熙二年（1663）"重建清真寺记"三通犹太教碑文，结合其他诸多汉文史料，考证了犹太教始入开封的时代、一赐乐业教与回教的异同、教中的人物、寺庙的沿革、经书的源流和内容等，是有关一赐乐业教的系统论述。此文澄清了一赐乐业教和回回教的区别，指出"一赐乐业之为教，远在回教之前，回教兴后，一赐乐业子孙乃屡被征服"，"回教与一赐乐业教，源同而流异"的历史。《火祆教入中国考》对火祆教的起源、唐朝典籍的记载、唐朝尊崇火祆教的盛况、火祆教与摩尼教的区别等，都有确切的论述，对火祆教的传入、兴衰都做了详尽的研究。火祆教、大秦教和摩尼教，均源自波斯，上人学了每每混为一谈。唐杜佑《通典》所记不见明了，南宋姚宽《西溪丛语》尚无辨别诸教之知识，陈垣在《火祆教入中国考》中，科学地阐明三教的相异之点。《摩尼教入中国考》详考摩尼教传布情况，分析其兴衰的原因、摩尼教和其他宗教的关系等，极为

①　陈寅恪：《陈垣〈明季滇黔佛教考〉序》，见《金明馆丛稿二编》，第272页。
②　胡适：《介绍几部新出的史学书》，见顾颉刚《古史辨》二，上海古籍出版社1982年版，第331页。

完备。陈垣指出，摩尼教由波斯人 "Mani" 创设于公元 3 世纪上半叶，杂糅火袄、基督、佛教而成，唐武则天时始通中国。"天宝以前，传摩尼教至中国者为波斯、吐火罗。至德以后，传摩尼教至中国者为回鹘"，一时传布广远，遍及大江南北。唐武宗后遭禁，渐趋式微，北宋时依附于道教，南宋时复盛，元明时仍有活动，及至明清，摩尼教演变为秘密教派，屡遭律禁，逐渐绝迹。此文发表后，受到国内外学者关注。刘铭恕认为摩尼教输入中国一事，在中国宗教史上占有非常重要的地位，从事此研究者不乏其人，然 "具体之解决者，只有陈援庵先生一人。陈氏著《摩尼教入中国考》一文，折衷旧说，附益新知，体大思精，得未曾有。"① "古教四考" 以独特的视角、丰富的资料、精详的考据、填补空缺的创举，为民国学术界开拓出一片新的学术领地——古代宗教史研究和中西文化交流史研究的新领域。刘乃和评价 "古教四考" 曰："研究对象皆历时久远，资料不多。陈垣对之钩勒分析，筚路蓝缕，煞费苦心，学术价值很高。"② 牛润珍则认为它们 "有以科学的方法重构宗教史的卓越功劳，开创了 20 世纪中国 '古教研究' 的绝学。"③

（二）论文要有新解释

无论是利用旧材料从新视角作出全新解释，或者纠正他人讹误得出新见解，陈垣都能左右逢源，使人获益新知。

第一，陈垣的著述不仅善于开拓史源，也非常善于利用常见材料，从新视角出发对其作出新解释，使人有耳目一新之感。《中国佛教史籍概论》和《史讳举例》便是这种提出新解释、总结新方法、启迪后人考史门径的著作。

中国的佛教典籍除了宣传佛教教义的各种经典和著作外，还有大量的佛教史籍。从体裁形式上看，佛教史籍不仅继承了一般史籍中的传记体、纪传

---

① 刘铭恕：《书陈垣〈摩尼教入中国考〉后》，《北京晨报·思辨》，1936 年第 40 期。
② 刘乃和：《明季滇黔佛教考（外宗教史论著八种）·前言》，河北教育出版社 2000 年版，第 7 页。
③ 牛润珍：《陈垣学术思想评传》，北京图书馆出版社 1990 年版，第 125 页。

体、编年体、志乘体、纲目体等，还发明了佛教史籍特有的经传体和灯录体。佛教史籍不仅记载了中国佛教的发展历史，也为传播佛教思想发挥了作用，但佛教史籍作为史学研究的资料宝库，其所具有的重要考史价值却很少被人所注意和利用。陈垣提出："中国佛教史籍，恒与列朝史事有关，不参稽而旁考之，则每有窒碍难通之史迹"①，因此他将六朝以来史学必须参考之佛教史籍，分类述其大意，系统地发掘出佛教史籍的史料价值，开辟了史学研究新园地。首先，陈垣在论述每部佛教典籍时，总是钩沉索隐，为读者指示该书的史料价值。其次，陈垣在书中还指出佛教史籍不仅可以补史，还可用于考史。陈垣以其广博的文献功底和深厚的考史功力，独具慧眼地揭示出佛教史籍的学术价值，从新角度对常见文献进行了重新阐释和解读，其学术意义在于使得世人注意到佛教史籍的史学价值。至于《史讳举例》，也与此前研究避讳的著述大不相同。陈垣的避讳研究不仅限于对历代帝王名讳的一般性敷陈记述，而是系统地阐释、分析中国古代避讳在历史记载中造成的讹异，从而使人们在读书和利用古代史料时，不为避讳所误。另一个重要贡献即是发掘了避讳知识在史学研究中的作用，总结了利用避讳进行校勘考证的多种方法，从而构建了避讳学的科学体系。

第二，陈垣还非常善于发现史学著作中存在的问题，利用多种方法指出并纠正前人疏漏，得出新结论。仅以《书内学院新校〈慈恩传〉后》为例加以分析。

1924 年，陈垣所发表的《书内学院新校〈慈恩传〉后》② 是在当时产生广泛影响的一篇论文，他当时与梁启超关于唐玄奘出游年份及玄奘年岁的辩论也已成为近代学术史上的一段佳话。文中陈垣所持玄奘贞观三年出游、享岁六十三之说，至今仍是玄奘研究中不可忽视的重要观点。此次学术论辩源自梁启超在《中国历史研究法》第五章"史料之搜集与鉴别"中所立"玄奘

---

① 陈垣：《中国佛教史籍概论·缘起》，中华书局 1962 年版，第 1 页。
② 陈垣：《书内学院新校〈慈恩传〉后》，《东方杂志》1924 年 10 月。

贞观元年首途留学"之说。1922 年，梁启超《中国历史研究法》出版，书中以玄奘出游时间的考证为例，示人以史料鉴别的方法。梁氏发心为玄奘作年谱，搜集资料不下二十余种，被梁氏视为"第一等史料"者有道宣《续高僧传》、慧立《慈恩法师传》，因二书作者皆玄奘受业弟子，所作较为可信，然梁氏研究愈进而愈感困难，因为两传之中矛盾之点甚多。故梁启超多方搜集史料，互为参详考订，提出玄奘贞观元年出游之说，其论据有二：第一，玄奘因霜灾出游，贞观三年无霜灾，而元年有霜灾。第二，贞观二年西突厥可汗叶护见弒，三年出游，不能见叶护。1923 年 12 月南京《支那内学院校刊》慧立《大慈恩寺三藏法师传》采此说。梁启超读内学院新刊之书后，撰《支那内学院精校本〈玄奘传〉书后——关于玄奘年谱之研究》，发表于 1924 年 4 月《东方杂志》第 21 卷第 7 号。此文依据有关史料作玄奘简谱，关于玄奘年岁，主六十九岁说。针对梁启超的考证，陈垣特撰《书内学院新校〈慈恩传〉后》，刊于 1924 年 10 月《东方杂志》第 21 卷第 19 号。此文凡 13 节，依次为："诸家记法师年岁互有矛盾"；"六十九岁与五十六岁说不足据"；"六十三岁之精确，六十五岁之讹误"；"本传贞观三年年二十六误，三年不误"；"法师非因霜俭出关"；"贞观三年亦有霜害"；"叶护可汗系元年被杀，元年出游不能见叶护"；"《新唐书》二年叶护死之说与《通鉴》矛盾"；"法师所见之叶护是肆叶护而非统叶护"；"《新唐书》贞观四年俟毗请婚事不确"；"元年出游不能见李大亮"；"《于阗表》十七载之七字误，贞观三年之三字不误，如必欲保存《于阗表》之十有七载，则必需推翻《圣教序》及诸书之十有七载"；末附"本传甲子纪误"。前四节考证玄奘的年岁；五至十二节，考证玄奘出游年份及相关史实，批驳了贞观元年出游说，肯定了贞观三年出游说。关于玄奘年岁，陈垣综合诸家记载，采用求同存异的办法，先将记载矛盾、不足信据的说法排除，然后将诸家记载一致的年岁理出来，曰："惟武德五年满二十岁，即二十一岁，及麟德元年寂之说，唯能统一"，遂主张由此二条推玄奘年岁及行状，其卒年当为六十三，六十九岁、五十六岁说不足据。关于这场论辩，牛润珍评价道："从逻辑与推理方面看，梁启超与陈垣的思路与方法都无问题。他们严谨的学风，认真的态度和科学的方法，受到几代学人的推崇。这场论辩的真正价值并不在于'元年说'和'三年说'，而在于缜密推证的科学方法和实事求是的精神，无论梁任公还是陈援庵，都遵从了这一规则，但任公仅注意到《于阗表》、两《唐书》《通鉴》等书的材料，而忽略了《通典》《册府元龟》《圣教序》等书的记载，终被援庵看出破绽。陈垣依据《通典》《册府元龟》诸书材料，将梁启超的论据一一驳倒，进而辩明其疑点，最后推翻其立论，以扎实功力和无懈可击的缜密小胜梁任公。"可见，陈垣正是基于其广博的文献功底和敏锐的学术眼光，发现和利用了更多具有参考价值的史料，从而提出新观点，更示人以方法。赵光贤就曾说他受此文影响才走上了史学研究的道路，在他所编《中国历史研究法》[①]一书中，更是将此文收入附录，作为考史之范例。

以上可以看出，陈垣在治学中始终所坚持的励志耕耘、力求创新的学风。众所周知，学术研究是一项极其艰苦的工作，是需要有奋斗精神、严谨态度和创新勇气相伴的崇高事业。学风不但反映学者的道德风尚，而且也是一个学者能否在学术事业中有所创获的关键。在这方面，陈垣为学人做出了榜样。他一生耕耘所留下的丰硕的学术成果，以及刻苦、求实、严谨、创新的优良学风，是我们受用不尽的宝贵遗产。

第二节　言必有据、实事求是的治学态度

实事求是是中国史家治学的优良传统，陈垣继承传统而开拓创新，大力提倡言必有据、实事求是的精神，保证了史学研究的准确性。在历史研究中，实事求是的治学态度集中体现在他始终坚持辨疑求真的原则，以及认真细致

---

① 赵光贤：《中国历史研究法》，中国青年出版社 1988 年版。

的考证意识。

一、辨疑求真的考辨原则

历史考证就是指通过文献考辨和事理的归纳得出可信结果的一种研究方法。史学家的考据方法一般是广泛搜集材料，校订文字讹误，审定版本异同，鉴别史籍真伪，推理论证文献记述的历史事实的可能性或可信性，考证历史史实，以达到还史籍本来面目、恢复史实本来面目的治学目的。历史考证是中国史学的优良传统。早在春秋时期，孔子在整理文献的过程中开启了重视考据的风气和传统。孔子之后，历代学者继承这一传统，对文献展开了多方面、多层次的考据，丰富了考据的范围和方法。学术发展至清初，顾炎武等学者极力倡导经世致用的考据学风，奠定了清代考据学的研究方法和内容。有清一代，学者治学多以经史考证为基础，至乾嘉时期涌现出诸多考史名著，如《廿二史札记》《廿二史考异》等。陈垣的史学是从总结继承中国古代史学，尤其是清代乾嘉史学入手的，如他曾诗云"百年史学推瓯北"，也曾在给方豪的信中说道，"从前专注考证，服膺嘉定钱氏"，可见他很推重赵翼、钱大昕等乾嘉史学考证名家，对历史考证的作用和方法有深刻的认识。他提倡史学研究要言必有据，高度重视收集史料、考辨史料的工作。他还认为，搜集材料只是工作的第一步，要真正做到实事求是，还必须认真考辨材料，在"求是"上下功夫。因为只有确实可靠的材料和实事求是的研究，才能经得起时间的考验，"草草成文，无佳文可言也"。他所发明的"史源学"，就是专门指导学生对史料进行考辨的学问。陈垣史学之所以能够取得巨大的成就，与他始终坚持辨伪、祛疑、求真的考辨原则密不可分。考辨的原则一是强调治史的怀疑精神，二是坚持"欲实事求是，非考证不可"的理念。

（一）毋信人之言，人实诳汝

他强调以怀疑的精神和"有罪推定"的前提来开展史学研究。在中国传统史学中，对古书记载的辨疑有着悠久的历史。辨疑思想的萌芽可以追溯到春秋时期，如子贡曾言："纣之不善，不如是之甚也。是以君子恶居下流，天下之恶皆归焉。"① 又如，孟子对《尚书·武成》所记周武王伐纣时"血流漂杵"产生怀疑，认为"以至仁伐至不仁，不应如此"，"尽信书则不如无书，吾于《武成》取二三策而已矣"②。这些记载都体现了古人的辨疑思想。随着史学的发展，历代学者将怀疑思想继承发展并发扬光大，如唐刘知幾、宋郑樵、明胡应麟、清阎若璩及崔述等人的怀疑和批判精神，都对后人的治学方法产生过积极影响。至 20 世纪初，新史学充分肯定了怀疑精神在史学研究中的作用，诸多学者提倡怀疑精神，陈垣也身体力行，申明"毋信人之言，人实诳汝"的治学金言，在 20 世纪 30 年代创立了史源学，并在当时的北京大学、北平师范大学、辅仁大学等高校先后开设了"史源学研究"或"史源学实习"课程。陈垣所说的"考寻史源，有二句金言：毋信人之言、人实诳汝"③ 并不是否定一切旧的史著，而是要在史学研究中提倡一种敢于怀疑、刨根问底、求真求实的精神，因为只有坚持怀疑精神和"有罪推定"，才能"疑而后能致其思，思而后能得其理"。

第一，坚持怀疑的精神，以"有罪推定"的前提来开展史学考证，不仅能够避免轻信、发现问题，还能够在考证的过程中了解前人用功之密和致误之原，习得前人治史的经验教训，可谓一举两得。陈垣为了贯彻辨疑求真的原则，提倡考辨史料先追寻根源，并强调"非逐一根寻其出处，不易知其用功之密，亦无由知其致误之原"④，这句话充分揭示了在"有罪推定"前提下，逐一考证史料真伪的目的和意义。一是可以发现前人于著述用功之深，从中学会前人剪裁取舍史料的方法，并体会到其严谨求实的学风；二是稽考

---

① （清）刘宝楠：《论语正义》，中华书局 1990 年版，第 748 页。
② （清）焦循：《孟子正义》，中华书局 1987 年版，第 959 页。
③ 陈垣：史源学实习课程说明，见《陈垣全集》第二十二册，第 432 页。
④ 陈垣：《通鉴胡注表微》，第 84 页。

史实，纠谬正误，发现前人致误的原因，并从中吸取教训。

举例来说，陈垣在考察清代乾隆朝亲王德沛的世系和略历时，发现各家记载说法颇有差异，可能都存在不同程度的讹误。为了得到最准确的史料，他在广搜文献的基础上，通过追寻史源，发现《小仓山房文集》是最早收录德沛事迹的典籍，"《小仓山房文集》卷二有《和硕简亲王碑》，为德沛碑传之最先刊布者"①，但是其叙述多伪，不尽足据。正是由于此碑的讹误，且后人在转载征引时并未深究，仍袭旧文，导致以后各家对德沛的记载也出现讹误。陈垣据各处史料相互参证，纠正了《和硕简亲王碑》九处主要的错误：

> 德沛袭封王爵在乾隆十三年，今开宗第一句即作十四年，误一。富喇塔、福存俱封贝子，今谓福腊达封贝勒，误二。德沛少应袭镇国公，今谓应袭镇国将军，误三。德沛少让爵于兄德普，今谓让爵于从子恒鲁，误四。德沛迁古北口提督，在乾隆元年，巡抚甘肃，在乾隆二年，今谓在世宗朝，误五。德沛乾隆十七年薨，今谓封王一年薨，误六。德沛薨年六十五，今谓六十九，误七。德沛所著《易图解》一卷，《周易补注》八卷，《实践录》一卷，今谓《周易解》八卷，《实践录》二卷，误八。其尤谬者，谓乾隆七年，淮扬大水，奏动地丁关税盐课银一千万，据《宗室王公功绩表传》，才十万耳。②

在此基础上，陈垣又进一步按时间顺序对转载此书相关内容的各家记载进行了纠谬，如曰："《测海集》卷二，《八旗文经》卷五十七，均本此碑为德沛小传，其误与碑同"；"康祺、甘熙述德沛事迹，多循袁碑之误"③。正是由于这些典籍在引用史料的时候未能考究史源，导致了相同的讹误。在考究史

① 陈垣：《雍乾间奉天主教之宗室》，见《陈垣学术论文集》第一集，中华书局 1980 年版，第 165 页。
② 陈垣：《乾隆间奉天主教之宗室》，见《陈垣学术论文集》第一集，第 166 页。
③ 陈垣：《雍乾间奉天主教之宗室》，见《陈垣学术论文集》第一集，第 181 页。

源的过程中，陈垣还注意到"彭绍升《二林居集》卷四，有《与袁枚论〈小仓山房文集〉书》，曾据《八旗通志》、硃批谕旨等以证其中碑传之多误，而《测海集》小传又采之何也。"① 也就是说彭绍升曾经根据其他史料对此碑讹误进行纠谬，但是却被转载者忽视。对此陈垣论道："唯史源不清，浊流靡已。彭绍升《与袁枚书》，所谓'采道路之传闻，传之异日，是非督乱，不如举而删之为得计者'，此也。"② 由此可以看出，"史源不清，浊流靡已"正是陈垣所担心的重大问题，而时刻坚持"毋信人之言"的原则，对前人记载进行史源学考证，就是陈垣对症下药的一剂良方。

第二，陈垣将随时质疑作为求真求实的方法论原则，认为"考证贵能疑，疑而后能致其思，思而后能得其理。"③ 从这句话可以看出，陈垣认为怀疑是开展历史考证的第一步，没有怀疑的精神，就发现不了文献中存在的问题，而只有怀疑才会有探求，才会有收获。历来不少学者对"怀疑"在治学中的作用有深刻的认识，如明代陈献章曾论："学贵有疑。小疑则小进，大疑则大进。疑者，觉悟之机也。一番觉悟，一番长进。"清代黄宗羲认为："小疑则小悟，大疑则大悟，不疑则不悟。"1922年初，梁启超在《中国历史研究法》一书中也说："夫学问之道，必有怀疑然后有新问题发生，有新问题发生然后有研究，有研究然后有新发明。"④ 陈垣则将这种"怀疑"精神总结为"考证贵能疑，疑而后能致其思，思而后能得其理"，将"怀疑"精神建立在实事求是的考证和推理之上，以求得历史真相。

陈垣所说"考证贵能疑，疑而后能致其思，思而后能得其理"，其含义在于要善于怀疑，积极去寻找文献中存在的疑点和矛盾，并思考和发现解决矛盾和疑点的方法和途径。如果有些史料，从道理上讲值得怀疑，但是又无确

① 陈垣：《雍乾间奉天主教之宗室》，见《陈垣学术论文集》第一集，第166页。
② 陈垣：《雍乾间奉天主教之宗室》，见《陈垣学术论文集》第一集，第181页。
③ 陈垣：《通鉴胡注表微》，第76页。
④ 梁启超：《中国历史研究法》，东方出版社1996年版，第89页。

凿的证据，只得根据逻辑推理来判断其正误，这便是"得其理"，即"理证"。陈垣曾针对《资治通鉴》卷五记载之"周赧王五十五年，秦前后斩首虏四十五万人，赵人大震"一事，对此有过精辟论述。对于这则记载，胡注曰："此言秦兵自挫廉颇至大破赵括，前后所斩首虏之数耳。兵非大败，四十万人安肯束手而死邪！"陈垣表微曰："考证贵能疑，疑而后能致其思，思而后能得其理。凡无证而以理断之者，谓之理证。《朱子语类》一三四，言：'赵卒都是百战之士，岂有四十万人肯束手受死，决不可信。'又言：'恐只司马迁作文如此，未必能尽坑得许多人。'此理证也。身之之言盖本于朱子。"陈垣指出，朱熹和胡三省都以其自身的知识结构和深厚的史学素养为基础，从事理出发，对秦军斩赵国四十万俘虏产生了质疑，进而从赵军的战斗力和司马迁之语言风格两方面来推断，则此条记载不可信。又如《资治通鉴》卷一〇四载："晋孝武帝太元七年。是岁秦大熟，上田亩收七十石，下者三十石。蝗不出幽州之境，不食麻豆，上田亩收百石，下者五十石。"胡三省为之作注时，以理证的方法指出了这条史料的虚妄："物反常为妖。蝗之为灾尚矣，蝗生而不食五谷，妖之大者也。农人服田力穑，至于有秋，自古以来，未有亩收百石、七十石之理，而亩收五十石、三十石，亦未之闻也。使其诚有之，又岂非反常之大者乎！使其无之，则州县相与诬饰以罔上，亦不祥之大者也。秦亡宜矣！"注中，胡三省提出三则论据：其一，有蝗灾而蝗虫不吃粮食是异乎寻常的现象；其二，自古以来，亩收百石、七十石、五十石、三十石者，未曾有闻；其三，纵然史载如此收成，亦是前秦州县相与诬饰以罔上而得之浮夸数据，更是前秦必然亡国之原因之一。此即陈垣所说之"以常理证其妄"①。从以上两则史料看出，"考证贵能疑，疑而后能致其思，思而后能得其理"的内在逻辑顺序是：从怀疑到探索，再到合理地推理和判断。这一过程中，质疑、深思、推理缺一不可。陈垣肯定了"疑"的可贵，但也强调了必须要将

---

① 陈垣：《通鉴胡注表微》，第 82 页。

"疑"步步推进，通过"致其思"的过程，最终达到"得其理"的目的。

在"周赧王五十五年，秦前后斩首虏四十五万人，赵人大震"一事的狭义语境下，"考证贵能疑，疑而后能致其思，思而后能得其理"重点强调的是"理证"，但如能放宽视野，"考证贵能疑"同样适用于书证和物证，达到疑而后能致其思，思而后能得其证的目的。在《通鉴胡注表微》中，陈垣不仅提出了"理证"的方法，还提出了"书证""物证"的考证法。这两种方法均是建立在"疑"的基础之上。如《通鉴》卷三十三记载汉成帝绥和二年，议郎耿育上书冤讼陈汤："甘延寿、陈汤，为圣汉扬钩深致远之威，雪国家累年之耻，讨绝域不羁之君，系万里难制之虏，岂有比哉！先帝嘉之，仍下明诏，宣著其功，改年垂历。"胡注曰："师古曰：'谓改年为竟宁也。不以此事，盖当其年上书者附著耳。'余按《元纪诏》曰：'匈奴郅支单于背叛礼义，既伏其辜，呼韩邪单于修朝保塞，边垂长无兵革之事，其改元为竟宁。'则改年亦以此事，非附著也。"陈垣表微说："竟宁谓究竟安宁，犹今言到底胜利也。师古以为适合，身之以为非适合，引《元纪诏》为证，是之谓书证。"胡三省在作注的过程中，由怀疑入手，进而援引《元纪诏》之史料为证，此为"书证"。又如，《资治通鉴》卷二七〇载："后梁均王贞明四年，吴内外马步都军使、昌化节度使、同平章事徐知训，威武节度使、知抚州李德诚。"胡注曰："案欧公之时，去五代未远，十国僭伪，自相署置，其当时节镇之名，已无所考，况欲考之于二三百年之后乎！今台州有鲁洄作《杜雄墓碑》，云：'唐僖宗光启三年，升台州为德化军。'洄乃雄史，时为德化军判官者也。又嘉定中黄岩县永宁江有泅于水者，拾一钢印，其文曰：'台州德化军行营朱记。'宋太祖乾德元年，钱昱以德化军节度使、本路安抚使、兼知台州。台州小郡，犹置节度，其它州郡从可知矣。吴之昌化、威武，盖亦置之境内属城. 但不可得而考其地耳。"在这则史料中，《资治通鉴》详细记载了徐知训、李德诚的职官，但由于五代十国时期，建置混乱，胡三省于此处细加留意，以《杜雄墓碑》和新出土之印章为证据，佐证了《通鉴》所载建置可靠。陈垣对此表微曰:"胡注考证,以书证为多,理证次之,用物证者殊少。此条以新出土之金石证史,所谓物证也。"① 从"书证"和"物证"的考证方法看出,它们的前提也是"疑"。面对文献史料,首先是质疑,发现疑惑之点,发觉须考证问题的起点,而后步步深入,"打破砂锅问到底",疑和思的过程,就是"问"到底的过程。只有这样,才能廓清疑问,求得真知。

综上所述,以怀疑精神和"有罪推定"的前提来开展历史考证,对一切典籍都抱怀疑的态度去研究,不仅能够推进研究的深入,也能促进研究的创新,正如《荀子·非十二子》载:"信信,信也,疑疑,亦信也。"研究始于怀疑,但是其落脚点最终将是"实事求是"。

(二) 欲实事求是,非考证不可

陈垣继承前人优秀的考据传统,主张通过考证达到史学求真求实的目的。他不仅利用多种方法开展历史考辨工作,在历史考证上取得丰硕成果,嘉惠后学,而且基于大量的史学研究经验,对历史考证在史学研究中的地位、历史考证过程中应持有的态度有科学系统的认识和论述。

第一,为了达到辨疑求真的目的,陈垣非常注重历史考证,其出色的史学成就在近代史学史上独树一帜,其精湛的历史考证方法为后学示范。许冠三曾如是总结陈垣史学考证的特点和在近代史学的地位:

在史考方面,他既重材料扩充,更重源流考辨。就前者说,他的成就或稍逊王国维,但在后进学人中,恐怕也只有晚年的陈寅恪和顾颉刚差可比拟。《元西域人华化考》一类作品所采原料,素以品类、版本和数量多称著,善用《册府元龟》等大部头类书与广采诗文专集和金石遗文,都是特色。以大量语录入史,更是他的创举。他还坚持"有第一手材料,绝不用第二手材料。"至于根穷材料来

---

① 陈垣:《通鉴胡注表微》,第 79 页。

历，辨析其源流异同，判别其是非优劣，本是中国旧传统，亦是西学新风格，乃治史者应有之事，但专设一课程，自成一学科，确是由他创始。故考玄奘西游岁月，能以深致小胜梁任公，考《四十二章经》身世，能以缜密傲视胡适之。①

许冠三认为陈垣的考证是"土法为本，洋法为鉴"②，他在继承乾嘉考据学的基础上，不断扩充史料范围，以科学思想将前人零散的考据经验总结为各门自成系统、方法缜密的专学，并善于在考证中贯通史实，考论结合，对历史作出系统的综合解释。通过他精深的考证，许多历史疑难问题涣然冰释，学者至今深受其惠。可以说，陈垣本着实事求是、无征不信的治学精神，以严谨求实的态度，推动历史考证不断向着缜密完善的深度发展。陈垣的历史考证能够超越乾嘉诸老，在崭新的高度开一代风气，供后学取法，其思想动力正是来源于他所坚持的辨疑求真、实事求是之治学原则。

第二，明确论证了历史考证在史学研究中的地位。陈垣对历史考证的观点集中体现在《通鉴胡注表微》之"史法"诸篇。他不仅在"考证篇"小序中开宗明义地指出历史考证在史学研究中的目的和意义，而且用诸多的具体史料对此作出了详细的论证和解释。

"考证篇"之序文曰：

> 胡注长于地理及考证，今日学者无不知。书名《表微》，非"微"何必"表"也？曰：考证为史学方法之一，欲实事求是，非考证不可。彼毕生从事考证，以为尽史学之能事者固非，藐视考证以为不足道者，亦未必是也。兹特辑存数十条，以备史学之一法，固知非大义微言所在也。③

这段论述充分表达了陈垣对历史考证完整、准确和科学的看法。他认为历史

---

① 许冠三：《新史学九十年》，岳麓书社 2003 年版，第 80 页。
② 许冠三：《新史学九十年》，第 119 页。
③ 陈垣：《通鉴胡注表微》，第 76 页。

考证是史学研究中的一个环节、一种手段，可以为史学研究提供切实可靠的资料，为研究工作的抽象概括和具体分析提供依据。可以说，考证为史学之门，不由考证入者，其史学每不可信；但如果毕生盘旋于考据，以为尽史学之能事，却是不恰当的。史学研究中，既要反对排斥考订资料、考证史实的真实性而空谈义理，也要反对轻视义理的烦琐考证，而是要把考据与义理正确地结合起来，求得史学真谛。正如牟润孙所说：

> 陈先生认为胡氏所注的虽是史书，却是借注史以发挥他的政治理论，并且蕴藏着反抗元王朝统治的思想。这样注古以论今（胡三省生存的当时），与著史以喻今，论史以讽今，那两个中国传统史学的特色相同。研究中国史学的人不仅要明白史书中的事，还应当去了解著史者论史者的思想与他含蕴于文字间的未说出的意见，所谓微言大义是也。援庵先生认为胡三省注史有微言大义，著书表而出之，却在其中设 "考证篇"。先师知道别人不能明白其中的道理，所以自设问答，说明考证是史学入门不可少的手续，最后目的则在于明大义。治史不能始终盘旋于门，即陷于考据之中，而不向前进。治史以明义虽是终极目的，而在作考证时，即不可不明义。①

不仅在 "考证篇"，陈垣在《表微》"史法" 诸篇，屡次申明并以具体的例证解释了考证的目的和作用。如《通鉴》卷四八载 "永元十一年，曹丕上疏言：'说经者传先师之言，难者必明其据，说者务立其义。'" 胡注曰："汉儒专门学家，各守师说，故发难者必明其师之说以为据，答难者亦务必立大义，以申其师之说。" 陈垣表微曰："曰 '务立大义'，明不专为破碎之考据也。"② 又，《资治通鉴》卷一〇七载："晋孝武帝太元十二年，秦主登以乞伏国仁为大将军、大单于苑川王。" 胡注曰："杜佑曰：'苑川在兰州五泉县，近大小榆谷。' 余谓杜佑以意言之。" 陈垣曰："'以意言之'，不

① 牟润孙：《从〈通鉴胡注表微〉论援菴先师的史学》，《史学史研究》1981 年第 1 期，第 72 页。
② 陈垣：《通鉴胡注表微》，第 48 页。

专恃考据，所以能成一家之言，此身之自道也。"① 陈垣特别表出的"务立大义"和"以意言之"，不仅是胡三省的观点，更是其夫子自道。历史考证只有与历史意义紧密结合，才能"成一家之言"，避免落入"破碎之考据"的泥潭。在《表微》中，陈垣还将考证的作用与史学评论的作用相比较，指出历史考证如立意高远，则可以起到与史学评论相同的作用。如《通鉴》卷七五载"魏邵陵厉公正始八年，大将军爽用何晏、邓飏、丁谧之谋，迁太后于永宁宫。"胡注说："据陈寿《志》，太后称永宁宫，非徙也。意者晋诸臣欲增曹爽之恶，以'迁'字加之耳。《晋书·五行志》曰：'爽迁太后于永宁宫，太后与帝相泣而别。'盖亦承晋诸臣所记也。"陈垣在《表微》中，引《鲒埼亭集外编》卷二八及《潜研堂集》卷二中为魏曹爽鸣冤的材料，将全祖望、钱大昕之观点与胡注互相发明。文末，陈垣论曰："二家所论，意与胡注同，然胡注所用之方法是考证，二家则评论耳。"② 他指出，考证与评论，虽殊途而同归，有异曲同工之妙。这里其实是想说明，如考证能印证观点，则更能以明白无误的结果达到史学评论的目的。

总体上，陈垣是肯定历史考证的地位和作用的。他认为考证和史学研究有不可分割的关系，是史学研究中求真求实的必要手段，所以在史学工作中有重要地位，然而如果以考证为史学之唯一途径，脱离了对历史大义的认知，则必将陷于支离繁琐、斤斤于细微末节的考究，而远离史学之宗旨。考据应于大处着眼，小处入手，将立意与事实紧密结合，才能求得历史通识。

第三，陈垣指出了在历史考证中应该持有正确的态度，即历史考证是为了实事求是，考证的目的在于疏通疑滞，嘉惠后学，而非动辄訾毁前人，妄发评论。作为一位擅长历史考证的学者，他在这方面的见解非常值得借鉴。由于史学考证经常是针对前人著述中的错误而发，所以不少学者对前

---

① 陈垣：《通鉴胡注表微》，第51页。
② 陈垣：《通鉴胡注表微》，第81页。

人之疏漏言之过甚，甚至夸耀自身考证所得，往往有指责前人以抬高自己之嫌，背离了考证历史的主旨。陈垣对此多有批评，如《资治通鉴》卷五载"周赧王五十五年，秦武安君奇兵二万五千人，绝赵军之后，又五千骑绝赵壁间，赵军分而为二。"史炤《释文》曰："间，居栈切，间隔之也。"胡三省《通鉴释文辨误》对此论道："若从炤说，当以'间赵军'为句，与下句分而为二，意颇重复。若以'又五千骑绝赵壁间'为句，与上句'奇兵二万五千人绝赵军之后'，句法文意，殊为停当，间读如字。每见为句读之学者，于一句之间，截而分属上下，求发先儒之所未发，以见圣贤深意。若文意自来通顺，而于一字两字或四三字之间，创分句读，以为新奇，似不必尔。"此处，胡三省指出了史炤为求新意而强解的问题。对此陈垣表微曰："此宋人讲义通病，故身之箴之。"① 陈垣特地将此条表出，证明他完全赞同胡三省的观点，认为如为求新奇而妄加考证，则背离了考证的真实目的，学者应以此为戒。又如"乾元二年，郭子仪等围邺城，壅漳水灌之。史炤《释文》曰：'《山海经》曰：漳水出荆山，南注于沮水。'"胡三省《辨误》指出史炤注"漳水"屡屡出错，批评讽刺曰："盖史炤读书不多，只据《广韵》以释《通鉴》，又不能亲师取友，以求闻所未闻，所以到底错了。孤陋自是者，其戒之哉！然余亦当自以此为戒也。"对于史炤将"邺旁之漳水"误为"出荆山之漳水"，胡三省屡次指出并加以纠正，并责以"孤陋自是者，其戒之哉"，虽然这也有自警之意，但仍有过甚之嫌。陈垣对此表微曰："身之屡讥史炤不能亲师取友，盖深伤山中注书之孤陋，不能得诤友之益也。愤懑之余，每不觉其言之过甚。"② 这是对胡三省少有的批评。陈垣认为在史学考证中，指出错误加以纠正，并客观说明致误原因即可，议论须平允，词气须谦和，一事之失，无妨全体之善，不可言之过甚，正所谓过犹不及，如矫枉过正则难免贻人口实。不过，陈垣也曾称赞胡三省

---

① 陈垣：《通鉴胡注表微》，第93页。
② 陈垣：《通鉴胡注表微》，第101页。

对待宗教的宏量态度，其曰："胡身之注《通鉴》，于释老掌故，类能疏通疑滞，间有所讥切，亦只就事论事，无辟异端习气，与胡明仲《读史管见》之攘臂而争者不同，足觇其学养之粹，识量之宏也。"① 学者在进行史学研究时，不仅对待宗教时应秉承"就事论事""无辟异端"的态度，在所有的历史问题上都应客观持平，防止先入为主的成见影响历史研究的结果。正如陈垣诗中所云："师法相承各主张，谁非谁是费评量。岂因东塾讥东壁，遂信南强胜北强。"② 可见，在历史考证的时候，所有的观点都应基于确实的考证，既不能为立新义而强立新说，也不能对前人之误言之过甚，更不能先入为主，攻乎异端，正确的态度应该是将考证建立于实事求是的考证和客观公正的结论之上，以达到疏通疑滞并嘉惠后学的目的。

二、细致入微的考证意识

陈垣治学善于由小见大，善于从历史细节中发现问题，找到解决大问题的突破口，这不仅是由于他有敏锐的史学眼光，也由于他一以贯之的、严密精细的考证意识。在他的考证作品和《表微》的"校勘篇""避讳篇""考证篇"中，他曾结合考证过程，将其考证意识归纳成一些要点或通则，这些通则是他多年考史的宝贵经验，是历史考证意识的一个新高度。陈垣细致入微的考证意识，大致可以从"当于细微处加意"和"观其语之所自出"两个方面来展开分析。

（一）考史应注意细微之处

"细微之处"即历史研究的细节。任何历史事件都是由时间、地点、人物、数据等多种具体细节构成，只有透过准确的细节描述，才能体察到历史事件的原貌。针对考时间、地理、人物、数据，陈垣都总结了具体的细则。

---

① 陈垣：《通鉴胡注表微》，第 267 页。
② 陈垣：《示门人》，见《陈垣全集》第二十二册，第 552 页。

第一，考时间。时间坐标是历史学的重要因素，对于研究历史事件、人物，确定文献价值至关重要。陈垣重视史学研究中时间坐标的准确性，精于年代之学。他在年代学方面关于中西回历的换算，重历间年号纪年、干支纪年、置闰问题的考证方法，将在它处论述；这里主要是讨论他在人物生卒时间和年岁方面的考证细则。

首先，陈垣认为："考史而注意人之生卒年，特末节耳，然苟不注意此末节，则往往不能得事物之真相。"① 正因为如此，陈垣对人物生卒时间的考证着力颇多。他编著的《释氏疑年录》，记载并考证了自晋至清初两千八百余名僧人的生卒年岁，梳理了大量人物的生平线索，不仅为后人提供了大量准确的史料，更是"疑年录"这种史书形式的典范之作。具体而言，《释氏疑年录》采录了大量的教内外典籍，对僧人的生卒年进行了考证，间及对僧人僧名、籍贯、俗姓、家世、出身等问题的考究，纠正了许多常见史料的讹误，是研究佛教人物，查检僧人生平的必备工具书，对此后同类作品的编著具有重要的参考价值。自钱大昕编制《疑年录》以来，续编、补遗、稽疑之作众多，然多存在考订粗略，引书不注出处等普遍问题。陈垣《释氏疑年录》精研佛教人物之生卒年并附以考证，"同则取其古，异则求其是，伪者订之，疑者辨之"②，体例完善，考证精审，引书详注出处，并注僧人西历生卒年，无论从考证的学术质量还是从体例的规范严谨等角度来说，都堪称历代"疑年录"之典范。

为了贯彻"考史而注意人之生卒年"这一通则，陈垣以清人吴荣光的《历代名人年谱》为著述之工具书，随时查检，并在上面加以批注。其中许多批注内容也体现了陈垣考订历史人物生卒年的学术水平。吴荣光书共十卷，存疑一卷，此书每页分上中下三栏，上栏眉上为干支纪年，上栏内容为帝王

---

① 陈垣：《跋胡金竹草书〈千字文〉》，见《陈垣学术文化随笔》，第 431 页。
② 陈垣：《释氏疑年录·小引》，见《励耘书屋丛刻》下册，北京师范大学出版社 1982 年版，第 1737 页。

年号纪年并注明当年闰月，中栏为当年大事，下栏为生卒于该年名人。所载人物起于汉高祖刘邦元年（前206），迄清道光二十三年（1843）。陈垣批注本以光绪元年南海张荫桓重刻本为底本，在每个干支纪年上标注西历年份，并在许多重要学术人物如白居易、胡三省、汤显祖、吕叔简、施闰章等和僧人如释道安、释法如、释定慧等的生卒年之下标注西历的年月日，遇此书纪年或人物生卒年有误，他还加以考证。对各种年历前后变化也详加注解，如在天启六年条上注明："此书自天启四年始用清万年历。与明大统历不同。如本年明闰六月，万年历闰五月是也。"① 陈垣在此书上批注的生卒年考证成果很多被用到他的史学著作中。将他的批注与其发表的史学作品对照，可以看出，他所运用的任何一条有关人物生卒年的史料都经过他精密地考证审核。

其次，在考订年岁方面，陈垣提出"年岁之事，据友人之言不若据家人之言，据家人之言不若据本人之言"②。他考证戴望（字子高）年岁时，曾遇到关于戴望年岁的多种记载。如"据赵之谦撰《谪麈堂遗集序》，则子高卒年三十五，刘师培撰子高传本之"；又如"据施补华撰子高墓表，则子高卒年三十七，张鸣珂撰《疑年赓录》本之"。赵之谦、施补华都是戴望的朋友，两说不同，若没有确凿的证据，便无法判定孰是孰非。由于缺乏佐证，两种说法都应慎重对待。不过，陈垣在戴望文集中却发现了研究其年岁的两条新线索："据子高撰《颜氏学记序》言：'始得颜先生书之岁，以迄丁巳，中更习为词赋家言。丁巳后，得从陈方正、宋大令二先生游，始治西汉儒说。'又据《子高与陈东塾书》言：'望年二十余，曾执经丁宋丁庭、陈硕甫二先生之门。'"在考出这几则史料的出处之后，陈垣引戴望有关年岁的自述以定孰是，并归纳出有关通则，即年岁之事，"据友人之言不若据家人之言，据家人之言不若据本人之言"，判断"《颜氏学记序》与《与东塾书》皆子高本人之言，自较

① 吴荣光：《历代名人年谱》卷九，见贾贵荣、殷梦霞辑《疑年录集成》第七册，北京图书馆出版社2002年版，第1045页。

② 陈智超编注：《陈垣史源学杂文》（增订本），生活·读书·新知三联书店2007年版，第75页。

友人之言为可信"，因此，定戴望卒年 37 岁。

伯希和 1928 年曾论："中国史传同集传的一个缺点，就是对于各传主人的生卒年岁常不载明，甚至毫无著录；必要时仅注重其人及第的年岁。乾隆四库提要各条下即用此法。就是在最近一九二一年商务印书馆出版的《中国人名大辞典》到一九二四年出了第四版，仍是用的旧法。翟理斯（H. Giles）君在一八九七年刊行的《中国人名大辞典》在这一方面可比中国国内的撰作较有进步，可是翟理斯君记录的生卒年岁，或因所本之源有误，或因中西年比对不符，也不大可靠。"① 陈垣用可靠的史料、精确的时间考证来研究人物生卒年，可以说，他令人信服的学术成果否定了伯希和笼统的论断。

第二，考地理。历来史家治史皆知释地之难，由于建置更迭、古代地名多重名、避讳改地名等原因，中国历史上的地名问题非常复杂，这就导致很多学者在历史地理的问题上犯错误，因此陈垣也特别就地理的考证总结了许多经验。这些观点集中体现在《通鉴胡注表微》中他对胡三省地理考证之法的表彰和申发中。

首先，陈垣认为："考地理贵实践，亲历其地，则知臆说之不足据。"②《资治通鉴》卷二五〇载，唐懿宗咸通元年，"命趣东南两路军会于剡，围之。贼城守甚坚，攻之不能拔，诸将议绝溪水以渴之"。胡注云"剡城东南临溪，西北负山，城中多凿井以引山泉，非绝溪水所能渴，作史者乃北人臆说耳。今浙东诸县皆无城，独剡县有城，犹为完壮。"此条中，陈垣表微曰："考地理贵实践，亲历其地，则知臆说之不足据。剡城为身之所亲历。曰'今浙东诸县皆无城，独剡县有城'者，元初隳天下城池，剡得幸免耳。"他认为，剡城是胡三省亲身经历之地，胡氏的亲身实践足以证明北人臆说不可靠。"考地理贵实践"是陈垣屡次强调的考证通则。在《通鉴胡注表微》中，相对于文

---

① ［法］伯希和著：《疑年录考》，冯承钧中译本载 1941 年《图书季刊》第三卷第三期，见《疑年录集成》第五册，第 609 页。
② 陈垣：《通鉴胡注表微》，第 86 页。

献考辨的书证、物证、理证等考据方法，特别针对地理的考证提出"考证不
徒据书本"①，强调要亲历其地。对于实地调查一事，他自己是有切身体会的。
陈垣早年研究《四库全书》，知道四库七阁是按天一阁的样式建造，是上一下
六的楼阁，但总想不出六间屋是怎样安排。他想中国建筑习惯，一排屋都是
奇数，大门在中间正屋，不知分六间是如何开正门，哪间房有楼梯。当他带
着北大学生清点文渊阁《四库全书》登上文渊阁时，才恍然大悟，六间的最
右一间是一窄屋，凑足六间之数，即在此处设楼梯。后来他常常说起此事，
以说明不经实地调查，有些事就不能了然。② 陈垣的这个经历虽然不是"考地
理"，但也充分证明了"考地理贵实践"的通则。

其次，因古今地名多重名，陈垣特别赞同胡三省所提出的"凡注地理，
须博考史籍，仍参考其地之四旁地名以为证据"的观点。《资治通鉴》卷七七
载："魏高贵乡公甘露二年，姜维出骆谷至沈岭。时长城积谷甚多，而守兵
少，邓艾进兵据之以拒维。"史炤《释文》曰："长城，方城山名。《左传》
所谓楚国方城以为城者，在汉南阳、堵阳、叶县之境，山自比阳连百里，号
曰方城，亦曰长城。"胡三省《辩误》曰："余按姜维出骆谷至沈岭，邓艾据
长城拒之. 此长城当在郿县之南，沈岭之北，乌得谓为方城之长城乎！《水经
注》：'骆谷水出郿坞东南山骆谷，北流径长城西，又北流注于渭.'此正邓艾
所据之长城也。凡注地理，须博考史籍，仍参考其地之四旁地名以为证据，
何可容易着笔乎！"陈垣特别推重此说，对之赞曰："古今地名同者多矣，此
条所论，乃注地理者之通则也。"

再者，陈垣认为考地理必须"随事随时考其建置、离合、沿革"。《资治
通鉴》卷二五一载"高邮岸峻而水深挟"。史炤《释文》称："高邮，邑名，
属兖州"，胡三省《辩误》指出："余按高邮县自汉以来，皆属广陵，隋改广

---

① 陈垣：《通鉴胡注表微》，第91页。
② 刘乃和：《陈垣在紫禁城——从清室善后委员会到故宫博物院的成立》，见《励耘承学录》，
第107页。

陵为江都郡，又改为扬州。《唐书·地理志》称，高邮县亦属扬州。史炤以为属兖州，何也？晋氏南渡，迄于梁、陈，于广陵置南兖州，炤之所谓属兖州，无亦以此为据邪。但南兖州不可以为兖州。晋、宋、齐、梁、陈之疆理，不可以释唐之疆理。释《通鉴》者当随事随时考其建置、离合、沿革也。"陈垣指出："身之此论甚精，《四库提要》称之，谓：'其言足为千古注书之法，不独为史炤一人而设'云。"这段史料看出，胡三省认为唐懿宗咸通九年时，高邮当属扬州，而非史炤所认为之"属兖州"。在考证地理时，必须根据文献记载的时间、事件等，充分考虑建置、离合、沿革等各方面的情况，才能做出准确的地理判断。陈垣的表微，特意将此则考证法门表出，为后人研究历史地理指出了科学方法。

第三，考人物。人物是历史活动的主体，举凡人物姓名字号、籍贯履历、性格喜好、宗教信仰等，不仅是历史研究的直接对象，有时更涉关许多重大历史事件，陈垣对人物的考证也总结出诸多通则。

(1) 他提出考人物应当知晓当时之风俗。时代风俗对于考证人物具有重要的参考价值。赵翼在《廿二史札记》卷七中引《新唐志》晋史凡十种，其中有"刘谦《晋纪》、曹嘉《晋纪》、邓粲《晋纪》"三种，陈垣指出"刘谦之、曹嘉之、邓粲，皆著书名《晋纪》，见《隋志》。刘，宋中散大大；曹，晋前军谘议；邓，晋荆州别驾。按朝代，曹、邓应在刘前，《新志》沿《旧志》之误，《札记》又误脱两'之'字，不知以'之'为名，南朝风气也。"①赵翼在研究有关晋史的典籍时，缺乏对南朝以"之"为名这一风俗的了解，导致将作者人名的"之"字错认为姓名和书名间的助词，故而在记载中出现讹误。陈垣在《史讳举例》中也曾就时代风俗与人物考证的关系做过探讨。在卷五中，陈垣列"南北朝父子不嫌同名例"，认为父子同名，"此南北朝风也，或者不察，则以为异矣。"②《避讳录》卷二中载："《魏书》称前秦苻宏

---

① 陈智超编注：《陈垣史源学杂文》（增订本），第 26 页。
② 陈垣：《史讳举例》，中华书局 2004 年版，第 76 页。

为永道。宏为坚长子，坚字永固，其子不应又字永道，疑《魏书》永字误。"此即为不知此当时风尚之故而生疑也。

（2）考人物应避免一人误为二人、二人误为一人等情况。人名是识别历史人物的重要标识，如果人物不清就会造成历史史实的混乱，如《资治通鉴》卷一七四陈宣帝太建十二年有"杀代爽王达、滕闻王逌"① 一语。史炤《释文》对"代爽王达"的解释是"代"为姓，"爽"为名，又以"王"为"玉"姓，"达"为其名，也就是说史炤认为"代爽王达"是两个人名。实际上，代爽王达本为一人之名，他和滕闻王逌都是周文帝的儿子，史炤不审人名，造成此误。又陈垣曾在《广书林扬觯》中引用钱大昕《十驾斋养新录》卷十四之《元史艺文志》条，指出"一人误为二人"的情况，"焦竑《志》以移剌楚材与耶律楚材为二人，周权与周衡亦为二人，揭傒斯与揭曼硕亦重出。"② 可见，此类讹误在历史研究中并不少见，应当引起考史者注意。此外，许多考史者还曾将二人误为一人，导致许多记载令人迷惑。陈垣就曾在《元西域人华化考》中考证了金元之间两郝天挺的区别，纠正了前人的许多错误记载。

（3）陈垣认为"氏族之附会不胜辨"③，"凡姓氏书溯姓氏之所自出，多不可信"④。他在《通鉴胡注表微》之"考证篇"中，特意留存两条例证来强调姓氏书之附会，以引起考史者注意。这两条例证都是《资治通鉴》卷二九二中所载，一为"后周太祖显德元年，以枢密直学士工部侍郎长山景范为中书侍郎、同平章事、判三司。"胡注曰："景，姓也。《姓苑》云：'齐景公之后。'余姑以春秋时言之，晋、宋皆有景公，何独齐哉！"一为"后周世宗显德二年，供奉官齐藏珍，赏诏书责之。"胡注曰："《风俗通》云：'凡氏之兴

---

①　（宋）司马光：《资治通鉴·陈纪八》，中华书局 1956 年版，第 5431 页。
②　陈垣：《广书林扬觯》，见《陈垣全集》第二十二册，第 82 页。
③　陈垣：《通鉴胡注表微》，第 103 页。
④　陈垣：《通鉴胡注表微》，第 91 页。

九事，氏于国者，齐、鲁、宋、卫是也。'余按《左传》卫有大夫齐氏，此岂氏于国乎！"可见，胡三省也已经意识到姓氏之书的可疑之处，陈垣进而将这种怀疑加以释例和总结，对之表微曰："凡姓氏书溯姓氏之所自出，多不可信，胡注恒辨之。《表微》始欲立《氏族篇》，以其辨不胜辨也，故删存一二条以示例。颜师古注《汉书·眭弘传》曰：'私谱之文，家自为说，苟引先贤，妄相假托，宁足据乎！'《容斋四笔》九，亦言'姓氏之书，大抵多谬。唐《贞观氏族志》已亡，《元和姓纂》诞妄最多，国朝修《姓源韵谱》，尤为可笑'云云。则氏族之学亦难言矣。《直斋书录解题》八，《姓源韵谱》条言：'古者赐姓别之，黄帝之子得姓者十四人是也；后世赐姓合之，汉高帝命娄敬、项伯为刘氏是也。惟其别之也则离析，故古者论姓氏，推其本同；惟其合之也则乱，故后世论姓氏，识其本异。自五胡乱华，百宗荡析，夷夏之裔与夫冠冕舆台之子孙，混为一区，不可遽知，此周齐以来谱牒之学所以贵于世也。'直斋之论如此，然今又与直斋之时异矣。昔之言氏族者利言其别，所以严夷夏之防；今之言氏族者利言其合，然后见中华之广。固不必穿凿傅会，各求其所自出也。"陈垣之论，对于考史者当为借鉴。

第四，考数据。历史记载中经常会提到很多统计数字，此类数目尤其值得深究。

陈垣认为"考史当注重数字，数字不实，则当稽其不实之由。"如《通鉴》卷四五汉明帝永平十六年条："诸国皆遣子入侍，西域与汉绝六十五载，至是乃复通焉。"胡注说："王莽天凤三年，焉耆击杀王骏，西域遂绝，至此五十八载耳。此言与汉绝六十五载，盖自始建国元年数之，谓莽篡位而西域遂与汉绝也。"陈垣以胡注甚精而指明说："考史当注重数字，数字有不实，则当稽其不实之由。王莽初年，西域虽与中国通，而对手者实为莽，故曰'与汉绝'，其义甚精，非好学深思不能得其解也。"[1] 可见，细微处的统计数

---

① 陈垣：《通鉴胡注表微》，第 79 页。

字背后能够发现学者的春秋笔法。又如赵翼《廿二史札记》批评《陈书·刘师知传》①对刘师知弑逆的罪行只字不提，而仅据议礼三千余字敷衍成篇。②赵翼的观点虽然正确，但是陈垣指出在其论证过程中存在计算上的失误："《陈书·刘师知传》，凡一六七一字，大行灵座服制议全案，凡一三八六字，《札记》谓各议三千余字，非也。"③虽然赵翼的统计并未对他的判断产生重大影响，但是也使其研究成果的质量稍有折扣，这也提醒后人在著作中一定要对计算问题多加注意。

另外，陈垣认为考数据当知"察虚之道，明书之不可尽信"④。《资治通鉴》卷二四二唐穆宗长庆二年记载："军士自采薪刍，日给不过陈米一勺。"⑤胡注曰："经年之米为陈米。《周礼》：'梓人为饮器，勺一升。'按一升之勺，乃饮器也，非以量米。凡量，十勺为合，十合为升，十升为斗，以量言之，则一人日给一勺之陈米，有馁死而已。作史者盖极言其匮乏，犹《武成》'血流漂杵'之语。""一勺"为多少？在古代，十勺为合，十合为升，十升为斗，可以想见一勺之微，若真军士日给仅为一勺陈米，肯定难以维生，因此"一勺"并非实数，而是用以形容军需匮乏的虚数。因此，陈垣提醒学者要懂得"以察虚之道"⑥审视这些数字，在理解史实的基础上准确剖析数据的史料价值，而不能完全拘泥于字面含义，避免出现以辞害意的情况。

除却以上细微处，史学研究中的细节还有很多，陈垣曾举例强调要时刻从细微处加留意，注重对每一字句的考证。如《资治通鉴》卷三七记载始建国二年，"沛国陈咸，以律令为尚书。莽辅政，多改汉制，咸心非之。"胡注曰："中兴之后，沛方为国，此由范史以后来所见书之也。陈咸，后汉陈宠之

---

① （唐）姚思廉：《陈书·列传第十·刘师知》，中华书局1972年版，第229—232页。
② （清）赵翼：《廿二史札记》卷九《〈陈书〉多避讳》，中华书局1984年版，第197页。
③ 陈智超编注：《陈垣史源学杂文》（增订本），第28页。
④ 陈垣：《通鉴胡注表微》，第86页。
⑤ （宋）司马光：《资治通鉴·唐纪》，第7808页。
⑥ 陈垣：《通鉴胡注表微》，第86页。

曾祖。"陈垣对此则论道："以后来之名加诸前，在史家为惯例。若文物本身而有此，则真伪问题生矣。中兴之后，沛方为国，莽时安得有沛国之名乎！注特斥言之，促学者以实事求是之精神，当于细微处加之意耳。"① 又如《资治通鉴》卷二八三载，后晋高祖天福五年，"楚王希范自谓伏波之后。"史炤《释文》曰："汉马援封伏波将军。"陈垣认为："汉时将军言拜不言封，曰'封将军'，此俗说耳。一字之微，不肯放过如此，操觚家宜知所慎哉！"②"一字之微，不肯放过"，也正是他考证的过人之处。

(二) 考史必须考其本末，观其语之所自出

他提出研究历史必须全面审订文献，不仅要针对文献本身的价值进行考证，还要找出文献的原始根据，然后才能稽考史实、辨明正误。

第一，陈垣把"读史须考本末"看作是历史研究的"药石之言"。③ "考本末"是引用典籍或对典籍下各种断语的前提条件，而这最基本的要求有时却被忽视，造成了形形色色的错误。试举三例：

未究全书首尾误题作者。《辩学遗牍》一卷，旧本题利玛窦撰。陈垣发现此书后编内容为《辩〈竹窗三笔·天说〉》，此文不可能是利玛窦所作，因为"据袾宏自叙，《竹窗三笔》刊于万历四十三年乙卯，而利已于三十八年庚戌物故，岂其书未刻，其说先出，故利得而辩之？然《天说》四篇皆《三笔》编末之文，庚戌与乙卯相距五年，利未必得见；且细考原辩语意，明在《三笔》刊行以后，而其中并无一语可确指为利作之据"。因此陈垣认为此书题利玛窦撰是不符合客观事实的，并分析产生误题的原因在于"时人辗转传钞，因首篇系《利复虞书》，遂并此篇亦题为利著，李之藻付梓时，偶未及考，故

---

① 陈垣：《通鉴胡注表微》，第 78 页。
② 陈垣：《通鉴胡注表微》，第 104 页。
③ 陈垣：《通鉴胡注表微》，第 96 页。

未订正耳"①，即抄本在流传过程中因首篇为利玛窦所作，有人便轻断此书皆为利氏所作，而李之藻在刊刻的时候也未能遍览全书，仍定此书为利玛窦所作，造成误题作者这一疏漏。

未究全书首尾妄下批评。陈垣曾撰文来分析未统全书就妄下断语的问题，以为史源学研究的范例。他的《〈廿二史札记〉—七国反条考证》②就对赵翼对于《汉书》的一个结论进行考证。七国之乱发生在汉景帝三年，据《史记》卷十一《景帝纪》记载，七国为吴、楚、赵、胶西、济南、淄川、胶东；《汉书》卷五《景帝纪》，胶西列楚前。《史记》卷一○六《吴王濞传》记载此事的过程是：胶西王听吴王计，约同反，遂发使约齐、淄川、胶东、济南、济北，皆许诺，而《汉书》卷三五《濞传》独无济北，赵翼认为其中原因是济北王未成反，故为之隐讳，但是陈垣遍览《汉书》后分析道："下文明言济北王城坏未完，其郎中令劫守王不得发兵。《汉书》五一《邹阳传》，亦言梁孝王为济北王辩雪，乃得不坐。则《汉书》何尝为之隐讳耶？"故而陈垣认为《汉书》独缺济北的原因是"偶遗之，或后人传写脱漏耳"，并非赵翼所说之为其隐讳。正是因为赵翼未能统观《汉书》全文，造成他对《汉书》作出了错误的评论。

未统观全文曲解词义。为难解之字作注，在查阅字典之余，务必"详观上下文义"③，方能得到准确的解释。此种情形下，千万不能脱离原书首尾，来随便选取字典中此字一义来敷衍塞责，否则可能会文义不同或者曲解文义并误导后人。如《资治通鉴》卷二六八梁太祖乾化元年记载："南平襄王刘隐病亟"④。史炤《释文》对"亟"字的解释是"敏疾"，但是结合上下文义，"亟"在此处应是"病势危急"的意思。正因史炤在注文时无暇细绎上下文，

---

① 陈垣：《重刊〈辩学遗牍〉序》，见《陈垣学术论文集》第一集，第68页。
② 陈智超编注：《陈垣史源学杂文》（增订本），第10页。
③ 陈垣：《通鉴胡注表微》，第104页。
④ （宋）司马光：《资治通鉴·后梁纪三》，第8740页。

任取一义为解，造成了讹误。

第二，陈垣认为"读史必须观其语之所自出"①，其目的就是要考究史料的出处，进而"沿流溯源，究其首尾"②，检核史料的可靠程度。他将治史不问史料源流，不求甚解，甚至辗转抄袭的做法，称为"无本之学"③。观其语所自出，大致包括以下内容：

一是考订史料来源，尽量保证所用史料为第一手资料。陈垣非常强调追寻史料来源，强调使用第一手资料。如《史讳举例》中，陈垣用同样的方法纠正了一则因避讳而产生的错误。《通典·职官篇》记载"大唐永徽初，以国讳改持书侍御史为御史中丞。"这条材料是讲唐高宗李治永徽年间，因避高宗名讳而改职官名，将"治书侍御史"改为"御史中丞"。杜佑在作《通典》时，因避讳，不敢直书"治"字，将"治书侍御史"改为"持书侍御史"。而《马州碑跋》作者未能全面考察史料记载的前因后果，仅据《通典》一条史料就认为魏晋以下此职官皆称"持书侍御史"。陈垣用汉《孔彪碑》、晋《郛休碑》、苻秦重修《魏邓太尉祠碑》等史料证明隋以前这一官职皆称"治书侍御史"，用以说明实际上唐初也应称"治书侍御史"，而"《金石萃编》四七《马州碑跋》，不考前史，仅据《通考》沿袭《通典》之文，谓魏晋以下，皆作持书，竟不知有治书之名，其去史实远矣。"④ 由于《马州碑跋》未能考寻史源，并引证其它相关资料以全面考察"治书侍御史"和"持书侍御史"的来龙去脉，而仅据《文献通考》所转引的《通典》一书中的片断资料就下断语，导致了这一疏漏。其实，如不因"治"字，又何须避讳也。又如，《四库全书总目》在评论《广弘明集》时说："《神僧传》称僧祐前身为南齐剡溪隐岳寺僧护，道宣前身即为僧祐，殆因道宣续僧祐之书，故附会是说"⑤，

① 陈垣：《通鉴胡注表微》，第 81 页。
② 陈垣：《通鉴胡注表微》，第 97 页。
③ 陈垣：《通鉴胡注表微》，第 97 页。
④ 陈垣：《史讳举例》，第 57 页。
⑤ （清）永瑢等撰：《四库全书总目·释家类·广弘明集》，中华书局 1965 年版，第 1236 页。

陈垣指出此说不恰当："《提要》又引《神僧传》六，称道宣为僧祐后身。按《神僧传》乃明初撰集之书，其《道宣传》全采自《宋高僧传》十四，《宋高僧传》《四库》著录，《提要》何以不引宋传而引明传，可知其随手翻检，未尝一究史源，实为疏漏。"① 馆臣在撰写提要时，并没有考究史料源流，导致在第一手资料《宋高僧传》还存在的情况下采用了可信度较差的二手资料《神僧传》，舍源而取流，故陈垣给予批评指正。陈垣在自己的研究中就非常注重对史料记载先后的考证，保证了有第一手材料，绝不用第二手材料。此书比彼书早，比彼书可靠，那就坚决用此书，不用彼书。

　　二是除却追寻史料来源，还要观其语之所自出，要考证清楚文献著者的立场、观点、态度，以及当时的时代背景，这样才能更全面地判定史料的可靠程度。陈垣在《通鉴胡注表微》中举了两个例子：第一则为《资治通鉴》卷六十四载"汉献帝建安十年，畿在河东十六年，常为天下最。"胡注曰："杜畿之子为杜恕，恕之子为杜预。其守河东，观其方略，固未易才也。余窃谓杜氏仕于魏晋，累世贵盛，必有家传，史因而书之，固有过其实者。"陈垣论曰："此提示人读史必须观其语之所自出也。南宋仕宦之贵盛，莫过于史氏，以史弥远之奸，而《宋史》不以入《奸臣传》，身之盖有先见矣。"② 第二则为《资治通鉴》卷七五载"魏邵陵厉公嘉平三年，初，令狐愚为白衣时，众人谓愚必兴令狐氏。族父弘农太守邵，独以为'必灭我宗'，愚闻之，心甚不平。及愚仕进，所在有名称，从容谓邵曰：'先时闻大人谓愚为不继，今竟云何耶？'邵熟视而不答，私谓妻子曰：'公治性度，犹如故也。以吾观之，终当败灭。'邵没后十余年，而愚族灭。"胡注曰："此晋人作魏史所书云尔。"陈垣表微曰："愚附《魏志》廿八《王凌传》，凌之甥也。与凌同讨司马懿而失败，此明为司马氏谤愚之词，读史者当观其语之所自出。"③ 在这两则史料

───────────

① 陈垣：《中国佛教史籍概论》，第 59 页。
② 陈垣：《通鉴胡注表微》，第 80 页。
③ 陈垣：《通鉴胡注表微》，第 81 页。

中，陈垣指出：杜畿是杜恕之父、杜预之祖，杜家在魏晋乃显族，故史书对汉末杜畿在河东的政绩有夸大溢美之处；令狐愚是王凌的外甥，与王凌同讨司马懿失败，对令狐愚的谤词，乃是"晋人作魏书所书云尔"。因此，陈垣一再指出"读史必须观其语之所自出"，正可谓"颂其诗，读其书，不知其人可乎，是以论其世也。"①

三是在甄别史料时，还应考虑史料产生的历史背景。如有人认为《书目答问》的作者是缪荃孙。陈垣根据缪荃孙自己的记载澄清了这一问题："今《艺风年谱》光绪元年条云：'八月，执贽张孝达先生门下受业，命撰《书目答问》四卷。'是艺风自言此书出其手也。然光绪三十四年艺风为《半岩厂所见书目序》，仅云助理。序云：'同治甲戌，南皮师相督四川学，诸生来问应读何书？书以何为善？谋所以嘉惠蜀士，于是有《书目答问》之编。荃孙时馆吴勤会公督署，随同助理。'助理与代撰，本有不同，此语在张之洞卒之前，较可信据。"② 缪荃孙对他与《书目答问》的关系前后有不同的说法，究竟哪个可信？通过考察不同说法所产生的年代背景，陈垣认为在张之洞去世之前缪荃孙的说法更为可靠，更符合历史事实。张之洞去世于宣统元年（1909），此前一年为光绪三十四年，因张氏在世，缪氏不敢妄言，故言"助理"可信；《艺风年谱》成书于宣统三年（1911）之后，此时张氏去世，故缪氏可以毫无顾忌，所谓"代撰"之言颇不可信。

以上皆是陈垣在史料考证中"考本末""观其语所自出"的基本通则和方法。为了进一步示人门径，陈垣还根据"史源学"的原理，以根寻史源为出发点，建立了一整套便于操作、行之有效的史料考辨方法。他通过具体的范文介绍了考辨史源的工作程序和研究方法。根寻来历是史源考究的第一步，因为只有找到史料出处，才能找到史料的"根"和"源"。第二步工作是辨析源流，即审查史料的"祖孙""父子"关系，考察史料在被辗转引用的过程中

① （清）焦循：《孟子正义》，第 726 页。
② 陈垣：《〈艺风年谱〉与〈书目答问〉》，见《陈垣学术论文集》第二集，第 345 页。

是否发生了变化，这是史源考究的关键程序。第三步程序是判明是非，是指在审定史料正误之后，判断作者在这些史料基础上作出的判断和结论是否正确。为保证史料考辨过程的科学、规范，陈垣提出了所应遵循的若干原则，并运用了其他一些辅助手段，如目录学、校勘学、版本学、年代学、避讳学等。史源学使用简单清楚的概念和技巧将传统考史方法融会贯通于一套体系，教授初学者如何妥善处理研究中遇到的史料问题，避免了学生在试验和犯错中浪费时间。史源学考证的程序明确，方法系统，便于操作，只要初学者沿此路径进行操练，假以时日，都可以初步掌握史料工作的诀窍。在考史中，若将史源学与以上考史通则融会贯通，将能"溯流而探其源，入门而窥其室，于治学致用，两有得矣"①。

第三节　多学科综合运用的考史方法论

20 世纪初，中国史学流派形形色色，历史观和研究方法也是异彩纷呈，陈垣的史学是一种带有总结性特征的史学，一方面它以总结和弘扬中华民族文化为本，用以反对那种民族文化虚无的论调；一方面它从民族史学的丰富遗产中总结出具有民族特点的史学方法，并吸收西方近代科学的精神加以改造，以适应时代发展的需要。陈垣继承乾嘉考据学的传统，通过历史考证的躬身实践，将清代学术中各种零散的考史方法，用科学的方法加以系统总结利用，从而形成多门专学。多学科综合运用的考史方法，使得陈垣在史学研究中取得了超越前人的丰硕成果。

一、目录学

陈垣治学从目录学入手，经常强调目录学在治学中的作用，如 1961 年他

① 李瑚：《述月来检书之兴趣》，见暨南大学编《陈垣教授诞生百一十周年纪念文集：1990 年江门国际学术研讨会论文集》，暨南大学出版社 1994 年版，第 44 页。

与北京师范大学历史系应届毕业生谈到他自己的治学经验时说，我读书是自己摸索出来的，没有得到老师的指导，有两点经验，对研究和教书或者有些帮助，其中第一点就是从目录学入手，建议同学们在毕业以后，可以阅读一些目录学著作，如《书目答问》和《四库全书总目》等，这样对自己的教学和研究工作都会大有帮助。陈垣一生治学和考史的路径，的确充分地利用了目录学，主要体现在以下三个方面：

首先，他充分利用古代目录来了解和熟悉古代典籍，为搜集史料开展史学研究奠定了坚实的基础。目录书最基本的一项内容就是著录典籍名目，它是学者了解古代典籍概貌的最基本材料。早在陈垣担任《光华医事卫生杂志》编辑的时候，就经常运用扎实的目录学知识来解答读者疑问，帮助读者查找典籍。如署名古愚的读者提问："阅贵报第二期言《新唐志》有崔知悌《产图》一卷。考今《唐志》并无此，未知贵报何所据？或别本有之？窃所未解，敬以为问，希有以报也。"陈垣回复曰："谨按崔知悌《产图》，不独《新唐志》收之，《旧唐志》亦收之，但皆隶五行类，不隶医术类，与《隋志》诸产书同。来示云云，或未之深考。此书《崇文总目》亦收入，但作《产鉴图》。"① 从回答可以看出，陈垣对《隋志》《旧唐志》《新唐志》《崇文总目》等目录所著录的典籍非常了解，并对其分类了如指掌。试想在当时各类索引较少尤其是缺少电子检索的条件下，如果离开了对目录学的熟练运用，将如何在浩瀚的典籍中较有效率地找到所需史料？再如，赵翼《廿二史札记》有"后人有因各史无表而补之者"一说。陈垣借助自己对书目的熟练了解，明确指出赵翼所说各表的源头和出处，指明赵翼此说存在的错误，并指出其中的正确内容："袁希之《汉表》十卷，见《旧唐志》杂史类；熊方《后汉表》十卷，今存；李焘《历代宰相年表》三十二卷，见《宋志》史抄类：此真补

---

① 陈垣：《答崔知悌〈产图〉出处》，见《陈垣早年文集》，台湾"中央研究院"中国文哲研究所 1992 年版，第 354 页。

前史之缺者也。"① 正是缘于对目录学的熟练掌握和运用，陈垣才能轻松地指出各表的基本情况。正如柴德赓所说："陈先生搞目录学，是把它作为工具、作为手段，通过它掌握材料，做科学研究。"② 面对汗牛充栋的历史文献，要从事历史研究工作，如果没有各种目录书作指引，只能望洋兴叹，或者事倍功半，而借助目录学这一工具，就可以得其门而入，"览录而知旨，观目而悉词"③，为历史研究提供线索。

　　其次，陈垣对一些重要书目做过专深研究，并纠正了不少书目的错误。他在早年的医学史研究中就已经非常注重对医籍提要的研究。如："唐以前保产诸书之见于记载者极博……然皆亡佚，惟《艺文略》王岳《产书》一卷尚存。是书在吾国亦久佚，朝鲜国《医方类聚》收之。道光间，日人多纪元坚乃从朝鲜《医方类聚》中录出。千年湮晦之物，失之于祖国而得之于日本及朝鲜，抑亦可哀矣哉！《四库书目提要》以为产育方药古罕专书，昝殷《产宝》不传，则郭氏《产育宝庆方》当为最古，盖未见王岳此书耳。王书之外，杨康侯《十产论》亦在《产育宝庆方》之前。提要谓杨子建名俊，有杨氏《家藏方》，今未见，不知子建《十产论》今日本亦有传本。且子建名康侯，号退修，元符间人；杨俊字子靖，淳熙中人，此著家藏方者，提要以为一人，未免失考。"④ 在此，陈垣指明《四库全书总目》对《产育宝庆方》的著录存在两处错误：一，提要以讲妊育者以郭稽中《产育宝庆方》为最古的说法是错误的。因为在此之前还有王岳《产书》和杨康侯《十产论》尚存，《总目》未能深考典籍存佚，故而有此错误认识。二，提要以为杨子建名俊，有杨氏《家藏方》是错误的。因为杨子建名康侯，而著有杨氏《家藏方》的是杨俊字子靖者，提要误认两人为一人。通过对提要的考究，陈垣纠正了医籍史上的

---

① 陈智超编注：《陈垣史源学杂文》（增订本），第2页。
② 柴德赓：《陈垣先生的学识》，见《励耘书屋问学记——史学家陈垣的治学》（增订本），第80页。
③ （唐）毋煚：《古今书录·序》，见《旧唐书·经籍志》，中华书局1975年版，第1965页。
④ 陈垣：《〈生生善社赠理西法接生缘起〉跋》，见《陈垣早年文集》，第341页。

一些错误认识，为读者利用典籍提供了方便。又，陈垣到北京后，曾集中研究《四库全书》和《四库全书总目》，撰写了《四库书名录》《四库撰人录》《四库书目考异》《文津阁四库全书册数页数表》等数篇文章。陈垣针对四库开展的研究工作，不仅使得他自己对四部典籍了若指掌，也使其成为用近代史学方法研究四库的第一人。

再次，为了辨章学术，尤其是在一些新领域里开辟门径，陈垣还编撰了一批重要的目录著作。其中如《敦煌劫余录》，收录敦煌写本八千余轴，稽核同异，分门别类。陈寅恪为之作序，认为敦煌学乃"此时代学术之新潮流"，此书"诚治敦煌学者，不可缺之工具也"。序中充分肯定了《敦煌劫余录》"内可以不负此历劫仅存之国宝，外有以襄进世界之学术于将来"① 的功绩。《中国佛教史籍概论》则论述了佛教史籍对一般历史研究的史料价值，从而为历史研究开拓了一片新园地。不仅如此，书中提到的著录项目："每书条举其名目、略名、异名、卷数异同、板本源流、撰人略历及本书内容体制，并与史学相关诸点"，也为目录的撰写确立了模式。以上二书，可以说是陈垣在目录学领域总结性成就的代表。

从以上看出，陈垣由目录学得门而入，进而循径而深，通过自身的学术积累将从目录书而得的知识融会贯通，发扬光大，使得目录学不仅仅限于一般的寻检和了解版本，而是成为上溯学术之源，旁及校勘方法，研讨学术发展过程，熟悉历代典章制度的重要工具。和过去的目录学家相比，陈垣的目录学思想显然有其独到之处，他将目录学发展成为考史工具，除了研究目录书本身所记录的书目信息，更着重于研讨书目所著录的典籍本身的具体内容与价值，将研究重点放置于考证典籍的史料价值及其在学术史中的学术地位。正缘于此，陈垣不仅将目录学这门工具运用得得心应手，而且将自己利用目录学的心得发扬光大，撰写了多种目录学专著，不仅为后学提供了可资利用

---

① 陈寅恪：《敦煌劫余录序》，见《金明馆丛稿二编》，第 268 页

的学术资料，更具有开启后学、示人门径的重要意义。

二、校勘学

校勘学起于文献传写过程中不易避免的错误，而校勘学的任务就是要改正这些错误以恢复文献的本来面目，为历史研究提供准确的史料。这与历史考证的目的在一定程度上具有一致性，因此陈垣经常运用校勘学开展史学考证。他以校勘为治学考史之要务，所校典籍甚多，辨误是正无数，不仅保证了自己史学作品所用史料的准确性，为史学工作者提供了典籍善本，也通过《校勘学释例》一书总结校勘经验，为学者指示了校勘门径。

图21　1959年5月14日，原中华书局总编辑金灿然（右）和陈乃乾、潘达人（左）拜访陈垣，商谈《校勘学释例》的出版事宜。

　　首先，陈垣始终把校勘与读书治学紧密联系在一起，他一直注重校勘学，他的全部学术研究几乎从未脱离过校勘。在他的著作中，校勘往往与考证结合，他认为："校勘为读史先务，日读误书而不知，未为善学也。"① 在学术研究中，始终校勘先行，但又不为校勘的内容所局限，真正做到了将校勘学视为治学之手段，取得了巨大的学术成果。陈垣校勘学的最大成果是对《元典章》的整理工作。《元典章》是研究元代政治、法律、制度、风俗以及语言文字的一部重要典籍，但长久以来人们对其学术价值认识不足，除元代刊刻过一次外，明至清末 600 年间再也没有翻刻，清修《四库全书》，也将之摒弃于外。直到 1908 年，沈家本和董康合作重刻此书，才有了第二部印本，学界称之为沈刻本或董刻本。陈垣最初接触《元典章》始于清末民初，其后二十余年他一直注意搜集不同版本并随时校勘。他在《沈刻〈元典章〉校补缘起》一文中记述了校补《元典章》的起因和经过："光绪季年，予在广州阅书于聚龙里巴陵方氏，得旧抄本《元典章》，好之，假读旬日，恨未能致也。民国元年，于役北平，见沈家本氏新刻《元典章》，亟购读之。缮刻虽精，谬误恒有。一时无他本可校，则以本书自证，确知为讹误者若干条。以目校书，有目无书者又若干条，不仅沈跋所云吏部阙仓库官六门，兵部阙军装一门而已。既而有客以旧抄本《元典章》求售，则予在粤时所见方氏本也。异哉，此书不远数千里，相隔十余年，展转复归于予，不可谓非奇事。试检沈刻所阙各门，戛然具在，乃补录阙文百一十余条。是为予校补《元典章》之嚆矢。"可见，陈垣很早就认识到《元典章》的学术价值和沈刻本中所存在的问题，并以巴陵方氏抄本加以校勘，将其中的珍贵史料运用于《元也里可温考》和《元西域人华化考》中。论著发表后，《元典章》的学术价值也随之受到学界重视。除了上述沈刻本和巴陵方氏抄本外，陈垣陆续又搜集到四种版本：第一，"旧抄本典章《新集》，有阙里孔宪培印，又有伯元二字及王引之伯申阴

---

　　① 陈垣：《通鉴胡注表微》，第 29 页。

阳文二印，每半叶十八行。疑为影抄元本"。第二，"清室善后委员会在斋宫发见元刻本《元典章》，有汲古主人毛晋私印，即《四库提要》所谓内府藏本"。第三，傅增湘代借的涵芬楼藏旧抄本。第四，艺风堂藏知圣道斋抄本。1930 年 5 月，陈垣开始全面校勘《元典章》。在这六种版本中，陈垣先用故宫元刻本同沈刻本对校，"继而以诸本互校，知元本误处，经诸家校改，时有异同。欲求一是，往往因一名之细，一字之微，反复参稽，竟至累日。间有不能决者，则姑仍其旧"。前后费时 9 个月，从中校出"讹误、衍脱、颠倒诸处一万二千余条，虑其繁琐难阅也，特仿宋楼大防《乐书正误》式而少变之（楼氏误正上下分列，予式误右正左平列），成札记六卷，其脱漏字句较多者为阙文三卷，并改做表格一卷"。"全部写定，付诸梓人，名曰《沈刻〈元典章〉校补》"。①《沈刻〈元典章〉校补》用木版刻印，字体版式全仿沈刻本原书，持有沈刻本者可配页装订，甚为方便。陈垣对《元典章》的校补，不仅对他自己研究元史提供了准确可靠的史料，也为后人提供了可资利用的善本。

　　《旧五代史辑本发覆》也是陈垣将校勘学方法运用于历史研究的成功案例。清乾隆四十九年武英殿刻本《旧五代史》是修《四库全书》时馆臣从《永乐大典》《册府元龟》等书中辑佚而成，因此在利用殿本《旧五代史》时，应追寻其史源，检核其条目在《永乐大典》《册府元龟》等典籍中的原貌。陈垣在以《永乐大典》《册府元龟》等有关各书与《旧五代史》逐一校勘时，发现殿本《旧五代史》对《永乐大典》《册府元龟》等内谷多有改易，使辑本《旧五代史》失其原貌。他将馆臣改易之处一一考出，并总结为忌虏、忌戎、忌胡、忌夷狄、忌犬戎、忌蕃忌酋、忌伪忌贼、忌犯阙、忌汉、杂忌十例，揭示出清人修四库时对典籍窜改的情况，尽可能地恢复了《旧五代史》的原貌，为学者利用《旧五代史》提供了更加准确的资料。

---

①　以上引文见《陈垣学术论文集》第二集，中华书局 1982 年版，第 340—342 页。

其次，陈垣不仅利用校勘学来开展史学考证，更重要的贡献在于他高度总结了校勘方法及应遵守的原则。除《校勘学释例》外，陈垣在《通鉴胡注表微·校勘篇》中也总结了校勘学的诸多原则，与《校勘学释例》互为参照，为后人提供了校勘范例。《通鉴胡注表微·校勘篇》的贡献有二：一是进一步总结了校勘四法，即对校法、他校法、本校法、理校法。在《通鉴胡注表微》中，陈垣专辟"校勘篇"，简明扼要地总结了校勘四法，"曰对校，以祖本相对校也；曰本校，以本书前后互校也；曰他校，以他书校本书也；曰理校，不凭本而凭理也。"① 然后结合实例介绍"校勘四法"的精要，示人用校勘学考史范例。如，他指出四法之中对校法是校勘的基础，"校勘当先用对校法，然对校贵有佳本"，因而选择较好的版本作为对校本又是校勘的重要条件。校书"未得祖本之前，只可用他校"；胡三省校注《通鉴》，因原稿和《通鉴》诸本在兵荒马乱中散失，故胡氏所校以理校为多，他校次之。虽因胡氏功底深厚，其理校"往往奇中，与对校无异"，然此乃不得已而为之；陈垣认为，在校勘中仍是"他校费力而未必中，不如对校之省力而得其真"。对胡三省校勘方法的总结，为初学者如何利用校勘四法提供了参考。

二是总结了校勘学的诸多工作原则。陈垣认为校书不仅"贵有佳本"，而且要多蓄异本。清人赵绍祖《通鉴注商》一书曾以为：《通鉴》卷八十七"晋怀帝永嘉五年"有"风景不殊，举目有江河之异"一句，"江河"实不可解，应做"江山"；并以《晋书·王导传》为证，批评胡注未能校改，反做附会。陈垣指出，此校乃赵绍祖自误。《晋书·王导传》宋本作"江河"，故温公、身之本不误；赵氏读误本《晋书》，乃"株守一书，不讲求异本之过也"，"校书当蓄异本，岂可轻诬古人！"② 又如校勘既要注意以祖本、佳本为校，就应讲究版本源流，才能真正地选出祖本、佳本。因此《表微》在论校勘要求时，也颇重视对版本源流的分析。如论身之校注《通鉴》所用版本时，就详

---

① 陈垣：《通鉴胡注表微》，第 29 页。
② 陈垣：《通鉴胡注表微》，第 34 页。

细考察了《通鉴》的祖本及由一传至四传各本的刊刻源流，从而纠正了《铁琴铜剑楼书目》《仪顾堂题跋》以及光绪间胡元常《刻通鉴全书序》等对《通鉴》版本叙述的错误。[①] 此外，诸如强调校勘不得"任意将原文臆改"，批评清代校勘大家顾广圻妄改《通鉴》之例；强调校书要有"校勘常识"；强调校书不得妄补，"与其妄补，毋宁仍史阙文之为愈矣"[②]，等等，皆为校勘学的要义和校勘工作必须谨守的原则。

从上看出，陈垣全面继承了前人校勘经验的精华，以丰富的实践经验和高度的理论总结创立了校勘学，被胡适誉为"是校勘学的正轨"，"是科学的校勘，而不是推理的校勘"，正如许冠三所论陈垣的《校勘学释例》："既是总结前贤心血结晶的承先之书，也是旁通西方近代文献鉴定学的启后之作。"[③]可以说，校勘为陈垣的考史提供了准确的史料，而陈垣又以自身的学识建立和发展了校勘学，开辟了校勘学的新时代。

三、版本学

陈垣在考史过程中大量地运用了版本学的方法。陈垣的版本学研究不仅仅在于进行版本年代的鉴定，更重要的是将版本学作为历史考证的工具，注重研究不同版本在内容上的差异，从而为史学研究提供最准确的史料。简而言之，陈垣利用版本学所取得的成就主要表现在两个方面：

（一）对版本年代的鉴定

陈垣在古籍整理工作中，充分地利用了版本学方法，为后世考证出诸多版刻年代准确、内容更丰富完整的典籍版本信息，也为古籍整理工作树立了典范。他一直非常注重典籍整理工作，早年他曾致力于宗教古籍的翻印整理，

---

① 陈垣：《通鉴胡注表微》，第31、32页。
② 陈垣：《通鉴胡注表微》，第43、37、12页。
③ 许冠三：《新史学九十年》，岳麓书社2003年版，第129页。

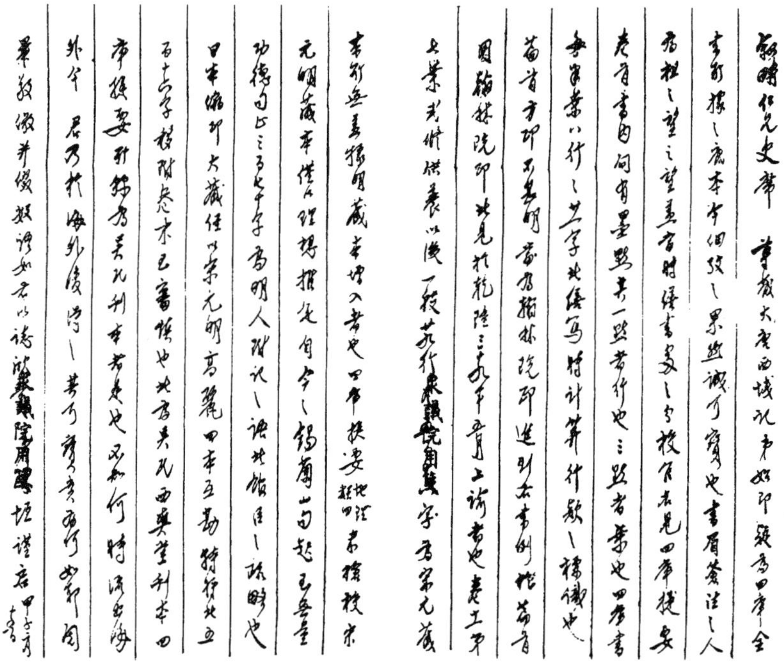

图22 1924年2月25日陈垣致廖世功函，鉴定《大唐西域记》版本。

如校对《铎书》并作序、校刊《灵言蠡勺》并作序、校刊《辩学遗牍》，影印《名理探》等；晚年仍为新中国的古籍整理工作出谋划策，可以说，他的治学与史料整理工作相始终，而他的典籍整理工作也与版本工作相始终。

首先，陈垣整理古籍时，非常注重对同一典籍不同版本的搜集和比勘。对于同一种史料，他往往会搜集各种不同的版本，并比较各版本的异同优劣，纠正前人书目记载中有关版本信息的疏漏，他的考证为史学工作者择善而从提供了重要的参考。如《再论〈遵主圣范〉译本》一文介绍了他自己所藏七个不同汉译本的《遵主圣范》，即1640年阳玛诺译《轻世金书》（1848年上海重刊本）、1848年吕若翰撰《轻世金书便览》（1905年广东重刊本）、1874年田类斯序《遵主圣范》（1912年北京救世堂本）、1895年柏亨理重译《遵主圣范》（1904年上海美华书馆本）、1901年蒋升译《师主编》（1907年上海慈

母堂本)、《遵主圣范新编》（1905 年香港纳匝肋静源本）、1907 年王保禄撰
《轻世金书直解》（1909 年北京刊本），并比较了各版本的异同；最后得出
"其篇章分合不同，抑词句多寡有别，非得三百年前蜡顶文原本校之不可"①
的结论，认为要得到最准确的汉文译本，还需要态度严谨的学者从拉丁文原
本重新翻译才可。又如《记许缵曾辑刻〈太上感应篇图说〉》，陈垣考证许缵
曾《太上感应篇图说》的刊刻时间和版本源流，比较了顺治十四年许缵曾原
刻本、顺治末梁化凤印本、康熙间存桂斋张锜改刻本、乾隆十年长芦盐政伊
拉齐覆刻存桂斋本、乾隆十九年嘉兴朱日丰重订本、乾隆二十三年蔚州僧际
常覆刻本等六个不同版本的《太上感应篇图说》，论道："许氏之书，赫然具
在，则顺治十四年刻本也。其他诸本，或覆刻，或改刻，或增辑，追论原始，
莫不以许氏此刻为祖本。"② 为后人利用此书提供了版本上的依据。再如，陈
垣曾撰《中国佛教史籍概论》一书，书中对历代与考史相关切的重要佛教史
籍进行了梳理，其中重要的一项内容就是介绍各书的版本。如，对《弘明集》
的版本介绍考证："本书现在通行者，大别为两种：一藏本；一单刻本。藏
本又大别为两种：一嘉兴藏本，即所谓支那本；一频伽本。单刻本又大别为
两种：一吴惟明刻本，即所谓汪道昆本；一金陵本。"对《弘明集》版本的源
流条分缕析，娓娓道来；他不仅将所见版本一一列出，更重要的是详细介绍
了各种版本的情况，并订正了各家官私书目著录的错误。如《四库提要》称
此书前序佚之，其实馆臣所著录版本为吴惟明刻本，该版本无前序，但可据
嘉兴藏本《弘明集》或《出三藏记集》补配；《四库提要》云《弘明集》卷
末有后序，而所言并非后序，实为僧祐所撰之《弘明论》；《郑堂读书记》所
著录为嘉兴藏本，但在提要中仍沿袭《四库提要》的说法，称书无前序，实
则嘉兴藏本有前序；张金吾《爱日精庐藏书志》所收亦为嘉兴藏本，却失于

---

① 陈垣：《再论〈遵主圣范〉译本》，见《陈垣学术文化随笔》，中国青年出版社 2000 年版，第
130 页。
② 陈垣：《记许缵曾辑刻〈太上感应篇图说〉》，见《陈垣学术论文集》第一集，第 233 页。

深考，错录卷末《弘明论》为自序，陆心源《皕宋楼藏书志》因之；《四部丛刊》所影印者，为吴惟明两《弘明集》合刻本，但因卷前有万历十四年丙戌汪道昆序，将之误题为"汪道昆本"①。《概论》详考各本内容，清晰条理该书的各种版本状况，在版本学上，其远远超过了清代目录学者。蔡尚思曾论："版本学也是陈师的专长，从《中国佛教史籍概论》一书中可以想见他对于版本考证的谨严，往往作出总结性的论断。"②

其次，许多版本学者在著录古籍版本的时候，注重到了广搜异本，却往往局限于罗列一书的各种版本，未能详述版本之间的关系，而陈垣考证版本，特别强调分清版本系统、版本源流。只有弄清版本的源流系统和各本之间的渊源关系，才能更好地判定不同版本的史料价值，从而保证获得第一手资料。陈垣在转入史学研究后，更加注重利用版本学的方法来读书治学。如他曾对《四库全书》做过全面的整理和研究，当时他大量运用了版本学的方法。《编纂〈四库全书〉始末》中，陈垣曾详细介绍了《四库全书简明目录》的版刻源流：乾隆四十六年，"缮书处分校赵怀玉就全书录《简明目录》副墨以归，后由杭州鲍氏知不足斋刊行，是为东南各省有《简明目录》之始。是书印行最早，翻刻者亦最夥，与阁书差异处亦最多，凡乾隆四十六年十二月以后续入四库之书皆未及载，而四十七年十月以后撤出四库之书皆未撤出。"③陈垣充分利用版本学的知识，将《四库全书简明目录》不同版本的异同以及源流考出，为后人使用此书提供了便利。又如，陈垣曾作《〈墨井集〉源流考》④ 一文，这是专门考究版本系统和源流的文章。文中系统介绍了吴渔山作品的结集和版本情况。其所作两幅示意图片更清晰地描绘了吴渔山著作在内容组合以及与版本上的关系。先是各集源流图：

---

① 陈垣：《中国佛教史籍概论》，中华书局 1962 年版，第 48—50 页。
② 蔡尚思：《陈垣先生的学术贡献》，见《励耘书屋问学记——史学家陈垣的治学》（增订本），第 48 页。
③ 陈垣：《编纂四库全书始末》，见《陈垣学术论文集》第二集，第 14 页。
④ 陈垣：《〈墨井集〉源流考》，见《陈垣学术论文集》第二集，第 264 页。

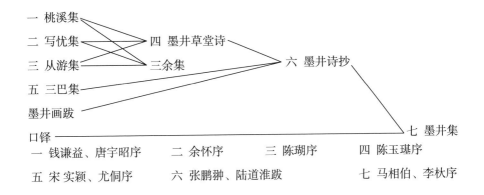

然后有版刻统系图：

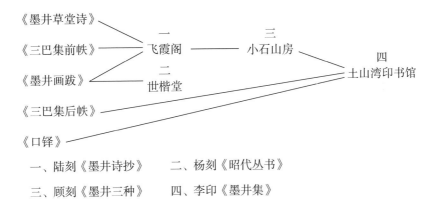

这两幅图，把《墨井集》内容陆续汇集的情况和头绪不清的版本，用简单的图表表示出来，使读者对本书的内容和版本源流一目了然，对不同本子的序跋也做了梳理，为读者使用提供了便利。

（二）运用版本学进行考证

陈垣非常注重不同版本的史料价值，善于利用各种不同版本进行史事考证和史源考究，将版本学充分应用于校勘以及史事考证，通过对比不同版本的记载，从细微处发现历史真实。

首先，陈垣非常注重揭示不同版本的史料价值。陈垣考察典籍版本并不仅仅在于评价版本价值，更在于分析各本的内容是否对于考史有用。如陈垣晚年曾分析过明本《册府元龟》的史料价值。一般藏书家与鉴赏家多推崇宋元旧刻，认为刻本元不如宋，明不如元，而陈垣在《影印明本（册府元龟）序》中，从典籍的内容比勘入手，列举有力证据，说明宋刻本与明刻本在文献价值上各有优劣，为史学工作者利用典籍考证史事提供了参考。文中陈垣列举了两本的优缺点，指出宋本比明本强者有几处：如明本在卷二九〇之卷首缺三页半凡一千二百余字，却将卷二九七"谱计门"卷首之文重出于此；明本卷五八九十一页三行"疏降"下，脱二页凡一千三百五十余字；明本卷六一九二十页三行后脱六百余字；这些脱页缺字，都可以依靠宋本补足。然而，也有宋本不如明本的地方，"如傅校本三百七十四卷十八页二行'击虏'下，宋本有张奉国、刘潍等二条，凡三百三十余字，已见本卷四至五页，显系错简衍文，明本删之，是也。又五百九十卷十七页四行'章'字下，宋本有黄钟一宫等三百三十余字，系五百六十八卷十八页之文，错简于此，脱固不可，衍亦何用，明本亦已删去。此皆明本胜宋本处。可见明人对此书集体校雠，曾用相当功力，不得以'明人空疏'，遂一笔抹煞也。"① 在对不同版本的价值认识上，陈垣并不仅仅迷信宋本，而是客观实际地分析了宋本和明本各自的优劣，并特别强调不能一概抹煞明刻本的价值。

又如，陈垣曾评论傅增湘影印永乐大典本《南台备要》（后附《乌台笔补》）的价值，特别是考证傅增湘在该本跋语中的六七处错误。《南台备要》，本名《南台备纪》，《永乐大典》辑本作《南台备要》，又名《南台类纪》，元南台掾属刘孟琛等撰，记世祖至元年间至顺帝至正年间江南诸道行御史台之事，收录于《永乐大典》"台"字韵中，前有至正三年（1343）都事索元岱序，记述撰修经过。傅印本中的傅增湘跋语对该本价值大加推崇，但出现不少错误。如在版本方面，傅跋认为《南台备要》《乌台笔补》二书在元代以后已世无所传，以为四库馆"《大典辑书目》亦不载，盖当时馆臣所遗"。这是

---

① 陈垣：《影印明本〈册府元龟〉序》，《北京师范大学学报》1959 年第 4 期，第 2 页。

对两书流传版本有所不知，陈垣指出："不知《南台备要》，《四库提要·职官类存目》明著为永乐大典本，何谓'《大典辑书目》不载，当时馆臣所遗'？又《乌台笔补》系王恽撰，亦记御史台事之书，今附《秋涧大全集》后，何谓'不详何人所撰'？"又傅跋不知《南台备要》原名《南台备纪》，该书原本卷数和大典本卷数自然不同，就认为："考钱氏《元史艺文志》载索元岱《南台备纪》二十九卷，与此标题少异，卷帙多寡悬绝，决非一书。"陈垣指出："不知钱氏所载，系一据千顷堂等书目，一据《永乐大典》摘录，故卷帙不同。""索元岱所序之书，即刘孟琛所撰之书，本序甚明，何谓'决非一书'？"① 说明了不同版本间的差异，其实本为同一部书。

其次，陈垣的著作向来以收集和利用典籍版本众多而著称，其著作中借版本之异同而解决疑难问题的学术亮点俯拾即是。如在《元也里可温教考》中，他对于方志的取材特别注重版本的差异，文中所用《镇江志》就有至顺和康熙两个版本。"至顺《镇江志》：元镇江府路总管府马薛里吉思，也里可温人，虎符怀远大将军，至元十五年正月二十五日至，八月一日再降金牌，改授明威将军，副达鲁花赤。右并见康熙《镇江志》卷二十三，但删去'也里可温人'一句，故莫知其为也里可温也。"② 可以看出，如果不是选用多种版本并加以比较，或许就会错失有关"也里可温人"这则珍贵资料。

又如《四库提要中之周亮工》一文，他充分利用所得的四库提要底本，不仅将提要中有关周亮工的旧文考出，更为研究《四库全书总目》的成书过程获取了第一手资料。文中，陈垣由广州本《四库提要》某叶行款与全书不同提出疑问，进而通过所得之精缮提要底本，发现了行款不同的原因及未经删改的原文。文中所述如下："《四库提要》每半叶九行，行二十一字，殿本以至广州小字本皆同。惟广州本别集类二十四第二十四叶，每半叶八行，行二十字或十九字，何也。……民国十年秋，余得四库馆精缮《提要》底本六

---

① 陈垣：《书傅藏永乐大典本南台备要后》，见《陈垣学术论文集》第二集，第369页。
② 陈垣：《元也里可温教考》，见《陈垣学术论文集》第一集，第13页。

十册，不全，中有纪昀涂改笔迹，所改多与今本同，而凡遇周亮工名，必行涂去，审为乾隆五十二年以后删改之底本。"陈垣通过比较《提要》底本与广州小字本在字句上的异同，并参照文津本与文溯本的相关文字，证明："今殿本《提要》，率乾隆五十七年四库书全体告竣后，挨篇改刻，故无行款疏密之殊。惟广州小字本由湖州沈氏本覆刻，湖州本由文澜阁所藏初印殿本缩刻，后经挖改，行款不一，极易考见，然不能知所改内容。今特将原本周亮工各条录出，或亦谈《四库》掌故者所乐闻也。"他认真比较了各本异同，并由此揭示了四库提要内容删改的过程，进而厘清了四库提要各本的源流。

再如顺治帝出家的问题，历来众说不一。陈垣撰写《语录与顺治宫廷》①一文，利用康熙间杭州圆照寺刻本《昂溪语录》获得一"度"字的有力证据，顺利解决了久悬未决的问题。即杭州圆照寺本《昂溪语录》卷三载罗人琮所撰塔铭，记昂溪临终偈语中有"人人道你大清国里度天子"一句；陈垣据此一"度"字，得知昂溪曾在宫内给顺治帝剃发，顺治帝确曾有意出家，但未成事实。后来的刻本改"度"为"见"，一字之差，原意遂废。他说："一字之微，关系史实若此，读书能不多聚异本哉！"这就是由于广求异本，使历史上的悬案成为定论。陈垣所作《元西域人华化考》之所以缜密服人，多聚异本也是其中重要原因。如考余阙华化，所用《青阳集》就有元刊五卷、六卷本，明刊九卷本和四库六卷本四种；考丁鹤年事迹，所据丁鹤年著述则有两种版本，一是《艺海珠尘》本《丁孝子诗集》，二是《琳琅密室》本《丁鹤年集》。在文中所参考的戴良作品也有两种版本，一是琳琅密室本《丁鹤年集》戴序，二是收入戴良《九灵山房集》的《鹤年吟稿序》。

以上看出，陈垣面对纷繁的版本，充分利用了版本学知识，将之版本源流和系统查考清楚，确定了史料的原始性并比较史料优劣以资利用，充分保证了史学考证的准确性。

---

① 陈垣：《语录与顺治宫廷》，见《近现代著名学者佛学文集·陈垣集》，中国社会科学出版社1995年版，第 109 页。

四、年代学

历史年代学是历史学辅助学科之一，是指通过研究历史上纪年方法，用以考证历史事件、人物和文献年代等的学科。从事史学研究必须掌握年代学知识，否则"小至难以确言一人的生卒年月，或换算中外大事发生的时岁；大至无以查明史料身份，考定其祖孙血缘，因而无科学的史事重建可言。"① 陈垣早年就非常重视历史年代，他作于 1907 年的《说正朔》② 一文考证了古代的许多不同宗教、政体、民族所制订和奉行的纪年法。正式转入史学研究之后，陈垣对年代学的重视有增无减，他的年代学作品《二十史朔闰表》《中西回史日历》《释氏疑年录》等，都成为史学工作者的重要工具书；他的许多学术论文，如《书内学院新校〈慈恩传〉后》《萨都剌的疑年》等，为如何运用历史年代学方法廓清疑难提供了可供参考的范例。陈垣利用年代学考史的贡献表现在以下三个方面：

（一）编纂重要年表

陈垣认为："苟欲实事求是，非有精密之中西长历为工具不可。"③ 特别强调精密的工具书在考证时间中的重要性。由于 20 世纪中西交通史研究的兴起，对采用不同历法的国家和地区之间的年代进行换算，逐渐成为历史研究的重要内容。年代记载是历史文献中必不可少的，中国古代有关历法、纪年的问题非常复杂，而中西交通史又需要解决中外历法换算的问题，因此在文献整理工作中，考订换算年代成为必不可少的组成部分。

陈垣在进行元史研究的过程中，深感中西回历法对照和转化的不便。他在《中西回史日历·自序》用具体的例证充分阐述了精密年表在中历和西历

---

① 许冠三：《新史学九十年》，第 132 页。
② 陈垣：《说正朔》，见《陈垣早年文集》，第 22 页。
③ 陈垣：《陈氏中西回史日历自序》，国立北京大学研究所国学门 1926 年版，第 1 页。

的对照、中历和回历的转化两方面的重要性。其一，陈垣指出了中西历转化
过程中"西历岁首，恒在中历岁暮"这一典型问题，并举陆九渊、施闰章生
卒年中历转西历二例，说明在具体时间的中西历转换时，凡于西历岁首、中
历岁尾者，要做精确计算，具体到月日。其二，陈垣指出回历积三十余年就
与中历差一年，积百年与中历差三年的差额，强调述回族、回教史事时，不
能按中历简单推算，须结合回历进行转换的问题。关于中历和回历相互换算
中存在的问题，他曾在《回回教入中国史略》中提出若干例证，他说：

> 欲知回回教进中国的源流，应先知中回历法之不同。回历以三
> 百五十四日或三百五十五日为一年，并无闰月。若以中历与之对算，
> 则每经三十年即差一年，百年即差三年，一千年应差三十年矣。故
> 摩诃末之生卒，及创教年代，与乎回教在中国情形，若照中历计算，
> 则无不错。然中国人言回教者，对此多不注意。宋人所著《癸辛杂
> 识》，清人所著《西陲要略》及近人所著《新疆礼俗志》等，皆论
> 及回历，而均言其以三百六十日为一年。《西域闻见录》《回疆通
> 志》等，则又谓其以三百六十四日为一年。《长春西游记》、查慎行
> 《人海记》、徐松《水道记》等，则均误以回历十月一日开斋节为岁
> 首。周密《癸辛杂识》则以回历十二月十日之禋祀节为岁首。李光
> 廷《汉西域图考》则误以土鲁番回历一〇八三年之贡表在顺治十一
> 年。据《池北偶谈》，则实在康熙十二年。由此可知欲治中国回教
> 史，必先明白回历与中历不同始。①

上述引文中，陈垣列举了多种史书因不谙回历而导致的错误，强调掌握中历
和回历之间换算的重要性，给后人以警醒。鉴于中西回年代转换的需要，他
编制了《中西回史日历》一书，把它作为"不啻二千年之中西月份牌，而一
千三百五十年之西域斋期单"②，为后人研究提供了极大的便利。

---

① 陈垣：《回回教入中国史略》，见《陈垣学术论文集》第一集，第 840 页。
② 陈垣：《陈氏中西回史日历自序》，见《中西回史日历》，第 1 页。

在编制《中西回史日历》之后，他又一鼓作气，发奋"为旧历作一总结"①，接着编制了《二十史朔闰表》。《二十史朔闰表》前有"例言"一篇，不仅简明扼要地总结了春秋时期以来中国历法的沿革，还介绍了西历、回历的源流，可以说是一篇提纲挈领的中西回历简史。"例言"对中西回历的解释可令读者对历法的沿革有初步的了解，也让初学者能过更好地使用该书。该书内容设计严谨，结构简明合理，便于查询。刘乃和1981年撰文称："这部书是我国历表的创举，六十多年来，学人称便。内容有其自己的特点，为目前其他历表所不能代替，所以说这是一部读史不可一日离的极好工具书。"②这一观点至今看来仍不为过。

关于编制历表的工作，陈垣曾说："兹事甚细，智者不为，然不为终不能得其用。"③ 有鉴于此，他甘为"智者不为"，奋力著成《中西回史日历》和《二十史朔闰表》。据刘乃和记载，陈垣在作这两种年表时，学术界的朋友们曾劝他不要在这类工作上费时间④，但他还是坚持作了下来，历时四年，才完成这两部嘉惠世人的工具书。白寿彝认为这两部书为中西回"三种历法的纪年提供了确实可靠的换算工具，为中外史料的运用在纪年方面开辟了方便的途径"⑤。在20世纪初期年代换算历表极其缺乏的情况下，用过这两部书的学者都会在感其便利时，切身体会到陈垣这项工作对历史年代学及史学研究的重要贡献；而另一方面，陈垣不惮费心劳力，"以一人劳而万人逸，一时劳而多时逸"⑥ 的可贵精神也同样得到学界的敬佩。

---

① 陈垣：《二十史朔闰表例言》，见《二十史朔闰表》，中华书局1962年版，第1页。
② 刘乃和：《考史必备的工具书〈二十史朔闰表〉》，见《励耘承学录》，第171页。
③ 陈垣：《陈氏中西回史日历自序》，见《中西回史日历》，第1页。
④ 刘乃和：《学习陈援庵老师的刻苦治学精神》，见《励耘承学录》，第84页。
⑤ 白寿彝：《要继承这份遗产——纪念陈援庵先生诞生一百周年》，见《励耘书屋问学记——史学家陈垣的治学》（增订本），第107页。
⑥ 陈垣：《中国史料的整理》，见《中国现代学术经典·陈垣卷》，河北教育出版社1996年版，第843页。

图 23-1 《二十史朔闰表》封面。

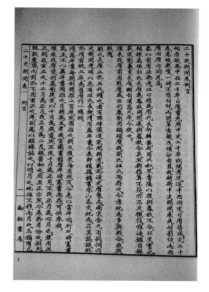

图 23-2 《中西回史日历》历表。

(二) 总结年代学考证的方法

历史年代学于史学研究关系重大，但在具体研究过程中，年代学涉及的问题比较细小琐碎，初学者往往会忽视其中的细节。陈垣曾专门撰文或在著作中重点分析年代学问题，总结年代学考证的方法，指导初学者得门而入。

其一，关于年号纪年。由于朝代更迭、皇位接替、政权林立等原因，历史上年号变更频繁，甚至多种年号并立，给历史研究带来一定障碍，甚至造成年代上的错误，这就需要运用年代学的方法来认真分析各种不同情况，求得历史真实。关于年号纪年，陈垣总结了一系列年代学考证方法，以解决以下若干问题。

一年数号 陈垣早就认识到"中国历史年代学，有一年两纪元或三纪元之例"[①]，并撰文对此进行说明，如《〈廿二史札记〉四光武及汉文年岁考证》

———

① 陈智超编注：《陈垣史源学杂文》（增订本），第 16 页。

一文指出：东汉光武帝刘秀即位时年号为建武，但是他在建武三十二年（56）四月，改年号为建武中元，因此当年既是建武三十二年，又是建武中元元年。中元二年，光武帝驾崩。可见，光武帝实际在位执政共 33 年。如果研究者不知光武帝在位时曾有一年两年号，那么就很有可能在计算光武帝在位年数的时候直接以建武年号的 32 年加上建武中元年号的 2 年，共 34 年，这就不符合历史史实了。在这则范文中，陈垣阐明"一年数号"所带来的一系列问题，提醒研究者应当充分重视这一细节，在计算帝王在位时间以及考证史事发生时间的时候，避免出现计算和统计的错误。

纪元错误　年号纪年由年号和纪年组成，但是由于年号或纪年其中某一项的错误，在史料中就会出现一些在历史上并未存在过的年号纪年。这就需要有充分的年代学知识来辨识真实的年代。如《释氏疑年录》考证梁代扬都庄严寺僧旻的卒年："梁普通八年卒，年六十一（四六七—五二七）。《续僧传》五作大通八年二月卒，大通无八年，普通八年三月改元大通，此大通八年当为普通八年之误，即大通之元年也。《释氏通鉴》正作大通元年，与《续僧传》'永明十年，年二十六'之说合。"[1]《续高僧传》记载僧旻"大通八年二月"卒，陈垣根据"大通"并无"八年"的历史事实，并以《释氏通鉴》的记载为佐证，考定《续高僧传》的"大通八年"当是"普通八年"之误。《校勘学释例》专列《不谙元史时年代而误例》[2] 一节，分析了此类的纪元错误，如元时"至大"年号只有四年，因此"至大二十九年""至大二十三年"等纪年皆误，这些讹误都需要用年代学知识来纠正。

不同年号纪年的转化　在同一年内如果多个政权并立，那么当年就会有多种纪年方法，这就产生了不同年号纪年之间的转化问题。如果不能同时了解各个政权的纪年法，就会产生一些讹误。如：《宝林传》卷八载"达摩以梁武帝大同二年丙辰十二月五日丁未终于洛州禹门，二十八日庚午，昭明太子

---

① 陈垣：《释氏疑年录》，见《励耘书屋丛刻》下册，北京师范大学出版社 1982 年版，第 1796 页。
② 陈垣：《校勘学释例》，中华书局 2004 年版，第 104 页。

奉敕撰祭文，时魏太和十九年十二月"。陈垣分析："按梁大同二年，不当魏太和十九年。梁大同二年十二月丁卯朔，其五日非丁未，二十八日亦非庚午。据《梁书》八，昭明太子以中大通三年辛亥四月薨，年三十一。大同二年，昭明卒已五年矣，何能为达摩撰祭文，此真可为喷饭者也。"① 陈垣运用年代学的方法，分析了《宝林传》在纪年转化上的硬伤，并指出昭明太子比达摩早去世五年，根本不可能为达摩撰写祭文。

其二，关于干支纪年月日。干支最早用于纪日，后汉章帝改定历法，才开始用干支纪年，且常与年号纪年搭配使用。由于干支纪年、月、日存在重复以及置闰等问题，给历史研究制造了很多难题。解决这些问题的方法，皆可从陈垣的年代学考证中求得范例，比如：

干支纪年六十年一重复 陈垣曾指出干支纪年考证中应注意的重要问题："先辈作文，纪年喜用甲子，甲子六十年一周，若不细加调查，就往往移前或移后六十年。"② 如在《谈北京双塔寺海云碑》一文中，他就依据海云碑中的记载，纠正了诸多典籍中"甲子误植"的问题。海云禅师碑，原在北京西长安街双塔寺，为禅师道行碑。此碑虽只载海云个人事迹，但都关涉元朝开国时史料，足补史所未备，佛教典籍记海云事者，元时有《佛祖通载》，明末有《续灯存稿》《五灯会元续略》，清初有《继灯录》《南宋元明僧宝传》《续灯正统》《五灯全书》等，大抵多采自此碑。但由于未进行详细的年代考证，许多书中对海云的记载存在讹误。如：《续灯存稿》卷五《海云传》据此碑，有"庚辰五月，沼将迁寂"语，谓金宣宗兴定四年，海云 19 岁时，他老师中观沼禅师卒，这是 1220 年事。《续灯正统》卷八、《五灯全书》卷五十六《海云传》乃于"庚辰"句上添"元世祖至元"五字，是为 1280 年，中观沼之卒遂移后 60 年。又如，《续灯存稿·海云传》又有"丁巳闰四月，一日集众说偈，泊然而逝"语，谓元宪宗七年，海云 56 岁时卒，这是 1257 年事。《续灯正

---

① 陈垣：《中国佛教史籍概论》，第 109 页。
② 陈垣：《谈北京双塔寺海云碑》，《人民日报》1961 年 4 月 23 日。

统》《五灯全书》中的《海云传》，乃于"丁巳"上加"仁宗延祐"四字，是
为1317年，海云之卒亦移后60年。出现这样的错误，正是由于没有意识到延
祐丁巳是闰正月，非闰四月，故读史贵有精密的年表。再如，《南宋元明僧宝
传》卷八《海云传》采此碑，有"辛卯年主庆寿"句，本谓元太宗三年，海
云30岁时，初主庆寿，是1231年事，但《南宋元明僧宝传》于"辛卯"上
添"元世祖"三字，是为1291年，时海云卒后35年了，何能主持寺院。

干支纪年与年号纪年是否相应　陈垣曾撰《书全谢山〈先侍郎府君生辰
记〉后》一文，指出全祖望文中年代错误八处，其中第一条就是年号纪年与
干支纪年不相匹配的错误。全氏文"开首第一句曰'弘治十年戊午闰十
月'"①，通过推算，陈垣发现弘治十年并非戊午年，而是丁巳年，弘治十一
年才是戊午年，纠正了全祖望之误。陈垣《汪容甫〈述学〉年月日多误》一
文也指出了汪中在干支纪年和年号纪年进行转换时所犯的错误，"徐寿辉治平
三年，当至正之十三年，岁在丙戌也。按元至正十三年癸巳，非丙戌，丙戌
至正六年也。"②也就是说元代至正十三年是癸巳年，至正六年才是丙戌年。
陈垣多次指明此类讹误，其目的不仅仅在于纠正历史研究中的讹误，更重要
是想通过自己的例证来引起学者对这一年代学问题的重视，以保证历史研究
的严谨性，避免因细节问题而影响研究成果的价值。

干支记月记日　古代干支不仅用于纪年，还用于纪月纪日。由于历史年
代的久远，干支纪月日的问题也成为历史研究的难点，而且由于其细小，更
容易被历史研究者忽视。陈垣却非常强调这一问题，对此细节一丝不苟。在
他所撰《汪容甫〈述学〉年月日多误》一文中，就审查了汪中在干支纪月日
时出现的错误。如《江德量墓志》曰"德量以乾隆五十八年十月辛丑殁"、
《冯廷丞碑铭》载"廷丞以乾隆五十年十一月乙丑卒"、《先母灵表》记汪中
母亲"乾隆五十二年七月辛丑朔卒"、《哀盐船文》叙"乾隆三十五年十二月

---

① 陈智超编注：《陈垣史源学杂文》（增订本），第51页。
② 陈智超编注：《陈垣史源学杂文》（增订本），第98页。

乙卯，仪征盐船火"这四个历史事件，且不论这些日期与汪中所记历史事件具体发生的时间是否相合，仅从字面就可以判断汪中所述有误，因为按照干支纪年月日的方法，这些日子根本不可能出现。通过考究史源，陈垣纠正了其中三处错误：冯廷丞乾隆四十九年甲辰十一月八日卒，汪中母亲卒于乾隆五十二年七月丙寅朔，仪征盐传失火发生于乾隆三十六年十二月丁卯朔。

置闰问题 置闰问题是年代学研究中的另外一个难点。陈垣也曾为此写有专文以为范例，如《书全谢山〈先侍郎府君生辰记〉后》一文，就纠正了全祖望《先侍郎府君生辰记》中对弘治戊午（1498）至永历庚寅（1650）153年间闰月的错误记载。文中，全祖望认为弘治戊午闰十月、隆庆甲戌闰十一月、万历癸未闰十一月、顺治庚寅闰十一月。经过精密推算，陈垣发现此四说皆误，其正确说法应依次是：弘治戊午闰十一月而非十月；无隆庆甲戌，甲戌乃万历二年，是年闰十二月；万历癸未闰二月而非十一月；顺治辛卯闰二月、永历庚寅闰十一月。如果没有对年代学的深入研究，将很难发现并纠正全祖望的这些疏谬。

其三，关于其它纪年法。在中国古代还有其它的一些纪年方法，陈垣在其论著中也对这些纪年法进行了分析考证。如太岁纪年法，这是一种以 10 个岁阳年名配天干，12 个太岁年名配地支，形成 60 组名称纪年以配 60 干支纪年的方法。其中，岁阳"旃蒙"对应天干之"乙"，太岁"协洽"对应地支之"未"。因此，乾隆四十年乙未应作"旃蒙协洽"，但是汪中在《朱先生学政记序》一文中，却将此年误为"旃蒙敦牂"，"敦牂"所对应的地支应为"午"，故汪中"为误显然"①。

从以上分析可以看出，陈垣在历史年代学领域取得了巨大的成就。他的年代学研究不仅为学界提供了可靠实用的工具书，而且给初学者以治学方法的指引。综观陈垣一生的治学，可以清晰地看到他对历史年代学的研究贯穿

---

① 陈智超编注：《陈垣史源学杂文》（增订本），第 98 页。

于史学研究的全过程，历史年代学已不仅是他治学的手段和方法，也是其史学研究的重要内容，他以自身的学识极大地推进了历史年代学的发展。在陈垣的历史考证之中，其年代学研究也可谓功莫大焉。

五、避讳学

陈垣认为："不讲避讳学不足以读中国史。"[①] 为了解决治史中的避讳问题，他全面爬梳历代避讳的情况，系统整理了古代学者尤其是清代学者利用避讳现象校勘古籍、考证史事的经验，结合自己的研究成果，撰成《史讳举例》一书，"欲为避讳史作一总结束，而使考史者多一门路一钥匙"[②]。在这部书中，陈垣概述古代避讳的历史沿革，揭示避讳的方法、种类和特例，对因避讳造成的古书讹误和史实混乱作系统分类、归纳，而最为精彩的是介绍了利用避讳学进行学术研究的种种方法。可以说，《史讳举例》也是陈垣自己利用避讳学开展史学研究的直接证据，此书一方面建立了避讳学的体系，另一方面为历史考证归纳了一个可资研习、利用的新工具，从而使避讳学成为历史文献学的一门重要的相关学科，在文献考辨中发挥了疏通文献、考证史实的重要作用。陈垣利用避讳学进行考证的成果遍布其许多著述，然仅以《史讳举例》为例，也足以总结他利用避讳学开展史学考证取得的成就。

（一）为避讳史作"总结束"

这主要表现在，陈垣的避讳研究不仅限于对历代帝王名讳作一般性敷陈记述，而且注意对历代避讳的通例、特例进行规律性总结，并进而系统地阐述、分析中国古代避讳的历史和造成的影响，使人们在读书和利用古代史料时，不为避讳所误，这是他在总结避讳史方面的重要贡献。

要研究避讳学，必须了解中国古代避讳的基本情况，这项工作前人也曾

---

① 陈垣：《通鉴胡注表微》，第 62 页。
② 陈垣：《史讳举例·序》，见《史讳举例》，第 2 页。

作过，但皆未能有全面考察和深入总结，陈垣对此首次进行了系统、综合的分析。他在《史讳举例》中归纳出古代避讳的四种方法，即改字、空字、缺笔和改音，他认为前三种方法最常使用，后一种并未真正实行。比如，他辨正了唐朝人认为"正音征"乃避秦始皇讳、"昭有韶音"乃避晋讳的错误，指出"征"音、"韶"音由来有自，非避讳而成。他又考察了宋代、清代曾有因避讳改音而未能流行的事例，概括曰："避讳改音之说，亦始于唐。然所谓因避讳而改之音，在唐以前者多非由讳改，在唐以后者，又多未实行，不过徒有其说而已。"①

他又将历代避讳归纳为改姓、改名、改官名、改地名、改干支、改常语、改物名，避家讳、避外戚讳、避孔子讳、恶意避讳 11 种类型。其中如唐人因避唐高祖之父名而改干支，将丙改为景，唐修八史，丙皆作景，曰景申、景寅、景辰等，今本虽多改回，但仍应注意是否有未尽改者。此书最后一卷，总结了各朝避讳的历史沿革和特点，并爬梳各类典籍，将每朝帝号、名讳和避讳事例一一详列，为人们了解历朝的避讳提供了依据。柴德赓说："第八卷中列出了我国历代的避讳表，每一朝避什么、如何避。这是每一个中国史学工作者必须具备的知识。"② 说明了《史讳举例》示人以治学工具的重要作用。

在总结古代避讳史方面，《史讳举例》并不局限于对历代避讳方法、种类和名讳的考察，而是进一步将研究推向深入，这主要表现在以下两个方面各四个要点：

首先，在总结古代避讳一系列通例的基础上，于卷五"避讳学应注意的事项"中说明古代避讳的一些特例，揭示了古代避讳的复杂性，大致有以下四点：

考避嫌名之讳起于三国。所谓避嫌名，是指与名讳读音相近的字，也需

---

① 陈垣：《史讳举例》，第 8 页。

② 柴德赓：《陈垣先生的学识》，见《励耘书屋问学记——史学家陈垣的治学》（增订本），第 85 页。

回避。陈垣认为三国之前不避嫌名，如汉和帝名肇，不改京兆郡，而《三国志·吴志二》则记"赤乌五年，立子和为太子，改禾兴为嘉兴。"避嫌名虽始于三国，但并不是很严格，直到宋代，避嫌名之讳才有专门的规定，甚至一个皇帝所避嫌名达字之多，繁琐至极。

考避偏讳的问题。《礼记·曲礼》曰："二名不偏讳。"指名有二字者，不必一一避讳，只避其中一字即可。南朝时，已有二名偏讳的风气。唐太宗时，因"两字偏避，废阙已多"，曾明令"有世民两字不连续者，并不须讳"，然而二名偏讳之风并不能禁，至宋金避讳日盛后，则二名无不偏讳了。

考旧讳不避之例。历史上避讳之例极多，如果代代相承，积累不废，则必成避不胜避、无字可书的局面。为了解决这一问题，古代避讳采取了一些舍故讳新的方法，"已祧不避"是其中一例。祧者，远祖之庙也。陈垣指出，周礼，天子祭七庙，三昭三穆与太祖庙共七。除太祖为不祧之祖外，大抵七世以内则讳之，七世以上则亲尽，迁其主于祧，已祧者则不讳。以唐讳为证，韩愈《潮州刺史谢表》中曰"朝廷治平""为治日久""政治少息""治未太平""巍巍之治功"等皆犯唐高宗李治之讳，但其时高宗已祧，则所谓已祧不讳也。

陈垣还指出史书中有因避讳不尽或后人回改，回改也有未尽等情况，造成史书中避讳的内容复杂多变，读史治史应根据具体情况认真考察，不可以偏概全，陷于错误而不知。

其次，通过卷二"避讳改史实"、卷四"因避讳而生之讹异"和卷六"不讲避讳学之贻误"三部分，揭示了因避讳而对人们阅读古籍和考史所造成的障碍，指出前人在读书、著述和校勘、考证中，因不知避讳学而产生的种种错误。历代避讳造成古籍疑碍的原因是多样的，或因直接的改字而致误；或因避讳空字，后世抄刻将空处连排而致误；或因避讳换字而在旁作注，后世将注字插入正文而致误，等等，不一而足。陈垣总结了因避讳而造成古籍的种种疑碍和讹异，大致包括以下四点：

因避讳造成对人物记载的错误。如因避讳改字而致名字有误，《宋书》曰："陶潜字渊明，或云渊明，字元亮。"唐人为避李渊的"渊"，遂改渊明为深明，后人回改时因传写颠倒，《南史》记成："陶潜字渊明，或云字深明，名元亮。"于是凭空多出一字深明、一名元亮。又如因避讳改字而致一人多名，唐朝李匡撰《资暇集》三卷，宋刻本为避宋太祖讳改题其字，曰"李济翁"撰，或缺一字曰"李"撰，南宋王楙《野客丛书》作"李正文"，《陆游集》作"李匡文"，到《文献通考·经籍考》则成"李匡义"，总之因避讳而演变讹异，李匡一名衍成五名。

因避讳造成对年号、官名、书名等许多事物记载的讹异，其中以书名的改易为甚。例如《隋书》的《经籍志》《礼仪志》都曾因避唐讳，将《白虎通》记为《白武通》，后来校书者才改回。同样，《旧唐书·经籍志》也曾将皇甫谧的《帝王世纪》录为《帝王代纪》。又如晋朝孙盛、邓粲都曾写过《晋春秋》，因避晋简文帝郑太后讳阿春，春字改为阳，校书者在阳字旁注"春"字，后世将注字连入正文，于是在《文选》李善注中、《旧唐书·经籍志》中都曾出现《晋阳春秋》这样难以理解的书名。

因避讳造成对地名记载的讹异。如《续汉郡国志》记敦煌有"拼泉"，实为"渊泉"，因避唐讳，"渊"字缺笔，后人转抄遂讹为"拚"。另外，同人名致误一样，因避讳也出现一地误为二地或二地误为一地的现象。

因不懂避讳学造成校书或考证中的错误。比如，因不懂避讳而造成校改图书的错误。《后汉书·蔡邕传》曰"补侍御史，又转侍书御史"，范晔原文是"又转治书御史"，章怀太子李贤注《后汉书》时因避唐讳改"治"为"持"，后来校书者不懂避讳，竟易"持"为"侍"，铸成一错。又如因不识避讳，在考证时以不谬为谬。宋代吴缜的《新唐书纠谬》力纠欧阳修之错，但其中有数条实因避讳而吴缜以为谬者。其卷十一"常山及薛谭字误"条，认为"常山公主下嫁薛谭"应作"恒山公主嫁薛谈"，不知史文原有避讳，恒避唐穆宗讳改为常，谈避唐武宗讳改为谭。又有典籍原无避讳，校书者以为避讳回改而致误。如《后汉书·宦者传》论曰："三世以嬖色取祸。""三世"当为"三代"，李贤注《后汉书》，凡"世"字皆改为"代"，宋以后校书者又回改，然而此处的"三代"乃范氏《后汉书》的原文，校书者以为避讳而回改为"世"，其实改错了。

以上对于避讳史的总结，对于避讳如何使典籍致误的分析，不仅为人们在读书治学过程中，绕过避讳的"暗礁"，提供了切实有用的指南，也有力地说明了通晓避讳学的重要性。

（二）发掘避讳知识在史学研究中的作用

他通过对利用避讳进行校勘考证等手段的总结，不仅解释并疏通了诸多史书中存在的疑滞，而且第一次构建了避讳学的科学体系。陈垣作《史讳举例》不仅是为了总结中国的避讳史，而且还要为史学提供一种治史之利器。研究避讳而善于揭示其运用法则，是陈垣在这一领域的研究能超越前人，并使避讳学成为史学辅助学科的原因所在。如何将避讳学运用于史学，《史讳举例》在卷七"避讳学之利用"中总结了11条，大致包括以下几个方面：

一是利用避讳考证人物。如《周书·后妃传》记文帝元皇后乃魏孝武帝之妹，初封平原公主，适开府张欢；后因夫妻不和，公主告于魏孝武帝，张欢被杀。张欢之名，《北齐书》《北史》皆不载；据张欢被害史实查证，才知即《北齐书》所记张琼之子张忻、《北史》所记张琼之子张欣。《北齐书》虽唐李百药所撰，然百药乃据其父李德林在北齐时所作齐史扩充，李德林因避北齐皇帝高欢之名，改张欢为张忻。唐李延寿作《北史》，又因北朝各史删补而成，故张忻又演变为张欣。实际上，张忻、张欣二名皆因避讳所误，应以《周书·后妃传》所记张欢之名为实。

二是利用避讳考年代。书中采用钱大昕《潜研堂文集》卷二十五的一条材料，指出钱氏就曾通过《宝刻类编》中避南宋理宗嫌名的内容，确定此书作者为南宋末期人。钱氏的考证分两步进行，先从《宝刻类编》所述上起周秦，下讫五代的内容，认定此书当为宋人所撰；再据宋末理宗名讳昀，时人为避理宗嫌名，则凡与"昀"字同音之字皆避，故此书将当时的筠州改作瑞州。据此，可确定《宝刻类编》作者年代当在宋末理宗时期。

三是利用避讳辨典籍真伪。如署名隋朝王通所著的《中说》，学者鉴别其伪皆不曾利用避讳，陈垣则独辟蹊径，指出隋文帝父名忠，兼避中字嫌名，而《中说》犯隋讳如忠、中、勇、广者甚多，故此书非隋人所撰，乃后人伪作无疑。

四是利用避讳校勘古籍。此类范例在书中列举最多，如校后人增改例：按汉代避讳制度，史书不犯帝王名讳。《史记·高祖本纪》多次提到惠帝而不书名，但《景帝本纪》却说："四年，立皇子为胶东王。""七年，立胶东王为太子，名。"明显犯武帝之讳，可知这两条内容为后人所加。校小注误入正文例：《后汉书·郭太传》因范晔避其父名，篇中皆称郭太为郭林宗，只是到了传末，忽有一段文字多处直称"太"名，让人觉得前后讳例不一。经钱大昕校对闽中旧本，方知这段文字乃刻书者将唐朝李贤注文插入正文之误。校他书补入例：《魏书·肃宗纪》及其他传记记广阳王名字皆为"渊"，但《魏书·太武五王传》却作广阳王深。究其原委，则因此传亡佚，后人取《北史》补缺，而《北史》避唐讳，补书者不知追改，故有歧异。校衍文脱文例：《晋书·后妃传》说晋成帝杜皇后讳陵阳，所以改宣城陵阳县为广阳县，但值得怀疑的是，晋代避讳甚严，为什么又有"阳"字不避呢？据《宋书·州郡志》所记："广阳令，汉旧县曰陵阳，晋成帝杜皇后讳陵，咸康四年更名。"则可知杜皇后本讳陵，《晋书》所记衍一"阳"字。再如校书有补版例：鉴定版本者通常以是否有避宋讳作为判断宋刻本的依据之一，而陈垣书中则引钱大昕《十驾斋养新录》卷十三的一条材料，来说明如何考证刻本的补版。钱大昕在考证《东家杂记》的版本时说，书中有管勾之"勾"，缺笔以避宋高宗嫌名，然也有不缺笔之处，乃元初补版留下的痕迹，此书版本则应为宋刻元修之本。

以上所举种种，皆为利用避讳校勘古籍，疏通窒碍之法。当然利用避讳学考史的方法不只以上几个方面，书中也仅就较有代表性的方法进行归纳举例，而陈垣在其他著述中利用避讳学进行考史的事例却是不胜枚举。比如，在《陈垣史源学杂文》中，他就广泛利用避讳学的方法考辨史源、辨正谬误。在他为清代画家吴历所作的《吴渔山年谱》下卷中，还记载了他运用避讳学的方法，判明一本作者署名为吴渔山的画册为伪作。在《通鉴胡注表微·避讳篇》中，他把避讳与否看作是政治上叛服的依据，以此来考察某人或某集团的政治态度，研究分裂时期各政权之间不断变化的政治关系。他说："避讳与奉正朔相等，服则避，不服则不避。"《通鉴》卷二九四记，后周显德五年，南唐主避周讳，更名景，下令去帝号。陈垣指出："郭威之高祖讳，南唐李既降周，故更名景。信乎避讳与否，足为叛服凭证，此中国特有之例也。"利用避讳考政治态度，这当是陈垣避讳学研究中的又一创见。

《史讳举例》撰成后，受到学术界的高度重视。史学家傅斯年致函陈垣说："《史讳举例》一书，再读一过，愈佩其文简理富，谨严精绝。"[1] 胡适则曾专门为此书撰写书评《读陈垣〈史讳举例〉论汉讳诸条后记》，指出："陈先生此书，一面是结避讳制度的总账，一面又是把避讳学做成史学的新工具。它的重要贡献，是我十分了解的，十分钦佩的。"[2] 近一个世纪以来，中国史学利用避讳学进行史学考证、古籍整理等方面的成就，可以说明《史讳举例》一书在其中所产生的重要影响，亦可证明以上两位学者对《史讳举例》的评价所言不虚。

在具体的史学研究中，目录学、校勘学、版本学、年代学、避讳学等方法并不是割裂的，而是有机地融为一体。陈垣熔铸多种学科创建的史源学就是系统地考辨史料的重要方法。针对历史研究中遇到的具体情况，陈垣将各种方法融会贯通，往往能采用最有效的方法和手段来考辨史料。这一点从他

---

① 陈智超编注：《陈垣来往书信集》（增订本），第 410 页。
② 胡适：《胡适书评序跋集》，岳麓书社 1987 年版，第 375 页。

的《陈垣史源学杂文》就可以看到：集中的文章紧紧围绕史料考证这一中心，或专用某种方法，或综合多种手段，深入浅出，以小见大，集中展现了陈垣综合考史的方法和水平，为初学者学习史学考证提供了绝佳的例证。

第六章　陈垣史学指导思想的发展变化

——从陈垣看 20 世纪中国史学经世思想的演进

史学指导思想是指史学工作者在史学研究中坚持和贯彻的具有指向性和目的性的观念和认识。史学指导思想一般表现为史学研究中所坚持的方法原则和对史学研究目的和功能的认识，对史学研究具有重要的规范和引导作用。

史学指导思想有时会随着史学工作者内外环境的变化而变化。1950 年，陈垣在给友人席启駉的信中，谈到他数十年治史过程中的几次变化：九一八事变以前重钱大昕之学；九一八事变后改为顾炎武经世之学，注意事功；北京沦陷后，乃讲全祖望之学，激发故国思想以为报国之道；新中国成立后，得学毛泽东思想，希望一切从头学起。① 按照这一说法，可以清楚地看出，陈垣史学指导思想经历了几次变化，这几次变化使他的史学研究清晰地分成了三个主要的发展阶段。

第一阶段是 1917 年到 1931 年九一八事变前近 15 年间，他的史学以乾嘉考据学的思想为指导。在继承钱大昕等乾嘉考据学的基础上，他努力建设具有取材广博、综合分析和形成专学等特点的，具有近代史学意义的历史考证学。此期间通过"古教四考"和《元西域人华化考》等名著，奠定了他在史学界的重要地位，日本著名汉学家桑原骘藏在当时赞誉陈垣为中国史家中

---

① 陈智超编注：《陈垣来往书信集》（增订本），生活·读书·新知三联书店 2010 年版，第247 页。

"尤为有价值之学者"①。

第二阶段为九一八事变至卢沟桥事变以后 8 年抗战期间，前后又近 15 年，此期陈垣的史学以顾炎武的经世致用思想和全祖望的民族意识为指导。他身处沦陷区，但坚贞不屈，他在大学讲台上讲顾炎武《日知录》、全祖望《鲒埼亭集》，激励学生的爱国热情。此期他写出了三部宗教史专著和《中国佛教史籍概论》，一方面是他的历史考证在宗教史领域的新创获，另一方面则表达了"斥汉奸、斥日寇、责当政"② 的爱国思想。尤其是此期写

图 24　1924 年 4 月陈垣在西山卧佛寺后园。

成的《通鉴胡注表微》，更充分反映了他的爱国情操。这是一部史考和史论紧密结合的杰作，标志着陈垣的史学成就"推进到一个新的高度"③。

第三阶段是 1949 年新中国成立后二十余年，他努力学习毛泽东思想，史学指导思想又有较大的转变。1949 年 5 月 11 日《人民日报》刊登了他《给胡适之一封公开信》，阐述了他学习辩证唯物论和历史唯物论的愿望和体会。他不顾年高，坚持在学术上耕耘不息，在这阶段依然撰写了三十余篇史考论文。新中国成立后，陈垣由衷地热爱社会主义祖国，并于 1959 年以 79 岁高龄加入中国共产党。1965 年发表的《萨都剌的疑年》是他生前发表的最后一篇论文。

---

　　① ［日］桑原骘藏著：《读陈垣氏之元西域人华化考》，陈彬和译，转引自《元西域人华化考》附录，世纪出版集团、上海古籍出版社 2008 年版，第 130 页。
　　② 陈智超编注：《陈垣来往书信集》（增订本），第 247 页。
　　③ 白寿彝：《要继承这份遗产》，见《励耘书屋问学记——史学家陈垣的治学》（增订本），生活·读书·新知三联书店 2006 年版，第 109 页。

"文化大革命"期间他心情抑郁，于 1971 年 6 月去世，终年 91 岁。

第一节　对乾嘉史学的服膺与超越

清代学术以乾嘉考据学为盛，反映出清代学术发展到较高的水平，已具有了近代科学的某些方法与精神，因而为近代学人推崇和继承。梁启超称乾嘉学者的研究法是"近于科学的"①，胡适称"中国旧有的学术，只有清代的朴学，却有科学精神"②。20世纪，新历史考据学取得了辉煌成就，涌现了王国维、陈垣、陈寅恪等著名大师和其他出色学者。学术界普遍承认，乾嘉考据学是 20 世纪新考据学发展的重要基础。作为乾嘉史学最重要的代表人物，钱大昕的学术成就和治学精神对于20 世纪考证学者的影响是巨大的。王国维称誉钱大昕为乾嘉

图 25　1961 年 5 月 2 陈垣在书房。

之学的开创者，陈垣推举钱大昕《十驾斋养新录》为清代第一，而陈寅恪则称陈垣"先生之书，尤为中华学人所推服。盖先生之精思博识，吾国学者，自钱晓徵以来，未之有也。"③ 以上言论，表明了新考据学派对乾嘉史学的推崇，陈寅恪之说更揭示了陈垣对于钱大昕之学的承继关系。以下可以从两个

---

① 梁启超：《中国历史研究法（外二种）·清代学术概论》，河北教育出版社 2000 年版，第 396 页。
② 胡适：《中国哲学史大纲》附录《清代学者的治学方法》，河北教育出版社 2001 年版，第562 页。
③ 陈寅恪：《陈垣〈元西域人华化考〉序》，见《金明馆丛稿二编》，生活·读书·新知三联书店 2001 年版，第 270 页。

方面来了解陈垣对乾嘉史学的服膺与超越。

一、继承钱大昕学术的理路和考证思想

陈垣学无师承，早年通过阅读研究乾嘉史学相关著作，领悟乾嘉诸史家的史学思想与治学方法，以后更以此指导他的史学研究工作，取得了突出成绩，完成了《元也里可温教考》《元西域人华化考》等一批有国际影响力的著作，奠定了他著名历史学家的地位。陈垣对乾嘉史学学术理路和考证思想的继承主要表现在以下几个方面：

（一）实事求是，无徵不信

实事求是是中国史家治学的优良传统，清代考据学者推崇实事求是、言必有据、无徵不信的治学方法和求真精神。钱大昕自言其《廿二史考异》"惟有实事求是，护惜古人之心，可与海内共白"①。又称誉戴震"实事求是，不偏主一家"②。在《卢氏群书拾补序》中则倡言"通儒之学，必自实事求是始"③。钱大昕治史，以数十年之精力，潜心于考辨史籍文字之错讹，地理、制度之误载，史实之歧异，目的即在于实事求是，恢复史实之真。基于实事求是的精神，钱大昕明确阐述了其历史考证的基本原则，如"前之古人无此言，而后之古人言之，我从其前者而已矣"④，表明了他重视较早出现的证据；"后儒之说胜于古，从其胜者，不必强从古可也"⑤，又体现了他不盲目泥古的态度；"虽一孔之见非无可取，而其强词以求胜者，特出门户之私，未可惟善读书也"⑥，则明确提出反对门户之见，以"择善而从，非敢固执己见"⑦ 来

---

① （清）钱大昕：《潜研堂集·廿二史考异序》，上海古籍出版社 2009 年版，第 407 页。
② （清）钱大昕：《潜研堂集·戴先生震传》，第 710 页。
③ （清）钱大昕：《潜研堂集·卢氏群书拾补序》，第 421 页。
④ （清）钱大昕：《潜研堂集·秦四十郡辨》，第 253 页。
⑤ （清）钱大昕：《潜研堂集·答问六论语》，第 118 页。
⑥ （清）钱大昕：《潜研堂集·严久能娱亲雅言序》，第 424 页。
⑦ （清）钱大昕：《潜研堂集·与梁耀北论史记书三》，第 626 页。

要求自己。这些原则蕴含的科学性和求是精神，尤为近代学者所认同。

　　陈垣治学，既无家传，也无师授，而是直接承继了乾嘉诸史家。最初影响陈垣并引导他走上史学研究道路的是赵翼撰写的《廿二史札记》，是书不仅诱发了陈垣的史学兴趣，还为他指出了思考问题的方法和史书撰著的义例，而在乾嘉诸史家中，陈垣最推崇的仍然是钱大昕。他曾说清代考证著作中"第一应推钱大昕的《十驾斋养新录》"[1]，这是他对钱大昕实事求是治学思想的认同，也是对钱氏在实事求是思想指导下，进行史学考证工作所取得的突出成绩的肯定。陈垣继承了乾嘉之学的史学传统，他说："欲实事求是，非考证不可。"[2] 考证须熟悉年代学，他又说"苟欲实事求是，非有精密之中西长历为工具不可"[3]。编制精密之长历与考证是实践他实事求是思想的手段，而通过考证分析，得出真知，是他史学研究的目的。在陈垣的史学研究中，自始至终贯彻着实事求是的思想。

　　实事求是思想的贯彻在史学研究中的具体表现就是无徵不信，而要做到无徵不信，就必须广泛收集材料，广稽互证。乾嘉史学家是如此，陈垣也是如此。钱大昕在考史时善于广泛搜集各种证据，正史、笔记、小说、金石等史料无所不包，追根求源，务使事实真相昭然若揭。梁启超在论述乾嘉考据学者的优良方法时有言："孤证不为定说，其无反证者姑存之，得有续证则渐信之，遇有力之反证则弃之。"[4] "盖无论何人之言，绝不肯漫然置信，必求其所以然之故，常从众人所不注意处觅得间隙，既得间，则层层逼拶，直到尽头处。"[5] 梁启超的概括和评价，正揭示了钱大昕考史广参互证，追根求源的特点。陈垣也非常重视史料的搜集与互证，他搜集史料的范围极其宽广，尤

---

　　① 赵光贤：《回忆我的老师援庵先生》，见《励耘书屋问学记——史学家陈垣的治学》（增订本），第 114 页。
　　② 陈垣：《通鉴胡注表微》，辽宁教育出版社 1997 年版，第 76 页。
　　③ 陈垣：《陈氏中西回史日历自序》，见《中西回史日历》，国立北京大学研究所国学门 1926 年版，第 1 页。
　　④ 梁启超：《中国历史研究法（外二种）·清代学术概论》，第 414 页。
　　⑤ 梁启超：《中国历史研究法（外二种）·清代学术概论》，第 402 页。

其注意拓展史料的种类和范围。从其史著征引看，有正史、杂史、金石、方志、档案、文集、画谱、名录、语录等等。搜集材料时"竭泽而渔"，广征博采，但征引材料时却严于取舍，是陈垣处理史料的特点，如他校补《元典章》，校出沈刻本错误一万二千多条，而撰成《元典章校补释例》只用了其中的一千多条。陈垣考史亦非常重视根寻史源，"非逐一根寻其出处，不易知其用功之密，亦无由知其致误之源。"① 对史料进行审订，找出原始根据，然后才能稽考史事，订其讹误。他还为学生开设"史源学实习"课，训练学生追根求源的能力，对史料进行审订，找出原始根据，然后才能稽考史事，订其讹误。

陈垣的史学著作，都是在广泛收集材料的基础上，去粗取精、去伪存真完成的。比如，他撰写著名的《元西域人华化考》一书，稿本有三四大捆，经再锤炼，完成时也仅七万多字。陈垣曾把学术创作分为三步：收集材料、考辨材料和论述成文。他指出前两步工作须占十分之八的时间，只有确实可据的材料和实事求是的研究才能经得起时间的考验，"草草成文，无佳文之可言也"②。

(二) 综合运用辅助学科，追求义例

乾嘉史学的考据，涉及诸多学科领域的问题。钱大昕学识渊博，对于版本、目录、校勘、避讳、金石文字、天算年代等都很擅长，当代学者杜维运曾说："钱氏历史考据学之精审缜密，卓绝千古，即由于钱氏历史辅助知识之博雅也。"③ 钱氏精于版本目录之学，勤于搜罗，校勘订误，尝言"经史当得善本……若日读误书，妄生驳难，其不见笑于大方者鲜矣"④，为博求善本，

---

① 陈垣：《通鉴胡注表微》，第 84 页。
② 陈智超编注：《陈垣来往书信集》（增订本），第 1109 页。
③ 杜维运：《清代史学与史家》，中华书局 1988 年版，第 303 页。
④ （清）钱大昕：《十驾斋养新录·经史当得善本》，上海书店出版社 2011 年版，第 55 页。

他不遗余力，为搜寻《壬子新刊礼部韵略》，"五十年来遍访南北藏书家"①。钱氏重视金石碑刻在考史中的作用，认为"金石之学，与经史相表里……出于千载以前，犹见古人真面目，其文其事，信而有徵，故可宝也。"② 他运用金石正误补缺，著有《潜研堂金石文跋尾》等。钱氏又深研天文历算，有《三统术衍》《元史朔闰表》等专书，他以天文历算考史，解决了许多悬而未决的问题，为人们阅读古籍扫清了障碍。钱氏推究史书结构，寻其义例，推而广之，以正史实，曾说"古人著书简而有法，好学深思之士，当寻其义例所在，不可轻下雌黄。"③ 钱氏对于历朝避讳制度和特点有深入了解，并利用避讳的义例纠正了典籍记载和版本考订的许多谬误。

陈垣继承了乾嘉史学善用多种辅助学科，并注重义例的方法。他精通目录、版本、年代、史讳、校勘等学科，以为考史之助。陈垣以目录为治学门径，他告诫学生重视目录学，尝言经常翻翻目录书"可以扩大视野……用起来得心应手，非常方便，并可以比较充分的掌握前人的研究成果。"④ 陈垣读书注重切要实用，不盲目追求珍罕之本，多从寻常经见之书中发掘不为人所注意之材料。他著有《中国佛教史籍概论》，不仅讲版本源流，纠正前人书目中对佛教史籍记载的谬误，更注重揭示佛教史籍中有关史料的研究价值。年代为历史记载必不可少，古代史书纪年采用多种计时方法，同一事件而年月不同，让人甚感不便。陈垣以为"中历闰月及大小尽无定，不著中历朔闰……于研究元史及中西交通史仍不便，乃发愤将二千年朔闰先行考订，以为根据……自汉迄清，成《二十史朔闰表》。又按西历四年一闰之月日，创为表格，然后以考定之中历朔闰及回历月首，按表填入……名曰《中西回史日历》。于是中西回史之年月日，皆可互通矣。"⑤ 他五易其稿，阅时四年而成的

① （清）钱大昕：《潜研堂集·与谢方伯论平水韵书》，第642页。
② （清）钱大昕：《潜研堂集·关中金石记序》，第414页。
③ （清）钱大昕：《十驾斋养新录·说文连上篆字为句》，第57页。
④ 陈乐素、陈智超编校：《陈垣史学论著选》，上海出版社1981年版，第643页。
⑤ 陈垣：《陈氏中西回史日历自序》，见《中西回史日历》，第1页。

《中西回史日历》与《二十史朔闰表》是中国近代历表编制的创举，为中西回三种历法提供了可靠的换算工具，受到学术界普遍赞誉。他治学善于从复杂的史料中寻求归纳类例。其学生牟润孙回忆说"他的《史讳举例》《元典章校补释例》《五代史辑本发覆》，都是他个人对这一主张的实践"①。《史讳举例》征引典籍一百四十余种，将大量避讳材料归纳为 82 种类例，不仅讲述了知识，还告诉人们如何利用避讳知识进行历史研究，为史学研究提供了"新门路"和"新钥匙"。《元典章校补释例》（又称《校勘学释例》）从沈刻《元典章》一万二千多条错误中，抽取部分校记归纳为 42 种误例，几近穷举古籍致误规律，总结古籍致误原因，又根据前人校勘成就与自己的实践经验，归纳凝练出"校勘四法"，成为校勘学的通则。

（三）对元史研究的重视

钱大昕"生平于《元史》用功最深"②，他在元史学上所进行的系列研究，影响后世甚大。首先，是对《元史》的错讹进行深入考订，为元史研究奠定了坚实的基础，他的《廿二史考异》100 卷，有关《元史》的考异就占了 15 卷，钱氏其他著作中对元史的研究也多有涉及。其次，他还揭示了《元朝秘史》《圣武亲征录》《元统元年进士题名录》《元典章》《长春真人西游记》及元代金石碑刻的价值，使这些重要的史料为后人所注意和利用。最重要的是，钱大昕在考订错讹、发掘史料的基础上还决定重写《元史》，可惜与其《元诗纪事》书稿一样都散佚了；但《元史艺文志》《元史氏族表》《元进士考》与《元史朔闰表》等流传至今。钱大昕开启了自此以后《元史》研究和西北史地研究的新局面，后世许多研究蒙元史及西北史地的学者，都或多或少受到钱大昕的影响。

---

① 牟润孙：《励耘书屋问学回忆》，见《励耘书屋问学记——史学家陈垣的治学》（增订本），第 74 页。

② （清）段玉裁：《经韵楼集·潜研堂文集序》，上海古籍出版社 2007 年版，第 186 页。

在中国史学近代化的过程中，陈垣是元史研究领域的一代宗师。他打破从清代到 20 世纪初重修《元史》的旧格局，从宗教史、文化史、学术史的角度，以专题研究的方法，开一代风气，把元史研究推进到一个新的高度。他在元史研究中的巨大成就包括：宗教史方面的《元也里可温教考》《元基督教徒之华学》，以及《南宋初河北新道教考》中关于宋元时期道教史的研究。文献整理研究方面，除上述《沈刻元典章校补》外，又有《书大德南海志残本后》等一些考校元代史料的著述，更要特别提出的是《元秘史译音用字考》一书，该书比勘了多种《元秘史》版本，并参照《华夷译语》，总结出一套明初音译《元秘史》的用字规律，对于准确理解《元秘史》的内容，深入研究 13 世纪的蒙古语，全面了解《元秘史》各种版本的源流皆有重要意义。在元史人物研究方面，他也写过有关耶律楚材、李志常、黄东发、萨都剌等人生卒年考订等一批有分量的论文。陈垣在元史领域最重要的成就，当属研究中外文化交流的《元西域人华化考》和研究胡三省学术思想的《通鉴胡注表微》二书，分别代表他前后期史学研究特点的两座高峰。《元西域人华化考》参考了二百多种书籍，精心架构，是他早年撰著最满意的一部学术著作。陈寅恪称"先生是书之材料丰富，条理明辨，分析与综合二者极具功力"①，日本学者桑原骘藏读是书后十分钦佩，以为"非独为研究元代历史，即研究中国文化史者，亦有参考此论著之必要"②。《通鉴胡注表微》为陈垣后期学术的总结，是他史学研究的又一座高峰，将在抗战时期的史学思想一节中做详细论述。

二、超越乾嘉，光大中国学术的理念

陈垣在继承乾嘉史学优良传统的基础上，结合近代科学精神和历史环境的变化，又对乾嘉史学思想及其治学方法有所发展。首先，他的历史考证在

---

① 陈寅恪：《陈垣〈元西域人华化考〉序》，见《金明馆丛稿二编》，第 270 页。
② ［日］桑原骘藏著：《读陈垣氏之〈元西域人华化考〉》，陈彬和译，转引自《元西域人华化考》附录，第 130 页。

继承乾嘉考据学的基础上，不断扩充史料范围，将乾嘉诸老的考证经验，系统总结为各门具有法则和范例的，可供传授，便于研习、操作和成长的专学，如避讳学、校勘学、史源学，从而为历史文献学的不断完善奠基，为历史考据在新时代的发展进步提供了科学的方法论。

其次，他在继承乾嘉考据重视考证、善于考证的同时，又清醒地认识到，一方面，考证并不是历史研究的唯一方法，史学评论也非常重要，特别指出治史须"以意言之，不专恃考证，所以能成一家之言"①。另一方面，他善于通过考证贯通史实，说明历史过程的客观因果关系，阐述不同历史现象的内在联系，而不专为碎片化之考证，从而对一些历史问题作出综合分析和解释。这是他的历史考证实践和历史考证思想，超越乾嘉考据家的重要之处。

史学系教员及本届毕业同学

图 26　1931 年蒋梦麟、陈垣（前右三）、马衡、张星烺等辅仁大学史学系教师和应届毕业班同学合影。

---

① 陈垣：《通鉴胡注表微》，第 51 页。

　　最后，也是最重要的一点，就是陈垣与乾嘉学者埋首于故纸堆的考据学不同，他的学术不是封闭的，而是具有与国际学术界交流，为中国学术争光的世界眼光。在当时汉学研究中心多在国外的情况下，陈垣提出了"夺回汉学中心"的号召，并积极实践，写下了古教四考、《元西域人华化考》等一系列动国际而垂久远的著作，反映了他光大中国学术的强烈愿望。

　　20 世纪二三十年代，随着中西文化交流逐渐频繁，中国学者感到除了枪炮赶不上西方，其至连传统的中国史学研究也逊色于海外汉学家。与乾嘉史学明显不同的是，陈垣深切感觉到了中国学术的危机，并由此形成了拓展乾嘉学术范围，将中国学术推到世界前沿的愿望。他自青年时就抱救国之志，学医，办报，从政，无不为了祖国的强盛。当他弃政转学之后，这种情感就进入到史学研究中来，逐渐形成了"夺回汉学中心"的思想。

　　陈垣"夺回汉学中心"的思想并没有在具体的论著中提出过，但这一提法确实是他多次提出并倡导的。据他的朋友和学生回忆，陈垣在历史教学中一再提出和重申把汉学的中心地位从外国夺回来，而且在学术研究中不断实践，希望同仁与同学发扬光大中国学术。

　　他的学生郑天挺回忆，1921 年秋天在北京大学国学门一次集会上，陈垣曾说："现在中外学者谈汉学，不是说巴黎如何，就是说日本如何，没有提中国的。我们应当把汉学中心夺回中国，夺回北京。"① 他在北平师范大学的学生柴德赓回忆说："陈老师深以中国史学不发达为憾，常说：'日本史学家寄一部新著来，无异一炮打在我的书桌上。'因此，他就更加努力钻研。"② 叮见陈垣先生曾广泛号召，激励和并团结了一部分有志光大中国史学的青年学生。

　　陈垣不仅在学生中号召夺取汉学中心，在诸多同时代学者中也取得了共

---

① 郑天挺：《自传》，见吴廷璆等编《郑天挺纪念论文集》，中华书局 1990 年版，第 687 页。
② 柴德赓：《我的老师陈垣先生》，《文献》1980 年第 2 辑，第 22 页。

识。据胡适说，20 世纪 20 年代陈垣就曾和他谈起汉学的中心究竟在哪里的问题①。同时期的沈兼士在《国学门建议书》中也感叹："窃惟东方文化自古以中国为中心……以中国古物典籍如此之宏富，国人竟不能发扬光大，于世界学术界中争一立脚地，此非极可痛心之事也?"② 1928 年，傅斯年在《历史语言研究所工作之旨趣》中高呼"要科学的东方学之正统在中国!"③ 1929 年他在给陈垣的信中也表达了对汉学中心在外国的愤慨："斯年留旅欧洲之时，睹异国之典型，惭中土之摇落，并汉地之历史言语材料，亦为西方旅行者窃之夺之，而汉学正统有在巴黎之势。是若可忍，孰不可忍!"④。尽管各位学者研究方向与方法不同，但光大中国学术的愿望则是他们共同的感情。

陈垣不仅是"夺回汉学中心"的号召者，更是积极的实践者。他自己刻苦钻研，相继完成和推出了《元也里可温教考》等"古教四考"和《元西域人华化考》等"动国际而垂久远"的名作，在国际史学界产生重要影响，展现了中国学者的风采。他又以辅仁大学为中心，团结了沈兼士、余嘉锡、张星烺等一批同时期的著名学者，以"夺回汉学中心"为共同的研究旨向和奋斗目标，努力实践，成为当时中国学术界中的一支重要力量，影响广泛。他目光远大，培养了郑天挺、翁独健、柴德赓等一批优秀的学生，以"夺回汉学中心"为号召，激励他们走向史学研究的道路；他还鼓励、支持姚从吾出国学习，了解国际学术动态。很多当时的青年学者正是在他的鼓励下，投身学术事业并发奋努力，为我国各个学术领域注入了重要的新生力量，也为 20 世纪后半期中国史学的发展奠定了坚实基础。

20 世纪二三十年代是中国传统学术向现代学术转化的时期，同时也是东西方文化交流的重要时期，是现代学术建立和发展的时期。现代学术建构的

① 胡颂平：《胡适之先生年谱长编初稿》，联经出版事业公司 1984 年版，第 2789 页。
② 沈兼士：《沈兼士学术论文集》，中华书局 1986 年版，第 362 页。
③ 傅斯年：《傅斯年全集》（第三卷），湖南教育出版社 2003 年版，第 12 页。
④ 陈智超编注：《陈垣来往书信集》（增订本），第 407 页。

重要内容是中西新旧的学术传承与发展，陈垣作为其中的一位重要学者，在其第一个史学发展阶段，以继承乾嘉考据、发展中国学术为志向，积累深厚的学养，开展精湛的研究，通过凝聚专学、推动新历史考证的学术理念以及"夺回汉学中心"的号召，在 20 世纪中国新史学的建构与发展中作出了重要贡献。

第二节　从经世之学到激发故国思绪

20 世纪 30 年代前期，是陈垣学术、教学与思想进一步深化的时期。在学术上，他已撰写了"古教四考"、《史讳举例》、《元西域人华化考》等重要史著，在宗教史、历史文献学、元史等方面作出开创性贡献。在教学上，陈垣先生总结自己多年历史考证的经验，创立了史源学，并在当时的北京大学、北平师范大学、辅仁大学等高校先后开设了"史源学研究"或"史源学实习"课程。在思想上，九一八事变爆发，民族危机日益加深，他身处北平，直接感受到日本军国主义的步步进逼，中国面临着亡国灭种的现实危险。作为一个有强烈爱国心的史学家，此时他已不满足于以"把汉学中心夺回中国"作为报国之道，还要直接以史学作为战斗的武器。

七七事变以后，时任校长的他为了保存一批读书种子，维持辅仁大学办学的独立性，坚持留在北平，与师生共患难。全面抗战中，陈垣一方面利用辅仁大学为教会学校的特殊性，与日伪抗争，学校不挂日本旗，不用日文教材；一方面以三尺讲台为阵地，讲顾炎武《日知录》的经世之学，讲全祖望《鲒埼亭集》的抗敌思想，以激发学生的爱国斗志。当时敌伪为了利用他的学术声望和影响，曾多次威逼利诱，让其出任所谓"东亚文化协会""东洋史地学会"或"大东亚文化同盟会"等敌伪机构的负责人，陈垣一一严词拒绝，表现出坚贞不屈的凛然正气和抗日爱国的民族气节。北平沦陷后，目睹人民的苦难和日寇的横行，强烈的爱国激情促使他将史学研究和社会现实联系起来，他改变了以往专注于历史考证的治史特点，着力"提倡有意义之史学"①。具体而言，就是以考证结合史论，发挥历史对现实的鉴戒作用，表达抗日爱国的思想，留下了"宗教三书"及《通鉴胡注表微》等一系列重要著作。这些著作反映了陈垣史学指导思想的发展变化，形成了陈垣史学研究的又一高潮，在中国近代史学史上也占有重要地位。

图 27　1934 年 1 月与辅仁大学部分教师在北平图书馆前留影。左起：牟润孙、张鸿翔、陈垣、台静农、柴德赓、储皖峰。

一、九一八事变与史学风气的变化

1931 年九一八事变之后，日本占领东三省，震惊中外，激起全国人民的抗日怒潮。当此之时，正常的学术研究受到冲击，有识之士皆思有所报效。

---

① 陈乐素、陈智超编校：《陈垣史学论著选》，第 624 页。

三子陈约在写给陈垣的信中就说："日本暴行如此，殊令人指发。现全国既如是激愤，难免一战，在此情形，读书亦非其时矣。"陈垣在回复中表达了自己的看法：

> 此次来信说日本事，云读书非其时。然则我辈舍读书外，尚有何可做？风雨如晦，鸡鸣不已，正是吾人向学要诀。……救国之道甚多，在国民方面，最要者做成本身有用之材，此其先着。我本来就是一读书之人，与国家无大用处。但各人有各人的本份，人人能尽其本份，斯国可以不亡矣。难道真要人人当兵打仗方是爱国耶？我对国事亦极悲愤，但此等事，非一朝一夕之故，积之甚久，今始爆发。在历史家观来，应该如此，又何怨耶。我不能饮酒，到不高兴时，报亦不愿看，仍唯读我书，读到头目昏花，则作为大醉躺卧而已。①

从中可以看出此次事变对陈垣的震动，同时又可以看出作为一个历史学家，他对事态的发展又有冷静的认识，站在历史学家的立场上寻求救国之道。他认为做好自己的本分，也是爱国，救国之道有多途，不必非要人人当兵打仗，人人都能做好自己的本分，国家就不会灭亡。

陈垣是这样说的也是这样做的。在接下来的时间里，他杜绝应酬，闭门读书，继续从事宗教史与文献学的相关研究，以之作为报国之道，发表了《雍乾间奉天主教之宗室》《从教外典籍见明末清初之天主教》《元秘史译音用字》《吴渔山年谱》等系列论文和著作。

虽然和事变前相比，陈垣学术研究的方法和领域没有多大差别，但他的史学思想在逐步发生着变化。如果说九一八事变之前陈垣以"夺回汉学中心"作为史学工作者光大中国学术的号召，那么九一八事变之后，陈垣则把"在史学上压倒人家"当成了史学工作者的救国之道。在面临亡国灭种的关头，

---

① 陈智超编注：《陈垣来往书信集》（增订本），第946、947页。

陈垣的史学思想由从前专注史实考订，开始注重经世致用，将史学的功用与世道人心、国家兴亡结合起来。

二、讲经世之学与表彰民族意识

陈垣史学思想的变化首先比较明显地体现在他的历史教学上。"史源学实习"课是陈垣在总结其多年史学研究及教学经验的基础上创设的，他在课程说明中说道："择近代史学名著一二种，一一追寻其史源，考证其讹误，以练习读史之能力，敞惕著论之轻心。"①

选择教材是"史源学实习"课程的关键环节。它首先必须是历史名著，使学生在学习中能得其精神。在这个前提下，他还提出四条标准："一、分量不大不小。二、时代不远不近。三、范围不广不狭。四、品格不精不粗。"②这里所说的"品格"，是从史源学角度说的，指考证之精粗。根据这四条标准，他先后把赵翼的《廿二史札记》、顾炎武的《日知录》和全祖望的《鲒埼亭集》作为"史源学实习"课的教材。

"史源学实习"课最早选用赵翼的《廿二史札记》作为教材，因其引证事实错误较多，学生易于发现，且所得教训为多。《日知录》是顾炎武的代表作品，一生为学所得，大都荟萃其中，是其学问和思想的结晶。全书32卷，有条目1009条，上篇经术，中篇治道，下篇博闻，以治道为核心。顾炎武治学注重经世致用，尝言"君子之为学，以明道也，以救世也。"③九一八事变之后，民族危机日益严重，陈垣开始注重实用。他选取《日知录》作为"史源学实习"的教材，一方面是要学生"注重实习，因其所考证者而考证之，观其如何发生问题，如何搜集证据，如何判断结果，由此可得前人考证之方法，

---

① 陈智超编注：《陈垣史源学杂文》（增订本），生活·读书·新知三联书店2007年版，第2页。
② 陈智超编注：《陈垣史源学杂文》（增订本），第2页。
③ （清）顾炎武：《顾亭林诗文集·顾亭林文集》卷四，中华书局1959年版，第98页。

并可随时纠正其论据之偶误，增加本人读书之经验。"① 更重要的是学习顾炎武明道救世的精神，在锻炼学生读史、考史能力的同时，还要使学生形成"天下兴亡，匹夫有责"的责任感，激发学生的爱国情感，同时关注国计民生，学以致用，思有以报效祖国。

七七事变之后，中华民族面临亡国灭种的危险。在沦陷区的北平各校师生，大都怀着满腔愤怒，安排考虑着去留行止，各以不同处境和条件争取报国抗敌之路。陈垣为辅仁大学校长，也曾一度拟离平南去，但因学校需人主持，为了辅仁师生的工作和学习，在沦陷区保留读书种子，终未离去。1938年初，陈垣在给三子陈约的信中说："前者我亦曾废书一月，后因废亦无补，不如不废，因此数月来读书较多，可以消忧，可以遣闷，杜绝应酬，独居无事，惟日与古人晤对，不啻遁世之人也。似尚较胜于当空咄咄。"又说"荒乱之时，最好读书。一可习静，一可忘忧，徒自惊扰无益。人必有一死，只争迟早。当求可以必传，则死亦无恨。"② 从中可以看出事变对陈垣的刺激，他在悲痛之余，"废书一月"，思何以报效国家，但因为自己是史学家，最好的方法还是读书、研究，"废亦无补，不如不废"。在严酷的环境下，他的史学思想也得到进一步升华。他要利用自己所长，治有意义之史学，著史抗日，鼓舞士气，以笔墨做武器，进行战斗，"当求可以必传，则死亦无恨"，因而把全祖望的《鲒埼亭集》作为史源学实习的教材。一方面，他对全祖望的学术成就十分推崇，曾说："朱竹垞、全谢山、钱竹汀三家集，不可不一看，此近代学术之泉源也。"另一方面，全祖望不惧文字之祸，博采乡邦文献为明季忠烈之士树碑立传，表彰他们的忠义行为，同时鞭挞一些丧节之士的丑恶行为，表现了一个正直知识分子的良知和责任感。日伪统治之下，汉奸走狗，变节无耻之徒，招摇过市，不以为耻，反以为荣。陈垣明确表示，他所以讲《鲒埼亭集》，就是为了"正人心，端士习"，振奋萎靡士气，排斥降人，激发

---

① 陈垣：史源学实习课程说明，见《陈垣全集》第二十二册，第 432 页。
② 陈智超编注：《陈垣来往书信集》（增订本），第 1070、1071 页。

故国思绪。他在致长子乐素的信中说：全祖望的文章"惟其文美及有精神，所以不沾沾于考证"，学生"于找错处之外能得其精神"，这种"精神"①，就是宣扬民族气节、痛斥卖国的爱国思想。

图 28　陈垣在 1938 年。

1943 年末，他在给方豪的信中，回顾了他史学思想的这一变化：

> 至于史学，此间风气亦变。从前专重考证，服膺嘉定钱氏；事变后颇趋重实用，推尊昆山顾氏；近又进一步，颇提倡有意义之史学。故前两年讲《日知录》，今年讲《鲒埼亭集》，亦欲以正人心，端士习，不徒为精密之考证而已。此盖时势为之。药不暝眩，厥疾弗瘳也。未知南中风气如何？素患难，行乎患难，愿与国人共勉之。②

在全面抗战的八年里，他把史学研究与现实结合起来，援古证今，著史抗日，将史学作为战斗武器。陈垣后来回忆这个时期的史学研究时说："北京沦陷后，北方士气萎靡，乃讲全谢山之学以振之。谢山排斥降人，激发故国思想。所有《辑覆》《佛考》《诤记》《道考》《表微》等，皆此时作品，以为报国之道止此矣。"③ 其中提到的五部作品，即《五代史辑本发覆》《明季滇黔佛教考》《清初僧诤记》《南宋河北新道教考》《通鉴胡注表微》。在这五部作品中，陈垣言僧、言道、做考据、表大义，高扬了民族精神和爱国志气，创造了他史学研究的又一座高峰。

---

① 陈垣：《陈垣史学论著选》，上海人民出版社 1981 年版，第 632 页。
② 陈智超编注：《陈垣来往书信集》（增订本），第 326 页。
③ 陈智超编注：《陈垣来往书信集》（增订本），第 247 页。

三、治"有意义之史学"与著史抗日

全面抗战八年，陈垣在经世致用民族意识史学指导思想的激励下，发愤著史，表达了反日寇、反汉奸、坚决抗战到底的爱国思想。这些思想集中地体现在他上述提到的五部著作之中。

第一，《旧五代史辑本发覆》，成书于 1937 年末。《旧五代史》是薛居正所撰，成书后 80 年，欧阳修又写成《五代史记》，即后世所称《新五代史》。欧阳修是文章大家，文笔简要，《新五代史》面世后，读《旧五代史》的人日渐减少，此书日渐散佚，自明中叶以后到清乾隆约 200 年间，很少有人提及见过此书。清修《四库全书》时，辑得《旧五代史辑本》，然此本既非全文，又经窜夺删改，与原本相差甚多。为还《旧五代史》的本来面目，陈垣撰成《旧五代史辑本发覆》。他写此书，实有感于七七事变后，日伪接管了一切行政机构，出版审查制度森严，写文写书不易。《发覆》最后陈垣作《论》以为小结，《论》中分析了四库馆臣避胡、虏、夷、狄等字的心态，认为并不仅仅是惧怕文字狱之害，而是故国思想的表达，"其视清朝之心实与明季诸人无异也"，故而深发感慨曰："呜呼，四库馆之开，清之据中国百三十年矣，士大夫之心理仍若此，此其故亦耐人寻思哉！"① 这是说怀念故国之心历久不息，耐人思忖，同时也表达了陈垣心中对日寇残暴侵略的愤慨，以及驱逐日寇、光复国土的决心。正如傅增湘在为此书作序中所说"君子观人心之未亡，而知国事尚有可为"②。日寇虽占领中国，但中国人心未亡，地火奔突，国事恢复是肯定的。全面抗战八年，陈垣正是抱定这个念头，坚持留在沦陷区。

第二，《明季滇黔佛教考》，成书于 1940 年 3 月。前此，陈垣在写《汤若望与木陈忞》时，发现许多和尚的语录。这些和尚多为明末清初有爱国思想

---

① 陈垣：《旧五代史辑本发覆》，见《陈垣全集》第七册，第 444 页。
② 傅增湘：《旧五代史辑本发覆序》，见《励耘书屋丛刻》，北京师范大学出版社 1982 年版，第 1494 页。

之人，大多到过西南，语录很多都是记录明末清初西南抗清斗争的事，或是记政治，或是记与政治有关的人。此书内容主要叙述明末清初云贵两省佛教的发展，及明末知识分子怀念故国、抗节不仕的精神。陈垣一直认为宗教与政治不能无关，此书"之着眼处不在佛教本身，而在佛教与士大夫遗民之关系，及佛教与地方开辟、文化发展之关系。若专就佛教言佛教，则不好佛者无读此书之必要。惟不专言佛教，故凡读史者皆不可不一读此文也。"①

图 29　陈垣在 1940 年。这年 3 月他完成了《明季滇黔佛教考》的写作。

此书更有一层意思，即表彰明末遗民的民族气节和爱国精神，尤其是卷五，汇集明末遗民入禅者 27 人，详考各人生卒年月与事迹，揭示明末士人以逃禅的行为反对清廷统治的意志，表现他们激扬节义的风骨，用以鼓舞当时的斗志。其中以描述钱邦芑入禅反抗的事迹最为动人。钱氏，江苏丹徒人，南明永历中，以御史巡按四川，后又为贵州巡抚。曾为张献忠余部的孙可望，投降清军后引清兵入滇、黔，钱氏避居贵州东部余庆县蒲村，采幽撷胜，终日啸歌，或聚邑人讲学。他的志节名望，使许多不甘心受清廷统治的人汇集在周围，清廷对此十分忌恨，孙可望一再威逼他出仕，钱氏遂削发为僧，号大错和尚，表示他绝不降清的意志。陈垣在书中引录了钱氏《祝发记》一文，

---

① 陈智超编注：《陈垣来往书信集》（增订本），第 1113 页。

借此极写削发不是消极避世，而是面对刀剑和死亡威胁的斗争。在他下决心削发之前，孙可望曾逼召封官十三次，甚至"封刀行诛"，恐吓他不应召将被杀害。面对长达数年的严重威胁，钱邦芑义命自安，不为所惧。他削发为僧时，正处于斗争达到白热化时刻，当地县令邹秉浩带着孙可望的命令，恐吓万端，逼他立刻上路。此时邦芑出家决心已定，故在清廷官吏面前谈笑自若，当晚便正式当了和尚，并说一偈："一杖横担日月行，山奔海立向前程，任他霹雳眉边过，谈笑依然不转睛。"表示抗清志节不改，任威逼恐吓，矢志不渝。钱氏削发为僧的果断行为立即引起连锁反应，平时仰慕其志节者，三天之内共有十一人"争先披剃"，一起出家。因此以钱邦芑为开头的这次集体逃禅，无异演成了抗议清廷的一次小型示威行动。孙可望得知他以出家向清廷示不屈服，既气且愧，但仍让下属修书劝他回心转意。钱邦芑以诗作答，表示自己志向，也对孙可望投降行为加以讽刺。诗云："破衲蒲团伴此身，相逢谁不识孤臣。也知官爵多荣显，只恐田横笑杀人。"孙可望愈加恼恨，命将他逮捕论死。在被解向贵阳路上，钱邦芑口中占诗，表达视死如归的心迹。其中一首云："才说求生便害仁，一声长啸出红尘。精忠大节千秋在，桎梏原来是幻身。"表现他决心以死报国的高尚品格。

陈垣在书中这样重点记述钱邦芑的"逃禅"事迹，实际上是表达自己仇视日寇、热爱祖国的情怀。当时他日日处在日寇威胁之下，对于出处、生死想得既多且深，他认为死必须有价值，为国家民族去死，是值得的。而能勇敢地面对死亡的人，则必须靠长期培养起的高尚的品质。所以陈垣评论说："求仁得仁，非养之有素者不为。"他还认为，明季遗民的这种高尚志节被后代志士们所继承发扬，因此最后才能推翻清朝的腐败统治，并且这种精神与抗击日寇的民族正气也正一脉相承，这正是陈垣表彰钱邦芑等人物的现实战斗意义之所在。撰写此书时，当时中国抗战的情形是中原地区大部沦陷，许多文化名人、学者、学生从中原、东南退到西南，陈垣觉得有必要研究这个问题，以激励学人抗敌之决心，因而重笔写述滇黔，自有其深沉爱国之思。

作为一部史学名著，1957年重印时，陈垣在《重印后记》中再次阐明此书"所言虽系明季滇黔佛教之盛，遗民逃禅之众，及僧徒拓殖本领，其实所欲表彰者乃明末遗民之爱国精神、民族气节，不徒佛教史迹而已。"① 正是对此书在当时现实意义的揭示，作为陈垣的知音，陈寅恪在该书初版序中就精辟地指出："虽曰宗教史，未尝不可作政治史读也。"②

第三，《清初僧诤记》，成书于1941年1月。全书写清初东南一带人民抗清斗争的历史，着力叙述了东南法门中故国派与新派之间的矛盾。虽为"门户之争"，实际上是民族斗争在宗教内部宗派斗争上的反映，是不同的政治趋向之争。书中还讨论了什么是"投降"的问题。清初，清廷统治者规定人人剃头，做它的顺民。这样剃了头是否就算是投降了敌人呢？不能算！因为这是被迫的，虽然也是耻辱，但还可以原谅。如果出去做官，那就是主动向清廷投降，是汉奸。由此可联想到，抗日战争期间在沦陷区中受耻辱的事很多，如打手印、领良民证等，但这些都是被迫的，不能算是投降。凡是在敌伪大学教书、在敌伪机关工作的，那就是汉奸。因此《清初僧诤记》不仅解决了历史上的问题，也解决了现实中的问题。1962年3月，陈垣在《重印后记》里指出了写此书的目的："1941年，日军既占据平津，汉奸们得意扬扬，有结队渡海朝拜，归以为荣，夸耀于乡党邻里者。适余方阅诸家语录，有感而为是编，非专为木陈诸僧发也。"木陈即指木陈忞，永历十年，即顺治十六年，应顺治帝之召至京朝见，自赴召后，声势赫奕，踌躇满志，与诸当道酬醉，气焰煊赫，从者如云，识者鄙之。书中卷二述木陈忞在天童派中数事之诤中，附会清廷势力，骄横跋扈，陈垣表之数处，如曰："（木陈）藉新势力以排除旧势力，其得意可想也"，"木陈以新贵骄之"，"木陈之诤，如村妇骂街，殊失善知识体统"。卷三"新旧势力之诤"，更是记述木陈忞以顺治帝赐衣为荣，致书云南籍僧人见月，提出与其共享，陈垣讥之曰："顺治十七年，即永历十

---

① 以上引文均出自陈垣《明季滇黔佛教考》，河北教育出版社2000年版，第390—480页。
② 陈寅恪：《陈垣〈明季滇黔佛教考〉序》，见《金明馆丛稿二编》，第272页。

四年，时西南尤奉中国正朔，木陈乃以此矜见月，何其陋也！……始吾见《居易录》，知见月不满木陈，而不知其有分赠赐衣之事，今观《百城集》，则见月之蹙额，其有由乎，以见月视木陈，犹粪土耳！……木陈煊赫一时，而所流传于缁素口碑者若此，世荣乌足尚哉？"① 书中借抨击明亡后变节仕敌之僧人，影射沦陷区媚事"新朝"的汉奸，和《明季滇黔佛教考》一书中表彰明末遗民民族气节之意旨恰形成鲜明对照。

第四，《南宋初河北新道教考》，成书于1941 年 7 月。陈垣早在 30 年前就开始积蓄道教方面的材料。他除了备有《道藏》外，还收集到道家碑拓千余通，编有《道家金石略》，此书自汉迄明，按朝代编纂，有百卷之多，是重要的道教史料。抗战开始，身处铁蹄之下的陈垣想到"我们生活在异族统治下，思想很苦闷，简直活不下去。那么宋亡于金后，淮水以北的人民是如何生活的？ 他们的思想又是如何？"② 这段历史过去少有人注意，及"芦沟桥变起，河北各地相继沦陷，作者亦备受迫害。有感于宋金及宋元时事，觉此所谓道家者皆类抗节不仕之遗民，岂可以其为道教而忽之也。因发愤为著此书，阐明其

图30　陈垣在1941 年，这年7 月他完成了《南宋河北新道教考》的写作。

---

① 　以上引文分别出自陈垣《清初僧净记》，见《陈垣全集》第十八册，第 390、338、343、351、366、67 页。

② 　柴德赓：《陈垣先生的学识》，见《励耘书屋问学记——史学家陈垣的治学》（增订本），第99 页。

隐。"① 全书主要写南宋初年，北方有些人为了反抗金人统治，先后创立全真、大道、太一三教，以团结训练，自谋生活，不做金人的官。此三教与以前道教有所不同，故名之为新道教，时在河北一带影响颇大。创教之初，大都是抗节不仕的遗民，他们"不仅消极方面有不甘事敌的操守，积极方面复有济人利物之行，因与明季遗民之逃禅者异曲同工也"。道友都自食其力，医病济世，受到群众欢迎。书中所写三教，都是金元时事，书名何以用"南宋初"，即因"三教祖皆生于北宋，而创教于南渡后，义不仕金，系之于宋，从其志"②，以示其身在金朝，而心怀南宋，以寓当世，自己是中国人，北方虽为敌人占领，终不能忘记自己的祖国。

第五，《通鉴胡注表微》，成书于 1945 年 7 月。《资治通鉴》胡注是南宋遗民、爱国史学家胡三省所写。《通鉴胡注表微》开始撰写于 1942 年 9 月，北京当时正处于敌伪日益残酷的统治之下，陈垣日处危城，眼见人民毫无自由，汉奸依阿苟容，助纣为虐，同人同学屡遭迫害，"自己更是时时受到威胁，精神异常痛苦。阅读胡注，体会了他当日的心情，慨叹彼此的遭遇，忍不住流泪，甚至痛哭。因此决心对胡三省的生平、处境，以及他为什么注《通鉴》和用什么方法来表达他自己的意志等，作了全面研究，用三年时间写成《通鉴胡注表微》二十篇。"③ 陈垣在这部书中以自己的一腔热血与一片赤诚之心来感悟胡三省的良苦用心，对胡注隐含的民族节操、爱国热情阐幽发微、淋漓畅达，字里行间倾注了自己对国家前途的忧虑、对抗战将士的敬慕和对汉奸卖国贼的切齿。这些思想内容主要有以下几个方面：

一是强调热爱祖国，激扬民族意识。全书开篇即借对"本朝"称呼的讨论，抒发民族的爱国思想。陈垣说："本朝谓父母国。人莫不有父母国，观其对本朝之称呼，即知其对父母国之厚薄。"他在"感慨篇"里说："人非甚无

① 陈垣：《南宋初河北新道教考·重印后记》，科学出版社 1958 年版，第 154 页。
② 刘乃和、周少川、王明泽、邓瑞全：《陈垣年谱配图长编》，第 460 页。
③ 陈垣：《通鉴胡注表微·重印后记》，科学出版社 1958 年版，第 411 页。

图31　陈垣《通鉴胡注表微》封面。

良，何至不爱其国。”指出爱国思想是每一个正直的中国人固有的自觉意识，有了这种历久弥坚的爱国传统，中国人便宁死不当亡国奴，“谁愿为敌国之民哉！”与爱国精神紧密相连的是民族意识，“当国家承平及统一时，此种意识不显也，当国土被侵凌，被分割时，则此种意识特著”。他在这里特别强调，民族意识历来是中华民族团结克敌的精神支柱。在国难当头之际，炎黄子孙自能坚凝一致，战胜顽敌。他在“夷夏篇”、“边事篇”中论古喻今，坚定地声明，“中国之分裂应不能久也”，“中国人所以有信心恢复中原也”。①

二是揭露日寇暴行，痛斥汉奸卖国。《表微》常借评论古代入侵中原的侵略者生性残忍、又有民族之歧视，喻指日寇的罪行，以激发国人同仇敌忾。比如，“边事篇”中分析侵略者掠物、掠人、掠地、掠国的四个步骤，意在揭露日本帝国主义企图侵吞中国的狼子野心；“解释篇”中特申胡三省重言解释“屠城”之义，是为了让国人铭记日军南京屠城的罪恶。陈垣在书中还无情鞭挞历史上勾结外族、迫害同胞的民族败类，常以“人之恨之，不比同类”，“千夫所指，无疾而死”等语句痛斥汉奸。他还借古讽今，警告当时的汉奸说：“借外力以戕宗国，终必亡于外人。”②

三是表彰抗敌忠臣，鼓舞抗日士气。《表微》在论史之中，特别注意表彰那些宁死不降、为国捐躯的忠臣和人民勇于反抗外敌的事例，用以昭示中华

---

①　以上引文见陈垣《通鉴胡注表微》，辽宁教育出版社1997年版，第1、137、263、236、226、241页。

②　陈垣：《通鉴胡注表微》，第135页。

民族坚贞不屈、不畏强敌的光荣传统。其中如记述宋末湖南安抚史李芾据守潭州，与元兵激战三阅月，城破而全家殉国，"其义烈感人至深可想也"。又记宋末常州守将陈炤、胡应炎等人与常州共存亡，殉节后州人为他们立祠，"忠义之名，人所共爱也"。陈垣还借十六国时汉族人民反抗外族入侵史事，引申发挥，指出"中国人虽爱和平，然不可凌暴之至于忍无可忍也"①，表明中国人民热爱和平，但又不畏强暴，敢于同日本侵略者奋战到底的决心。

四是呼唤中国的自强、民族的复兴。陈垣认为要免遭外敌侵凌，"大抵重在自强自治，不与人以可乘之机"。他在《表微》中论古证今，多次谈到国家自强的意义。在呼唤自强的同时，也批评了国民党当局的腐败，指出："政治不修明，不能禁人之不窥伺。""中国政治而腐败，又安能禁其不生蔑视之心耶！"② 应该说，《表微》中蕴含的抗日救国思想是很丰富的，并不仅限于以上几个方面，然仅从以上所述亦可看到陈垣强烈的历史责任感和拳拳爱国心。

史学家白寿彝先生说："我愿意特别推荐《通鉴胡注表微》这部书，这是援庵先生所有著作中最有代表性的作品，其中有不少值得我们好好挖掘的东西，这是更可珍贵的遗产。"③《通鉴胡注表微》无愧于这样高度的评价，它集中体现了陈垣博大精深的学识和缜密睿智的思想，体现了陈垣史学发展的新高度。

以上各书虽情况和内容各有不同，但正如陈垣自己所说"言道、言僧、言史、言考据，皆托词，其实斥汉奸、斥日寇、责当政耳。"④ 各书都贯穿着他强烈的爱国主义思想，抒发他真挚的爱国感情。这五部书以外，陈垣在抗战时期还写了《释氏疑年录》和《中国佛教史籍概论》两部书。《释氏疑年录》是他过去所写，全面抗战期间，重新阅藏，对原稿有许多补充，全书最

---

① 以上引文见陈垣《通鉴胡注表微》，第 181、186、239 页。
② 以上引文见陈垣《通鉴胡注表微》，第 220、145、211 页。
③ 白寿彝：《要继承这份遗产》，见《励耘书屋问学记——史学家陈垣的治学》（增订本），第 110 页。
④ 陈智超编注：《陈垣来往书信集》（增订本），第 247 页。

后定稿为 12 卷，共记载了从晋代至清初有年可考的名僧 2800 百人。《佛教史籍概论》是陈垣 1943 年为辅仁大学研究生新开的一门课程，该书即为此课写的讲稿。全书共分为六卷，把六朝以来研究历史常常参考的佛教史籍 35 种，略按成书年代分类介绍。陈垣自己说本书"稿成于抗日战争时期，时北京沦陷，故其中论断，多有为而发"①。因此此两部书也是陈垣抗战系列著作中的成果，所不同的是两书中较其他几部议论处较少。

第三节　与时俱进：提倡史学为社会大众服务的思想

抗日战争胜利后，在思想上，陈垣经历了由希望到失望的变化。日本投降，他欣喜若狂，开始参加社会活动，庆祝胜利，但国民党以胜利者的姿态飞回北平，巧取豪夺，物价飞涨。沦陷区日夜盼望的国家政府竟是这个样子，使他非常痛心。在学术上，抗战时期陈垣所提倡的"有意义之史学"随着日本的投降，完成了它的阶段性历史使命，一时还没有新的题目。不久，中国的社会政治又进入一个大变动的时代，国共关系破裂，内战爆发。1947 年 5 月 20 日，全国各大城市爆发"反饥饿，反内战""要和平，要民主"示威游行，陈垣始终站在青年学生一边，辅仁大学 8 名学生被军警带走，他终日奔波，多方营救。1948 年 9 月，国民党政府大批逮捕各高校进步青年，陈垣对国民党当局迫害学生非常愤慨，并十分理解、支持青年学生。也就是在这个时候，他开始阅读《西行漫记》等有关解放区的著作，比较全面地了解解放区的情况，触动很大。平津战役打响后，国民党政府见大势已去，撤离北平，其间三次将飞机票送到陈垣家，要接他南下。陈垣一方面对国民政府非常失望，一方面随着对解放区的深入了解，他对即将诞生的人民政权充满希望，所以他坚持留在北平。

---

① 陈垣：《中国佛教史籍概论》，中华书局 1962 年版，第 161 页。

图32　1948年4月25日陈垣摄于颐和园。上面有他的题字："身立崖岸，心不立崖岸也。"

1949年1月31日，北平解放，陈垣与他的学生一起欢迎入城的解放军。"他初次看到了纪律严明的军队、勤劳朴实的干部，一切为人民利益着想的政党，他感到惊奇，感到佩服。"①此后，他大量阅读《毛泽东选集》等革命书刊，开始学习毛泽东思想，史学指导思想又有了新的转变。新中国建立，翻天覆地的社会变革，给当时许多报国无门的知识分子带来了光明和希望。陈垣目睹国家和民族的新生，为时代所感奋和召唤，学术思想得到进一步的升华，不断明确了学术为人民、为社会服务的方向。1949年以后，陈垣在积极参政、议政的同时，为历史学科的整体建设做了大量工作，他在史学为社会大众服务的史学思想指导下，坚持实事求是的治学精神，继续从事学术研究，撰写数十篇史学论文，给后辈学人树立了典范，留下了宝贵的文化财富。

一、努力学习，革故鼎新

陈垣首先通过对中国共产党和革命根据地的了解与认识，进而接触到马克思主义。他阅读的第一本书是史学家张恒寿送给他的《西行漫记》。张恒寿回忆说：

---

① 刘乃和：《陈援庵老师的教学、治学及其他》，见纪念陈垣校长诞生110周年筹委会编《纪念陈垣校长诞生110周年学术论文集》，北京师范大学出版社1990年版，第231页。

1949 年初，北平解放了，以陈老的大学校长和著名老史学家的地位，必应有所表态。陈老和某些老一辈学者一样，对解放区和中共的情况、政策，不甚了解……我曾将斯诺写的《西行漫记》和冯玉祥著的《我所认识的蒋介石》送呈校长阅览，当时认为这类书内容具体，比理论书容易引起老年人的兴趣，老校长非常欢迎，就像他读古籍的态度一样，认真阅读起来，还在《西行漫记》的顶上写下几行眉批，内容是关于年代的记述。他觉得这二书，特别是《西行漫记》对他很有启发。①

之后，他开始系统地阅读毛泽东的书，"首先学习了其中的《新民主主义论》和《论联合政府》等篇章，立刻被这精辟的理论所吸引，爱不释手，反复钻研"②。1949 年 5 月，他在《给胡适之一封公开信》中进一步说："在这样的新社会里生活，怎能不读新书，不研究新的思想方法？我最近就看了很多很多新书，这些书都是我从前一直没法看到的。"③ 在信中，他谈阅读新书之后对中国共产党的了解，谈了他初步接触辩证唯物主义和历史唯物论后的认识。以后他又学习了《社会发展史》，以及恩格斯《家庭、私有制和国家的起源》、列宁《国家与革命》等经典著作，理论学习使他的思想发生了剧变。1949 年 3 月 14 日，他曾致函香港友人："余思想剧变事，已详前信。世界大势所趋，必然做到，早晚而已。已颓败之势，无可挽回。学术思想，应从新生的路上走，余甚悔往日之懵然妄觉也。"④ 同日，他又致函三子陈约："余近日思想剧变，颇觉从前枉用心力。从前宥于环境，所有环境以外之书不观，所得消息，都是耳食，而非目击。直至新局面来临，得闻各种书报，始恍然

---

① 张恒寿：《回忆陈援庵校长的一件小事》，见《纪念陈垣校长诞生 110 周年学术论文集》，第 319 页。
② 刘乃和：《学而不厌　诲人不倦——向陈垣老师学习》，见《励耘承学录》，第 93 页。
③ 陈垣：《给胡适之一封公开信》，《人民日报》1949 年 5 月 11 日。
④ 陈智超编注：《陈垣来往书信集》（增订本），第 716 页。

觉悟前者之被蒙蔽。"①

　　同时，社会变革的实践也推动了陈垣思想的转变。他以 71 岁高龄参加土改，深入民众，访贫问苦，政治思想和学术思想都起了深刻的变化。土改时，家乡族人部分财产被穷人分去，本家子弟有怨言，陈垣写信给九叔陈维镰说："自己又不是无得食，散一点财产给大众农民兄弟，岂不是好事？社会主义社会，私人财产无甚用处。来谕说本堂子弟不满，这是暂时的，过一下就明白了，你老人家也不必怪他们。"② 又写信给族人，讲述土改的道理，说："土地改革是人民政协《共同纲领》规定的，要将封建的土地所有制，改变为农民的土地所有制。就是没收地主阶级的土地，分配给无地少地的农民，这才可以解放农村生产力，发展农业生产，为新中国的工业化开辟道路。我们应坚决拥护这政策。"③ 可以看出他的思想和政治立场已站在民众一边。而且，"教师思想改造"学习，又使其人生观、历史观进一步转变，"他说这是他思想革故鼎新的阶段"④。

　　在转变过程中，陈垣重新确立了人生目标，即追随中国共产党。大约在 1953 年他就产生了入党动机，这年他生病住院，在病榻上曾对北京师范大学党委第二书记何锡麟说："恨自己对马克思主义、毛泽东思想认识太晚，今世的理想恐难实现。"⑤ 1959 年 1 月 28 日陈垣加入中国共产党，是年虚岁八十。他说："我年近八十才找到政治上的归宿。蘧伯玉知非之年是五十，我却是八十而知七十九之非。"⑥ 3 月 12 日他在《人民日报》发表《党使我获得新的生命》一文，叙述了他对中共的认识和多年追求中共的愿望，这篇文章在史学界引起很大的反响。这时，全国史学界著名学者百余人聚会北京，讨论中国

①　陈智超编注：《陈垣来往书信集》（增订本），第 1078 页。
②　陈智超编注：《陈垣来往书信集》（增订本），第 1155 页。
③　陈智超编注：《陈垣来往书信集》（增订本），第 1177 页。
④　刘乃和：《学而不厌　诲人不倦——向陈垣老师学习》，见《励耘承学录》，第 94 页。
⑤　何锡麟：《从爱国志士到共产主义战士》，见《纪念陈垣校长诞生 110 周年学术论文集》，第 329 页。
⑥　刘乃和：《学而不厌　诲人不倦——向陈垣老师学习》，见《励耘承学录》，第 95 页。

图 33　1951 年 11 月 1 日全国政协一届三次会议后和毛泽东主席在怀仁堂国宴上。毛主席向别人介绍说："这是陈垣先生，读书很多，是我们国家的'国宝'。"

历史编写提纲，大家得知陈垣入党并读此文，深受鼓舞，纷纷表示祝贺，由唐长孺赋诗，侯外庐题词纪念。曰：

> 建国十年，以中国历史提纲之讨论，集全国史学工作者于首都，百家争鸣，各放己见，到会同志欣闻史学前辈援老光荣加入中国共产党，并读大作《党使我获得新的生命》，感动异常。咸认为援老入党，乃史学界之光荣，对共产主义接班人青年，教育甚大。长孺同志即席赋诗一首："八十争先树赤帜，频年知己效丹衷。后生翘首齐声贺，岭上开花彻骨红。"同志皆愿著名于册，以志纪念。①

题词后有蔡尚思、郑天挺等与会者 105 人签名。至此，陈垣的马克思主义历史观的立场已经确立，也是他晚年学术思想转变完成的标志。

---

① 刘乃和、周少川、王明泽、邓瑞全：《陈垣年谱配图长编》，第 740 页。

二、追求真理：史学思想的升华

陈垣晚年，思想经历了重要的转变。北京解放后，他看到了"纪律严明的军队，勤劳朴实的干部，一切为人民利益着想的政党"，他发现"我们所向往的中国独立富强的道路，就是中国共产党所领导的革命道路"。① 新中国建立，翻天覆地的社会变革给当时许多报国无门的知识分子带来了光明和希望。陈垣目睹国家和民族的新生，为时代所感奋和召唤，学术思想得到进一步的升华，不断明确了学术为人民、为社会服务的方向。这一思想对他后期的学术影响颇大，对此，陈垣曾有多次的表述。比如，在 1950 年首届全国高等教育会议上，他就对自己以前"为学术而学术"的治学方法进行了反省，认为从前的研究"谈不到大众化，更谈不到为人民服务"，"糊里糊涂做了一辈子学问，也不知为谁服务"②。后来，他在给朋友的信中，更谦逊地说："解放前我著书，只凭自己一时的兴起，不问人民需要不需要，故所著多不切实用之书"③。1955 年，在中国科学院学部成立大会上，陈垣代表哲学社会科学部发言，进一步阐述了学术研究为社会服务、为人民贡献的方向。在检讨旧时代的科研工作时，他说："解放前大多数科学研究工作都是'单干户'，各人搞各人的……彼此之间很少有联系，更难得有合作。结果常常是'所学非所用'，'所用非所学'，'为学术而学术'，脱离实际，对国家和人民不可能有多少贡献"，而现在"我们可以按照人民的迫切需要、国家当前的任务来从事科学研究工作了"。④

陈垣晚年大力提倡学术服务社会、服务人民。这一学术思想的升华，有其深刻的思想渊源。学术经世、鉴古知今是中国史学的古老传统，陈垣正是

---

① 陈垣：《党给了我新生命》，《人民日报》1959 年 3 月 12 日。
② 《理论与实际一致的问题》，《光明日报》1950 年 6 月 5 日。
③ 陈智超编注：《陈垣来往书信集》（增订本），第 725 页
④ 《新中国科学工作的远大前途——记中国科学院学部成立大会》，《人民日报》1955 年 6 月 1 日。

继承发扬了中国史学的优良传统。当然，他对史学时代使命的认识又与传统的史学"经世致用"有根本的不同，历史上史家讲"经世致用"，多数是为封建王朝提供治乱兴衰的经验教训，而陈垣的出发点则是服务于人民、服务于全社会。早在20世纪三四十年代，他就着意提倡"有意义之史学"①，著书立说，斥敌斥伪，用史学直接服务于抗战事业。他在晚年受时代的鼓舞，学术思想升华为服务于人民、服务于社会主义建设事业的新境界，正是他原有思想基础合乎逻辑的发展结果，而这种时代使命感和社会责任感由于有了唯物史观的指导，又将"有意义之史学"进一步提升到科学认识的新高度。

图34　1955年6月1日陈垣当选中国科学院哲学社会科学学部委员后，在中国科学院学部成立大会开幕式上发言。

陈垣晚年学术思想的升华，还表现在他不顾年高，努力学习马列主义、毛泽东思想，逐步认识了唯物主义的历史观。北京解放后，他开始接触和学习马列、毛泽东的理论著作。在谈到自己史学思想由钱大昕考据之学，到顾炎武经世致用之学、全祖望故国情思之学到服膺毛泽东思想的几次转变时，陈垣说："解放后，得学毛泽东思想，始幡然悟前者之非，一切须从头学起。年力就衰，时感不及，为可恨耳。"②虽"时感不及"，但他奋起直追，以七十多岁的高龄，通过自学，参加政协举办的学马列讲座，参加土改运动，访贫问苦，逐步去接近新的世界观和唯物史观。从陈垣后期的论著中，我们可以看到他开始运用唯物史观来考察和分析历史。他

① 陈乐素、陈智超编校：《陈垣史学论著选》，第624页。
② 陈智超编注：《陈垣来往书信集》（增订本），第247页。

在 1958 年所写的《学习历史》一文，运用历史唯物论的观点，阐释什么是历史？什么是历史科学？学习历史有什么用等基本问题。他说，"什么是历史？历史就是人类社会发展的过程"；"人类历史，首先就是劳动生产者的历史"。"历史科学，就是研究人类社会发展规律的科学"。"历史进程，英雄人物自然可以起一定的作用，但真正的推动力量是人民群众。学点历史，可以看出人民群众在历史上所起的作用，就不会迷信个人，迷信权威，可以培养我们群众观点"。"学习历史还可以培养我们的唯物观点、革命观点，并且可以培养我们的爱国主义思想"。"我们学点历史，不是为学习而学习，不是为了向后看，而是为了更好地向前看"。"是为了在历史上学习斗争经验，吸取教训，更有效的进行革命和建设"①。在他的其他著述中，也体现出不同以前的进步的历史观。比如，他批评封建官僚动辄将侍者称为"奴子"②；相反，则表彰封建知识分子参加农民起义的事迹。③ 他在《明季滇黔佛教考》的"重印后记"中重新审视旧作，谦虚地称此书"限于当时思想认识，过于重视知识分子，看不见人民大众，致立论时有偏颇，此则有赖于高明之指正者也"④。这些都体现他重视人民大众历史作用的思想。他还注意以新的史观来对待民族关系问题，在指导他人写作时对于把元朝统治者泛称为"蒙古"，或将元人称为"蒙古佬"的做法予以纠正⑤。

　　陈垣晚年在学习马克思主义唯物史观的过程中，依然贯彻他实事求是的学风，在史学研究和论著中不搞形式主义和教条主义的套用。比如，他在《中国历史要籍介绍及选读一书审查意见》中，就批评了一些形式主义的做法，指出该书在要籍后所加"需要我们批判的来理解""需要我们批判的来领会"的按语意义不大。他认为："其实所介绍的历史要籍除几种工具书外，何

---

① 陈垣：《学点历史》，《北京日报》1958 年 7 月 12 日。
② 陈垣：《跋洪北江与王复手札》，见《陈垣学术论文集》第二集，第 422 页。
③ 陈垣：《陆棠介绍》，见《陈垣学术论文集》第二集，中华书局 1982 年版，第 473 页。
④ 陈垣：《明季滇黔佛教考·重印后记》，第 480 页。
⑤ 陈智超编注：《陈垣来往书信集》（增订本），第 730 页。

图35　1956 年 2 月 10 日北京师范大学春节联欢会上，陈垣与哲学系马特教授（左）、副校长傅种孙（左二）、中文系钟敬文教授（左三）、心理系郭一岑教授（右）一起。

一不应批判的理解"；如果要批判，就应有真实具体的内容，光贴"批判"的标签，"似可不必"。① 他在《论科学的考据与旧考据的不同一文审查意见》中，更是批评了那种从教条主义出发、不切实际地否定史学传统和遗产的做法。他说："旧考据有不科学的，但也有科学的，不能一笔抹煞。故此文题目只能说科学的考据与不科学的考据不同，不能说'科学的考据与旧考据的不同'。"他在指出文中提法的不妥之后，又说："诚如此文所标志，容易令人误会，以为旧考据都是要不得的。引言中又提到'顾炎武的《日知录》完全为封建统治者服务；赵翼的《廿二史札记》骂农民革命为盗为贼'。这都是时代的关系，无可苛求。如果说这些都是要不得的，那我们就无历史可看，更无

前人文化遗产可继承。"① 这种辩证地、切合实际地对待史学传统和遗产的论述，反映出陈垣对唯物史观精髓的把握。在 50 年代后期，他对于学术界一些过"左"的行为作出如此冷静、客观的分析，实在是难能可贵的。

陈垣晚年与时俱进、追求真理的精神是令人敬佩的。他说："学习马克思主义并不是'降低身分'，实际上一个人能向真理投降，是最光荣的事情。""因此，我不愿作旧史学界的旗帜，我愿作马克思主义历史科学队伍中的老兵，我不愿作旧史学界的大师，我甘心作新史学界的小学生。"② 这种精进不已、以今日之我战胜旧日之我的学术精神，正是人类文明得以不断发展的精神动力，也是一切有成就的大师所共有的品格。

三、为社会大众服务的史学

20 世纪 50 年代开始，陈垣就将大量精力投入新中国学术文化事业的规划和建设之中，并发挥了重要的顾问、指导作用。他把自己渊博的学识献给国家和人民，是学术服务社会、服务大众思想的具体实践，是其晚年学术成就的重要方面。

陈垣晚年积极参与了新中国历史科学和古籍整理工作的总体规划和具体指导。新中国成立以后，百废待兴，在总结继承中华民族几千年的优秀文化、建设社会主义新文化的过程中，陈垣以其对传统文化的深入了解和史学大师的地位，发挥了特殊的作用。北京刚解放时，郭沫若、范文澜等人就发起成立新史学会，他虽然没有参加发起活动，但随后不久就在范老的介绍下，参加了新史学会的活动，并提出了由科学院成立历史研究所的建议。1951 年 2 月，中国史学会筹委会开始编印《中国近代史资料丛刊》，陈垣便承担了《洋

---

① 陈垣：《论科学的考据与旧考据的不同一文审查意见》，见《陈垣学术论文集》第二集，第 471—472 页。

② 陈垣：《历史科学工作者必须着重进行思想改造》，《光明日报》1957 年 11 月 20 日。

务运动》和《辛亥革命》两部分的工作①。1956 年他参与科学院哲学社会科学学部历史科学 12 年远景发展规划的制订，提出了要加强资料整理，加强索引等工具书编制的建议。1958 年，国务院成立古籍整理出版规划小组，陈垣作为小组成员之一，和其他十几位专家一起讨论确定了古籍整理出版 10 年规划和 6 个方面的重点。此后，他多次参加全国性古籍整理工作的研究和讨论，并对一些具体项目进行指导或提出意见。1956 年，范文澜、吴晗主持点校《资治通鉴》，就征求过他的意见②。同年，又对科学出版社校点出版的《新旧唐书合注》进行指导。他还主持了大型类书《册府元龟》的整理出版，用《册府》残宋本校补明刊本重要缺文 142 条，重编全书目录和分类索引，并亲自撰写了《影印明本册府元龟序》，指出《册府》考史补史的价值，纠正了傅增湘、陆心源校勘《册府》的失误，《册府》的整理出版引起了国内史学界的高度重视③。晚年，陈垣还参加了二十四史的点校工作，不仅自己承担了新旧《五代史》的点校，还审阅了其他史书的部分校勘记和出版说明等。遗憾的是因为"文革"，两部《五代史》的点校工作未能由他来最后完成。

陈垣晚年积极关心我国的外交事业，对于历史上中外关系或文化交流的一些史实、问题，或释疑解难，或阐幽订讹，为新中国的外交事业赢得了荣誉。50 年代，郭沫若出席一次国际性会议，遇到有关屈原的问题未能解决，特意从国外打电报向陈垣核对史实，"他就像是中国古代历史文献的活字典，胸中装有千书万册，很快就解决了（问题）"④。1958 年 6 月 30 日，《人民日报》刊登了南京发现明代印尼渤泥工陵墓的消息，印尼国务部长了解此事后，即与我国有关部门接触，希望能看到碑文。但发掘的结果却是碑体已残，碑文漫没，当时国务院古籍规划小组组长齐燕铭请陈垣查检此碑碑文。在陈垣

---

① 《出版动态》，《人民日报》1951 年 2 月 11 日。

② 陈智超编注：《陈垣来往书信集》（增订本），第 817 页。

③ 《一部研究宋代以前历史的重要文献——〈册府元龟〉出版引起史学界重视》，《人民日报》1961 年 6 月 23 日。

④ 刘乃和：《学而不厌　诲人不倦——向陈垣老师学习》，见《励耘承学录》，第 92 页。

图 36　1961 年 8 月 5 日，陈垣主持召开中国史学史座谈会，与参加会议的赵贞信（左二）、郑天挺（左四）、何兹全（左五）、刘盼遂（右一）、王毓铨（右二）、白寿彝（右三）、孙人和（右四）、张鸿翔（右五）等人合影。

指导下，他的助手刘乃和及时在《明文衡》卷 81 查出了这段碑文①。1961 年，中国佛教协会为了奉迎佛牙出访缅甸、锡兰等国，约请陈垣撰文考证佛牙自南北朝传入中国后在中土被尊奉延续的历史。刘乃和回忆说："当时正是三伏天气，气候闷热，他不顾酷暑，亲自指导我们阅读查找《历代三宝记》《宋高僧传》等大量文献"②，最后撰成了《佛牙的故事》一文③，历述南齐法献将佛牙传入中土后，1500 年间有关佛牙的史料故实。

---

①　刘乃和：《祝贺中的回忆——庆祝中华书局成立七十五周年》《浡泥国王墓碑碑文的发现》，见《励耘承学录》，第 146—147、399 页。

②　刘乃和：《学习陈援庵老师的刻苦治学精神》，见《励耘承学录》，第 76 页。

③　陈垣：《佛牙的故事》，《人民日报》1961 年 7 月 20 日。

图 37　1961 年 10 月 4 日，陈垣接待日本民间教育代表团到北京师范大学参观访问。

为了繁荣新中国的学术文化事业，陈垣经常义务为国家新闻出版部门审阅稿件，为国家博物馆鉴定文物。仅从陈智超编辑的《陈垣来往书信集》和《陈垣学术论文集》第二集中，我们便可以看到大量的记录。其中如 1952 年 6 月为人民教育出版社审定《中国历史概要》书稿的回函①；1956 年 5 月为高等教育出版社审阅《中国历史要籍介绍及选读》书稿的意见书；1956 年 12 月为《历史研究》杂志审查《柬埔寨史迹丛考》和 1957 年 1 月为该刊审查《论科学的考据与旧考据的不同》的意见书；1959 年 3 月为中国历史博物馆审定历史人物名单所复信函及所撰短文；1962 年 3 月为湖南省博物馆鉴定陈鹏年自书诗卷所写的跋语，② 以及为中华书局、《人民日报》、《光明日报》审稿、

---

① 陈智超编注：《陈垣来往书信集》（增订本），第 740 页。
② 陈垣：《陈垣学术论文集》第二集，第 460、469、471、473、417 页。

提意见和建议，等等。除此之外，未及公之于世的工作内容当然还有很多很多。这些都反映出陈垣不顾年高，时时中断自己的工作，而以全社会的学术文化事业为重的无私和奉献精神。

图 38　1959 年 8 月 31 日，中国历史博物馆建成并筹备展览，陈垣在韩寿萱副馆长的陪同下，审查即将开展的展品。

自 50 年代开始到"文革"之前，陈垣还花费大量时间，往返私人信函，指导后学。在每年纷至沓来的上百封来信中，除了与学界朋友切磋论学，对历史研究所二所研究人员和北京师范大学师生进行指导的本职工作外，其余的大量信函都是来自素不相识的工、农、兵、学各界问学求教者。来信求教范围极广，大到求问治学方法路径，小到请教一个生冷僻字。陈垣来者不拒，在助手的帮助下，对绝大多数来信一一回复，他以大海一样的胸怀，如和煦春风，诲人不倦，泽被四方。20 世纪 60 年代，《北京日报》曾有特写《老教师的喜悦》，介绍了陈垣与中学生、青年教师、部队战士的通信联系。① 在《陈垣来往书信集》中，我们可以看到陈垣对素未谋面的包赍、杨廷福、梁家勉、谢仲墨等学者给予学术上的指导，其中与包、杨二人的往返论学信札更多。杨廷福后来回忆说，他在素昧平生的情况下，给陈垣去信，求借《释氏疑年录》，"一周光景，邮局寄来《释氏疑年录》四册，陈先生亲笔写了热情洋溢、勉励备至的回信"。"以后，我在学习时，遇到疑难，就向老人家请益求教。他有问必答，为我函

————————
① 《老教师的喜悦》，《北京日报》1961 年 6 月 26 日。

授教导了十二年"。"十二年来，陈先生对我的通讯指导，约计共有四十封左右长短不一的信函。这种雪中送炭的温煦，成了我在逆境中不甘自暴自弃的精神支持，更可宝贵的是毫无保留地教导了治学的方法，启迪搞科研的门径"①。

图39 1959年7月6日，陈垣与北京师大历史系教师座谈，左一为白寿彝，左二为刘家和，右一陈桂英，右二刘乃和。

香港存萃学社在《历史学家陈援庵先生》一文中说，晚年"先生任校长及中国科学院历史研究所所长，师表群伦，士林宗仰，后辈质疑问难，先生欣然解答，娓娓忘倦"②。此说甚为中肯。陈垣在桑榆晚年，仍牺牲自己的宝贵时间，为社会为人民无私奉献，他真正实践了自己学术为公、不为个人的思想，其精神境界，堪值后学称颂敬仰。

---

① 杨廷福：《缅怀新会陈先生对我的教导》，《读书》1981年第7期，第138页。
② 周康燮主编：《陈垣先生近廿年史学论集》，香港崇文书店1971年版，第152页。

四、晚年的历史考证思想和方法

陈垣晚年史学思想又通过转变，得到新的升华。他虽年事渐高，但仍然在史学研究上发奋著述。其晚年史学著述既有史学理论方面的文章，如《厚今薄古是今日史学界必需走的道路》《学点历史》《史学工作的今昔》等等；又有谈学风、治学方法和研究方法的文章，如《文风和资料工作》《谈谈我的一些读书经验》《在中国佛学院教学问题讨论会上的发言》《在道教研究工作座谈会上的发言》等等；而最多的仍是他的历史考证论文。他逝世不久，香港存萃学社就编印了《陈垣先生近廿年史学论集》，其中收考据文 18 篇。可能因当时收集材料不易，该集所收陈垣后期史学论文不及一半，仅考据文可补者至少还有《柬埔寨始通中国问题》《陆棠介绍》《跋陈鹏年自书诗卷》《鉴真和上失明事质疑》《萨都剌的疑年》《跋陈鹏年书秋泛洞庭诗册》《两封无名字无年月的信》①，以及《瞿仙及活人心法》② 等 8 篇。陈垣晚年的考据文益臻佳境，到了炉火纯青的地步。他晚年历史考证的思想和方法，可概括为以下几个方面：

第一，陈垣晚年所作考据文，多数为短篇，但涉及范围甚广，大致可厘为考辨历史人物、事件，考辨年代时间，辨析史料文献等内容。如《跋董述夫自书诗》③ 考明洪武、万历两董良史，指出洪武者乃名董纪，字良史；万历者乃名良史，字述夫；辨《明诗综》《四库提要》《明诗纪事》混二者为一人，相继蹈袭之误。《谈北京双塔寺海云碑》则述海云及撰碑者王万庆事迹，又用《元史·刘秉忠传》指出秉忠释僧服为宰相，实出海云所引之因缘。考事件则有《佛牙故事》《法献佛牙隐现记》《鉴真和上失明事质疑》等文。《佛牙故事》爬梳剔抉内典、外典各类材料，展示佛牙在中土流传千余年的踪

---

① 见《陈垣学术论文集》第二集，第 485 页。
② 陈垣：《瞿仙及活人心法》，《江西中医药》1958 年第 5 期，第 10—11 页。
③ 以下凡引论文，皆见《陈垣全集》第七册。

迹;《法献佛牙隐现记》是对前文的补充，考揭南齐僧统法献自芮芮得佛牙，传入中土，经齐、梁、陈、隋唐，至孟蜀、后唐、后晋、北汉、辽、清等十余代隐现过程，补述了佛牙自汴入北京，由辽丞相耶律仁之母郑氏埋于西山招仙塔下，清末八国联军炮轰招仙塔，僧人复得佛牙一节。《鉴真和上失明事质疑》一文，指出鉴真失明事《宋高僧传》不载，仅《东征传》提及一句，且前后叙述可疑，如鉴真的弟子竟能当面谈及盲龟等等，"如果和上这时是盲，岂能当面说盲龟开目等话"。年代学是陈先生专精之学，他晚年跋清人手札信简，多涉及时间年代问题。此外，又如《跋胡金竹草书千字文》，先考据胡金竹生卒年而辨"草书千字文"之真伪。《萨都剌的疑年》和《戴子高年岁及遗文》则为专考人物疑年之作。考辨史料文献的工作亦是他晚年注意较多的问题，其中大如校勘、评述《册府元龟》，小如考揭敦煌西凉户籍残卷。此外，还有对《元大德南海志》、永乐大典本《南台备要》《旧五代史》辑本、《王羲之小楷曹娥碑》的辨析，等等。

图 40　1962 年 3 月 18 日，陈垣参观北京广济寺舍利阁所藏佛牙，在佛牙塔前与巨赞法师合影。

第二，陈垣晚年的考证短文愈显行文老健的气象，也体现出更为周匝缜密的考证思想和方法。首先，陈垣考证时间年代，注意相关事实的比证。在《跋陈东塾与郑小谷书墨迹》中，东塾书札仅署五月十五日，虽未署何年，但他抓住信中所言"去年大病""注疏已刊成"（指重刊《十三经注疏》）、"谭玉生已逝"等事件为同治十年（1871）事，初步认定该信写于同治十一年；又指出信中称曾涤生（曾国藩）谥号"文正"，曾氏卒于同治十一年二月，而郑小谷卒于同年十月，最后确定该信应作于这两个时间坐标中的同治十一年五月十五日。①

其次，在考证历史人物年代时，与之相关的人物是很重要的参照对象，因此陈垣也重视相关人物的比证。《跋胡金竹草书千字文》的目的是要考胡书千字文真伪，因帖上署有"乾隆丁未人日"之期，所以考胡金竹生卒年成为此帖辨伪的关键。胡金竹生卒年的第一线索为李文藻《南涧集·金竹先生传》，称胡金竹卒年七十四；第二线索为胡金竹送罗戒轩诗，自注云："君生癸未，余生甲午。"仅知"余生甲午"犹不足，干支一周前后相差 60 年，究竟是哪一个"甲午"？因有罗戒轩这一同时期的人物作比照，故他确定胡金竹生年为顺治十一年甲午，卒年七十四即雍正五年丁未。于是，所谓"乾隆丁未"书之说不攻自破，乃伪帖也。②

再者，在纷繁的史料中，人物的生卒、地点的变迁、官职的升黜，往往是历史记载的关节点，每一个关节点都隐含不同的时间坐标。陈垣的年代学考证便常能准确捕捉历史记载的关节点，由此及彼推导出正确的年代。例如，《跋洪北江与王复手札》一文，所跋洪亮吉与王复信札有月无年。在考证年代的过程中，先生以信中"新方伯"一词为关节点，展开辨析。指出"新方伯"即景安，乃和珅族人，乾隆五十三年二月由河南按察使迁河南布政使，所谓"新方伯"，正是接任未久之意。移前一年，景安未为方伯；移后一年，不得称为新方伯。"因此断定此札作于乾隆五十三年，当无疑义"③。

最后，在歧说较多又无其他确证的情况下，陈垣则运用排除法，通过反证剔除各说中疑问较多的材料，最终当明显优于他说的史料成为最符常理的证据时，问题也就豁然得解了。《跋凌次仲藏孙渊如残札》一文，从札中"弟服阕后已半载"一语为关节点，着手研究孙氏丁忧在何年。孙氏丁忧有三说，

---

① 陈垣：《陈垣学术论文集》第二集，第 411 页。
② 陈垣：《陈垣学术论文集》第二集，第 78 页。
③ 陈垣：《陈垣学术论文集》第二集，第 422 页。

图41　1961年2月17日，陈垣与中央民族学院教授、辽金史专家陈述在励耘书屋论学。

其中孙氏自述"嘉庆丁巳岁予丁母艰"之说本最为有用，但与孙氏自言丁巳九月办理河工等数条记载自相矛盾。经反证，陈垣指出："是'丁巳丁艰'为误记，在渊如著作中，此等错误常有也。"排除此条。接着又排除了阮元"嘉庆四年己未"说的可信性。最后，从礼制的实际情况和记载的详细程度等方面，确定孙氏表弟张绍南所作《孙渊如年谱》的"嘉庆三年戊午六月"说为较可信。结论是："戊午六月丁忧，庚申九月除丧，再加半载，则此札应为嘉庆六年辛酉四五月作，与札中'溽暑苦陆行'语亦合。"①

五、余论

陈垣一生坚持不懈地追求真理，他经历了晚清、民国、中华人民共和国等几个不同的时代，亲眼见证了新旧中国的历史鼎革。他发扬中国史学经世致用的优良传统，对史学研究目的和功用的认识不断发展深化，在晚年勇于否定自我，接受马列主义、毛泽东思想，树立史学为社会大众服务的目标，这种与时俱进、追求真理的精神，正是一个史学大师所具有的高尚品格，值得敬仰和称颂。

然而，陈垣晚年史学思想的这种升华，却在20世纪80年代受到台湾个别

① 陈垣：《陈垣学术论文集》第二集，第419页。

文人的诬蔑和谩骂。他们出自反共的政治需要，以"投共""媚共""认贼作父"等恶毒语言，肆意攻击一位受海内外学术界尊敬的老一辈著名史学家。①这种不顾事实、丧失学术品格的诽谤和訾骂，已经超出学术范围，纯粹成为人身攻击了，因而是不值一驳的无稽之谈。

不过，也有少数学术史的论著，在推扬学术上的"独立精神"和"自由思想"的同时，对陈垣晚年信仰马列、献身社会主义建设事业的做法颇置微词，或认为这是他迫于政治压力的一种"应变"和"机敏"。这是他们还未能真正了解、认识陈垣而产生的一种偏见。一方面，他们未能看到陈垣史学思想的不断演进，正是继承发扬中国古代史学学术经世、与时俱进的优良传统；未能看到陈垣从早年为中国史学与外国汉学争强，中年以史学激扬民族精神、坚持抗战，到晚年以史学服务社会、建设新中国的思想演进，是其爱国主义思想基础合乎逻辑的发展结果，而绝不是在晚年一时兴起的所谓"应变"。另一方面，这些持有偏见的学者亦不自察，他们一边在强调学术思想的独立和自由，一边却恰恰看不惯陈垣独立选择服膺马列、接受真理的自由，这岂不是有悖情理也很不公平吗？

纵观陈垣先生一生，史学思想随着时间的推移、社会环境的变化而出现了数次变化。虽然思想在变，但他实事求是的学术精神与满腔的爱国热忱从未改变，由钱大昕考据之学到顾炎武经世之学，再由全祖望故国思绪到毛泽东思想，每次的变化，他都准确把握了时代的脉搏与国家民族的需要，取得了非凡的成就，留下了一批传世佳作，铸造了他当之无愧的史学大师的地位。

① 见《从陈垣先生之一通函牍谈起》，台湾：《传记文学》第 48 卷第 3 期，1986 年 3 月；《我也一谈陈垣其人》，台湾：《传记文学》第 49 卷第 3 期，1986 年 9 月。

结语：陈垣史学思想与 20 世纪中国史学

　　白寿彝在纪念陈垣诞辰 100 周年时曾说过："陈援庵先生以数十年的工作成绩为中国史学留下了丰富的遗产。我们要珍视、继承这份遗产，使它发挥应有的作用。"[①] 陈垣留给后人的宝贵史学遗产不仅在其二十多部专著和 200 篇论文里，还在于他丰富的史学思想之中。陈垣的一生，坚持不懈地教书治学，开展深入的史学研究。他经历了晚清、民国、中华人民共和国三个不同的时代，亲眼见证了新旧中国近百年的历史鼎革，他的史学思想也反映了百年中国史学的发展更新。侯外庐说："研究中国思想史，当要以中国社会史为基础。"[②] 因此，在前几章，我们结合中国社会进入 20 世纪的风云变幻，分析了陈垣的民族史、文化史、宗教史思想和有关史学研究的各种理念的形成发展。侯外庐又说，研究思想学说史，要研究"思想的发展与某一时代个别思想学说的形成，其间有什么关系"；要研究"各学派之间的相互批判与吸收，如何分析究明其条理"。[③] 那么，陈垣的史学思想在 20 世纪中国史学的发展中又有什么显著的特征呢？他的史学思想受到 20 世纪中国史学发展的哪些影响，

　　[①]　白寿彝：《要继承这份遗产》，见《纪念陈垣诞辰百周年史学论文集》，北京师范大学出版社 1981 年版，第 7 页。

　　[②]　侯外庐：《韧的追求》，生活·读书·新知三联书店 1985 年版，第 221 页。

　　[③]　侯外庐：《韧的追求》，第 267 页。

又反过来如何推动 20 世纪中国史学的进程呢？这是我们需要在结语中进行分析并深刻总结的。

第一节　陈垣史学思想的特点

在 20 世纪中国史学名家辈出的史坛上，陈垣并不是以阐发史观，用思想开路的史家，甚至常常被人误解为只重考实，不谈思想观念的学者。他的史学思想也确实不如他的乡贤梁启超那样汪洋恣肆，更不像后来的马克思主义史学家郭沫若、范文澜那样善于构建新的史学体系。他的史学思想是随着史学研究的考实和表微有感而发的，虽然零散却不可谓不丰富；虽无意构建体系，却在总结传统史学的过程中发凡起例，形成一套精湛的治史理念；在 20世纪中国社会争取民族独立富强浪潮的激荡下，他的史学思想也自始至终贯穿着民族主义和爱国主义的红线。陈垣的史学思想特立独出于 20 世纪中国史学林林总总的各种流派中，突显了自己鲜明的本色。

一、由历史考证入手而求得通识

历史考证是陈垣贯通史实，并从中求得通识，进而阐发对客观历史的认识，表达自己思想观念的重要途径。就像司马迁的"寓论于史"一样，陈垣史学思想的一个重要特点就是以考带论，他常常是以历史考证来开辟道路，引发思想和历史评论的。

在 20 世纪初叶中国史学的近代化进程中，王国维、梁启超、陈垣、陈寅恪、傅斯年、顾颉刚等几位史学大师为推动中国史学的近代化创树了赫赫功绩。他们承前启后、会通中西，汲取近代科学的营养，开辟了史学的新时代，为马克思主义史学在中国的建立准备了条件。其中，陈垣以论证缜密、融会贯通的新历史考据独树一帜，被史界誉为"岸然屹立于崇洋浪潮中"的考证史家①。他的挚友，文史名家尹炎武甚为激赏陈垣晚年的史学考证，曾说："尝与柳劬堂（按：即柳诒徵）、鲍技九（按：鲍鼎）谈当代擅场史学，而以深入浅出之文达之，励耘书屋（按：指陈垣）外无二手也。"② 历史考证是陈垣治史之利器。

图 42　1957 年 12 月，陈垣与陈乃乾（左一）、陶洙（右二）、尹炎武（右一）在励耘书屋门前。

历史考据是中国史学的优良传统，到清代发展至大盛，也为学者所重视。清代著名史家章学诚就曾说："惟校雠攻辨之书，洞析幽渺，摧陷廓清，非有绝人之姿，百倍攻苦之力，不能以庶几也。其有功古人而光于后学，不特拯一人之疾，刿一官之邪而已也。"③ 这里所说的"校雠攻辨之书"，即指考证之学。章氏在清代史学中虽偏重义理而不擅长考据，但他却高度强调了史学

① 许冠三：《新史学九十年》，岳麓书社 2003 年版，第 79 页。
② 陈智超编注：《陈垣来往书信集》（增订本），生活·读书·新知三联书店 2010 年版，第 143 页。
③ 章学诚：《〈唐书纠谬〉书后》，见仓修良编《文史通义新编》，上海古籍出版社 1993 年版，第 424 页。

考据所需要的功力和考据"有功古人而光于后学"的重要作用。进入 20 世纪之后，首倡"史界革命"的新史学在批判封建旧史学方面做出了贡献。他们以远大的眼光和破旧立新的勇气为 20 世纪中国史学的发展带来了新鲜的空气，世纪初的中国史学开始呈现勃勃生机，然而当时的史学界也存在一些不做扎实考证、治史空疏的弊病。他们受晚清新今文经学的影响，好高谈史义，而在历史材料和史实的考订上却不免务广而荒，有时出现轻率浅薄之病，在批判旧史学的同时显然也丢失了传统史学的一些精华。新史学的旗手梁启超就存在这样的问题。虽然他也承认历史考证的重要性，并指出"考证者，所以审定史料之是否正确，实为史家求征信之要具。"① 但有时又好做模糊影响的笼统之谈，疏于扎实考究。这一点当时就受到一些学者的批评，比如陈独秀就说："浮光掠影的望文生义而不能深入骨髓解析其内容，或者正是梁先生一生治学之受病处。梁先生果欲在学术界指导青年，须先于自己受病处深加猛省!"② 一针见血地指出了梁氏治史的一些宿弊。20 世纪初叶大量新史料的发现，为纠正空疏之风、推进历史考证的新发展提供了条件，也促进了 20 世纪新历史考证学的兴起。

陈垣自 20 世纪初转入史学研究之始，便以服膺钱大昕，继承发扬乾嘉史学的优良传统为路径。因而他非常重视史学考证，明确指出："考证为史学方法之一，欲实事求是，非考证不可。"③ 把考证作为历史研究的重要法门。他充分利用当时发现的新史料和中外交流频繁所提供的方便，以宗教史研究和中外文化交流研究为阵地，撰著了"古教四考"和《元西域人华化考》等一系列历史考证名著，成为新历史考证学派的干将，奠定了他在史学界的重要地位。他的这些史学名著，也展现了他的史学研究由历史考证求得通识，在贯通史实后引发史学思想的独特风格。陈垣重视历史考证，他不仅仅运用精

---

① 梁启超:《中国历史研究法》，东方出版社 1996 年版，第 27 页。
② 陈独秀:《答张君劢及梁任公》，《新青年》1924 年 5 月第 3 期。
③ 陈垣:《通鉴胡注表微》，辽宁教育出版社 1997 年版，第 76 页。

湛的考证，疏通史实，解决大量历史疑难问题，而且在他的许多著述中，特别是在《通鉴胡注表微》中专设《考证篇》，总结历史考证的方法和在考证中所应注意的问题，然而他又特别指出，考证并不是历史研究的唯一方法，因此他在《通鉴胡注表微·考证篇》的"序言"中说："彼毕生从事考证，以为尽史学之能事者固非，薄考证以为不足道者，亦未必是也。"① 辩证地分析了考证在史学研究中的作用。陈垣还反对清代考据末流那种琐屑破碎，以小遗大的弊病。他认为历史研究"务立大义，明不专为破碎之考据也"②。这与他认为不以考证"为尽史学之能事者"的思想是一致的，即史学研究不为考证而考证，不以考订细碎之一事一物而沾沾自喜，而是要通过考证疏通史实，求得通识，进而阐明史学之大义。这正是陈垣能在继承乾嘉考据学精华的基础上，又能推动考证不断创新进步的可贵之处。

陈垣的史学能够超迈乾嘉考据的原因，在于他既传承了清学之精华，又汲取了宋学尤其是宋代史学的营养。牛润珍曾撰文详论宋学对陈垣史学的影响：一是以《元西域华化考》为例，指出陈垣前期史学的考证著述已带有宋学的因素。二是陈垣在全面抗战爆发后提出"有意义之史学"，以史学研究激发民族意识和爱国热情，其学术方向发生了根本转变，由清学转为宋学。三是指出陈垣史学之宋学特征具体而言是受南宋浙东史学的影响，代表性著作是《通鉴胡注表微》，此书具有丰富的史学思想和理论价值，源于宋学而高于宋学，堪称"新宋学"的杰作。③ 据牛文所论，可以说陈垣的史学正是并显宋

---

① 陈垣：《通鉴胡注表微》，第 76 页。
② 陈垣：《通鉴胡注表微》，第 48 页。
③ 牛润珍：《民国史学与宋学——以陈垣先生为例》，《四川师范大学学报》，2011 年第 1 期。有关宋学对陈垣史学思想影响的问题，牛文已有详尽论述，故本节不在此赘论。不过，牛文关于陈垣史学在七七事变后，"由清学转向宋学"的观点，笔者有不同的看法：认为陈垣史学历来兼收清学与宋学之长，"援庵史学素来皆含义理因子"（许冠三《新史学九十年》言）。七七事变之前，他的史学著述也常有义理之阐发；七七事变后，他的史学立足爱国抗日，阐发微言大义，尤显宋学之风，然而也未脱离清学史法，往往由考证以通义理。就如《通鉴胡注表微》这样注重阐发思想感情的专著，也常常以考证疏通史实，为思想表达开路。另外，七七事变之后，他也依然撰写了不少凸显清学特点的论著，如史源学杂文、《旧五代史辑本发覆》等。

学与清学之长。

通观陈垣的史学著述，以历史考证为评析历史、抒发思想的阶梯，进而点明史学大义的治学方式有以下几种情形。

其一，在撰作小篇论文时，善于从小处着手，从大处着眼；所考问题虽小，关联之事却大，这是陈垣晚年考证尤为突出的特点。比如，他跋王羲之书法拓本，揭示题记中嵥嶸、边鲁、偰玉立、忽都鲁弥富、纥石烈希元、雅琥等题名，皆精于汉字书法的少数民族书家，其中嵥嶸尤为著名，与赵孟頫并称北嵥南赵，由此见元代各族文化之融合①。他考敦煌西凉户籍残卷所载姓氏，证其皆中州旧姓，指出自汉以后，敦煌为中西交流之枢纽，西域与京洛必经之孔道，故敦煌文化极盛，在此多见中州旧族姓氏，则可证中西交流之频繁②。他跋孙星衍信札，考揭孙星衍不信西方天文学说及孙氏对戴震、江藩、江永、凌廷堪等人"笃信"的批评，从而说明乾嘉学者对西方科学的不同态度③。以上是从小问题的考证，看不同文化的交流，看社会历史风尚的变动。

陈垣在考证中，又善于由小见大，从一般问题归纳出学术通则和结论。他考《续灯正统》《五灯全书》对海云卒年记载的错误时就指出，"吾人因此得一教训，先辈作文，纪年喜用甲子，甲子六十年一周，若不细加调查，就往往移前或移后六十年"，"故读史贵有年表"。④ 他考戴望卒年，遇有歧说，引戴望有关年岁的自述以定孰是，并归纳出有关通则，即"年岁之事，据友人之言不若据家人之言，据家人之言不若据本人之言"。他辨析明本《册府元龟》胜宋本诸处，指出明人校此书所用功力，得出不得以"明人空疏"而将

---

① 陈垣：《跋王羲之小楷曹娥碑真迹》，见《陈垣学术论文集》第二集，中华书局 1982 年版，第 428 页。

② 陈垣：《跋西凉户籍残卷》，见《陈垣学术论文集》第二集，第 431 页。

③ 陈垣：《跋凌次仲藏孙渊如残札》，见《陈垣学术论文集》第二集，第 418 页。

④ 陈垣：《谈北京双塔寺海云碑》，见《陈垣学术论文集》第二集，第 383 页。

明代校勘一笔抹煞的结论。①

其二，在撰写史学专著时，他除了在著作中穿插议论外，常常在全书的结尾设立"总论"或"结论"，阐发思想或探索历史之原因。比如，他的《元也里可温教考》就在最后设第十五章《总论》，分析"有元得国，不过百年耳。也里可温之流行，何以若此"的原因，说明元代基督教之流传中国，乃元兵势力所至"西侵欧洲，北抵俄罗斯"，因此"教徒之被掳及随节至和林者，不可以数计"；此后罗马教宗又慑于元廷的威势，屡派教士来到中国，基督教成为元军所广泛接触和接受的宗教。待元军攻下燕京，驱进中原，万里纵横之后，"于是塞外之基督教徒及传教士，遂随军旗弥蔓内地"，乃至江南也出现了基督教与僧、道二教争强的状况，② 从而揭示了宗教传播的兴衰和政治势力发展之间的密切联系。

他的《元西域人华化考》，则以缜密严谨的考证阐明了元代中外文化交通与民族融合的事实。此书不仅"史料丰富，考据精博""具有科学治史的方法"③，而且全书在以精密考证贯通史实的基础上，于最后设第八卷"结论"，对有关历史问题做出系统的论述。他说：

> 以论元朝，为时不过百年。今之所谓元时文化者，亦指此西纪
> 1260 年至 1360 年间之中国文化耳。若由汉高、唐太论起，而截至
> 汉、唐得国之百年，以及由清世祖论起，而截至乾隆二十年以前，
> 而不计其乾隆二十年以后，则汉、唐、清学术之盛，岂过元时！④

这里，他以史家睿智的眼光，从一个独特的角度，阐论元代学术文化之盛超越汉唐和清代。他通过西域各国各族接受汉文化的事实，表彰中华文化的巨大魅力，并揭示元代西域各国各族华化兴盛的原因，指出"盖自辽、金、宋

---

① 陈垣：《影印明本〈册府元龟〉序》，见《陈垣学术论文集》第二集，第 206 页。
② 陈垣：《元也里可温教考》，见《陈垣学术论文集》第一集，中华书局 1980 年版，第 54 页。
③ ［日］桑原骘藏：《读陈垣氏之〈元西域人华化考〉》，陈彬和译，转引自《元西域人华化考》附录，世纪出版集团 上海古籍出版社 2008 年版，第 130 页。
④ 陈垣：《元西域人华化考》，第 119 页。

偏安后，南北隔绝者三百年，至元而门户洞开，西北拓地数万里，色目人杂居汉地无禁，所有中国之声明文物，一旦尽发无遗，西域人羡慕之余，不觉事事为之仿效。"①他又在《结论》中设立"元西域人华文著述表"和"元人眼中西域人之华化"二节，以文化认同作为识别民族的重要标志，说明元代民族融合的成就。因此陈寅恪特别赞赏该书"分析与综合二者极具功力，庶几宋贤著述之规模"；认为陈垣的史学已摆脱清人为考据而考据的旧习，"合于今日史学之真谛"，称此书的刊布"关系吾国学术风气之转移者大"，其意义"岂仅局限于元西域人华化之一事而已哉"。②

　　其三，就像《通鉴胡注表微》这样专门总结史法、阐发思想感情的著作，也常常通过考证疏通史实，为表达思想奠定基础。此书借评介胡三省《通鉴音注》的学术和思想，发表自己的史识和议论。书中引用"胡注"精语七百五十多条，引证典籍二百五十余种。该书中最能体现时代精神之处，即陈垣以古喻今所表达的抗日救国思想。比如，在强调爱国思想和民族意识时，陈垣借《通鉴》记载开运三年契丹攻灭后晋史事，引用胡三省注的感慨悲痛之言："臣妾之辱，惟晋宋为然，呜呼痛哉！""亡国之耻，言之者为之痛心，矧见之者乎！"然后他在"表微"中做了几处考证。一是考明"胡注"中悲叹"呜呼痛哉"共有二处，足见胡三省亡国之痛。二是考明胡三省此处所言"晋宋"不是通常人们所指的两晋、刘宋，而是特指后晋和赵宋，以说明胡三省的创言，正是由后晋之亡联系所历南宋的灭亡而生悲怆之情。三是通过若干史料，考证南宋亡国时上降表、谢太后称臣妾的史实，证明南宋之亡与后晋之亡何其相似乃尔。胡三省亲身所见，"故其言感伤如此"，并又从后晋、南宋亡国之痛，联系到自己所处日寇将侵占中国的危机，慨然指出："人非甚无

---

　　① 陈垣：《元西域人华化考》，第118页。
　　② 陈寅恪：《陈垣元西域人华化考序》，见《金明馆丛稿二编》，生活·读书·新知三联书店2001年版，第270页。

良，何至不爱其国，特未经亡国之惨，不知国之可爱耳！"① 以激发国人的爱国思想和抗日斗志。

以上所述，可见陈垣的历史考证常常不是单一的考证，而是把历史考证推向一个更高的层次，将其和历史认识结合为一个紧密的学术体系。

二、在总结传统史学的过程中发凡起例

在 20 世纪中国史学形成的诸多流派中，如果说将陈垣的史学归结为新考证学派的话，那么他的史学特点在很大程度上就表现出一种总结性特征。它集传统史学特别是最为接近的清代史学之大成，并将其纳入新时代的科学规范中加以提升和发展。具体而言，就是在总结继承清代史学考据之精华时，不局限于形成一条条孤立的考证成果，而是在历史思想方面，通过考证疏通史实进而形成对历史的通识；在史学方法论方面，则在诸多考证实践中归纳出条例，总结系统的学理。他的史学名著《通鉴胡注表微》就充分反映出了他的史学特征，该书前 10 篇史法总结表达了史学方法论思想，后 10 篇史事则因史论政地阐述了历史观念。

陈垣在总结传统史学并加以继承发展的过程中，面对着的是内容繁富而又庞杂混乱的学术积累。如何将前人丰富而庞杂的治史考史经验总结为系统的范例和法则，以便传承和发展，是他思考的重要问题。陈垣的学生牟润孙说："先师不主张发表孤立琐碎的考证笔记，认为必须将它们合在一起归纳出条例来，找出系统来，才堪称为著作。他著《史讳举例》《元典章校补释例》《五代史辑本发覆》，都是他个人对这一主张的实践。"② 这里所举《举例》《释例》《发覆》三书，就是陈垣对避讳学、校勘学有大量学理总结的著作。白寿彝则将陈垣这种总结旧学发凡起例的特点归结为"类例"之学，提出：

① 以上所引见陈垣《通鉴胡注表微》，第 137 页。
② 牟润孙：《励耘书屋问学回忆》，见《励耘书屋问学记》（增订本），生活·读书·新知三联书店 2006 年版，第 74 页。

"他于复杂的现象中，注重寻求类例，使读者获得有条理的了解，并可以从而有举一反三的效果。所以《元典章校补释例》也可以称作《校勘学释例》。"① 说明了陈垣史学思想中讲求类例的特征。

陈垣继承发展乾嘉史学，在治学旨趣上最初是服膺嘉定钱大昕，然而在总结史学义例方面对他影响最大的却是乾嘉时的另一位史学家赵翼（号瓯北），因而才有"百年史学推瓯北"② 的联句。他在青年时期还未完全投入史学研究时就喜欢阅读赵翼的《廿二史札记》，23 岁时在书前写下的题记说："赵瓯北札记廿二史，每史先考史法，次论史事……今将原本史法之属隶于前，史事之属隶于后，各自分卷，以便检阅焉。"③ 可见当时他就深受赵翼注意总结前人史法的启示，并动手把赵书拆成"史法""史事"两部分，以便阅读和研究。后来他做《通鉴胡注表微》，全书体例分史法、史事两大部分，应该是受到赵翼"先考史法，次论史事"的影响。

他在总结传统史学的过程中发凡起例，表述方法论的史学思想，主要是通过两个途径来完成的。第一，在历史文献学领域，将前人研究考订文献的各种经验，以近代科学的方法加以总结，通过法则的归纳和学理的阐释，为形成各门可供传授、研习和发展的专学奠定基础。白寿彝说："援庵先生对历史文献学的建基工作，包含目录学、年代学、史讳学、校勘学等几个方面"，"对中国历史文献学的研究建立了一定的基础"。④ 陈垣对于历史文献学中若干专学的研究方法和法则的阐述，在以上章节分析其治学思想和方法论时已有具体说明，因而这里仅点明其学理之要旨，以见其史学思想的总结性特征。

在目录学上，他将目录学作为治学的指南，又看作是学术史上的蓝本。他说："目录学就好像一个账本，打开账本，前人留给我们的历史著作概况，

---

① 白寿彝：《要继承这份遗产》，见《励耘书屋问学记》（增订本），第 109 页。
② 陈垣：《诗稿》，见《陈垣全集》第二十二册，安徽大学出版社 2009 年版，第 570 页。
③ 陈垣：《廿二史札记注·题记》，见《陈垣全集》第十三册，第 8 页。
④ 白寿彝：《要继承这份遗产》，见《励耘书屋问学记》（增订本），第 106 页。

可以了然，古人都有什么研究成果，要先摸摸底，到深入钻研时才能有门径，找自己所需要的资料，也就可以较容易地找到了。经常翻翻目录书，一来在历史书籍的领域中，可以扩大视野，二来因为书目熟，用起来得心应手，非常方便，并可以较充分地掌握前人研究成果。"[1] 他不仅重视利用目录学，而且在目录学领域作出大量研究成果，为史学研究开辟道路。他撰著的《敦煌劫余录》为中国的敦煌学研究奠定了基础。他的《中国佛教史籍概论》，不仅为学者指示"读佛教书"之门径，而且深入揭示各种佛教史籍的价值，"以为史学研究之功"，为史学研究"得一新园地也"。[2]

在年代学方面，陈垣说："苟欲实事求是，非有精密之中西长历为工具不可。"他指出由于古今历法、中外历法换算不清，致使历史记载上的一些时间概念无法得到准确解释，以往的中外交通史研究也出现一些明显的错误，因此他发愤将几千年的中国古代旧历加以考订，"参以各史纪志，正其讹误，终于清宣统三年，为旧历作一总结"，撰成《廿二史朔闰表》，以解古今日历换算的难题。他考订中历、西历和回历的换算，撰成一书，"名曰《中西回史日历》，于是中西回史之年月日，皆可互通矣"[3]。他的两部年代学著述解决了史学界长期以来在中国古代史研究中古今日历换算，以及在中外交通史研究中的中历、西历、回历换算的难题。现今在日历换算上已有许多工具书，但是在 20 世纪初叶这却是史学研究的一大难题，因而学术界高度评价了陈垣的这些工作。胡适说："我们应该感谢陈先生这一番苦功夫，作出这种精密的工具来供治史学者之用……不但给杜预、刘羲叟、钱侗、汪曰桢诸人的'长术'研究作一个总结，并且可以给世界治史学的人作一种极有用的工具。"[4] 除了编制历表的工作，陈垣在年代学上还有《释氏疑年录》等其他论著，并在

---

① 陈垣：《谈谈我的一些读书经验》，见《陈垣全集》第二十二册，第 743 页。
② 陈垣：《中国佛教史籍概论·缘起》，中华书局 1962 年版，第 2 页。
③ 以上见《陈垣史学论著选》，上海人民出版社 1981 年版，第 205、212 页。
④ 胡适：《介绍几部新出的史学书》，见《古史辨》第二册，上海古籍出版社 1982 年版，第 333 页。

论著之中随年代的考证而引发许多关于年代学方法和原则问题，这些都是他总结年代学研究经验的重要思想。

在避讳学方面，陈垣指出："避讳学为中国特有之风俗"，"其历史垂二千年矣"。由于中国历史上避讳在古籍文献上留下大量材料，因而他不仅在史学研究中常常将古代的避讳现象作为考史的重要途径，而且对此做专门研究，"意欲为避讳史作一总结束，而使考史者多一门路一钥匙也"。他撰著的《史讳举例》从历代避讳方法、种类和名讳等方面系统地总结了古代避讳史，并进而揭示了因避讳在古籍文献中改字、缺字造成后世阅读和考史的障碍，指出前人在读史著述中因不知避讳而产生的种种错误。进而陈垣又指出："研究避讳而能应用之于校勘学及考古学者，谓之避讳学。避讳学亦史学中一辅助学科也。"① 因此《史讳举例》的另一重要贡献就是发掘避讳知识在史学研究中的作用，书中总结利用避讳进行校勘考证的 11 种方法，第一次构建了避讳学的科学体系。

在校勘学方面，陈垣一生以校勘学为治学之先务，所校典籍甚多，辨误是正无数，然最为突出的工作是校勘《元典章》，撰成《沈刻元典章校补》《元典章校补释例》二书。前者以元刻等 5 种版本，详校通行的清代沈刻《元典章》，改正沈刻的讹误 12000 条，后者又称《校勘学释例》，它是陈垣对于传统校勘学进行理论总结的重大成果。此书利用校勘沈刻《元典章》的材料为例，归纳了古籍文字致误各种形式的通例和特例，探讨了古籍文字致误的各种原因，为后人在校勘中准确寻找古籍讹误归纳了义例。其精义更在于将以往靠各自摸索、先验运用的校勘方法系统总结为法则，即对校法、本校法、他校法、理校法等"校勘四法"。陈垣对于古籍致误形式、原因，以及"校勘四法"的理论总结，确实使中国传统的校勘学上升为一门科学的新的校勘学。

史源学更是陈垣在历史文献学领域的一个创造。根据《陈垣史源学杂文》

---

① 以上引文见陈垣《史讳举例》，中华书局 2004 年版，第 2 页。

和他给学生讲授"史源学实习课"的教案①可以看出，熔目录、版本、校勘、年代等专学为一炉的史源学是对前人考证结论的再考证，即追寻史料根源、厘定各史料间的源流前后关系，审明史料的正误和优劣，考察对史料运用是否正确。它是陈垣独创的一门探寻史源，进而稽考史实、辨明正误的学问。

陈垣在历史文献学领域的总结性工作表现在他继承乾嘉考据学的传统，将古代学术中各种零散的考据手段，用科学方法加以系统总结，从而形成多门专学。他为这些专学所归纳的义例和法则，至今仍在中国历史文献学中发挥着作用。

图 43　1961 年 4 月，陈垣与刘乃和讨论古籍整理问题。

第二，在《通鉴胡注表微》前 10 篇专门就各种史法进行了系统总结和阐发，其涉及的范围也非常广泛。一是关于史书的义例、书法的阐释与批评。《表微》中的"本朝篇""书法篇"即为讨论史书义例而设，研究史书义例的目的一方面是为了使人们更好地认识古代史书的体例，以便了解古代史书的义旨；另一方面是要运用近代史学的科学方法，纠正古代史家在义例上存在的问题。比如，《表微》认为《通鉴》不似《春秋》借属辞比事、微言大义而严于褒贬，过分讲求书法而影响叙事的明畅。《通鉴》能"据事直书，使人随其时地之异，而评其得失，以为鉴戒"。不过，《通鉴》

①　见陈智超编注：《陈垣史源学杂文》（增订本），生活·读书·新知三联书店 2007 年版；《陈垣全集》第二十二册，第 431—462 页。

受"天命论"和"天人感应"说的影响，在书法上也仍存在将自然灾异和人事变动随便联系的现象，指出"日食本有一定之躔度，而先儒必以当时之政治勘合之，以为有关于君相之措置，此古代政治家之妙用。读史者深知其意焉可矣"。告诫读者明其附会书法，勿受其惑。又如，《通鉴》在纪年义例上也有缺陷，卷七十六在年初就记载"高贵乡公正元元年"，其实这一年上半年仍是魏邵陵厉公嘉平六年，冬十月高贵乡公才即位改元为正元。《通鉴》为纪年方便，凡在年中改年号者，必将后一年号冠于该年正月之上，这是纪年不精确之处。陈垣说："古时改元，并从下诏之日为始，未尝追改以前之月日也。"他又指出纠正这一缺陷的方法："余撰《二十史朔闰表》，凡在年中改元者，不书其元年，而书其二年，睹二年即知有元年，而前元之末年，不致被抹煞也。"①

二是论述文献考辨的方法，阐幽抉微，示人以义例。除了在文献学领域为各门专学归纳义例法则外，陈垣在《表微》的校勘篇、避讳篇、考证篇、辨误篇中则注意对文献考辨的一些具体方法加以总结。如讨论校勘方法时，提出校勘"贵有佳本"，"校书当蓄异本"，强调校勘不得"任意将原文臆改"②。论避讳学为考史之用，则说："不讲避讳学，不足以读中国史也"③。论考证和辨误，提出"考证贵能疑"，考证"当于细微处加之意"，考证需"逐一探寻其出处"，"考地理重实践，亲历其地"，"考史注重数字"等等。④

三是阐释史学评论的地位和意义。《表微》的"解释篇""评论篇""感慨篇""劝诫篇"是将史学评论作为一种治史的方法加以分析的。陈垣认为史论是史学之重要内容，批评了轻视史论的倾向。他说："自清代文字狱迭兴，学者避之，始群趋于考据，以空言为大戒"，然而并不能认为史论就是空言。

---

① 以上引文，见陈垣《通鉴胡注表微》，第 15、16、19 页。
② 以上引文，见陈垣《通鉴胡注表微》，第 29、34、43 页。
③ 陈垣：《通鉴胡注表微》，第 62 页。
④ 以上引文，见陈垣《通鉴胡注表微》，第 70、78、84、86、79 页。

他以北宋胡寅的《读史管见》和清代王夫之的《读通鉴论》为例，指出这样的史论著作"皆是代表一时言论，岂能概以空言视之"。他分析史论的作用，一方面在于"言为心声"，表达了古代史家对于历史的看法，故"觇古人者宜莫善于此"①，后人能从史论中较为直接地了解史家的历史认识。另一方面，今人著史也要善于议论，"以意言之，不专恃考据，所以能成一家之言"②。治史只有兼具考据和议论，才能充分发挥史学鉴古知今、彰往知来的功用。

以上的分析，充分反映了陈垣在总结传统史学的过程中，发凡起例，指示史学门径的真知灼见。

三、突显爱国精神的史家情怀

许冠三在论及陈垣史学时说："援庵史学素来皆含义理因子"，"他所信持的义理，简括说来，实不外'民族大义'四字。大致前期侧重文化，要旨在肯定民族本位；后期偏向政治，主题在表扬民族气节。"③ 这一论述虽不够全面，但也点明了陈垣史学的家国情怀和民族性特点。阅读陈垣的史著，可以清楚地看到，他不仅是一位著名的史学家，而且是一位杰出的爱国学者，他的史学思想中蕴含着热爱祖国和热爱中华民族的深厚感情。

陈垣的爱国情怀与他出生的时代和地区密切相关。陈垣出生于清朝末年，正是旧中国积贫积弱的时代，外患频仍，列强对中国豆剖瓜分。清政府的腐败昏聩，更加剧了中国的民族危机。广东地处通商港口，是遭受列强侵略、欺凌最严重的地区；广东又是清末康梁维新变法和孙中山资产阶级革命活动最活跃的省份，救亡图强、驱夷灭洋的爱国潮流是当时时代的呼声和中华民族最强烈的愿望。这些都对青少年时期的陈垣产生极大影响，他后来曾回忆说："我青年时在广州，受到些维新思想影响，也曾抱有救国之志，参加了一

---

① 陈垣：《通鉴胡注表微》，第 106 页。
② 陈垣：《通鉴胡注表微》，第 51 页。
③ 许冠三：《新史学九十年》，第 144 页。

些当时的反帝反封建活动。"① 辛亥革命前后，陈垣的爱国思想基本形成，并开始了一系列救国图强的活动。开始，他从"人强斯国强"的目的出发，学医从医；后来又觉得仅仅"强身"仍不够，还应"强志"，于是又参与筹办反帝反封建的进步报纸《时事画报》《震旦日报》，发表具有反帝反封建救国思想的文章。他早期的撰述大致就包括政论和医学两类内容。此后，他又以众议员的身份迁居北京，然而推翻清朝，建立共和后的北洋政府却连年军阀混战，政治腐败，让陈垣大失所望，因此他逐渐退出政界，投身于教育和史学研究。

虽然经历了曲折的救国历程，但是他怀抱赤诚的爱国之心始终不变。从史学上看，爱国情怀一直是激发他的史学研究不断创新和史学思想不断丰富的源头活水，贯穿陈垣史学的爱国思想在他的史学思想的发展过程中，也显现出不同时期的思想要旨。

1917 年至 1937 年卢沟桥事变，在抗日战争全面爆发以前，陈垣爱国思想的主旨是大力表彰中华民族的历史文化，提倡大力推进中华民族文化的发展。牟润孙在谈到陈垣史学著作中蕴含的爱国精神时说："自清雍乾以降，考据之学盛，史学与现实脱节，绝不敢涉及当世之务，以远祸避害。时至民国，此风未歇，陈援庵先生独能起而变之，形式上依然不离考据，而著述之间则有爱国之深旨焉。"② 纵观他此期的考据性历史著述，如《元也里可温教考》《火祆教入中国考》《摩尼教入中国考》《开封一赐乐业教考》等"古教四考"，以及其他基督教、伊斯兰教入华史略等一批有关中外文化交流的著述，不仅讲外来宗教在中国的传播，而且讲中土的政治形势、社会制度和思想文化对外来宗教、外来文化的影响，反映出他以中华民族文化为本，开展中外交通研究的思想特征，特别是他的史学名著《元西域人华化考》，更是以大量的史实，表彰了中华民族文化巨大的生命力和感召力。在提倡发展中华民族

① 陈垣：《党使我获得新的生命》，见《陈垣全集》第二十二册，第 705 页。
② 牟润孙：《记所见二十五年来史学著作》，见台湾《思想与时代》第 118 期，1963 年。

的学术文化方面，他不仅自己身体力行，潜心撰著一批"垂久远而动国际"的中外交通史著，以与外国人当时咄咄逼人的汉学著作争雄，还鼓励自己的学生和子弟，要努力向学，发展中华文化，提升中国的国际地位，提出"应当把汉学中心夺回中国、夺回北京"的目标①。在日本帝国主义步步加紧对中国的侵略步伐时，他告诫子辈，"风雨如晦，鸡鸣不已。正是吾人向学要诀"。"救国之道甚多，在国民方面，最要者做成本身有用之材，此其先着。"②

1937 年至 1945 年的全面抗战时期，他的爱国思想则以激发国人的民族意识和爱国热情，痛斥日寇、汉奸的残暴无耻为目的。抗日战争全面爆发以后，陈垣自觉地把史学研究与国家民族的命运联系到一起，以古喻今，借古讽今，以史学来鼓舞抗日军民的斗志。正如他向友人提到此期的报国思想时所说的："所有《辑覆》《佛考》《诤记》《道考》《表微》等，皆此时作品，以为报国之道止此矣。所著已刊者数十万言，言道、言僧、言史、言考据，皆托词，其实斥汉奸、斥日寇、责当政耳。"③ 有关此期陈垣史学的爱国思想前文已有充分的讨论。不过，这里仍可以从几部代表性著作的写作目的上，看其中所表达的爱国思想主旨。比如，上述信中所提到的"言道"，即指撰成于 1941 年的《南宋初河北新道教考》。作者写作此书时，正值七七事变后河北各地相继沦陷，自己深受迫害，而有感于宋金、宋元之际创立新道教的人物，皆宋朝"抗节不仕之遗民"，"有不甘事敌之操"，因此要"发愤为著此书，阐明其隐"，也借此抒发作者光复国土的爱国情怀。④ 信中所说的"言僧"，即指写作了 1940 年的《明季滇黔佛教考》和 1941 年的《清初僧诤记》。前者的撰述虽言明季滇黔佛教之盛，"其实所欲表彰者乃明末遗民之爱国精神、民族气节，不徒佛教史迹而已。"⑤ 从深刻阐释明末遗民逃禅行动的思想意义，抒发

---

① 郑天挺：《自传》，见吴廷璆等编《郑天挺纪念论文集》，中华书局 1990 年版，第 687 页。
② 陈智超编注：《陈垣来往书信集》（增订本），第 947 页。
③ 陈智超编注：《陈垣来往书信集》（增订本），第 247 页。
④ 陈垣：《南宋初河北新道教考·重印后记》，科学出版社 1958 年版，第 154 页。
⑤ 陈垣：《明季滇黔佛教考·重印后记》，中华书局 1962 年版，第 320 页。

他自己的爱国思想和坚持与日寇斗争的壮烈心情。后者虽记清初僧诤，却是借批评明亡后变节仕敌的僧人，以抨击"日军既占据平津，汉奸们得意扬扬"①的丑态，痛斥汉奸卖国投敌的行为。信中提到的"言史""言考据"，则主要指《通鉴胡注表微》。牛润珍曾撰文专门论述《通鉴胡注表微》所彰显的爱国主义精神。其一，此书 20 篇，首列"本朝篇"为第一，强调了爱国精神是史家的第一道德和要求。其二，在此书"解释篇"中引孔子之训和胡三省注语，深刻论述了个人、家、国三者共兴亡、同休戚的关系，说明只有爱国卫国，才能保家生存的道理。其三，此书"伦纪篇"中，陈垣指出在国家、父子、朋友三者之间，爱国重于亲情与友情。他说："为国，则不能顾及亲与友矣。"②在"生死篇"中，指出："父母不欲其子就死地，私情也；为国而至于死，公谊也。公谊所在，私情不得而挠之。"③此书正是借阐释胡三省的史学方法和思想，全面总结了陈垣自己的治史经验，反映他对社会现实的关注，对国家前途和民族命运的思考，更充分表达了他誓死抗战的民族气节和爱国激情。

1945 年以后，特别是新中国成立以后的历史时期，陈垣史学思想中的爱国深旨则体现在明确地表达了他的学术研究为社会和大众服务的方向。新中国成立以后，他目睹国家和民族的新生，为时代所感奋和召唤，他一以贯之的爱国思想在此期形成了学术为人民、为社会服务的目标。对此，他曾有多次的表述，比如在 1949 年 5 月给胡适的《公开信》中谈到他的思想变化，就谈到研究历史应该有"认识社会，改造社会"两重任务，过去的研究只完成了任务的一部分，今后"应即扭转方向，努力为人民服务"④。在 1950 年首届全国高等教育会议上，他检讨自己以前"为学术而学术"的治学方向，认为

---

① 陈垣：《清初僧诤记·重印后记》，中华书局 1962 年版，第 94 页。
② 陈垣：《通鉴胡注表微》，第 188 页。
③ 陈垣：《通鉴胡注表微》，第 282 页。
④ 陈垣：《给胡适之一封公开信》，《人民日报》，1949 年 5 月 11 日。

从前的研究"与社会实际无关，谈不到大众化，更谈不到为人民服务"①，这种情况必须要改变。此后，他又在《中国科学院学部成立大会开幕式上的讲话》以及他的学术论文中进一步阐述了学术研究为社会服务、为人民奉献的方向，表达"历史科学必需为实际服务"，"为现代的劳动人民服务"② 的思想。陈垣晚年将自己的大量精力投入了新中国学术文化事业的规划和建设之中。比如参与历史科学 12 年远景规划的制订，指导编辑多种历史资料丛刊，参与多种大型古籍整理工作，解答外交事务中有关中外关系和文化交流的历史问题，审定教材和博物馆展览，回信辅导许多普通民众的历史学习和研究，等等。他把自己渊博的学识献给国家和人民，这是他主张学术服务社会、服务大众思想的具体实践，也是他发展中华民族文化的爱国思想的进一步升华。

第二节 20 世纪中国史学发展对陈垣史学思想的影响

20 世纪中国史学经历了波澜壮阔的发展历程。中国社会的大变动和民族的独立自强，深刻地影响了历史学的面貌；中国思想文化的开放和繁荣，为中国史学提供了丰富的营养；中外史学的融汇也成为中国史学发展进步的动力。20 世纪中国史学名家辈出，思想激荡，成果丰硕，推陈出新，陈垣作为 20 世纪著名的史家，以独特的史学风格和史学成就引领风骚。其史学思想在 20 世纪史学大潮中经受了洗礼并深受影响，也必然在与其他史家的相互交流中彼此取益，不断发展。具体而言，20 世纪中国史学的发展应该从以下几个方面对陈垣史学思想产生了明显的影响。

一、新史学和科学精神的提倡

自 19 世纪末期，中国史学就已经孕育了变革的潜力。从郑观应到康有

---

① 陈垣：《谈理论与实际一致》，《光明日报》1950 年 6 月 5 日。
② 陈垣：《厚今薄古是今日史学界必需走的道路》，见《陈垣全集》第二十二册，第 704 页。

为、黄遵宪，都期望更新传统史学以适应时代的需要。20 世纪新史学的奠基人是梁启超，他以科学的进化论为理论基础，吸收外国史学理论，特别是日本浮田和民《史学通论》的思想，构建新史学的理论体系。1901 年至 1902年，他先后发表《中国史叙论》和《新史学》，高举"史界革命"的大旗，对旧史学展开强烈的批判。在《新史学》一文中，他尖锐地指出旧史学存在"知有朝运而不知有国家"，"知有个人而不知有群体"，"知有陈迹而不知有今务"，"知有事实而不知有理想"等"四弊"；以及"能铺叙而不能别裁"，"能因袭而不能创作"等"二病"。他大声疾呼："史界革命不起，吾国遂不可救"①。提倡要革除旧史学的"弊"与"病"，建立不以王朝更替和一姓兴衰为记述对象，而是以"叙述人群进化之现象""求得其公理公例"的新史学。此后，梁氏又陆续出版了《中国历史研究法》和《中国历史研究法补编》等一系列著作，对新史学的目的、范围、材料、编纂方法等一系列理论问题提出了构想，逐渐形成了他新史学的框架体系。与梁启超同时提倡史界革命的还有章炳麟。他在梁氏发表《新史学》等论作时就与梁氏通信联系，探讨建设新史学的问题，表达自己撰写中国历史新通史的设想。② 章氏还在他的《訄书·哀清史》篇后附录了《中国通史略例》和《中国通史目录》，展示了他的国史结构和新史学思想。梁、章二人关于新史学的提倡，从历史理论、史学功用、史学范围和历史编纂学上系统界定了新史学的特征，划清了新史学与旧史学的界线，吹响了 20 世纪中国史界革命和历史学全面发展的号角。继梁、章二人之后不久，夏曾佑、刘师培出版了各自的《中国历史教科书》，力图实现新史学的构想，更为重要的是史界革命吸引了大批史学家的参与，他们纷纷在自己熟悉的领域内变革创新，并逐渐形成了互相推进的各个新史学流派，汇成了 20 世纪史学发展的大潮。

20 世纪中国新史学的建设还与科学精神的提倡密切相关。因为新史学之

---

① 梁启超：《新史学》，见《饮冰室合集》文集之九，中华书局 1989 年版，第 3—6，10 页。
② 见汤志钧《章太炎年谱长编》上册，中华书局 1979 年版，第 139 页。

所以"新"，在很大程度上也表现在其近代的科学观念和方法。随着 19 世纪西方近代科学成就对中国的影响，宣传和普及科学精神成为 20 世纪初叶中国社会的重要思潮。人文社会科学受到自然科学成就的鼓舞，纷纷尝试着采用自然科学的方法展开研究，历史学也开始了其漫长的科学化道路。在此过程中，胡适在史学界大力提倡科学，发挥了突出的作用。他到美国留学，受杜威实用主义思想方法和詹姆士实验主义哲学的影响，在他的《中国哲学史大纲》一书中，摸索出一套实验主义史学的范式，尤其他所提出的"证明"的方法，其实就是将实验室的方法运用到史学的实证上。他总结说："科学的方法，说来其实很简单，只不过'尊重事实，尊重证据'。在应用上，科学的方法只不过'大胆的假设，小心的求证'。"[①] 这种典型的以实证为特征的方法，为新史学考证学提供了直接的方法论。除了胡适之外，当时还有一些学者积极将科学方法引入史学领域。比如汪奠基的《科学方法论》就明确地把历史学纳入科学范围，还对历史科学的方法进行了总结。汪氏在书中认为"历史的方法是间接的方法"，

图 44　1937 年与胡适合影。

"虽然间接推理有许多不完全的条件，但是它可以导入科学的认识"[②]。

　　20 世纪初的科学观念对史学界产生了深远的影响。除胡适外，其实 20 世纪前半期活跃的史学家大多拥有很好的自然科学素养。比如，陈寅恪、傅斯

---

　　①　胡适：《治学的方法与材料》，见《胡适文存》三集卷二，黄山书社 1992 年版，第 93 页。
　　②　汪奠基：《科学方法论》，商务印书馆 1927 年版，第 196 页。

年等留学法国时，自然科学课程是他们的主修科目之一；而陈垣、郭沫若、鲁迅等早年则都是学医的。陈垣也意识到自己的史学方法应该得益于早年习医的经历，他曾经在给家人的信中说他虽不行医，"然极得医学之益"，"近二十年学问，皆用医学方法也。有人谓我懂科学方法，其实我何尝懂科学方法，不过用这些医学方法参用乾嘉诸儒考证方法而已。"① 陈垣和大力提倡科学理念与方法的胡适在学术上也有很长时间的交往，彼此欣赏。② 胡适曾为陈垣的《二十史朔闰表》《史讳举例》《敦煌劫余录》《元典章校补释例》等书分别撰写书评，作出高度的评价。陈垣则在与胡适就《四十二章经》问题的多次长信往返讨论之后，回信胡适，称"先生的研究态度及方法是亟当师法"，"能时时赐教督促，则幸甚幸甚"③，这当不仅仅是谦辞而已。至于提倡新史学的梁启超，则是陈垣的乡贤。陈垣对于梁氏提出的新史学体系也很关注，在 20 世纪 20 年代专门仔细校读梁氏的《中国历史研究法》，并在上面留下许多批语④，可见梁氏著作引起了他对新史学理论和方法的深入思考。

二、对西方新史观和治史方法的关注与吸收

顾颉刚在谈到新史学兴起之后中国史学发展的"助力"时指出三点，"第一是西洋的科学治史方法的输入"，"第二是西洋的新史观的输入"，"第三是新史料的发现"。⑤ 有关西方史学观和史学方法在三项"助力"之中居其二，足见西方学术在 20 世纪前期对中国史学影响之大。西方史学观和史学方法对中国的输入通过几个途径，一方面是当时一批留学生从欧美回国，带回了西方的史学思想，如何炳松回国后对美国鲁滨逊"新史学"的宣传、胡适回国

---

① 陈智超编注：《陈垣来往书信集》（增订本），第 950 页。
② 参见陈智超《陈垣与胡适》，见龚书铎主编《励耘学术承习录：纪念陈垣先生诞辰 120 周年》，北京师范大学出版社 2000 年版，第 226—267 页。
③ 陈智超编注：《陈垣来往书信集》（增订本），第 216 页。
④ 陈垣：《中国历史研究法批注》，见《陈垣全集》第二十二册，第 137—169 页。
⑤ 顾颉刚：《当代中国史学·引论》，南京胜利出版公司 1947 年版。

后对杜威实用主义的传播。另一方面，更多的是对西方以及秉承西方学统的日本的史学著作的翻译。比如早在 19 世纪末，通过严复的翻译，进化论已传入中国。1903 年，南洋书院译书院对巴尔克《英国文明史》的摘译和介绍。当年，日本学者浮田和民的《史学通论》也被传译到中国；此后，坪井九马三等人的著作也在国内翻译。他们都深受西方实证主义史学的影响。1926 年法国史学家朗格诺瓦·瑟诺博司的《史学原论》也被译为中文出版，这也是一部实证主义的史学著作。除此之外，外国学者在中国的讲学也推动了西方学术思想的流传。1919 年杜威来华讲学，他用了两年多的时间宣传他的实用主义主张。1920 年至 1921 年罗素也来华宣讲他的新实在论和逻辑分析哲学，对实证主义在中国的传播起了很大的作用。

西方的史学观念和方法深刻影响了中国史学。汪荣祖认为，"20 世纪之中国史学，无论在史观上、方法上以及书写上，多追随西方。而兰克之实证精神又颇能与乾嘉朴学相呼应。故卓有成就的现代中国史家几无不重视原材料，并以考证为尚"。他列举孟森、岑仲勉、胡适、顾颉刚、韩儒林等一批史家对兰克史学方法的秉承，并指出"陈垣自无例外"，其考辨史料、考证史实的史学旨趣，"也暗含兰克之实证精神"。① 陈垣是否知晓兰克或接触过兰克史学呢？这点在他的著述中不曾见他提及，因而未能得以确证。那么，陈垣是否受到西方新史观和治史方法的影响，并有所汲取呢？这个问题有必要做稍进一步考察。

首先可以肯定地说，陈垣对于西方史学并不生疏，他虽有与之竞争的愿望，但没有表现出明显的排斥。由于他的基督教史研究要接触一些西学文献②，虽然这些文献主要是汉译的天主教文献，但也涉及这些文献的流传和研

---

① 汪荣祖：《陈垣史学风格》，见北京师范大学陈垣研究室编《陈垣先生的史学研究与教育事业》，北京师范大学出版社 2010 年版，第 4—5 页。
② 比如，在《陈垣全集》第二册中，就收有他研究的天主教文献《灵言蠡勺》《辨学遗牍》《大西利先生行迹》《主制群征》等，还有他对《圣经》旧约、新约异文的考证。

究，所以基督教史研究是他接触西学的一个窗口。陈垣在学界的朋友中，中国的胡适、陈寅恪、傅斯年皆曾留学外国，对西方史学非常熟悉，在彼此的长期交往中会受到一些影响。他与西方学者伯希和，与日本学者桑原骘藏、富士川有交游或通信，也可对西方史学有一些了解。同时，也因陈垣在中西交通史研究中，有"把汉学中心从巴黎和东京夺回北京"的愿望，因此他比较关注日本和西方汉学的最新成果。他的弟子牟润孙就曾说："先师非常注意日本或欧美的汉学家有什么著作论文发表，他自己时时看日本所编的杂志目录索引，也告诉学生要时时留心国际学术行情，甚以闭门造车为大忌。"① 他虽没有出国留学的经历，但是很支持他的学生们出国留学，去了解西方史学的新观念和新方法。比如，他"当年全力支持姚从吾留学德国，即希望他学会西洋史学方法与中国史学结合"②。姚从吾是陈垣在北京大学任教时的学生，赴德留学回国后在北京大学任教，曾任河南大学校长，后赴台湾大学任历史系教授，是著名辽宋金元史专家。

未能熟练掌握西方语言，可能是陈垣了解西方新史观和史法的障碍。不过，他也有一个解决的办法，就是从效仿西方史学的日本史学界了解西方史学的新动态，并利用他们的新成果。牟润孙指出"陈先生极注意研究史学的方法，他能读日文书，通过日本人的翻译，他读了西洋人的史学方法，确是事实。"③ 大概因为日文中有数量不少的汉字，因此陈垣能粗通日文的阅读，并在别人的帮助下利用日文文献，牟润孙的回忆可以从陈垣的著述中得到证明。在陈垣早年从事医学研究时，为纪念德国著名的细菌学家科赫（Robert Koch），曾将日本《医事新闻》第 758 号上的一篇科赫小传译为中文，题曰

① 牟润孙：《励耘书屋问学回忆——陈援庵先生诞生百年纪念感言》，见《励耘书屋问学记——史学家陈垣的治学》，生活·读书·新知三联书店 1982 年版，第 73 页。
② 牟润孙：《从〈通鉴胡注表微〉论援庵先师的史学》，见《励耘书屋问学记——史学家陈垣的治学》，第 75、76 页。
③ 牟润孙：《从〈通鉴胡注表微〉论援庵先师的史学》，见《励耘书屋问学记——史学家陈垣的治学》，第 67 页。

"古弗先生"，发表于 1910 在广州出版的《光华医事卫生杂志》第 1 期上。①
此后，又译科赫的著作目录，题为"古弗先生之业绩"，发表于同年出版的
《光华医事卫生杂志》第 2 期②，由此可见陈垣能阅读利用短篇日文文献。不
过，有时他也请人协助翻译。1933 年在撰写《元秘史译音用字考》一书时，
他就专门请朋友黄子献将日文《元秘史》回译为中文，以便与该书的其他版
本作比较考证③。更有说服力的是在他的《元也里可温教考》中，有两处翻
译、引用了当时日本史学家田中萃一郎和坪井九马三的研究成果，来辅证他
对"也里可温"名称的解释。其中，田中萃一郎对"也里可温"的语源及指
称的演变作出解释，他的论文发表于 1915 年出版的日本《史学杂志》第 26
编第 3 号；坪井九马三则主要是对"也里可温"的语源作出考证，他的论文
发表于 1914 年出版的日本《史学杂志》第 25 编第 11 号。两人都从西方语源
学的角度论述了"也里可温"从印欧语系向汉藏语系的转换，陈垣据此而得
出结论："故吾确信也里可温者为蒙古人之音译阿剌比语，实即景教碑之阿罗
诃也。"④

　　在主动学习西方的新史观和新方法方面，陈垣的行动似乎也有迹可寻。
刘贤博士在其著作《学术与信仰——宗教史家陈垣研究》中做了一些考察，
她根据牟润孙在《发展学术与延揽人才——陈援庵先生的学术风度》一文所
言，考索陈垣向奥地利神父施密特（Wilhelm Schmidt）学习文化人类学的片
断；分析陈垣在《明季滇黔佛教考》卷四对于神话传说、"近世民俗学者"观
点的论述；认为陈垣"主动向日本和西方学习，有迹象表明，他自觉学习了
人类学、民俗学的方法"⑤。审慎而言，陈垣对于 20 世纪西方新史观和治史方

---

① 陈垣译：《古弗先生》，见陈智超编《陈垣早年文集》，台湾地区"中研院"中国文哲研究所
1992 年版，第 315—320 页。
② 陈垣译：《古弗先生之业绩》，见陈智超编《陈垣早年文集》，第 332—337 页。
③ 陈垣：《与黄子献》，见《陈垣全集》第二十三册，第 180、181 页。
④ 陈垣：《元也里可温教考》，见《陈垣学术论文集》第一集，第 4—6 页。
⑤ 刘贤：《学术与信仰——宗教史家陈垣研究》，中国社会科学出版社 2013 年版，第 227、233、
237 页。

图 45　1933 年 2 月 7 日，陈垣与法国学者伯希和等人合影。前排左起：陶湘、杨锺
羲、伯希和、柯劭忞、孟森。后排左起：谭瑑青、朱叔琦、杨心如、陈寅恪、尹炎
武、陈垣。

法的影响是认真关注的，但是囿于他对外语特别是欧洲语言文字所掌握的程
度，真正能够吸收的较少；不过他通过日本史学界，了解和利用了相关的
成果。

三、新史料的大量发现和史料范围的扩充

　　随着近代考古学在中国的兴起，20 世纪初叶大量新史料如殷墟甲骨、汉
晋木简、敦煌石室遗书、内阁大库档案与各地的金石器物被不断发现、整理
和利用。新史料的发现，一方面可以补充过去史籍记载之不足，另一方面又
带来了史学研究方法的更新。以王国维的史学研究为例，他的“二重证据法”
就是在“地下之新材料”大量出土的时代环境下才得以提出来的。王国维说：

"吾辈生于今日，幸于纸上之材料外，更得地下之新材料。由此种材料，我辈固得据以补正纸上之材料，亦得证明古书之某部分全为实录，即百家不雅训之言亦不无表示一面之事实。此二重证据法，惟在今日始得为之。"① "二重证据法"利用新发现的考古材料与古文献相参照，开辟了中国古代史研究的新纪元。新史料的发现还有一层更大的意义，就在于开阔了学术视野，使当时的史家不断地扩充史料的范围，在各个领域发掘新的材料。正如当时史料学派的重要代表人物傅斯年所说的，中国的"历史学当年之有光荣的历史，正因为能开拓的用材料，后来之衰歇，正因为题目固定了，材料不大扩大了，工具不添新了"。要建设新史学，就必须"因行动扩充材料，因时代扩充工具"，"史学便是史料学"。②

新史料的发现推动了中国学者在各个领域扩充史料并取得丰硕成果，其中诸如董作宾的甲骨文研究、李济的考古学研究、赵元任的语言学研究、陈寅恪的隋唐史研究等。陈垣在新史料的发现和整理中也做

图 46　1925 年 4 月在故宫摛藻堂发现《四库全书荟要》后留影。

①　王国维：《古史新证》，见《王国维文集》第四卷，中国文史出版社 1997 年版，第 2 页。
②　傅斯年：《历史语言研究所工作之旨趣》，《傅斯年全集》第四册，台湾联经出版事业公司 1980 年版，第 266 页。

出了杰出贡献，他参与对明清内阁档案的抢救和整理；他组织"敦煌经籍辑存会"，动员各方力量开展对国内所存敦煌经卷的收集整理，编纂了《敦煌劫余录》，为敦煌研究提供资料索引。

在 20 世纪新史料大发现潮流的激励下，陈垣形成了重视史料，扩充史料，以及搜集、整理、考辨史料等系统的史料学思想。他努力扩展史料的范围，除了充分利用新发现的敦煌经卷、内府档案外，更发掘利用许多他人未见或习见而未能运用之资源，如方志、碑铭、案牍、佛藏道藏、图绘、楹联等，在宗教史领域取得令人瞩目的突出成就。反过来，他又将宗教史领域中涉及一般政治、经济、文化等史料揭示出来，撰写《道家金石略》《中国佛教史籍概论》等，供各个研究领域的史学工作者去利用。为了更好地收集、整理、考辨历史文献，他还集中精力开展对历史文献学各门专学的总结和建树，并创立了专门探寻史源、考订正误的"史源学"。陈垣丰富、深邃的史料学思想和历史文献学专学思想，既得益于 20 世纪中国史学的大发展，又为推动中国史学的进步作出了重要贡献。因此，史料学派的重要代表人物傅斯年将陈垣引为同道并深深折服。傅氏成立历史语言研究所时，就聘陈垣为特约研究员，并致信称其"二十年来承先启后，负荷世业，俾异国学者莫敢我轻，后生之世得其承受，为幸何极"①，表达了仰慕感佩之情。

四、传统史学的更新与新史学考证的兴起

从历史学自身发展的逻辑来看，20 世纪中国史学能取得长足的进步，也端赖中国传统史学悠久而丰富的积累，特别是重视史料和精密考据的传统，经过宋代史学和乾嘉史学的发展，已经积累了丰富的经验和系统的方法。这些优秀的史学传统和资源在 20 世纪经过史学家注入新的理念和方法，加以成功地改造，形成了新的历史考证学，其主要的代表人物有王国维、陈垣、陈

---

① 陈智超编注：《陈垣来往书信集》（增订本），第 407 页。

寅恪、胡适、顾颉刚、傅斯年等人。他们的治学各有不同特色，然而又相互影响，形成了 20 世纪新历史考证学的壮阔的学术景象。其中，王国维的考信史学更多地继承了乾嘉考据的传统，特别是运用乾嘉学者的小学的方法，将文字训释与史实、制度的考察结合，又以清代古器物学、金石学为基础，推研和考证古史。他既有深厚的国学基础，又曾留学日本，受过西方哲学和美学的训练，因此善于利用西方学术观念和方法来进行历史考证，从而在上古史、蒙元史和中国古代文学史等多个领域取得突破性的成就。陈寅恪曾将王国维的学术内容和方法总结为善取地下实物、异族故书和外来观念等三个方面与固有史学内容作比较研究的特点①，展现了王氏宽阔的学术视野，是对王国维学术成就的准确概括。陈寅恪和王国维一样有传统学术的家学渊源，深谙乾嘉考据的方法，不过他受过更多的西方近代科学与文化的影响。陈寅恪对乾嘉学派的继承主要体现在坚持实事求是的朴学精神，重视史料的完备和考据的精严。他在新历史考证学中的特点，在于扩大史料范围和创新考证模式。由于他通晓多种语言，所以能充分利用各种语言文字资料参稽互证；他以笺诗和证史会通，开创了近代史学的诗文证史的新范例。此外，他的考证善于表达思想，尤其提出"对于古人之学说，应具了解之同情，方可下笔"②之说，甚合历史解释学的真谛，为学界所重视。至于一生都致力于提倡"西体中用"科学方法的胡适，也积极参与新历史考证学的建设。他一方面在美国杜威实验主义纲领的指导下，以科学实验室程序作为历史考证的思想方法；一方面则走的"是在演进观点支配下以版本校勘术为里，以史料鉴定为表的历史研究门径"③。他非常重视传统史学中的版本、校勘之学的作用，这从他对《红楼梦》《水经注》的研究中可以看出来。他的史料鉴别方法，很多也是

---

① 陈寅恪：《〈王静安先生遗书〉序》，见《王国维遗书》第一册卷首，上海古籍出版社 1983 年版。

② 陈寅恪：《冯友兰〈中国哲学史〉上册审查报告》，见《金明馆丛稿二编》，第 279 页。

③ 许冠三：《新史学九十年》，第 147 页。

继承了乾嘉考据学的方法。胡适的学生顾颉刚和傅斯年，一个发动"疑古辨伪"运动，一个高举"史学即是史料学"的大旗。无论是古史辨伪还是史料考辨，都要秉承历史考证的"求真"精神，也都要借鉴乾嘉考据的史学方法。

致力于 20 世纪新历史考证学的史家虽然各有特点，然而基本所长和风格却有共通之处。这就是重视史料的收集、考订，以求真为历史考证之目的，对乾嘉学派的治史方法多有继承和发展，亦具有西学素养，善于吸收和融会贯通，其历史著作多为考实性著述。他们的史学思想和方法也常常贯穿于历史考证著作之中。陈垣作为 20 世纪新历史考证学的佼佼者，他与同时期的历史考证学者多有交游和学谊。因王氏早逝，陈垣与王国维交往时间不长，但二人的学术往来却不少。陈垣作《摩尼教入中国考》时，王国维曾将自己所见《摩尼教经赞目》等抄送陈垣。1923 年，陈垣《元西域人华化考》撰成后，将油印稿送王国维，深得王氏重视。王国维阅后专门致函陈垣，就《花间集》《碧鸡漫志》中所载波斯人李珣的诗作告知作者，陈垣在《华化考》再版时做了相应的补充[1]，足见二人学术交流之笃诚。陈垣与胡适、傅斯年交往时间很长，学术上切磋频繁。直至后来胡、傅二人赴台湾才中断。20 世纪 30 年代初，陈、胡二人还曾在北京后门内米粮库街做了近 5 年的邻居，加深了他们之间的学术交流。陈垣与陈寅恪交往更深，二人因历史考证的旨趣相近，史学成就旗鼓相当而被史学界誉为"史学二陈"。目前保留下来的二陈通信往返近 20 封。从书信中可见二陈在学术上互相欣赏，惺惺相惜。信中二人常互借图书资料，介绍学界朋友，每有著述总是彼此相赠，互相提示。陈寅恪更是为陈垣的《敦煌劫余录》《元西域人华化考》和《明季滇黔佛教考》三书作序。这三篇序文都是陈寅恪的用心用力之作。序中不仅对陈垣学术大力表彰，而且阐发了诸如"敦煌学""民族文化史""学术预流"等重要观念，堪称传世佳序，与陈垣的名著相映成辉。陈垣与顾颉刚也相识甚早，有

---

[1]　以上见陈智超编注：《陈垣来往书信集》（增订本），第 261 页。

大量的书信往返论学，尤其是曾在北京大学国学所和中国科学院历史研究二所有二度同事之谊，共同为建设 20 世纪的中国史学出力。

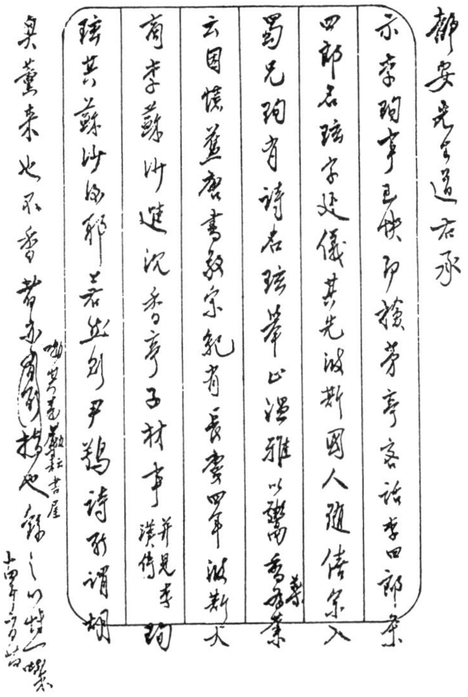
静安先生道右：承示李珣事，已检茅亭客话李四郎条：四郎名玹，字廷仪，其先波斯国人，随僖宗入蜀。兄珣有诗名。玹举止温雅，以鬻香药为业。

图 47　1925 年 2 月 20 日与王国维讨论波斯人李珣华化的信件。

20 世纪中国新历史考证学的兴盛，对陈垣史学思想的发展有着积极的影响。他的史学思想根源于传统而又能推陈出新，也善于借鉴西方进步的史学观念。在 20 世纪中国史学的风云际会中，他与同时代的著名史学家相互激励和助益，并形成自己史学的独特风格和取向。比如，他“鉴洋而不崇洋，用洋而不迷洋”的态度就与胡适“西体中用”的路径相异；他“专以汉文史料”考史的特点，也与王国维旁采日、英述作，陈寅恪广聚异国殊文形成鲜明对照。他植根于中国传统史学，又能借鉴西学之法，故其历史考证取得巨大成功，被称为是“岸然屹立于崇洋浪潮中的新史学家”①。

五、马克思主义史学的影响

马克思主义史学在中国的确立和发展，是 20 世纪中国史学的一件大事。五四运动前后，一批具有共产主义思想的知识分子在传播马克思主义的过程

① 许冠三：《新史学九十年》，第 79 页。

中，对唯物史观进行了系统宣传，奠定了中国马克思主义史学的基础。李大钊是中国马克思主义史学的创始人。从 1920 年起，他先后在北京大学等校开设"唯物史观研究""史学思想史"等课程。1924 年，他的《史学要论》由商务印书馆出版，该书为中国马克思主义的历史学理论体系构建了基本框架。此后，经由郭沫若、范文澜、吕振羽、翦伯赞、侯外庐等大批马克思主义史学家的辛勤开拓，到 20 世纪 40 年代末，马克思主义史学在中国已经有了一支强大的队伍，在中国史学界形成风气。1949 年新中国成立以后，马克思主义唯物史观的指导地位得到确立。学习唯物史观，作为史学研究的指导，基本上成为大多数史学工作者在研究中的一种自觉。从 1949 年到 1966 年"文化大革命"前，中国史学界运用马克思主义研究中国历史的问题，在探索中国历史进程、历史特点，思考中国历史发展的动力，评价历史人物，讨论史学工作的"以论带史"与"论从史出""厚古薄今"还是"厚今薄古"等若干重大问题上，取得了进展，为 20 世纪末期中国史学的发展打下了基础。

陈垣是明确表示他学习和接受马克思主义史学的。1949 年他在《给胡适之一封公开信》中，说他读了毛泽东的《新民主主义论》等著作，"我也初步研究了辩证唯物沦和历史唯物论，使我对历史有了新的见解，确定了今后治学的方向。"① 这些并非虚言，此时距离北京解放已一百余天。从后来的大量回忆文章可以看到，陈垣在北京解放前夕已从他的一些思想进步的学生中了解了共产党和解放区的情况。北京解放后一百余天内，他阅读了大量马列和毛泽东的著作，参加学马列讲座，思想有了很大的变化。而他的思想转变，也决非一时的冲动或应境之变，是有其深刻思想渊源的。这源于陈垣心中的爱国精神和中国史学经世致用的优良传统。早在 20 世纪三四十年代，他就着意提倡"有意义之史学"，著书立说斥敌斥伪，用史学服务于抗日斗争。当时的爱国史学也形成一种潮流，一批爱国史学家积极宣传抗日或转而从事与国

---

① 陈垣：《给胡适之一封公开信》，《人民日报》1949 年 5 月 11 日。

难边防有关的史学研究。比如，顾颉刚就创办《禹贡半月刊》和"禹贡学会"，为抗日救亡而从事边疆史地的研究。延安的进步史学家更是高举史学为抗日建国服务的旗帜。吴玉章说："历史是革命斗争的有力工具"，"因为，这能百倍地坚强我们的奋斗的信心和给我们以获得胜利的必需条件的知识。"[①]吕振羽在他的《中国社会史诸问题》序言中指出："为'抗战建国'的神圣事业服务的新史学，也进入了一个新阶段"。他们所表现出的爱国精神和民族意识，被陈垣引为同调。抗战胜利后，国民党政府的腐败，使中国前途渺茫，让陈垣痛心和失望。北京解放以后，他看到人民军队纪律严明，干部勤劳朴实，共产党为人民利益着想，他看到国家和民族新兴的希望，因此他自觉服从共产党的领导，接受马克思主义史学的思想。这是他的爱国思想合乎逻辑的发展结果。当然，陈垣的史学能够较快地转变，他周围的进步学者和学生也起到了促进的作用。比如马克思主义史学家范文澜是他相识的旧友，1929年范文澜就被陈垣聘请到辅仁大学史学系任课，讲授《正史概论》。1930年范氏以"共党嫌疑"被捕，因陈垣与北京各大学的名教授联名营救而获释。北京解放后，二人恢复了联系，陈垣给胡适的《公开信》就是经范文澜修改后送去发表的。1951年3月，《新建设》杂志编辑部请在京著名史学家午餐座谈，席间陈垣还对范文澜半开玩笑半认真地说："你要负些责任，早不告我马列主义，使我几年来摸索。今老矣，不能再有成就，精力枉费，实在可惜。"[②]

陈垣参与了1949年以后中国历史学科的建设和当时一些历史重大问题的讨论。他学习马克思主义唯物史观，史学思想发生了一些变化。一是学习认识社会发展规律，并从中认识到人民群众在历史中的主要作用。二是确立了学术为社会服务，为人民大众服务的思想。三是在学习马克思主义史学思想的同时，坚持实事求是的学风，不搞形式主义和教条主义的套用。虽然陈垣

---

① 吴玉章：《中国历史大纲》，见《吴玉章文集》下，重庆出版社1987年版，第809页。
② 刘乃和、周少川、王明泽、邓瑞全：《陈垣年谱配图长编》，辽海出版社2000年版，第583页。

图 48 　1958 年 9 月 26 日，与范文澜在原北京图书馆内，出席中国史学会和历史研究所第三所联合举行的纪念戊戌变法 60 周年学术讨论会。

接受马克思主义史学理论时已届古稀之年，未能运用唯物史观在历史研究上取得重大突破，但是他在晚年仍着意追求新思想，甘当小学生的精神，使史学界深为感佩。白寿彝说："他去世时，邵循正先生挽词说：'稽古到高年，终随革命崇今用。校雠捐故技，不为乾嘉作殿军。'这都描画出当年援庵先生不断要求进步的心情"。他指出，陈垣与时俱进的精神，"已给我们作出了很好的榜样"①。总之，晚年对马克思主义唯物史观的初识和接受，应是陈垣史学思想中的一道亮丽风景。

第三节　陈垣史学思想在 20 世纪中国史学的影响与历史地位

20 世纪是中国新史学崛起，名家辈出的时代。在 20 世纪中国史学近代化的宏伟进程中，陈垣堪称一代宗师。他以卓越的学术成就和独特的学术风格，赢得海内外学术界的赞誉。法国汉学家伯希和称他是"中国近代之世界学者"②，日本学者桑原骘藏在《读陈垣氏之〈元西域人华化考〉》一文中说，

---

①　白寿彝：《要继承这份遗产》，《励耘书屋问学记》（增订本），第 110 页。
②　陈智超编注：《陈垣来往书信集》（增订本），第 124 页。

陈垣是当时中国史学家中"尤为有价值之学者也"，认为中国史学名家虽多，"然能如陈垣氏之足惹吾人注意者，殆未之见也"。① 陈寅恪在重刻本《元西域人华化考》作序时也说："新会陈援庵先生之书，尤为中华学人所推服。盖先生之精思博识，吾国学者，自钱晓徵以来，未之有也。"② 陈垣的史学研究震动国际而光耀中国史坛，其内容丰富、风格独特的史学思想也深刻影响了 20 世纪中国史学，在近代中国史学史上占有重要的历史地位。

一、坚持建设具有中国特色的民族化史学的发展方向

20 世纪中国史学近代化过程给我们以一个重要启示，就是民族史学的传统在新的历史条件下得到新生，焕发出勃勃生机。那些以为只要搬弄一些外国的学术观点和方法，就能使中国史学出现新的转机，造就中国的新史学的想法，无异于痴人说梦。中国的史学只有在继承民族史学传统精华的基础上，求新求变，才能适应时代的需求，取得全面的发展。陈垣史学思想中的民族性理念正是倡导了 20 世纪中国史学建设中国特色民族史学的发展方向，其影响力至今仍在发挥着重要作用。陈垣的弟子启功认为，陈垣史学思想的本质是"对中华民族历史文化的一片丹诚"③，这是对陈垣民族文化史观的准确概括。在 1917 年至 1937 年抗日战争全面爆发之前，陈垣坚持具有中国特色的民族化史学的思想，表现在他的史学研究内容上，以中华民族文化为本，大力弘扬中华民族优秀的传统文化，阐明中华文化巨大的生命力和影响力，揭示中华文化在世界文明发展和中外交流中的重要作用。在史学研究方法上，注意总结继承中国古代史学特别是清代乾嘉史学的方法，推陈出新，为新历史考证学建立范式。中华民族历来有强烈的历史意识，其实质意义即是重视民族自身的由来与传统，并且自觉地将它传续下去。晚清龚自珍曾说，"灭人之

---

① 陈垣：《元西域人华化考·附录》，第 145 页。
② 陈寅恪：《陈垣〈元西域人华化考〉序》，见《金明馆丛稿二编》，第 270 页。
③ 启功：《夫子循循然善诱人》，见《励耘书屋问学记》（增订本），第 139 页。

国，必先去其史"，"夷人之祖宗，必先去其史"。① 他把历史记载和天下兴亡、民族存灭直接联系起来了。正是出于这种存续民族命脉的担当，中国的历史记载才世代相续，绵延不断。这是中华民族巨大凝聚力和生命力的明证。陈垣坚持民族化史学的方向，弘扬中华历史文化，正是出于史家的历史责任感。在 20 世纪中国史学近代化过程中，也有过全盘否定中国文化的思潮。20 年代，有些人推行一种民族文化的虚无主义。用他们的话来讲，是要把线装书统统扔到茅厕里去。陈垣奋起抵制，他发表《元西域人华化考》，用以批驳那些民族文化虚无的论调。此举得到陈寅恪的赞赏，他说："近二十年来，国人内感民族文化之衰颓，外受世界思潮之激荡，其论史之作，渐能脱除清代经师之旧染，有以合于今日史学之真谛，而新会陈援庵先生之书，尤为中外学人所推服。"② 陈垣提倡要奋起直追，发展中国的民族文化，把汉学中心从巴黎夺回北京，也得到曾大力主张西化的胡适、傅斯年的响应。抗日战争时期，陈垣更是著作《明季滇黔佛教考》《通鉴胡注表微》诸书，表彰中国历史上的忠臣义士，高扬抗日的民族气节和爱国激情，极大地鼓舞了沦陷区军民的抗日斗志。当时的辅仁大学文学院院长沈兼士读了《明季滇黔佛教考》后，特意赋五言律诗一首相赠，其诗曰："傲骨撑天地，奇文泣鬼神。一编庄诵罢，风雨感情亲。"③ 称颂了陈垣史学激励民族精神的正气。陈垣坚持史学研究的民族性方向，还表现在他重视中国传统史学的优良治史方法，总结归纳，发凡起例，为 20 世纪的新历史考证学提供了具有中国风格的科学的方法论。陈垣的史学以根植于传统而又推陈出新见长，他的史学主张和方法论实践，在 20 世纪中国史学界产生了巨大的影响，从而成为新历史考证学的领军人物之一。在学术方向和方法与他较为契合的著名史家还有王国维、陈寅恪、顾颉

---

① 龚自珍：《古史钩沉论二》，见《龚自珍全集》第一辑，上海古籍出版社 1999 年版，第 21—22 页。
② 陈寅恪：《陈垣〈元西域人华化考〉序》，见《金明馆丛稿二编》，第 270 页。
③ 刘乃和：《陈垣校长永远是我们的师表》，见《励耘承学录》，北京师范大学出版社 1992 年版，第 64 页。

刚、柳诒徵等，然而陈垣将中国传统史学方法发扬光大的成就更为明显，因而他被誉为以"土法为本，洋法为鉴"而获得巨大成功的新史学家。①

陈垣建设有中国特色的民族化史学的方向，影响了 20 世纪中国史学。许多史学家从自身的研究领域出发，也不约而同地将史学的民族化作为努力的目标，其中与陈垣一起在中国科学院历史研究二所共事的侯外庐、与陈垣一同在北京师范大学任教的白寿彝，都从马克思主义史学理论的高度，论证和实践了中国史学的民族化。比如，侯外庐早在 20 世纪 40 年代就提出了史学"民族化"的问题。他指出中国学人早已超出仿效西欧的阶段了，"他们在自己的土地上无所顾虑地能够自己使用新的方法，发掘自己民族的文化传统了。"② 经过几十年的实践，在 20 世纪 80 年代，他又进一步论证历史科学民族化的问题，而且回顾自己的史学研究说："对于古代社会发展的特殊路径和古代思想发展的特征的论述，对于中国思想史上唯物主义和反封建正宗思想的优良传统的掘发，都是我在探索历史科学民族化过程中所做的一些尝试。"③白寿彝则从继承中国史学遗产的角度，对如何继承中国史学的优良传统，建设具有中国特色的历史科学进行了系统的阐述。他在 20 世纪 60 年代就发表了《谈史学遗产》一文。80 年代又连续发表了《谈史学遗产答客问》等 4 篇系列文章④，从历史观点、历史文献学、历史编纂学、历史文学等多个方面，辩证地分析了中国史学遗产的精华与糟粕，论述了继承优良传统，开创史学新路，建设具有民族精神和民族传统的中国史学的方向和任务。

陈垣建设有中国特色的民族文化史学的宗旨，不仅影响了 20 世纪中国史学，也是 21 世纪中国史学的发展方向。进入 21 世纪，经济、信息、生态、文化的全球化趋向成为新的时代特征，全球化也是当前学术界的重要话语之一。

---

① 许冠三：《新史学九十年》，第 118 页。
② 侯外庐：《中国古代学说思想史·再版前言》，上海文风书局 1946 年版。
③ 侯外庐：《侯外庐史学论文选集》上，北京出版社 1987 年版，第 18—19 页。
④ 分别见《史学史研究》1981 年第 1 期第 1—8 页、《史学史研究》1981 年第 2 期第 1—8 页、《史学史研究》1981 年第 3 期第 1—8 页、《史学史研究》1981 年第 4 期第 1—8 页。

图 49　1964 年 6 月，与北京师大历史系主任白寿彝教授在励耘书屋。

然而，在学术和文化上，"只有民族的才是世界的"，中国史学只有突显民族性特征，才能对世界文明做出特殊的贡献。因此，努力吸收中外史学的精华，建设具有中国特色的民族化史学，依然是中国史学界努力的目标。在这个问题上，吴怀祺有独到精辟的论述，他从史学话语权的角度论述中国民族化史学的建设，认为当代中国史学问题，"一是史学的时代性，一是史学的民族性。这是上一个世纪史学的两个焦点，也是 21 世纪全球化趋势下，史学发展的两大中心问题"。"十分重要的工作，就是要重视民族史学的话语权，对我们民族史学的丰富遗产进行总结，使民族史学走向世界。"[①] 因此，努力吸收中外史学的精华，建设具有中国特色的民族化史学，依然是中国史学界努力的目标。

二、推动对史料的不断发掘、整理和考订

陈垣丰富的史料学思想深刻地影响了 20 世纪的中国史坛。他关于搜集史料要"竭泽而渔"，使用史料"有第一手材料决不用第二手材料"的思想，关于史料整理的观念和系统方法、发凡体例的史源学考辨教程，无不被史学界奉为圭臬，其影响和建树，可以说已经超过了宣称"史学便是史料学"的史料学派学者的作为。

---

① 吴怀祺：《史学话语权与 20 世纪的中国民族史学——兼说 10 卷本〈中国史学思想通史〉》，《安徽史学》2006 年第 4 期，第 13 页。

在发掘史料方面，他不仅主张"竭泽而渔"地搜集材料，更主张从各个方面扩充史料范围，由他揭示、发掘利用的材料，遍及金石铭文、档案信札、佛道二藏、方志、传记、诗文集、笔记、报纸杂志、照片插图，甚至连建筑物上的砖瓦图绘、匾额楹联，当然也包括外文资料。试看 20 世纪中国史学所涉及的史料范围，大多已经他指示和开掘。20 世纪史学正是由于大批新史料的发现和史料的扩充，才使史学摆脱了旧有史部典籍范围的束缚，而焕发出勃勃生机，呈现百花竞放、硕果累累的景象。仅以世纪初殷墟甲骨、汉晋简牍、敦煌遗书和内库档案的四大发现而言，陈垣就参与其中两项，为敦煌学和明清史立功至伟。1935 年，陈垣主持编纂的《敦煌劫余录》出版。此书著录当时国内所藏敦煌写本 8679 种，开启了中国敦煌学的序幕。陈垣在《序》中揭示这批敦煌经卷重要的史料价值，指出："其中遗文异义足资考证者甚多，即卷头纸背所书之日常帐目、交易契约、鄙俚歌词之属，在昔视为无足重轻，在今矜为有关掌故者，亦不少，特目未刊布，外间无由窥其蕴耳。"① 陈寅恪则在《序》中倡言国人开展敦煌学研究，指出"敦煌学者，今日世界学术新潮流也。""《敦煌劫余录》诚治敦煌学者不可缺之工具也。"② 敦煌学这门被陈寅恪称为"吾国学术伤心史"的世界显学，经过中国学者近百年的努力，至今已在中国开花结果而远远居于世界前列。这正是由于"《敦煌劫余录》的出版，标志着我国的敦煌学进入了初兴时期，对敦煌学的今后发展起了导引的作用。"③ 回顾中国敦煌学的百年发展，陈垣筚路蓝缕之功自然是不能忘却的。至于明清内阁大库档案，陈垣更是参与了抢救。1922 年 5 月，他以教育部次长的身份批准将教育部所辖历史博物馆收藏的 1502 麻袋档案，划归北京大学整理；后又以故宫文献部主任的身份致信他的旧识、当时的北洋政府总理许世英，成功地将清代军机处档案收归故宫文献部，成为现在国家

---

① 陈垣：《敦煌劫余录序》，见《陈垣学术论文集》第一集，第 475 页。
② 陈寅恪：《〈敦煌劫余录〉序》，见《金明馆丛稿二编》，第 267 页。
③ 林家平等：《中国敦煌学史》，北京语言学院出版社 1992 年版，第 96 页。

第一档案馆的重要典藏。此后，陈垣又直接参与内阁大库档案的整理。上述两批档案，因陈垣在北大国学门任导师和在故宫文献部负责，皆由他指导学生和馆员作深入整理和编档，著名的《档案整理八法》就是在当时撰著的①。后来，傅斯年主持的史语所收到内库大档八千余麻袋档案，也聘请了陈垣为编辑委员。在陈垣、陈寅恪、傅斯年的主持下，这批档案的整理成果在 20 世纪 50 年代以前共出版《明清资料丛刊》4 编 40 册，未整理部分被运往台湾，至今仍在陆续整理出版。这些材料成为 20 世纪明清史研究的重要史料。以上二事，亦足见陈垣的史料学思想和贡献为功之巨焉。

图 50　1924 年 9 月与北京大学研究所国学门全体同仁于北大三院译学馆旧址合影。前排左起：董作宾、陈垣、朱希祖、蒋梦麟、黄文弼。二排左起：孙伏园、顾颉刚、马衡、沈兼士、胡鸣盛。三排右起：夏鼐、王光玮、李玄伯、徐炳昶、胡适。

---

　　①　以上参见傅振伦《陈援庵先生与古籍、档案整理》，见《纪念陈垣校长诞辰 110 周年学术论文集》，第 12—13 页；单士元《回忆陈援庵师》，见《历史文献研究》新 7 辑，北京师范大学出版社 1996 年版，第 31—34 页。

陈垣的史料思想，特别是有关史料整理的原则和方法，也深刻地影响了20 世纪的古籍文献整理事业。早在 20 世纪 20 年代，他就提出古籍整理要校勘、标点、分段，要编制篇目、索引，要编辑专题资料汇编等主张和方法。这些后来都成为 20 世纪古籍整理的基本路径和法则。新中国成立后，他参与全国古籍整理的规划，还亲自主持或指导多项古籍整理项目，如整理《册府元龟》，点校《二十四史》等等，成为新中国古籍整理事业的宗师。他的史料学思想和方法，至今仍对古籍整理工作有着重要的指导意义。

陈垣重视史料的考辨，为此他专门创立史源学，作为探寻史料来源、辨析史料真伪优劣、判断使用正误的一门专学，并在大学里开设"史源学实习"课程，培养青年考辨史料的能力。史源学至今仍作为许多高校的研究生课程，在培养学生的史学基本功上发挥着作用。陈垣培养的一批著名史学家及此后的数代学人，皆受史源学之沾溉，并深深感受到史源学对于发展 20 世纪中国新史学的意义。

三、精密科学的考证方法促进了新历史考证学的发展

虽然陈垣从未自称是考据派史家，也明确地表示不以考证"为尽史学之能事"，然以他大量精湛准确的考证成果和对考证方法的科学总结而言，我们认为他是 20 世纪新历史考证学派的领军人物之一，是 20 世纪的历史考证大师，也应该是非常合适的。

陈垣精湛的历史考证学思想对 20 世纪中国史学产生了深刻久远的影响。他在《通鉴胡注表微·考证篇》所总结的考证方法，如考证贵能疑，考证当于细微处加意，考史当注意数字，考证当观其语之所自出，考地理贵亲历其地，考史当从多方面考究，考证不徒据书本，读史须就其首尾，考证有书证、理证、物证等种种考证方法，① 已成为 20 世纪新历史考证学的金科玉律。更

---

① 陈垣：《通鉴胡注表微》，第 70、78、79、80、86、87、91、97、90 页。

为重要的是，他在各种著述中，以精确的历史考证阐幽抉微，辨正谬误，解决了许多重要的历史问题。其中如对元也里可温教、摩尼教、火祆教、一赐乐业教等 4 种古教的考证，对唐僧玄奘西行始于贞观三年的考证及纠正梁启超的错误结论，对基督教、回回教入华史实的考证，对顺治皇帝出家史实的考证，对释迦牟尼佛牙在中国流传的考证，对大量高僧生卒年的考证，等等，不胜枚举。这些考证过程和科学结论，为 20 世纪中国史学提供了典型示范，供后人所取法，从而推动中国史学从近代化向现代化的迈进。陈垣的历史考证成果和考证学思想，是 20 世纪中国史学光彩夺目的宝藏。与他同时代的中外史家都给予了高度的评价，如日本的桑原骘藏称其"考据精确"，中国的陈寅恪誉其"精思博识"，胡适则认为是"精密的考证"。20 世纪 50 年代以后的中国马克思主义史学家，也都推崇他的考证方法和成就，史学史专家白寿彝说："援庵先生的史学，以历史考据方面最有成就。""援庵先生的考据工作，是从学习钱大昕入手，但他的成就是远远超过钱大昕和乾隆嘉庆年间的考据家的"。①

陈垣的考证学思想和成就在 20 世纪中国史学上的重要贡献，还表现在他的科学考据常常在具体过程中展现出如庖丁解牛般的精熟和科学实验般的准确，让人叹为神奇，从而使昔日枯燥乏味的历史考据增加了迷人的魅力，也充分证明了史学研究的科学性，因而大大提高了历史学科的地位。在诸多精彩的考证事例中，尤为令人折服的是陈垣"一字的考证"。启功曾经举了三个例子：一是陈垣考证四库馆臣于敏中的一封重要信札的写作年份，从信中记述"大雨"的"雨"字得到启发而解开谜团。二是考证顺治皇帝是否出家的问题，从《东华录》中揭示顺治灵柩被称为宝宫的"宝"字，指出宝宫即宝瓶，是骨灰坛，证明顺治是用僧家之俗用火葬的。三是利用清雍正四年后才开始避讳的孔子之名"丘"字，考证了一册伪造吴渔山的画作。② 陈垣的

---

① 白寿彝：《要继承这份遗产》，见《励耘书屋问学记》（增订本），第 109 页。
② 启功：《夫子循循然善诱人》，见《励耘书屋问学记》（增订本），第 143、144 页。

"一字考证"还有不少例子，比如考证玄奘西行日期的名作，就是以玄奘所见回纥可汗乃"肆叶护"而非"统叶护"的一字之差作为关键证据的。陈垣的"一字考证"并非出自偶然或侥幸，而是他"考证当于细微处加意"方法的贯彻施行。从细微处找到问题的关节点，就如在乱丝中找到线头一样，才能由此及彼，层层剥离，最终找到正确的答案。

科学的考证是历史研究不可缺少的重要环节和必经门径，因此 20 世纪的历史考证学才能历经风吹雨打而长盛不衰。陈垣历史考证的思想和成就，促进了 20 世纪新历史考证学的发展。他的历史考证如老吏断狱一样的精准和富有魅力，也为提升新历史考证学的地位，提供了最有说服力的范例。

图 51　1970 年 11 月，陈垣与启功。

四、开辟新领域，为建立历史学新分支学科奠基

白寿彝对陈垣为 20 世纪中国史学开辟新领域，建立新学科的贡献有过高度的概括。他说："援庵先生在史学方面的给我们留下丰富的遗产"。"他对于中国宗教史的研究开拓了新的领域，对中国历史文献学的研究建立了一定的基础"。"他对于外来宗教史的研究，同时也是他对中外文化交通史研究的主要内容"。① 诚如上述所言，陈垣的史学思想和史学成就在 20 世纪开辟了许多历史学科的研究领域。具体而言，如古代外来宗教史、中国基督教史、伊斯

---

① 白寿彝：《要继承这份遗产》，见《励耘书屋问学记》（增订本），第 106 页。

兰教史、佛教史、道教史、中外文化交通史，以及避讳学、年代学、史源学等。就大范围来说，即集中于对宗教史与中外交通史研究的开辟。陈垣的宗教史研究关注各教的兴衰与传播，但不专门研究各教的教义。他的研究范围非常广泛，著述宏富，仅有关中国基督教史方面的研究，就有论著四十余种。在宗教史研究中，陈垣极大地扩充了可资利用的史料范围，以其缜密的历史考证所向披靡，解决了许多历史疑案，为 20 世纪中国史学开辟了科学的宗教史研究的道路。因此，早在 20 世纪 40 年代初，陈寅恪就指出："严格言之，中国乙部之中，几无完善之宗教史，然其有之，实自近岁新会陈援庵先生之著述始。"① 陈垣在宗教史研究中所阐发的史学思想，更是给后人以极大的启发。比如，他的研究特别阐明了宗教与政治的密切关系。他把宗教史作为文化史的组成部分来研究，指出"宗教乃文化之先锋"，注意揭示中外文化交通与宗教传播的内在联系。他的宗教史研究还能从历史的是非褒贬中惩恶扬善，发挥鉴诫作用，抗战时期所作的"宗教三书"则都有这个目的。他还注意发掘宗教史料对一般历史研究的作用，如《中国佛教史籍概论》，就是专为史学开一"新园地"之作，所以"可以毫不夸大地说，陈垣先生是 20 世纪我国宗教史研究的奠基人。他在这方面的许多论著，迄今仍是这门学科研究者必读的著作，具有指导意义"②。

　　陈垣在进行宗教史研究的同时，也开拓了我国中外文化交通史研究的阵地。他的中国基督教史研究的四十余种著述中，绝大部分涉及了明清中西文化交通的内容。当然，除此之外也还有其他属于这一研究领域的著述。因此，他于中外文化交通史的研究也实有创始之功。在他的倡导、鼓励和影响下，我国的中外交通史研究在 20 世纪上半叶开始崛起，与陈垣有学术往来的张星烺、方豪、冯承钧、向达等学者在此领域独领风骚，留下了不少优秀的作品。

---

① 陈寅恪：《陈垣〈明季滇黔佛教考〉序》，见《金明馆丛稿二编》，第 272 页。
② 陈高华：《陈垣与元代基督教史研究》，见《励耘学术承习录：纪念陈垣先生诞辰 120 周年》，第 43 页。

以上几人之中，又以方豪和张星烺受陈垣的影响最大。方豪是陈垣的私淑弟子，他称自己并未在大学读书，主要依靠自己向大师求教，"陈援庵先生通信讨论达二十余年，启迪最多"①。张星烺编纂《中西交通史料汇编》的过程中，也多次通过书信与陈垣往返讨教和商榷学术问题，此后则曾被陈垣聘为辅仁大学的历史系教授兼系主任。中外文化交通史研究在 20 世纪后半叶得到更为长足的发展，并不断衍生出如西方汉学史这样新兴的分支学科，这些都与陈垣的导引和提倡有关。著名的海外汉学研究专家张西平就指出："对这一课题的研究在国内是由陈垣、张星烺、向达、方豪、朱谦之、阎宗临这些前辈学者所开辟的"②。

陈垣在历史文献学领域的成就突出表现在将前人的文献考辨经验，系统总结为各门具有法则和范例的、可供传授、便于研习和成长的专学，从而为历史学新的分支学科奠定了学理基础，这些学理归纳成为他的史学思想中熠熠闪光的结晶。他在目录、版本、校勘等专学不仅有深厚的根基，而且将这些传统专学置于科学方法的规范之中，从而赋予传统学问以新的生命活力，其中"校勘四法"的科学总结就是典型的范例。他在发展、完善传统之学以外，更为后学创辟新域，开设年代学、避讳学、史源学等新学科，丰富了历史文献学的内涵。20 世纪 80 年代以后，中国的文献学得以确立并迅速发展起来，取得了显著的成就，并逐步形成了一门具有中国风格的优秀学科，这自然是得益于陈垣导夫先河的建基和沾溉的。

五、倡导刻苦钻研、严谨创新的优良学风

陈垣不仅在宗教史、元史、历史文献学等领域为 20 世纪中国史学作出开创性的贡献，而且以身体力行的优良学风，垂示风范，影响了几代学人。陈

---

① 方豪：《方豪六十自定稿补编》，台湾学生书局 1969 年版，第 2599—2600 页。
② 张西平：《应重视对西方早期汉学的研究》，见《东西流水总相逢》，生活·读书·新知三联书店 2010 年版，第 79 页。

垣是一位学者，也是一位卓越的教育家。除了以身作则之外，他还在著述中，或者利用各种与青年学子交流的机会，倡导刻苦治学、严谨创新的优良学风。这些谆谆教诲，也是他史学思想的重要内容。

陈垣治学，一丝不苟，从来不走捷径、图省事。有人问他读书治学有何秘诀？他肯定地说，没有秘诀，"如果说有秘诀的话，那就可以说是要有决心，有恒心，刻苦钻研，循序渐进"①。他搜集材料，主张竭泽而渔；立论评说，言之有据，材料不到手，不动笔写文章；著书立说，务求言简意赅，要有自得创新。他谦虚谨慎，在发表论著前，总要再三修改；论著发表后，对别人所提意见，更是从善如流，虚心接受。1962年6月2日他在《光明日报》上发表《关于徐光启著作中的一个可疑的书名》，认为徐光启《徐氏庖言》的"庖言"疑为"厄言"或"危言"之误。他的学生王重民见报后，旋即来信告知，已见明刻书影上"庖言"二字无误；大概是徐氏在礼部为官时替兵部练兵，故将汇集此期奏稿的集子称之"庖言"，意为代庖之言。陈垣认为此说可通，即又在6月9日的《光明日报》上发表《关于徐氏庖言》一文，消除自己的疑问，认可了原来的书名。② 总括陈垣所提倡的优良学风，大致可归纳为几点：一是刻苦治学，持之以恒；二是实事求是，言必有据；三是不说空话，力求创新；四是谦虚谨慎，精益求精。

学术研究是一项极其艰难的工作，是需要有奋斗精神、严谨态度和创新勇气相伴的崇高事业。学风不但反映学者的道德风尚，也是一个学者能否在学术事业中有所创获的关键，因此陈垣所倡导的优良学风和他所取得的丰硕学术成果是有必然联系的。在这方面，他为20世纪的中国史学做出了榜样。他所倡导的刻苦、求实、严谨、创新的优良学风，对于匡正史学界所存在的某些浮躁、虚假风气，仍然发挥着重要的作用。

---

① 陈垣：《和青年同学谈读书》，见《陈垣全集》第二十二册，第726页。
② 刘乃和、周少川、王明泽、邓瑞全：《陈垣年谱配图长编》下册，辽海出版社2000年版，第801、802页。

六、对陈垣史学思想的辩证分析

学术史、思想史的一个重要功能，在于文化的反思。陈垣作为 20 世纪中国史学的一代宗师，他的史学思想自然深刻影响了 20 世纪的中国史学，具有重要的历史地位。那么，我们在肯定其历史地位和影响的同时，可以从文化反思的角度，对其史学思想作出哪些辩证分析呢？

首先，应该实事求是地看到，陈垣不是史学理论家，也不是所谓"史观学派"的史学家①，因此他的史学思想并不如梁启超、胡适等史家丰富；或许也不如范文澜、翦伯赞等史家深刻，然而史家各有所宗也各有所长，陈垣素以历史考证独擅其长，虽无长篇大论的思想阐述，却以考证贯通史实而求得通识，有感而发的史学思想具有自己鲜明的特色。以往史学界因其考证的周匝精密、成果硕多而忽略了对其史学思想的研究，因而值得重视并予以发掘。

至于有的学者认为陈垣"史学之马列化显然仅止于公开表态之层次，并未付诸实践"②，可以说"并未付诸实践"大致是事实，不过陈垣晚年对于马列主义的唯物史观不仅表示接受，而且有付诸史学研究之愿望，只是他当时毕竟已年届七秩，时间和精力都不允许了。正如他的哲孙陈智超所说："他希望在平面的基础上建筑起新的立体，也就是说，以历史唯物论为指导来总结历史发展的规律。但是，由于年事已高，要改变多年的研究路子，从头做起，一时又有许多困难。"③ 可见是心有余而力不足了，所以在其史学思想中未能充分体现运用马列主义研究、分析历史的效果，是可以理解也不能苛求的。

从陈垣已有的史学思想成就来看，如果还要再深究叩问的话，大概还有两个方面值得提出来讨论。一是他的史学评判体系多以传统的儒家道德观念

---

① 许冠三分 20 世纪史家为考证学派、方法学派、史料学派、史观学。派等等，陈垣被列为考证学派。见许冠三《新史学九十年》目录，岳麓书社 2003 年版。

② 肖启庆：《推陈出新的史学家陈垣》，《新史学》16 卷第 3 期，2005 年 9 月，第 101 页。

③ 陈智超：《史学家陈垣传略》，见《陈智超自选集》，安徽大学出版社 2003 年版，第 130 页。

为标准，以仁、义、礼、智、信看"忠君爱国"或"人心向背"，较少以近代的政治或社会价值观念作历史的道德评判。这应与他早年的教育背景及中年以后较少接受西方新的史学观念有关。虽然在 20 世纪 50 年代以后，他接受了新社会的新思想，史学思想发生了重大的变化，但此后他的史学撰述相比以前要少得多，而且多为短篇考证或时评之作，故亦少有机会在他的史学著述中深刻展现新思想和新认识了。二是他的史学思想在对客观历史的剖析和阐论上，多集中于政治文化与道德伦理，而较少涉及社会史、经济史等更广阔的领域①，因而也在一定程度上影响了他的历史认识的视域。然而，就以上不足而言，也与陈垣史学研究的兴趣，及其"以土法为本"的史学特点和时代的局限有关，终究是不能求全责备的。

图 52　1960 年 9 月 24 日，在励耘书屋院内劳动。陈垣曾有诗云："寒宗也是农家子，书屋而今号励耘。"他常把做学问比喻为锄田耕作，认为只有深耕细作、业精于勤，才能有好的收获。

陈垣的史学思想是 20 世纪不朽的史学遗产，不仅在 20 世纪中国史学上占有重要的历史地位，而且将对中国史学今后的发展产生长久而深远的影响。对此，仍有待于学术界更深入细致的发掘和研究。

———————————

① 虽然《通鉴胡注表微》也有《货利篇》，然并非述经济生产与历史盛衰之关系，而议论的重点是从儒家的义利观出发，论"以利为大戒"。见陈垣《通鉴胡注表微》，第 291 页。

附录一 陈垣已刊撰著系年

说明：一、本年表收录陈垣已刊各种撰著。每条先记书名或篇名，并尽量记载其撰写时间；另行记其首次发表或出版的信息。二、如使用笔名，则在书名或篇名后附记笔名。三、一般不收录单篇书信或诗词，个别具有代表性意义者除外。四、"续编"收录陈垣去世后，他人将其著述新编成集，或个别加以解说、导读的专著的出版信息；不收录单纯再版的专著。

1907 年（清光绪三十三年　丁未）

释汉　　　　　　　　　　　　　　　谦益（笔名，下同）

释唐　　　　　　　　　　　　　　　谦

以上两种载《时事画报》丁未第 2 期

释唐秋千拉绳之纪念　　　　　　　　钱

《时事画报》丁未第 5 期

记王将军墓　　　　　　　　　　　　谦益

《时事画报》丁未第 6 期

述绍武君臣冢　　　　　　　　　　　钱罂

书李袭侯　　　　　　　　　　　　　谦益

以上两种载《时事画报》丁未第 9 期

说正朔	谦益

《时事画报》丁未第 12 期

说满汉之界	谦益

《时事画报》丁未第 20、21、22 期

国朝首请泯除满汉畛域者仁和杭堇甫先生	谦
宏道李温陵传识语	谦

以上两种载《时事画报》丁未第 21 期

释奴才	谦益

《时事画报》丁未第 23 期

郭亮哭李固	谦
杨匡守杜乔	谦
说纸鹞	谦
满洲嫁娶仪	谦

以上四种载《时事画报》丁未第 23 期

孔子诞感言	谦
放胸的说帖	艳
报父仇（一）	蔚
报父仇（二）	宗
记九皇会	钱

以上五种载《时事画报》丁未第 24 期

老父识民权	益
原顶	钱
说铜壶滴漏	谦
识粤东驻防地界图	谦
圣裔不鬻道	谦

以上五种载《时事画报》丁未第 25 期

论安插内地驻防	谦益

《时事画报》丁未第 25、26 期

说剧	谦
论利导国民	钱
十月十日之纪念	钱
徐闵中女	谦
刘同子妻益	

以上五种载《时事画报》丁未第 27 期

党党	钱
入狱	钱
论政府对于浙人之恶感	钱
读金正希先生集	谦

以上四种载《时事画报》丁未第 29 期

识东西得胜庙白云庵	无署名
蒙古女节（一）	谦
蒙古女节（二）	益
书水浒传	钱
种族之界说（未完）	钱

以上五种载《时事画报》丁未第 30 期

宏光宫女（一）	钱
宏光宫女（二）	钱
秦桧害岳飞辨	钱
种族之界说（完）	钱

以上四种载《时事画报》丁未第 31 期

更论宋高宗忌岳飞之原因	钱
闻大成	谦

吴学　　　　　　　　　　　　　　益

对于二十、二十一两日谕旨之舆论　　　谦益

以上四种载《时事画报》丁未第 32 期

论今年学务之进步　　　　　　　　钱

撮录元史刑法志　　　　　　　　　谦

扬州节妇　　　　　　　　　　　　钱

湖南贞女　　　　　　　　　　　　钱

以上四种载《时事画报》丁未第 33 期

1908 年（清光绪三十四年　戊申）

调和满汉（一）　　　　　　　　　钱

调和满汉（二）　　　　　　　　　筒

国民与政府　　　　　　　　　　　谦益

以上三种载《时事画报》戊申第 4 期

抵制（一）　　　　　　　　　　　钱

抵制（二）　　　　　　　　　　　筒

元世广东乱民志　　　　　　　　　钱

以上三种载《时事画报》戊申第 5 期

张仲景像题词

说诊脉

以上两种载《医学卫生报》第 1 期　光绪三十四年七月

王勋臣像题词

《医学卫生报》第 2 期　光绪三十四年八月

孔子之卫生学

为虎列拉答读者问

说肾

以上三种载《医学卫生报》第 2 期　光绪三十四年八月

论江督考试医生（未完）

长命术

以上两种载《医学卫生报》第 3 期　光绪三十四年九月

论江督考试医生（完）

日本德川季世之医事教育（与何叔均大夫合写）

以上两种载《医学卫生报》第 4 期　光绪三十四年十月

黄绰卿像题词

医事批评（八篇）：

广东军医学堂奏咨立案

又有用担竿压毙孖胎者

局坏

光明眼药

在公地唾涎者真要罚矣

针灸术保存会

贵人之信西医

青岛又有医科专门学校

以上九种载《医学卫生报》第 5 期　光绪三十四年十一月

跋阮元引痘诗

牛痘入中国考略（未完）

洗冤录略史（未完）

以上三种载《医学卫生报》第 6 期　光绪三十四年十二月

1909 年（清宣统元年　己酉）

牛痘入中国考略（完）

洗冤录略史（完）

释医院

以上三种载《医学卫生报》第 7 期　宣统元年闰二月

医事批评（十四篇）：

　　警道示预防时疫

　　禁屠避役

　　伟哉汕头防疫会

　　改良医院急乎重建城隍庙急

　　粤军新设看护乎

　　医生产婆痘师注册

　　吉省新设检验吏

　　英人谋兴中国医学

　　灭鼠防疫

　　来路猫

　　万国卫生会

　　万国学校卫生会

　　是真牺牲其身

　　禁止用漱口水喷衫

记普通征兵身体检查法

肺痨病传染之古说

以上十六种载《医学卫生报》第 8 期　宣统元年三月

告种痘者

医事批评（十二篇）：

　　奏设检验吏已咨行到粤

　　坏鬼先生多别字诚哉

　　坊人有太古遗风

　　广府中学有疫存疑

伟哉海阳又有防疫会

京师医事汇闻

美医剖验交涉命案

宝隆医生画像

日本医人之风度

人骨可作奇货

日人以新世界医术逼韩

飞猎滨除疫法

论人巧免疫之理（未完）

以上十四种载《医学卫生报》第 9 期　宣统元年四月

题郑学士送别图

送郑学士之白耳根万国麻风病会叙

医事批评（八篇）：

新药制造公司之萌芽

此死孩而不以供解剖之用惜哉

京师亦有私立产婆学校矣

美医剖验交涉命案续闻

南雄雅劗狗

江督派员考察日本医学

江南又考试医生

检查娼妓非成湿医生不可

论人巧免疫之理（完）

以上十一种载《医学卫生报》第 10 期　宣统元年五月

1910 年（清宣统二年　庚戌）

李大厓《陈氏承先裕后堂记》识语　1910 年 6 月（撰作日期，下同）

《陈垣全集》第 7 册　安徽大学出版社 2009 年 12 月

光华医事卫生杂志发刊词

医事杂评（四篇）：

万国医学会之疑传

良好处女之鉴定

请增疯院名额

吗啡累了曲见

古弗先生

以上六种载《光华医事卫生杂志》第 1 期　宣统二年八月

古弗先生之业绩

《光华医事卫生杂志》第 2 期　宣统二年九月初一

高嘉淇传

《食米为脚气症之病源辨》跋

《论病者延医当持忍耐心》跋

《生生善社赠理西法接生缘起》跋

《医师诊断新婚妾小产案始末》识　　　　　援公

警告（一）

警告（二）

医事摘评（三篇）：

第四回万国精神病者看护学会

麻风中外古今皆有

军医学生之前途

以上十种载《光华医事卫生杂志》第 2 期　宣统二年九月

谐谈一则

敬告寄稿诸君

医事批评：咨议局筹设学校医

以上三种载《光华医事卫生杂志》第 3 期　宣统二年十月

再告寄稿诸君

《论徒恃三指按脉不足以知病》跋　　　　援公

《卫生之真相》跋　　　　　　　　　　　援

《论今日学校宜注意卫生学》跋　　　　　援

《徐灵胎》跋　　　　　　　　　　　　　援

《新发明之麻醉药》跋　　　　　　　　　援公

答崔知悌产图出处　　　　　　　　　　　援公

医事纪要：上海检疫之大风潮

以上八种载《光华医事卫生杂志》第 4 期　宣统二年十一月初一

中国解剖学史料

《光华医事卫生杂志》第 4、5 期　宣统二年十一月初一、十二月二十日

1911 年（清宣统三年　辛亥）

奉天万国鼠疫研究会始末　1911 年 4 月

单行本　光华医社出版　1911 年 4 月

短评一（原文无题）　　　　　　　　　　大我

《震旦日报》第 225 号"留声机"专栏 1911 年 10 月 27 日

荆州驻防满兵与汉城居民恶感之历史　　　大我

《震旦日报》第 225 号"鸡鸣录"副刊　1911 年 10 月 27 日

短评二（原文无题）　　　　　　　　　　大我

《震旦日报》第 246 号"留声机"专栏 1911 年 11 月 22 日

新政府何多旧政也　　　　　　　　　　　大我

《震旦日报》第 251 号"新感触"专栏 1911 年 11 月 27 日

短评三（原文无题）　　　　　　　　　　大我

《震旦日报》第 252 号"留声机"专栏 1911 年 11 月 29 日

短评四（原文无题）　　　　　　　　　　大我

《震旦日报》第 255 号 "留声机" 专栏 1911 年 12 月 2 日

时局之可虑　　　　　　　　　大我

《震旦日报》第 257 号 "新感触" 专栏 1911 年 12 月 5 日

本报对于龙统制屡请去粤之政觅　　大我

《震旦日报》第 258 号 "自由谈" 专栏　1911 年 12 月 6 日

精神之军政府　　　　　　　　大我

《震旦日报》第 260 号 "新感触" 专栏 1911 年 12 月 8 日

短评五（原文无题）　　　　　　大我

《震旦日报》第 261 号 "留声机" 专栏 1911 年 12 月 9 日

短评六（原文无题）　　　　　　大我

《震旦日报》第 262 号 "留声机" 专栏 1911 年 12 月 11 日

赣皖内讧之大警告　　　　　　　大我

《震旦日报》第 266 号 "新感触" 专栏 1911 年 12 月 15 日

短评七（原文无题）　　　　　　大我

《震旦日报》第 267 号 "留声机" 专栏　1911 年 12 月 16 日

今日慈善家亟宜发起恤兵会　　　大我

《震旦日报》第 268 号 "新感触" 专栏 1911 年 12 月 19 日

1913 年

题黎秋坡先生钓台　1913 年 1 月 25 日

《陈垣全集》第 7 册

题匡门奇石　1913 年 1 月 25 日

《陈垣全集》第 7 册

匡门

《陈垣全集》第 7 册

粤中医院之始祖——刘震孙筹安院

《光华医事卫生杂志》第 8 期　1913 年 4 月

1915 年

《南美共和政治之评论》标目及序　爱公　1915 年 10 月

《陈垣全集》第 7 册

论小吕宋钩虫病

《神光医药学报》第 3 卷第 2 期　1915 年

1917 年

《景教三威蒙度赞》跋　1917 年 2 月

《陈垣全集》第 7 册

元也里可温考　1917 年 5 月 7 日

单行本 1917 年 5 月 10 日　改题《元代也里可温考》

最后校订本　1934 年 9 月　改题《元也里可温教考》

致英敛之函述访教会书　1917 年 11 月 8 日

致慕元甫函论刻公教丛书 1917 年 12 月 8 日

以上见《上智编译馆馆刊》第 3 卷第 1 期　1948 年 1 月

1918 年

记大同武州山石窟寺　1918 年 10 月

单行本 1918 年

重刊《铎书》序　1918 年 12 月

《铎书》初版本 1919 年夏

休宁金声传　作于 1918 年底或 1919 年初

《青年进步》第 99 册　1927 年 1 月

1919 年

《罪言》序　1919 年 3 月

《青年进步》第 25 册 1919 年 7 月

《万松野人言善录》跋　1919 年 4 月

《青年进步》第 24 册　1919 年 6 月

《耶稣基督人子释义》序　1919 年 4 月

《青年进步》第 24 册　1919 年 6 月

《灵言蠡勺》序　1919 年 5 月

《青年进步》第 25 册　1919 年 7 月

《辩学遗牍》序　1919 年 8 月

《青年进步》第 27 册　1919 年 11 月

《辩学遗牍》单行本（与《浙西李之藻传》、《大西利先生行迹》合订）　1919 年

《大西利先生行迹》识　1919 年 8 月

《大西利先生行迹》单行本（与《辩学遗牍》、《浙西李之藻传》合订）　1919 年

吴渔山与王石谷书跋　1919 年 9 月

《东方杂志》第 27 卷第 2 号 "中国美术专号" 下　1930 年 1 月

《主制群徵》跋（三版跋）　1919 年 10 月

《青年进步》第 28 册　1919 年 12 月

杨太师母乐太夫人八十寿序　1919 年 10 月

《陈垣全集》第 7 册

开封一赐乐业考　1919 年 11 月

《东方杂志》第 17 卷第 5、6、7 号　1920 年 2、3、4 月

单行本　1920 年　重新整理并改题《开封一赐乐业教考》

浙西李之藻传　1919 年

《青年进步》第 26 册　1919 年 11 月

单行本（与《辩学遗牍》、《大西利先生行迹》合订）　1919 年

北京保安产科医院序

《光华卫生报》1919 年第 4 期

1920 年

《毛革杂志》缘起

《毛革杂志》1920 年第 1 期

　跋何其厚《重修晏公神庙碑记》　　1920 年 5 月

《陈垣学术论文集》第二集　中华书局 1982 年 2 月

　编纂《四库全书》始末　初稿 1920 年、重订稿 1922 年 12 月

《陈垣学术论文集》第二集

　检查文津阁书页数简章　1920 年 8 月

《陈垣全集》第 7 册

　文津阁书册数页数表　1920 年 8 月

《文字同盟》第 15 期

《陈垣学术论文集》第二集　改题《文津阁四库全书册数页数表》）

　《四库全书》中过万页之书　1920 年

《陈垣学术论文集》第二集

1921 年

　跋《文渊阁四库全书排架图》　　1921 年 4 月

《陈垣全集》第 7 册

　送代表团之感想　1921 年 10 月 1 日

《学林》第 1 卷第 2 期 "太平洋会议" 号　1921 年 10 月 10 日

　四库书目考异

《陈垣全集》第 5 册

1922 年

　火祆教入中国考　1922 年 4 月 25 日

北京大学《国学季刊》第 1 卷第 1 号　1923 年 1 月

《陈垣学术论文集》第一集（据 1934 年 10 月最后校订本）　中华书局 1980 年 6 月

摩尼教入中国考　1922 年 6 月

北京大学《国学季刊》第 1 卷第 2 号　1923 年 4 月

《陈垣学术论文集》第一集（据 1934 年 10 月最后校订本）

赵映乘试卷识语　1922 年 10 月 2 日

《陈垣全集》第 7 册

舍希德墓碑识语　1922 年底

《陈垣全集》第 7 册

1923 年

摩尼教残经一、二（陈垣校录本）

北京大学《国学季刊》第 1 卷第 3 号　1923 年 7 月

《旧约》三史异文考　1923 年 3 月 15 日

《真理周刊》第 2—5 期

元西域人华化考　1923 年 10 月

油印本　1923 年 10 月

北京大学《国学季刊》第 1 卷第 4 号　1923 年 12 月（前四卷）

《燕京学报》第 2 期　1927 年 12 月（后四卷）

王国维藏《唐九姓回鹘可汗碑》图识语　1923 年 11 月

《陈垣全集》第 7 册

元基督教徒之华学

此文为《元西域人华化考》之一部分。

《东方杂志》第 21 卷第 2 号 "二十周年纪念号" 下册　1924 年 1 月 25 日

黄钧选先生暨罗夫人七十双寿序　作于 1923 年

《陈垣全集》第 7 册

《可兰》概说　作于 20 世纪 20 年代

《晨报》五周年纪念增刊　1923 年 12 月 1 日

1924 年

《大唐西域记》之四库底本　1924 年 2 月 15 日致廖世功函

《陈垣史学论著选》　上海人民出版社 1981 年 5 月

云冈第七窟造像记识语　1924 年 2 月 24 日

《陈垣全集》第 7 册

哈珊碑拓本识语　1924 年 5 月

《陈垣全集》第 7 册

基督教入华史略

1924 年在华北第十六次夏令会上的演讲，何志新记

《真理周刊》第 18 期　1924 年 7 月 27 日

书内学院新校《慈恩传》后　1924 年 6 月

《东方杂志》第 21 卷第 19 号　1924 年 10 月 10 日

拟编《中西回三历岁首表》意见书

《晨报》六周纪念增刊　1924 年 12 月 1 日

道家金石略　草稿成于 1923—1924 年

单行本文物出版社 1988 年 6 月（陈智超、曾庆瑛校补）

中国基督教史讲义目略　约作于 1924 年

《陈垣全集》第 2 册

如何介绍基督与知识界

《中华基督教学生立志传道团季刊》1924 年 6 月第 5 号退修会特号

1925 年

瞿宣颖《北京历史风土丛书》序　1925 年 2 月

《北京历史风土丛书》　北京广业书舍 1925 年春

跋天主正道解略碑　1925 年 6 月

《陈垣学术论文集》第二集

中西回史日历　1925 年 7 月 14 日

《北京大学研究所国学门丛书》 1926 年 10 月

《中西回史日历》自序及例言

《陈垣史学论著选》

二十史朔闰表例言

《晨报》七周纪念增刊 1925 年 10 月

再论遵主圣范译本 1925 年 10 月 31 日

《语丝》第 53 期 1925 年 11 月 16 日 北京大学新潮社编

为《名理探》刊行致章士钊书

《甲寅周刊》第 1 卷第 17 号 1925 年 11 月 7 日

跋魏建功家书 1925 年 11 月 6 日

《陈垣学术文化随笔》中国青年出版社 2000 年 11 月

关于谚语 "赵老送灯台"

《北京大学研究所国学门周刊》第 1 期 1925 年 11 月 14 日

教王禁约及康熙谕西洋人跋 1925 年 11 月 18 日

影印折子本

《陈垣学术论文集》第一集

奴才 (《宁远堂丛录》之一)

《北京大学研究所国学门周刊》第 6 期 1925 年 11 月 18 日

二十史朔闰表 1925 年 11 月 25 日

《北京大学研究所国学门丛书》 1925 年 12 月

武科 (《宁远堂丛录》之一)

《北京大学研究所国学门周刊》第 8 期 1925 年 12 月 2 日

胡中藻诗案 (《宁远堂丛录》之一)

《北京大学研究所国学门周刊》第 12 期 1925 年 12 月 30 日

1926 年

《蹇斋剩墨》跋 1926 年 1 月 30 日

《蹇斋剩墨》单行本　1926 年

　题新刊吴评《唐诗鼓吹》　　1926 年 2 月 5 日

《陈垣学术文化随笔》

　邹君小传

《新东吴》第 1 卷第 2 期　1926 年

　奉军炸弹螺盖题记　1926 年 4 月

《陈垣全集》第 7 册

　《名理探》影印本跋　1926 年 5 月

《名理探》励耘书屋钞本　公教大学辅仁社影印　1926 年 6 月

　论登厓山现奇石诗　1926 年

《真光》第 25 卷第 4、5、6 号合刊　1926 年 6 月

　泾阳王征传

《文社月刊》第 2 卷第 2 册　中华基督教文社编 1926 年 12 月

　跋元苌《振兴温泉颂》　　1926 年

《陈垣学术论文集》第二集

1927 年

　回回教进中国的源流　1927 年 3 月 5 日讲　沉君记

《北京大学研究所国学门月刊》第 1 卷第 6 号　1927 年 9 月 20 日

《东方杂志》第 5 卷第 1 号　1928 年 1 月 10 日　改题《回回教入中国史略》

　华亭许缵曾传　1927 年 4 月

《真光》第 26 卷第 6 号"二十五周年纪念特刊"　1927 年 6 月

　关于基督教文字事业一封书　1927 年 4 月 17 日

《文社月刊》第 2 卷第 7 册　1927 年 7 月

　十四世纪南俄人之汉文学

此文为《元西域人华化考》之一部分。

《小说月报》第 17 号号外"中国文学研究"下册　1927 年 6 月

跋《明季之欧化美术及罗马字注音》 1927 年 9 月 8 日

辅仁大学影印本 1927 年 9 月 用王氏鸣晦庐藏本印

基督教入华史

在北师大讲授宗教史时印发之讲义。

《中华公教青年会季刊》第 2 卷第 2 期 1930 年 6 月

1928 年

中法大学年代学讲料 1928 年 1 月

《陈垣全集》第 7 册

史讳举例 1928 年 2 月 16 日

《燕京学报》第 4 期 1928 年 12 月

四库撤出书原委 1928 年 3 月 28 日

《四库抽毁书提要稿》附录 1931 年 9 月 无锡丁氏书目丛刻之一

《陈垣学术论文集》第二集

《中国历史研究法》批注 1928 年

《陈垣全集》第 22 册

《西游录》批注 1929 年前

《陈垣全集》第 22 册

1929 年

跋胡金竹草书《千字文》 1929 年 1 月

《陈垣全集》第 7 册

致叶遐论医籍考函二则 1929 年 3 月 13 日、15 日

《北海图书馆月刊》第 2 卷第 6 号 1929 年 6 月

中国史料的整理

在燕京大学现代文化班的讲演,翁独健笔述,作者修改增补。

《燕京大学史学年报》第 1 期 1929 年 7 月 10 日

跋杨昀谷手写诗稿　1929 年 8 月 20 日

《陈垣全集》第 7 册

耶律楚材父子信仰之异趣　1929 年 9 月

1929 年 9 月 30 日燕京大学校舍落成典礼宣读论文。

《燕京学报》第 6 期 "校舍落成纪念专号"　1929 年 12 月

云冈石窟寺之译经与刘孝标　1929 年 9 月

1929 年 10 月 1 日燕京大学校舍落成典礼宣读论文。

《燕京学报》第 6 期 "校舍落成纪念专号"　1929 年 12 月

挽陈横山先生

天津《大公报》文学副刊第 98 期　1929 年 11 月 25 日

张星烺《中西交通史料汇编》题词　约作于 1929 年

《陈垣全集》第 7 册

中国史学名著评论讲稿　作于 20 世纪 20 年代后期

《陈垣全集》第 22 册

1930 年

跋写本《集古梅花诗》　1930 年 2 月 12 日

《陈垣学术文化随笔》

《大唐西域记》撰人辩机　1930 年 2 月

《中央研究院历史语言研究所集刊》第 2 本第 1 分　1930 年 5 月

明末清初教士译著现存目录

《中华公教青年会季刊》第 2 卷第 2 期　1930 年 6 月

敦煌劫余录 1930 年

单行本　中央研究院历史语言研究所印　1931 年 3 月

《敦煌劫余录》序　1930 年

《陈垣学术论文集》第一集

耶律楚材之生卒年

《燕京学报》第 8 期　1930 年 12 月

　寿尹文书札跋 1930 年 11 月 23 日

《历史文献研究》北京新一辑　北京燕山出版社 1990 年 10 月

　耶律楚材之卒年　约作于 1930 年

此为致尹炎武函。

《陈垣学术论文集》第二集

　顾千里《元秘史跋文》校异　约作于 1930 年

《陈垣学术论文集》第二集

1931 年

《日本文学博士那珂通世传》序　1931 年 2 月

《北平师范大学史学丛刊》第 1 卷第 1 期　1931 年 6 月 6 日

《元典章》校补　1931 年 2 月 3 日

《励耘书屋丛刻》第 1 集第 2 种　1931 年 2 月

　沈刻《元典章》校补缘起

《大公报》文学副刊第 176 期　1931 年 5 月 25 日

《元典章》校补释例　1931 年 7 月

《蔡元培先生六十五岁庆祝论文集》上　1932 年 1 月

中华书局 1959 年 12 月　改题《校勘学释例》

《康熙与罗马使节关系文书影印本》叙录　1931 年 10 月

故宫博物院影印 1932 年 3 月

1932 年

　雍乾间奉天主教之宗室

《辅仁学志》第 3 卷第 2 期　1932 年 7 月

　跋王南陔先生遗札　1932 年 9 月 24 日

《陈垣全集》第 7 册

王西庄《窥园图记》跋　1932 年 12 月 4 日

《陈垣全集》第 7 册

佛教能传布中国的原因　1932 年

1932 年北平辅仁社夏令会讲演，叶德禄记。

《磐石杂志》第 1 卷第 4 期　1933 年 12 月 15 日

1933 年

从雍乾间奉天主教之宗室说到石老娘胡同当街庙　1933 年 3 月 13 日

《大公报》文学副刊第 272 期　1933 年 3 月 20 日

关于《四十二章经考》　1933 年 4 月 5 日

《胡适论学近著》第 1 集　1935 年 12 月

《中兴馆阁书目辑考》序

《古逸书录丛辑》第 2 册　北平图书馆、中化图书馆协会合刊　1933 年 4 月

查嗣庭轶事（《宁远堂丛录》之一）

《辅仁美术月刊》第 2 期　1933 年 5 月 1 日

许之渐轶事（《宁远堂丛录》之一）

《辅仁美术月刊》第 2 期　1933 年 5 月 1 日

何焯轶事（《宁远堂丛录》之一）

《辅仁美术月刊》第 2 期　1933 年 5 月 1 日

陈白沙画像与天主教士（《宁远堂丛录》之一）

《辅仁美术月刊》第 3 期　1933 年 6 月 1 日

年羹尧轶事（《宁远堂丛录》之一）

《辅仁美术月刊》第 3 期　1933 年 6 月 1 日

钱名世轶事（《宁远堂丛录》之一）

《辅仁美术月刊》第 3 期　1933 年 6 月 1 日

方孝标、方苞轶事（《宁远堂丛录》之一）

《辅仁美术月刊》第 4 期　1933 年 7 月 1 日

彭家屏轶事（《宁远堂丛录》之一）

《辅仁美术月刊》第 4 期　1933 年 7 月 1 日

书于文襄《论四库全书》手札后　1933 年 8 月 12 日

《北平晨报》　1933 年 9 月 4 日

对《景印四库全书未刊本草目》例言的签注

《北平晨报》北晨学园　1933 年 9 月 5 日

《元秘史》译音用字考　1933 年 12 月 25 日

中央研究院历史语言研究所印　1934 年 2 月

陈恭尹赠王煐入蜀卷识语　1933 年

《陈垣全集》第 7 册

1934 年

从教外典籍见明末清初之天主教

《北平图书馆馆刊》第 8 卷第 2 号　1924 年 3、4 月合刊

跋汪容甫陈庆笙手札卷子　1934 年 12 月 20 日

《陈垣全集》第 7 册

跋徐光启《海虹先生文集序》

《陈垣全集》第 7 册

1935 年

记吕晚村子孙　1935 年 6 月

《故宫博物院十周年纪念文献特刊》　1935 年 10 月 10 日

切韵与鲜卑　1935 年

《华裔学志》第 1 卷第 2 期　1935 年英文本

天津《大公报》图书副刊第 142 期　1936 年 8 月 6 日

跋魏源《元史新编》稿

《陈垣全集》第 7 册

元秘史音译类纂　1934、1935 年

《陈垣全集》第 11、12 册

元秘史校记　作于 20 世纪 30 年代

《陈垣全集》第 12 册

1936 年

《艺风年谱》与《书目答问》　1936 年 3 月 28 日

《北平图书馆图书季刊》第 3 卷第 1、2 期　1936 年 3 月

记徐松遣戍事

《北京大学国学季刊》第 5 卷第 3 号　1936 年 7 月

《四库提要》中之周亮工　1936 年 9 月

《故宫博物院十一周年纪念文献论丛》　1936 年 10 月 10 日

记许缵曾辑刻《太上感应篇图说》　1936 年 10 月 8 日

天津《大公报》图书副刊第 153 期　1936 年 10 月 22 日

以《册府》校薛史计画　约作于 1936 年

《陈垣学术论文集》第二集

《墨井书画集》录文订误　1936 年

天津《大公报》图书副刊第 164 期　1937 年 1 月 7 日

吴渔山晋铎二百五十年纪念　1936 年 11 月 26 日

《辅仁学志》第 5 卷第 1、2 合期　1936 年 12 月

《陈垣学术论文集》第二集　改题《吴渔山生平》

《墨井道人传》校释　1936 年 12 月 11 日

《东方杂志》第 34 卷第 1 号　1937 年 1 月 1 日

《墨井集》源流考　1936 年底

天津《益世报》人文周刊第 1 期　1937 年 1 月 1 日

《墨井集》批注　约作于 1936 年

《陈垣全集》第 22 册

1937 年

吴渔山先生年谱 1937 年 4 月 3 日

《辅仁学志》第 6 卷第 1、2 合期 1937 年 6 月

《吴渔山先生年谱》序

《我存杂志》第 5 卷第 5 期 1937 年 5 月

吴渔山入京之酬酢 1937 年 4 月

天津《益世报》人文周刊第 13 期 1937 年 4 月 2 日

清代学者像传之吴渔山 1937 年 4 月 18 日

天津《大公报》图书副刊第 180 期 1937 年 5 月 6 日

吴渔山年谱书成答方豪司铎诗 1937 年 4 月

《我存杂志》第 5 卷第 5 期 1937 年 5 月

《燕京开教略》画像正误

天津《益世报》人文周刊第 24 期 1937 年 6 月 18 日

《辅仁年刊》序 1937 年 6 月

《辅仁年刊》创刊号

《旧五代史辑本》发覆 1937 年 7 月

《励耘书屋丛刻》第 2 集第 2 种 1937 年 7 月

为《册府》错简事复傅沅叔先生 1937 年 12 月

《陈垣学术论文集》第二集

1938 年

马定先生在内蒙新发现之残碑 1938 年 2 月 6 日

《华裔学志》第 3 卷第 1 期 1938 年英文本

《陈垣学术论文集》第一集

释氏疑年录 1938 年 10 月

《励耘书屋丛刻》第 2 集第 4 种 1939 年冬

汤若望与木陈忞 1938 年 12 月 22 日

《辅仁学志》第 7 卷第 1、2 合期 1938 年 12 月

1939 年

抄本张青玚《平圃遗稿》跋 1939 年 1 月 25 日

《北平图书馆图书季刊》新第 2 卷第 1 期 1940 年 3 月

语录与顺治宫廷 1939 年 3 月

《辅仁学志》第 8 卷第 1 期 1939 年 6 月

《册府元龟》五二〇下倪若水等四则文义不属显有错简应用何书何法校正

之 约作于 20 世纪 30 年代

《陈垣全集》第 7 册

《旧五代史》札记 作于 20 世纪 30 年代中期

《陈垣全集》第 7 册

董香光年谱稿 作于 20 世纪 30 年代中后期

《陈垣全集》第 22 册

《广书林扬觯》提纲 作于 20 世纪 30 年代

《陈垣全集》第 22 册

1940 年

明季滇黔佛教考 1940 年 3 月

《辅仁大学丛书》第六种 1940 年 8 月

顺治皇帝出家 1940 年 11 月 27 日讲演

《辅仁生活》第 11 期 1940 年 12 月 25 日

史源学实习 1940 年

《陈垣全集》第 22 册

《辩伪录》批注 约作于 1940 年

《陈垣全集》第 22 册

1941 年

清初僧诤记　1941 年 1 月

《辅仁学志》第 9 卷第 2 期　1940 年 12 月（1941 年出版）

《清初僧诤记》小引　1941 年 1 月

《觉有情半月刊》第 64、65 期合刊　1942 年 6 月 1 日

官书与私书

在辅仁大学史学会第一次常委会上的讲话。

《辅仁生活》返校节专刊 1941 年 6 月 8 日

《南宋初河北新道教考》提纲　1941 年 7 月

《陈垣全集》第 22 册

《南宋初河北新道教考》目录后记

《华中日报》笔风副刊第 31 号　1946 年 2 月 18 日

南宋初河北新道教考　1941 年 7 月

《辅仁大学丛书》第 8 种 1941 年 12 月

《明末殉国者陈于阶传》提纲　1941 年 9 月 1 日

《陈垣全集》第 22 册

明末殉国者陈于阶传

《辅仁学志》第 10 卷第 1、2 合期　1941 年 12 月

东汉风俗　1941 年 9 月 23 日

《陈垣全集》第 22 册

《续唐书》注　1941 年 11 月 5 日

《陈垣全集》第 22 册

伟大之中华民族　1941 年 12 月 8 日

《陈垣全集》第 22 册

1942 年

国籍司铎之新园地

1942 年 1 月 10 日讲演，龚士荣记录。

《陈垣全集》第 2 册

　再跋于文襄论《四库全书》手札　1942 年 3 月 26 日

《陈垣学术论文集》第二集

　中国历史年代学　1942 年 4 月 5 日

《陈垣全集》第 22 册

　汪容甫《述学》年月日多误　1942 年 4 月 18 日

《辅仁大学语文学会讲演集》第 3 辑　1942 年 9 月

　《廿二史札记》一汉王父母妻子条书后

《辅仁生活》第 4 卷第 2 期　1942 年 4 月 21 日

　《艺舟双楫》与人海　1942 年 6 月 13 日

在辅仁大学教育科学研究会上的讲话。

《陈垣学术论文集》第二集

　陈香伯《公教论》书后　1942 年 6 月

1942 年 6 月 20 在辅仁大学司铎书院的讲话。

《陈垣全集》第 7 册

　中国佛教史籍概论　1942 年 9 月

科学出版社　1955 年 12 月

　书全谢山《先侍郎府君生辰记》后

《辅仁学志》第 11 卷第 1、2 合期 1942 年 12 月

　《廿二史札记》批注　作于 1903 年全 20 世纪 40 年代

　《廿二史札记》考正

以上《陈垣全集》第 13 册

1943 年

　北朝之华化运动　1943 年 5 月 12 日

《陈垣全集》第 22 册

金石中以甲子纪月例　1943年6月5日

《陈垣全集》第7册

鲜卑同化记　1943年7月8日

《陈垣全集》第22册

致方豪　1943年11月24日

《陈垣史学论著选》

李志常之卒年

《辅仁学志》第12卷第1、2合期1943年12月

黄东发之卒年

《辅仁学志》第13卷第1、2合期1943年12月

北宋校刊南北八史诸臣考

《辅仁学志》第12卷第1、2合期　1943年12月

晋长沙王乂卒年考　约作于1943年

《中国史研究》1979年第1期　1979年3月

郤克跛考　约作于1943年

《廿二史札记》十一载刘昶奔魏有子承绪孙文远不误　约作于1943年

以上两种载《社会科学战线》季刊1979年第4期

关于读史作史　约作于1943年

《陈垣全集》第7册

如何作中国史　约作于1943年

《陈垣全集》第7册

《廿二史札记》一列传名目沿革条正误　约作于20世纪40年代前期

《陈垣学术文化随笔》

1944年

《广韵声系》序　1944年8月

《广韵声系》　1945年辅仁大学发行

《困学碎金》批注　约作于 1944 年

《陈垣全集》第 22 册

1945 年

《通鉴》胡注表微 1945 年 7 月

《辅仁学志》第 13 卷第 1、2 合期（前十篇）　1945 年 12 月

《辅仁学志》第 14 卷第 1、2 合期（后十篇）　1946 年 12 月

《通鉴胡注表微》小引　1945 年 7 月

《文史杂志》第 5 卷第 9 期　1945 年 10 月

胡身之跋宋高宗书徽宗文集序墨迹跋　1945 年

《陈垣全集》第 7 册

1946 年

治史遗简　1946 年

《中国史研究》1979 年第 1 期　1979 年 3 月

辅仁大学欢迎田枢机大会致词

《上智编译馆馆刊》第 1 卷 1946 年 12 月

复徐润农司铎书　1946 年 8 月 30 日

《上智编译馆馆刊》第 2 卷第 3 期　1947 年 5~6 月

书《十七史商榷》第一条后

天津《大公报》文史周刊第 1 期　1946 年 10 月 16 日

全谢山联姻春氏

天津《大公报》文史周刊第 3 期　1946 年 10 月 30 日

《历代三宝记》论略

天津《大公报》文史周刊第 7 期　1946 年 11 月 27 日

书《通鉴外纪》温公序后

《经世日报》读书周刊第 16 期　1946 年 11 月 27 日

《开元释教录》论略

天津《大公报》文史周刊第 9 期 1946 年 12 月 11 日

书《十七史商榷》齐高帝纪增添皆非条后

天津《大公报》文史周刊第 10 期 1946 年 12 月 18 日

《通鉴胡注表微》校稿题记 1946 年 12 月

《陈垣全集》第 7 册

1947 年

《马相伯文集》序 1947 年 1 月

《马相伯文集》 北平上智编译馆 1947 年 3 月

《高僧传》论略

天津《大公报》文史周刊第 12 期 1947 年 1 月 1 日

《续高僧传》论略

天津《大公报》文史周刊第 15 期 1947 年 1 月 29 日

书全谢山《通鉴分修诸子考》后

天津《大公报》文史周刊第 17 期 1947 年 2 月 12 日

《宋高僧传》论略

天津《大公报》文史周刊第 20 期 1947 年 3 月 7 日

记赵城本《宝林传》

天津《大公报》文史周刊第 21 期 1947 年 3 月 14 日

《弘明集》论略

沪版《大公报》文史周刊第 25 期 1947 年 4 月 16 日

玄应、慧苑两《音义》合论

《经世日报》读书周刊第 36、37 期 1947 年 4 月 23 日、30 日

慧琳、希麟两《音义》合论

《经世日报》读书周刊第 39 期 1947 年 5 月 14 日

《广弘明集》论略

天津《大公报》文史周刊第 29 期　1947 年 5 月 16 日

论《法苑珠林》

天津《益世报》人文周刊新第 2 期　1947 年 5 月 19 日

题《辅行记》

《经世日报》读书周刊第 42 期　1947 年 6 月 4 日

论《景德传灯录》

天津《益世报》人文周刊新第 5 期　1947 年 6 月 9 日

论《五灯会元》

天津《益世报》人文周刊新第 6 期　1947 年 6 月 16 日

论《传法正宗记》

《经世日报》读书周刊第 44 期　1947 年 6 月 18 日

书全谢山《论汉豫章太守贾萌事》后

天津《大公报》文史周刊　第 32 期　1947 年 6 月 27 日

《释门正统》、《佛祖统纪》合论

天津《益世报》人文周刊新第 10 期 1947 年 7 月 14 日

论《罗湖野录》

天津《益世报》人文周刊新第 12 期 1947 年 7 月 28 日

记《北山录》

《经世日报》读书周刊第 51 期 1947 年 8 月 6 日

记《南宋元明僧宝传》

天津《益世报》人文周刊新第 17 期　1947 年 9 月 1 日

论《释氏稽古略》

天津《益世报》人文周刊新第 17 期 1947 年 9 月 1 日

《吴梅村集》通玄老人龙腹竹解题

天津《大公报》文史周刊第 38 期　1947 年 9 月 19 日

《汉医学新义》序　1947 年 9 月

《陈垣全集》第 7 册

《日知录》引唐割属东川六州制考

天津《益世报》人文周刊新第 23 期　1947 年 10 月 13 日

记《吴都法乘》

天津《益世报》人文周刊新第 29 期　1947 年 11 月 24 日

《日知录》八停年格条注引辛琡考

《辅仁学志》第 15 卷第 1、3 合期　1947 年 12 月

宋元僧史三种述评

《辅仁学志》第 15 卷第 1、2 合期　1947 年 12 月

题《蔡宽夫诗话》

《辅仁学志》第 15 卷第 1、2 合期　1947 年 12 月

跋张尔田（孟劬）遗札　1947 年冬

《陈垣学术文化随笔》

《汉书·苏武传》校记　1947 年

《陈垣全集》第 7 册

《鲒埼亭集》批注

《陈垣全集》第 19、20 册

1948 年

《日知录》部刺史条唐置采访使原委

天津《益世报》人文周刊新第 36 期　1948 年 1 月 19 日

《隋书·百官志》后周禄秩解

《申报》文史副刊第 15 期　1948 年 3 月 20 日

为柴德赓《师友墨缘册》题词　1948 年 3 月

《陈垣全集》第 7 册

杨贵妃入道之年

《申报》文史副刊第 17 期　1948 年 4 月 3 日

书全谢山《与杭堇甫论金史第四帖子》后　北平沦陷时校课拟作

天津《益世报》人文周刊新第 48 期　1948 年 5 月 10 日

书曾南丰《徐孺子祠堂记》后

《陈垣全集》第 7 册

跋黎二樵伪书画卷

《陈垣全集》第 7 册

跋胡高望图卷　1948 年 6 月

《陈垣全集》第 7 册

题卞孝萱《节母事略》　1948 年 10 月

《陈垣全集》第 7 册

汉魏南北朝隋唐译经数目表　1948 年

单印本　1948 年 10 月

为马松亭兰州之行书　1948 年 11 月 1 日

《陈垣全集》第 7 册

广东光华医学院故院长郑君纪念碑　1948 年 11 月

《广东文征续编》第二册　香港广东文征编印委员会 1988 年 9 月

乱世与学术

原拟在 1948 年 12 月 16 日北大五十周年纪念讲演，后未讲，此为讲稿。

《陈垣全集》第 7 册

《日知录》校注　作于 20 世纪 30 至 40 年代

安徽大学出版社 2007 年 8 月出版

1949 年

在辅仁大学欢送考取华北革命军政大学及南下工作团大会上的讲话
1949 年 3 月 20 日

《陈垣全集》第 22 册

在五一五四纪念会上的讲话　1949 年 5 月 4 日

《陈垣全集》第 22 册

给胡适之一封公开信

《人民日报》1949 年 5 月 11 日

在辅仁大学新校委会筹备会上的讲话　1949 年 5 月 20 日

《陈垣全集》第 22 册

对北平各界代表会议的感想

《人民日报》1949 年 9 月 9 日

我对北京市第二届各界代表会议的感想

《人民日报》1949 年 11 月 28 日

1950 年

《新辅仁》发刊词 1950 年 1 月 30 日

《新辅仁》创刊号　1950 年 1 月 30 日

一九五〇年"五四"感言

《新辅仁》第 7 期 1950 年 5 月 3 日

在中苏友协辅大支会第二次全体干事会上的讲话　1950 年 6 月 5 日

《新辅仁》第 10 期 1950 年 6 月 10 日

为树声题词　1950 年 7 月 23 日

《陈垣全集》第 7 册

努力学习提高自己——教书就是为人民服务

《光明日报》1950 年 8 月 11 日

在辅仁大学教职学工大会上的讲话　1950 年 9 月 30 日

《陈垣全集》第 22 册

一年以来

《光明日报》1950 年 10 月 1 日

中央人民政府教育部接收辅仁大学时讲话　1950 年 10 月 12 日

《陈垣全集》第 22 册

辅仁大学反帝斗争的经过——是争教育主权，不关宗教信仰

《新观察》第 1 卷第 9 期　1950 年 10 月 25 日

美国从来就是我们的敌人——四十五年前的回忆

《人民日报》1950 年 12 月 8 日

斥奥斯汀侮辱中国人民

《人民日报》1950 年 12 月 14 日

1951 年

加强政治课程和时事学习——进行国防建设第一的思想教育

《光明日报》1951 年 1 月 5 日

新辅仁在抗美援朝运动中成长

《光明日报》1951 年 1 月 15 日

从北京解放两周年说起　1951 年 1 月 29 日

《光明日报》1951 年 1 月 31 日

对辅仁大学的天主教徒讲话　1951 年 3 月 14 日

《新辅仁》第 27 期 1951 年 3 月 19 日

天主教徒英敛之的爱国思想　1951 年 3 月 23 日

《光明日报》1951 年 4 月 2 日

热爱我们自己的新辅仁

《新辅仁》第 25 期　1951 年 3 月 5 日

我光荣的参加了下乡宣传队

《新辅仁》第 30 期　1951 年 4 月 12 日

庆祝新辅仁一周年 1951 年 10 月 12 日

《新辅仁》第 46 期　1951 年 10 月 14 日

辅仁大学反帝斗争胜利一周年 1951 年 10 月 12 日

《光明日报》1951 年 10 月 15 日

祝教师学习成功

《人民日报》1951 年 10 月 27 日

教师们要努力实行自我教育和自我改造——中国人民政治协商会议第一届全国委员会第三次会议上的发言

《人民日报》1951 年 11 月 3 日

我参加土地改革工作后思想上的转变

中央人民广播电台　1951 年 11 月 29 日

论徒刑名称应改革　作于 20 世纪 50 年代前期

《陈垣全集》第 22 册

1952 年

我在"三反"运动中的思想体会和检讨

《大公报》1952 年 2 月 15 日

检讨卅年前曹锟贿选事　1952 年 2 月 24 日

《陈垣全集》第 22 册

自我检讨

《光明日报》1952 年 3 月 6 日

思想改造在辅仁大学

《新建设》1952 年 4 月号（总 43 期）

谈美空军俘虏的供词后

《光明日报》1952 年 5 月 5 日

宣布辅仁与师大调整为新师大的大会上讲话　1952 年 5 月 19 日

《陈垣全集》第 22 册

跋陈东塾与郑小谷书墨迹　1952 年 7 月作

香港《大公报》艺林周刊　1962 年 3 月 11 日

1953 年

为着祖国的未来，我们必须加强学习

《人民教育》1953 年 2 月号（总 34 期）

遵循着斯大林同志的遗志继续前进

《进步日报》1953 年 3 月 7 日

在师大中文系师生纪念屈原晚会上讲话　1953 年 9 月 26 日

《陈垣全集》第 22 册

《周书序例》审查意见　约作于 1953 年 11 月

《陈垣全集》第 7 册

1954 年

竭诚拥护宪法草案

《人民日报》1954 年 6 月 18 日

科学工作者应重视编写中小学教科书

《科学通报》1954 年 7 月号

青年们，欢迎你们来参加人民教师的队伍

《光明日报》1954 年 8 月 7 日

教育工作者应以实际行动来保证宪法的实施

《人民教育》1954 年 8 月号

1955 年

正义的斗争一定胜利

《人民日报》1955 年 2 月 24 日

我们绝对不能容忍

《人民日报》1955 年 5 月 31 日

中国科学院学部成立大会开幕式上的讲话　1955 年 6 月 1 日

《陈垣全集》第 22 册

坚决肃清一切反革命分子

《北京日报》1955 年 6 月 16 日

西长安街庆寿寺双塔下金元遗物展览会题词　1955 年 10 月

《陈垣全集》第 7 册

纪念"一二·九"运动二十周年——对青年们的希望

《光明日报》1955 年 12 月 9 日

1956 年

我对知识分子问题的意见

《人民日报》1956 年 1 月 20 日

从吕再生事件谈到教师的修养

《中国青年报》1956 年 4 月 28 日

祝《教师报》创刊

《教师报》1956 年 5 月 1 日

《中国历史要籍介绍及选读》一书审查意见　1956 年 5 月

《陈垣学术论文集》第二集

《三国志集解》审查意见　1956 年 5 月

《陈垣全集》第 7 册

为培养祖国新生一代贡献自己的力量

《光明日报》1956 年 6 月 20 日

人民教师应当受到社会的重视和尊敬——第一届全国人民代表大会第三次会议发言

《教师报》1956 年 6 月 29 日

《人民日报》1956 年 6 月 30 日　改题《重视师范教育和人民教师工作》

新的中小学历史教科书

《历史教学》1956 年 7 月号

商朝与殷朝

《编辑工作》第 18 期　1956 年 8 月 15 日

柬埔寨始通中国问题

《光明日报·史学》第 89 期　1956 年 8 月 16 日

《北京师范大学学报》发刊词

《北京师范大学学报（社会科学版）》第 1 期　1956 年 9 月

如何对待学习，如何进行科学研究

《师大教学》第 95 期　1956 年 11 月 3 日

会做学生才会做先生

《师大函授》第 1 期　1956 年 11 月 7 日

《柬埔寨史迹丛考》一文审查意见　1956 年 12 月 20 日

《陈垣学术论文集》第二集

1957 年

《论科学的考据与旧考据的不同》一文审查意见　1957 年 1 月 4 日

《陈垣学术论文集》第二集

一九〇五年广州反美运动的大概情况　1957 年 1 月 12 日

《陈垣全集》第 22 册

加强学习，更好地发挥教师的主导作用

《北京青年报》1957 年 2 月 22 日

知识分子要有反求诸己的精神

《北京日报》1957 年 4 月 20 日

漫谈党和知识分子的关系

《人民日报》1957 年 5 月 19 日

想动摇党的领导，我们坚决不答应

《人民日报》1957 年 6 月 28 日

科学事业决不能离开社会主义道路

《人民日报》1957 年 7 月 26 日

复谢仲墨函答瞿仙活人心法　1957 年 7 月 29 日

《江西中药》1958 年第 5 期节录题为《瞿仙及活人心法》1958 年 5 月

坚决走十月革命道路，忠诚为社会主义服务

《光明日报》1957 年 10 月 31 日

历史科学工作者必须进行思想改造

《人民日报》1957 年 11 月 20 日

1958 年

我们要大力推行文字改革工作——第一届全国人民代表大会第五次会议发言

《光明日报》1958 年 2 月 9 日

《人民日报》1958 年 2 月 11 日　改题《我国文字不改革，"白"的状况就不易改变》

要做一个又红又专的史学工作者

《历史教学》1958 年 4 月号

如何理解厚今薄古——我的体会

《文汇报》1958 年 4 月 30 日

厚今薄古是今日史学界必需走的道路

《历史研究》1958 年第 5 期

高等师范招收五万人

《光明日报》1958 年 7 月 8 日

学点历史

《北京日报》学习与修养第 16 期　1958 年 7 月 12 日

跋钞本《申范》　约作于 1958 年

《陈垣全集》第 7 册

1959 年

党使我获得新的生命

《人民日报》1959 年 3 月 12 日

陆棠介绍　1959 年 3 月

《陈垣学术论文集》第二集

希望大批优秀青年投到教育战线上来——第二届全国人民代表大会第一次会议发言

《人民日报》1959 年 5 月 9 日

《北京师范大学校报》1959 年 5 月 8 日　改题《立志做个光荣的人民教师》）

青年们，到教育战线上来！——致应届高中毕业生

《中国青年报》1959 年 5 月 20 日

教师工作使我永远年青

《人民日报》1959 年 5 月 22 日

和青年同学谈读书

《中国青年》1959 年第 12 期 1959 年 6 月 16 日

怎样才能学习好

《北京日报》1959 年 6 月 19 日

《影印明本册府元龟》序

《北京师范大学学报》1959 年第 4 期　1959 年 7 月

教育工作六十年

《人民画报》第 15 期　1959 年 8 月 1 日

党的教育方针的伟大胜利

《新建设》1959 年 10 月庆祝建国十周年号

史学工作的今昔

《光明日报》1959 年 10 月 22 日

1960 年

迎接一九六〇年

中国新闻社 1960 年 1 月元旦特稿

制止以"展览"为名的掠夺行为

《人民日报》1960 年 2 月 24 日

要彻底认清美帝国主义的和平伪装

《中国新闻》1950年5月25日

书大德《南海志》残本后

香港《大公报》艺林周刊1960年9月11日

1961年

在中国佛学院教学问题讨论会上的发言　1961年1月29日

《陈垣学术论文集》第二集

《黄生借书说》句读有误　1961年1月23日

《人民日报》1961年1月30日

谈谈文风和资料工作

《古籍整理出版情况简报》1961年第2号　1961年2月

在道教研究工作座谈会上的发言　1961年3月22日

《陈垣学术论文集》第二集

跋陈鹏年自书诗卷　1961年3月

《人民日报》1962年3月26日

谈北京双塔寺海云碑

《人民日报》1961年4月23日

在中国古代教育史座谈会上讲话　1961年6月21日

《陈垣全集》第22册

为革命事业培养红色接班人——和应届高中毕业同学谈教师工作

《光明日报》1961年6月29日

时不待人，努力读书——对北京师范大学历史系应届毕业生的谈话

《中国青年报》1961年7月14日

《师大教学》第415期　1961年7月15日　题为《牢记党的教导，刻苦努力读书，做革命事业的接班人》

《中国青年》1961年第16期　1961年8月16日　题为《谈谈我的一些读书经验》

佛牙故事

《人民日报》1961 年 7 月 20 日

跋王羲之小楷《曹娥碑》真迹　1961 年 7 月

《文物菁华》1963 年第 2 集　1963 年 4 月

笔谈难字注音

《光明日报》1961 年 11 月 29 日

1962 年

春风桃李，百年树人——北京师范大学六十周年校庆

《光明日报》1962 年 5 月 5 日

《吴渔山年谱》重印后记　1962 年 5 月

《陈垣学术论文集》第二集

谈教育今昔对比

《万年青》1962 年第 4、5 合期　1962 年 6 月

关于徐光启著作中一个可疑的书名

《光明日报》1962 年 6 月 2 日

跋凌次仲藏孙渊如残札

《文物》1962 年第 6 期 1962 年 6 月

关于《徐氏庖言》

《光明日报》1962 年 6 月 9 日

与历史系毕业生谈学习历史的门径　1962 年 9 月

《陈垣全集》第 22 册

跋洪北江与王复手札

《文物》1962 年第 9 期 1962 年 9 月

衷心喜悦话史学

《红旗》1962 年第 19 期 1962 年 10 月 1 日

《档案工作》1962 年第 5 期节录　改题《陈垣校长话档案》1962 年 10 月 18 日

法献佛牙隐现记

《文史》第 1 辑 1962 年 10 月

整理档案八法

此文为《中国史料的整理》中一节。

《档案工作》1962 年第 6 期　1962 年 12 月 18 日

1963 年

书傅藏永乐大典本《南台备要》后

《北京师范大学学报》1963 年第 1 期　1963 年 4 月

钱竹汀手简十五函考释

《文物》1963 年第 5 期　1963 年 5 月

跋西凉户籍残卷

《北京师范大学学报》1963 年第 2 期

《旧五代史辑本》引书卷数多误例

1937 年旧稿，1958 年 11 月重订六稿，1963 年 5 月重订七稿。

《文史》第 3 辑　1963 年

鉴真和尚失明事质疑

《陈垣学术论文集》第二集

标点《旧五代史》问题　1963 年 11 月

《陈垣全集》第 7 册

跋董述夫自书诗　1963 年 11 月

《文物》1964 年第 2 期　1964 年 2 月

题河北永年赵廿二年刻石拓本　1963 年 11 月 25 日

《陈垣全集》第 7 册

跋陈东塾与王玉仲手札

香港《大公报》艺林周刊　1963 年 12 月 18 日

跋胡金竹草书《千字文》　1963 年 12 月

香港《大公报》艺林周刊　1964 年 2 月 2 日

1964 年

题赠启功董述夫自书诗册 1964 年 3 月

《陈垣全集》第 7 册

戴子高年岁及遗文

香港《大公报》艺林周刊 1964 年 5 月 10 日

萨都刺的疑年——答友人书 1964 年 5 月

香港《大公报》艺林周刊 1965 年 7 月 18 日

1965 年

题冼玉清扇面 1965 年 3 月

《陈垣全集》第 7 册

跋陈鹏年书秋泛洞庭诗册 1965 年 3 月

《陈垣学术论文集》第二集

两封无名字无年月的信 1965 年 10 月 21 日

《陈垣学术论文集》第二集

1966 年

汪中临圣教序卷题词 1966 年 5 月

《陈垣全集》第 7 册

关于写字作文 约作于 20 世纪 60 年代

《陈垣全集》第 7 册

唐兴福寺残碑识语 约作于 20 世纪 60 年代

《陈垣全集》第 7 册

［续编］

1971 年

陈垣先生近廿年史学论集　周康燮主编　存萃学社编集

香港崇文书店

1977 年

元史研究（元西域人华化考、元也里可温考、元典章校补释例）

台湾九思出版社

1980 年

陈垣史源学杂文　陈智超编注

人民出版社

陈垣学术论文集（第一集）　陈智超编

中华书局

1981 年

陈垣史学论著选　陈乐素、陈智超编校

上海人民出版社

1982 年

陈垣学术论文集（第二集）　陈智超编

中华书局

援庵史学论著选

台湾木铎出版社

1990 年

陈垣来往书信集　陈智超编注

上海古籍出版社

1992 年

陈垣早年文集　陈智超编

台湾中研院中国文哲研究所

陈垣先生往来书札　2 册　陈智超编

台湾中研院中国文哲研究所

1993 年

陈援庵先生全集　16 册

台湾新文丰出版股份有限公司

1995 年

陈垣集　陈智超编

中国社会科学出版社

1996 年

中国现代学术经典·陈垣卷　刘乃和编校

河北教育出版社

中国佛教之历史研究（中国佛教史籍概论、清初僧诤记、明季滇黔佛教考）

台湾九思出版社

2000 年

明季滇黔佛教考外宗教史论著八种　2 册　刘乃和编校

河北教育出版社

陈垣学术文化随笔　陈智超曾庆瑛编

中国青年出版社

元西域人华化考　陈智超导读

中华书局

2006 年

陈垣先生遗墨　陈智超曾庆瑛编

岭南美术出版社

2007 年

陈垣史源学杂文（增订本）　陈智超编注

三联书店

2008 年

陈垣《元西域人华化考》创作历程：用稿本说话　2 册　陈智超编著

国家图书馆出版社

2009 年

陈垣全集　23 册　陈智超主编

安徽大学出版社

2010 年

陈垣来往书信集（增订本）　陈智超编著

三联书店

2012 年

陈垣四库学论著　陈智超编

商务印书馆

2014 年

史源学实习及清代史学考证法　陈智超编

商务印书馆

中国史学名著评论　陈智超编

商务印书馆

2016 年

元西域人华化考　陈智超导读

中华书局

大一国文读本　陈智超导读

商务印书馆

附录二　主要参考文献

一、陈垣著述

陈垣著，陈智超主编：《陈垣全集》，安徽大学出版社，2009 年。

陈垣：《中西回史日历》，国立北京大学研究所国学门，1926 年。

陈垣：《中国佛教史籍概论》，中华书局，1962 年。

陈垣：《释氏疑年录》，中华书局，1964 年。

周康燮主编：《陈垣先生近廿年史学论集》，香港崇文书店，1971 年。

陈智超编注：《陈垣史源学杂文》，人民出版社，1980 年。

陈垣：《陈垣学术论文集》第一集，中华书局，1980 年。

陈乐素、陈智超编校：《陈垣史学论著选》，上海人民出版社，1981 年。

陈垣：《陈垣学术论文集》第二集，中华书局，1982 年。

陈垣：《励耘书屋丛刻》，北京师范大学出版社，1982 年。

陈垣编纂，陈智超、曾庆瑛校补：《道家金石略》，文物出版社，1988 年。

陈垣：《陈垣早年文集》，台湾中研院中国文哲研究所，1992 年。

陈智超编：《近现代著名学者佛学文集·陈垣集》，中国社会科学出版社，1995 年。

陈垣：《中国现代学术经典·陈垣卷》，河北教育出版社，1996 年。

陈垣：《通鉴胡注表微》，辽宁教育出版社，1997年。

陈垣：《二十史朔闰表》，中华书局，1999年。

陈垣编：《敦煌劫余录》，甘肃文化出版社1999年。

陈垣：《二十世纪中国学术文化随笔大系·陈垣学术文化随笔》，中国青年出版社，2000年。

陈垣：《明季滇黔佛教考》（外宗教史论著八种），河北教育出版社，2000年。

陈垣：《中国佛教史籍概论》，上海书店出版社，2001年。

陈垣：《校勘学释例》，中华书局，2004年。

陈垣：《史讳举例》，中华书局，2004年。

陈智超、曾庆瑛编：《陈垣先生遗墨》，岭南美术出版社，2006年。

陈智超编注：《陈垣史源学杂文》（增订本），生活·读书·新知三联书店，2007年。

陈垣著，陈智超导读：《元西域人华化考》，上海古籍出版社，2008年。

陈智超编注：《陈垣来往书信集》（增订本），生活·读书·新知三联书店，2010年。

陈垣著，陈智超编：《陈垣四库学论著》，商务印书馆，2012年。

陈垣著，陈智超编：《中国史学名著评论》，商务印书馆，2014年。

陈垣著，陈智超编：《史源学实习及清代史学考证法》，商务印书馆，2014年。

陈垣编：《大一国文读本》，商务印书馆，2016年。

陈垣：《给胡适之一封公开信》，《人民日报》，1949年5月11日。

陈垣：《谈理论与实际一致》，《光明日报》，1950年6月5日。

陈垣：《历史科学工作者必须着重进行思想改造》，《光明日报》，1957年11月20日。

陈垣：《学点历史》，《北京日报》，1958年7月12日。

陈垣：《党给了我新生命》，《人民日报》，1959 年 3 月 12 日。

陈垣：《和青年同学谈读书》，《中国青年》，1959 年第 12 期。

陈垣：《谈北京双塔寺海云碑》，《人民日报》，1961 年 4 月 23 日。

二、陈垣研究论文集及专著

北京师范大学：《陈垣校长诞生百年纪念集》，1981 年。

《励耘书屋问学记：史学家陈垣的治学》，生活·读书·新知三联书店，1982 年。

刘乃和主编：《陈垣校长诞生 110 周年纪念册》，北京师范大学出版社，1990 年。

纪念陈垣校长诞生 110 周年筹委会编：《纪念陈垣校长诞生 110 周年学术论文集》，北京师范大学出版社，1990 年。

刘乃和：《励耘承学录》，北京师范大学出版社，1992 年。

暨南大学编：《陈垣教授诞生百一十周年纪念文集：1990 年江门国际学术研讨会论文集》，暨南大学出版社，1994 年。

龚书铎主编：《励耘学术承习录：纪念陈垣先生诞辰 120 周年》，北京师范大学出版社，2000 年。

陈智超编：《励耘书屋问学记：史学家陈垣的治学》（增订本），生活·读书·新知三联书店，2006 年。

北京师范大学陈垣研究室编：《陈垣先生的史学研究与教育事业：纪念陈垣先生诞辰 130 周年学术论文集》，北京师范大学出版社，2010 年。

张荣芳、戴治国主编：《陈垣与岭南：纪念陈垣先生诞生 130 周年学术研讨会论文集》，中国社会科学出版社，2011 年。

牛润珍：《陈垣学术思想评传》，北京图书馆出版社，1999 年。

刘乃和、周少川、王明泽、邓瑞全：《陈垣年谱配图长编》，辽海出版社，2000 年。

王明泽：《陈垣事迹著作编年》，广西师范大学出版社，2000 年。

刘乃和：《陈垣年谱（附陈垣评传）》，北京师范大学出版社 2002 年。

刘乃和、周少川、王明泽、邓瑞全：《陈垣图传》，北京师范大学出版社，2002 年。

孙邦华：《身等国宝 志存辅仁：辅仁大学校长陈垣》，山东教育出版社，2004 年。

欧济霖著，梅新潮主编，中共江门市蓬江区委宣传部编：《国学大师陈垣》，岭南美术出版社，2005 年。

张荣芳：《近代之世界学者：陈垣》，广东人民出版社，2005 年。

张荣芳、曾庆瑛：《陈垣》，金城出版社，2008 年。

张荣芳：《陈垣》，广东人民出版社，2008 年。

陈智超编著：《陈垣〈元西域人华化考〉创作历程：用稿本说话》，国家图书馆出版社，2008 年。

曾庆瑛：《陈垣和家人：新会陈氏三代史家》，北京师范大学出版社，2010 年。

陈智超：《陈垣——生平学术教育与交往》，安徽大学出版社，2010 年。

刘贤：《学术与信仰：宗教史家陈垣研究》，中国社会科学出版社，2013 年。

黄伟豪：《陈垣〈日知录校注〉研究：以注校史源为例》，花木兰文化出版社，2013 年。

陈智超编注：《励耘家书：陈垣与子弟》，生活·读书·新知三联书店，2014 年。

史丽君：《陈垣的史源学理论与实践》，人民出版社，2016 年。

牛润珍指导，金文淑著：《陈垣的基督教史研究》［硕士学位论文］，2003 年。

周少川指导，史丽君著：《陈垣的史源学研究与教学》［博士学位论文］，

2007 年。

赵世瑜指导，汪润著：《"夺取汉学中心"的理念与实践：以〈辅仁学志〉为中心》［博士学位论文］，2009 年。

朱寒冬指导，王海龙著：《试论陈垣的佛教史研究》［硕士学位论文］，2010 年。

牛润珍指导，金文淑著：《论陈垣的宗教史研究》［博士学位论文］，2011 年。

王喜旺指导，赵立英著：《陈垣高等教育思想研究》［硕士学位论文］，2014 年。

李育民指导，李良玉著：《陈垣创新教育思想及其实践研究》［硕士学位论文］，2014 年。

余敏辉指导，樊霞著：《试论陈垣佛教史学》，［硕士学位论文］，2014 年。

杨庆辰指导，刘丹著：《陈垣文献学成就研究：以四库学为中心》，［硕士学位论文］，2016 年。

三、相关古籍

（先秦）孟轲著，杨伯峻译注：《中国古典名著译注丛书·孟子译注》，中华书局，2012 年。

（唐）姚思廉：《陈书》，中华书局，1972 年。

（唐）刘知幾：《史通》，上海古籍出版社，2008 年。

（唐）李绰：《尚书故实》，景印文渊阁《四库全书》第 862 册，台湾商务印书馆，1986 年。

（后晋）刘昫等：《旧唐书》，中华书局，1975 年。

（宋）吴缜：《新唐书纠谬》，中华书局 1985 年影印本。

（宋）司马光：《资治通鉴》，中华书局，2011 年。

（宋）郑樵撰，王树民点校：《通志二十略》，中华书局，1995 年。

（宋）释惠洪：《冷斋夜话》，景印文渊阁《四库全书》第 863 册，台湾
商务印书馆，1986 年。

（元）马端临：《文献通考》，中华书局，2011 年。

（清）顾炎武著，陈垣校注：《日知录校注》，安徽大学出版社，2007 年。

（清）顾炎武：《顾亭林诗文集》，中华书局，1959 年。

（清）王鸣盛：《十七史商榷》，上海书店出版社，2005 年。

（清）钱大昕：《廿二史考异》，上海古籍出版社，2004 年。

（清）钱大昕：《潜研堂集》，上海古籍出版社，2009 年。

（清）钱大昕：《十驾斋养新录》，上海书店出版社，2011 年。

（清）钱大昕：《嘉定钱大昕全集》，江苏古籍出版社 1997 年。

（清）赵翼著，王树民校证：《廿二史札记校证》，中华书局，1984 年。

（清）全祖望著，朱铸禹汇校集注：《全祖望集汇校集注》，上海古籍出版
社 2000 年。

（清）段玉裁：《经韵楼集》，上海古籍出版社，2008 年。

（清）章学诚著，王重民通解：《校雠通义通解》，上海古籍出版社，
2009 年。

（清）永瑢等：《四库全书总目》，中华书局 1965 年影印本。

（清）张宗泰：《鲁岩所学集》，台湾云海出版社，1975 年。

（清）龚自珍：《龚自珍全集》，上海古籍出版社，1999 年。

四、相关学术专著

汪奠基：《科学方法》，商务印书馆，1927 年。

《北平辅仁大学文学院概况》，北平西四丹明庆代印，1935 年。

侯外庐：《中国古代学说思想史》，上海文风书局，1946 年。

顾颉刚：《当代中国史学》，南京胜利出版公司，1947 年。

方豪：《方豪六十自定稿》，台湾学生书局，1969 年。

汤志钧：《章太炎年谱长编》，中华书局，1979 年。

傅斯年：《傅斯年全集》，台湾联经出版事业公司，1980 年。

陈寅恪：《金明馆丛稿二编》，上海古籍出版社，1980 年。

顾颉刚：《古史辨》，上海古籍出版社，1982 年。

柴德赓：《史学丛考》，中华书局，1982 年。

郭沫若：《十批判书》，载《郭沫若全集·历史编》第二卷，人民出版社，1982 年。

白寿彝：《历史教育和史学遗产》，河南人民出版社，1983 年。

陈高华、陈智超：《中国古代史史料学》，北京出版社，1983 年。

胡颂平：《胡适之先生年谱长编初稿》，台湾联经出版事业公司，1984 年。

陈乐素：《求是集》，广东人民出版社，1984 年。

北京师范大学校史编写组：《北京师范大学校史：1902—1982》（第 2 版），北京师范大学出版社，1984 年。

谢国桢：《史料学概论》，福建人民出版社，1985 年。

翦伯赞：《史料与史学》，北京大学出版社，1985 年。

侯外庐：《韧的追求》，生活·读书·新知三联书店，1985 年。

沈兼士：《沈兼士学术论文集》，中华书局，1986 年。

林庆彰：《明代考据学研究》，台湾学生书局，1986 年。

戴南海：《校勘学概论》，陕西人民出版社，1986 年。

杨树达：《积微翁回忆录》，上海古籍出版社，1986 年。

胡适：《胡适书评序跋集》，岳麓书社，1987 年。

荣孟源：《史料和历史科学》，人民出版社，1987 年。

侯外庐：《侯外庐史学论文选集》，北京出版社，1987 年。

王汎森：《古史辨运动的兴起——一个思想史的分析》，台北允晨文化，1987 年。

杜维运：《清代史学与史家》，中华书局，1988 年。

赵光贤：《中国历史研究法》，中国青年出版社，1988 年。

牟润孙：《海遗杂著》，香港中文大学出版社，1990 年。

陈鸿湘：《王国维与近代东西方学人》，天津古籍出版社，1990 年。

蒋大椿主编：《史学探渊——中国近代史学理论文编》，吉林教育出版社，1991 年。

许啸天：《国故学讨论集》，上海书店，1991 年。

胡逢祥、张文建：《中国近代史学思潮与流派》，华东师范大学出版社，1991 年。

林家平等：《中国敦煌学史》，北京语言学院出版社，1992 年。

何荣昌、张承宗主编：《青峰学记》，江苏文史资料编辑部，1992 年。

唐凌：《历史年代学》，广西师范大学出版社，1992 年。

陈其泰：《史学与中国文化传统》，书目文献出版社，1992 年。

庞天佑：《考据学研究》，新疆大学出版社，1994 年。

余英时：《钱穆与中国文化》，上海远东出版社，1994 年。

陈其泰：《中国近代史学的历程》，河南人民出版社，1994 年。

马金科、洪京陵：《中国近代史学发展叙论（1840—1949）》，中国人民大学出版社，1994 年。

蒋俊：《中国史学近代化进程》，齐鲁书社，1995 年。

张岂之主编：《中国近代史学学术史》，中国社会科学出版社，1996 年。

俞旦初：《爱国主义与近代史学》，中国社会科学出版社，1996 年。

王国维：《古史新证》，载《王国维文集》第四卷，中国文史出版社，1997 年。

刘乃和：《历史文献研究论丛》，广西师范大学出版社，1998 年。

张书学：《中国现代史学思潮研究》，湖南教育出版社，1998 年。

安作璋主编：《中国古代史史料学》，福建人民出版社，1998 年。

王永兴：《陈寅恪先生史学述略稿》，北京大学出版社，1998 年。

漆永祥：《乾嘉考据学研究》，中国社会科学出版社，1998 年。

顾颉刚：《当代中国史学》，辽宁教育出版社，1998 年。

逯耀东：《胡适与当代史学家》，东大图书股份有限公司，1998 年。

严耕望：《怎样学历史：严耕望先生的治史三书》，辽宁教育出版社，1998 年。

罗志田：《权势转移：近代中国的思想、社会与学术》，湖北人民出版社，1999 年。

刘俐娜：《顾颉刚学术思想评传》，北京图书馆出版社，1999 年。

曹家齐：《顿挫中嬗变——20 世纪的中国历史学》，西苑出版社，2000 年。

李泉：《傅斯年学术思想评传》，北京图书馆出版社，2000 年。

余英时：《论戴震与章学诚》，北京：生活·读书·新知三联书店 2000 年。

桑兵：《晚清民国的国学研究》，上海古籍出版社，2001 年。

郭康松：《清代考据学研究》，湖北辞书出版社，2001 年。

余嘉锡：《余嘉锡说文献学》，上海古籍出版社，2001 年。

姚淦铭：《王国维文献学研究》，江苏古籍出版社，2001 年。

罗志田主编：《20 世纪的中国学术与社会？史学卷》，山东人民出版社，2001 年。

李守常：《史学要论》，河北教育出版社，2001 年。

胡适：《中国哲学史大纲》，河北教育出版社，2001 年。

贾贵荣，殷梦霞辑：《疑年录集成》，北京图书馆出版社，2002 年。

王学典：《20 世纪中国史学评论》，山东人民出版社，2002 年。

吴怀祺主编：《中国史学思想通史·近代后卷 1919—1949》，黄山书社，2002 年。

柴德赓：《史籍举要》，北京出版社，2002 年。

陈以爱：《中国现代学术研究机构的兴起：以北大研究所国学门为中心的探讨》，江西教育出版社，2002 年。

许冠三：《新史学九十年》，岳麓书社，2003 年。

罗志田：《近代中国史学十论》，复旦大学出版社，2003 年。

杨向奎等：《百年学案》，辽宁教育出版社，2003 年。

王学典主编：《述往知来——历史学的过去、现状与前瞻》，山东大学出版社，2003 年。

杨燕起、高国抗主编：《中国历史文献学》（修订版），北京图书馆出版社，2003 年。

傅斯年：《史学方法导论》，中国人民大学出版社，2004 年。

陈序经：《东西文化观》，中国人民大学出版社，2004 年。

何忠礼：《中国古代史史料学》，上海古籍出版社，2004 年。

倪其心：《校勘学大纲》，北京大学出版社，2004 年。

罗炳良：《清代乾嘉史学的理论与方法论》，兰州大学出版社，2004 年。

启功口述，赵仁珪、章景怀整理：《启功口述历史》，北京师范大学出版社，2004 年。

梁启超：《清代学术概论》，上海古籍出版社，2005 年。

胡适：《中国古代哲学史》，《胡适选集》，吉林人民出版社，2005 年。

张岂之总主编、陈先初主编：《民国学案》（第二卷），湖南教育出版社，2005 年。

田亮：《抗战时期史学研究》，人民出版社，2005 年。

陈其泰主编：《20 世纪中国历史考证学研究》，北京师范大学出版社，2005 年。

［美］汪荣祖：《史家陈寅恪传》，北京大学出版社，2005 年。

［德］马克思·韦伯著，冯克利译：《学术与政治》，生活·读书·新知三联书店，2005 年。

［美］吴小新，张晓明：《北京辅仁大学：天主教本笃会时期的个案研究》，珠海出版社，2005 年。

张越：《新旧中西之间——五四时期的中国史学》，北京图书馆出版社，2007 年。

李剑鸣：《历史学家的修养和技艺》，上海三联书店，2007 年。

侯云灏：《20 世纪中国史学思潮与变革》，北京师范大学出版社，2007 年。

桑兵：《先因后创与不破不立：近代中国学术流派研究》，生活·读书·新知三联书店，2007 年。

郑大华、邹小站：《中国近代史上的民族主义》，社会科学文献出版社，2007 年。

高瑞泉：《中国近代社会思潮》，上海人民出版社，2007 年。

王晓清：《学者的师承与家派》，湖北人民出版社，2007 年。

张广智主编：《20 世纪中外史学交流》，北京师范大学出版社，2007 年。

白寿彝主编：《中国史学史》，北京师范大学出版社，2008 年。

侯宏堂：《“新宋学”之建构：从陈寅恪、钱穆到余英时》，安徽教育出版社，2009 年。

罗志田：《近代读书人的思想世界与治学取向》，北京大学出版社，2009 年。

［德］施耐德著，李貌华、关山译：《真理与历史：傅斯年、陈寅恪的史学思想与民族认同》，社会科学文献出版社，2009 年。

徐复观：《学术与政治之间》，华东师大出版社，2009。

张西平：《东西流水终相逢》，生活·读书·新知三联书店，2010 年。

胡文辉：《现代学林点将录》，广东人民出版社，2010 年。

张淑娟：《民族主义与近代中国民族理论》，光明日报出版社，2010 年。

宋新伟：《民族主义在中国的嬗变》，社会科学文献出版社，2010 年。

吴怀祺：《郑樵研究》，厦门大学出版社，2010 年。

陈宝云：《学术与国家：〈史地学报〉及其群体研究》，安徽教育出版社，2010 年。

白云：《中国史学思想通论？历史编纂学思想卷》，福建人民出版社，2011 年。

梁启超：《中国历史研究法》，上海古籍出版社，2011 年。

周少川：《文献传承与史学研究》，北京师范大学出版社，2011 年。

吴雁南：《中国近代社会思潮》，湖南教育出版社，2011 年。

叶建：《中国近代史学理论的形成与演进（1902—1949）》，中国社会科学出版社，2012 年。

冯尔康编著：《清史史料学》，故宫出版社，2013 年。

王学典：《新史学和新汉学》，上海古籍出版社，2013 年。

瞿林东：《中国史学的理论遗产：从过去到现在和未来的传承》，北京师范大学出版社，2013 年。

刘家和：《史学、经学与思想：在世界史背景下对于中国古代历史文化的思考》，北京师范大学出版社，2013 年。

五、相关研究论文

傅斯年：《通信》，《新潮》第 1 卷第 3 期，1919 年 3 月 1 日。

陈独秀：《答张君劢及梁任公》，《新青年》1924 年 5 月，第 3 期。

［日］桑原骘藏：《读陈垣氏之〈元西域人华化考〉》，《北京大学研究所国学门周刊》，1925 年第 6 期。

《北京晨报·思辨》，1936 年第 40 期。

［法］伯希和：《疑年录考》（冯成钧中译本），《图书季刊》第三卷第三期，1941 年。

朱海涛：《北大与北大人——陈垣先生》，《东方杂志》第 40 卷第 7 号，1944 年。

何炳然：《刻苦治学的榜样——记七十七岁的史学家陈垣先生》，《光明日报》1957年1月6日第2版。

牟润孙：《记所见二十五年来史学著作》，《思想与时代》第118期，1963年。

詹铭新整理：《学无止境　业精于勤——陈垣老人谈治学》，《光明日报》1961年5月20日。

牟润孙：《敬悼先师陈援庵先生》，《明报月刊》第6卷第10期，1971年。

方豪：《对日抗战时期之陈援庵先生》，台湾《传记文学》第19卷4期，1971年。

方豪：《与励耘老人往返书札残剩稿》，台湾《传记文学》第19卷5期、第20卷4期，1971年、1972年。

方豪：《民初马相伯、英敛之、陈援庵三位先生之交往》，《东方杂志》，复刊第6卷第8期，1973年。

谢扶雅：《陈援庵受洗入教问题：五四时代自由气氛中的一个插曲》，《传记文学》第22卷5期，1973年。

玉山：《我所认识的陈垣》，《国共风云人物录》第3集，香港广角镜出版社有限公司，1977年。

翁独健：《我为什么研究元史》，《光明日报》1978年3月11日。

李时岳：《史料的考订》，《社会科学战线》1979第3期。

赵俪生：《胡适历史考证方法的分析》，《学术月刊》1979年第11期。

曾庆瑛：《陈垣》，《中国史研究动态》1979年第7期。

达堂：《陈垣先生及其治史遗柬》，《大公报》1979年7月9日。

甲凯：《陈新会史学》，《辅仁学志》1979年第8期。

陈珍幹：《陈垣的家系与故乡》，《大公报》1980年11月11日。

柴德赓：《我的老师陈垣先生》，《文献》1980年第2辑。

陈智超：《史学家陈垣传略》，《晋阳学刊》1980年第2期。

胡守为：《陈寅恪先生的考据方法及其在史学中的运用》，《学术研究》1980 年第 4 期。

郑天挺：《史料学教学内容的初步体会》，《探微集》1980 年。

刘乃和：《试论陈垣同志的史学研究》，《文献》1980 年第 5 期。

陈乐素：《陈垣同志的史学研究》，《中国史研究》1980 年第 4 期。

曾庆瑛：《陈垣》，《人物》1980 年第 1 期。

陈智超撰，陈乐素注：《陈垣学谱》，《社会科学战线丛刊》1980 年第 1 期。

陈智超：《陈垣同志遗稿的保存和整理》，《中国史研究动态》1980 年第 6 期。

陈智超：《史料的搜集、考证与运用》，《人民日报》1980 年 3 月 27 日第 5 版。

李希泌：《缅怀陈老，高山仰止——纪念陈垣同志诞生一百周年》，《北图通讯》1980 年第 3 期。

陈智超：《陈垣与历史教学》，《历史教学》1980 年第 10 期。

陈占标：《自学成家的陈垣》，《南方日报》1980 年 11 月 30 日。

牟润孙：《悼亡友方杰人——陈援庵先生与方豪》，香港《新晚报》1980 年 12 月 20

牟润孙：《从〈通鉴胡注表微〉看援庵先师的史学》，《史学史研究》1981 年第 1 期。

杨廷福：《缅怀新会陈先生对我的教导》，《读书》1981 年第 7 期。

王绍曾：《胡适〈校勘学方法论〉的再评价》，《学术月刊》1981 年第 8 期。

陈乐素：《陈垣与史学研究》，《历史教学问题》1981 年第 2 期。

陈乐素：《历史学家陈垣的史学研究》，《羊城晚报》1981 年 2 月 3 日第 2 版。

陈述回忆，马文蔚整理：《陈述教授谈陈垣先生教育青年治学的几件事》，《文史哲》1981 年第 4 期。

卢中岳：《从陈垣先生的"史源学实习"所想到的》，《图书与情报》1981 年第 3 期。

陈乐素：《历史学家陈垣》，《扬州师院学报》（社科版）1981 年第 1 期。

刘乃和：《"励耘书屋"和陈垣治学》，《北京日报》1981 年 3 月 6 日第 3 版。

李希泌：《陈垣与〈四库全书〉》，《读书》1981 年第 7 期。

崔文印：《文有限而意无穷——读〈陈垣史源学杂文〉》，《光明日报》1981 年 3 月 10 日第 4 版。

张向天：《记陈垣教授》，香港《大公报》1981 年 6 月 30 日。

曾庆瑛：《陈垣与明清档案》，《历史档案》1982 年第 2 期。

陈智超：《记爱国史学家陈垣先生》，《中国文化》1983 年第 2 辑。

鲍国海：《学习陈垣先生严峻的治学方法——从资料的利用谈起》，《资料工作通讯》1983 年第 3 期。

方怡：《陈垣校长与辅仁大学》，《中国新闻》，1983 年。

柳成栋：《陈垣目录学思想初探》，《黑龙江图书馆》1983 年第 3 期。

麦群忠：《陈垣先生的图书馆学成就略述》，《广东图书馆学刊》1983 年第 4 期。

赵璞珊：《陈垣先生和近代医学》，《北京师范大学学报》（社会科学版）1983 年第 6 期。

甲凯：《怀三位研究中西交通史的学者——为纪念利玛窦来华传教四百年而作》，《传记文学》第 43 卷第 4 期，1983 年。

许凌云：《试论"通史家风"》，《历史研究》1983 年第 4 期。

吴怀祺：《陈垣先生在历史文献学上的贡献》，《史学史研究》1984 年第 1 期。

陈祖武：《史源学不可不讲》，《光明日报》1984年4月6日。

林运来：《著名的教育家、史学家陈垣》，《教育与进修》1984年第2期。

周启付：《陈垣对目录学的贡献》，《图书馆学刊》1984年第3期。

何国华：《当代著名的教育家、史学家陈垣》，《教育论丛：中小学教育版》1984年第3期。

严归田：《史学二陈》，台湾《大陆杂志》第68卷第1期，1984年。

陈珍幹：《陈垣版权问题及其他》，《争鸣》1984年第8期。

严耕望：《史学二陈》，《大陆杂志》第68卷1期，1984年。

陈智超：《陈垣先生写新会县志》，《中国地方志通讯》1985年第6期。

孙金铭：《坚持对日斗争的陈垣校长》，《北京文史资料选辑》第25辑，北京出版社，1985。

宋晞：《陈垣》，《"中华民国"名人传》，台湾地区"近代中国"出版社，1985。

关国煊：《辅仁大学最后一任校长陈垣》，台湾《传记文学》第48卷3期，1986年第3期。

何广棪：《从陈垣先生之一通函牍谈起》，台湾《传记文学》48卷3期，1986年3月。

朱文长：《笔下的厚道——陷共与投共不同，为陈援庵老师呼冤》，台湾地区《"中央日报"副刊》1986年6月24日。

何广棪：《从陈垣先生之一通函牍谈起：兼永怀方豪院士》，《中国书目季刊》20卷3期，1986年。

陈炜：《陈垣先生"陷共"前后之真实情况》，《传记文学》第49卷3期，1986年。

苏东国：《我也一谈陈垣其人》，《传记文学》第49卷3期，1986年。

杨志玖：《陈垣先生关于〈元典章校补〉的一封信》，《书品》1987年第2期。

赵黎:《〈通鉴胡注表微〉之"微"》,《史学月刊》1987 年第 4 期。

刘乃和:《记一张珍贵的照片——陈垣校长和孙中山先生 70 多年前合影》,《北京师范大学校友通讯》1987 年第 13 期。

李振生:《陈垣校长二三事》,《人民日报·海外版》1988 年 10 月 4 日第 2 版。

许有成:《关于陈垣与马相伯交往的一些史实——兼谈陈垣与英敛之订交》,《北京师范大学学报》(社会科学版) 1988 年第 2 期。

陈智超:《〈中国历史研究法〉陈垣批语选录》,《梁启超研究》1988 年第 5 期。

陈珍幹:《我所认识的陈垣》,《中国当代名人录》第 3 集,香港广角镜出版社有限公司,1988 年。

白化文:《简评〈敦煌劫余录〉和〈敦煌遗书总目索引〉》,《社会科学战线》1989 年第 1 期。

卢仁龙:《崭新的开拓——评陈垣〈道家金石略〉》,《中国道教》1989 年第 3 期。

欧济霖:《陈垣同志传略》,《五邑大学学报》(社科版) 1989 年第 1、2 期。

陈智超:《史学二陈的友谊与学术》,《纪念陈寅恪教授国际学术讨论会文集》,中山大学出版社,1989 年。

振生:《一代名学者陈垣》,台湾《华侨日报》,1989 年 2 月 27 日。

李振生:《正气参天地,丹心照乾坤——记抗战期间的陈垣先生》,《团结报》1989 年 10 月 24 日。

刘乃和:《陈垣和孙中山的会见》,《燕都》1990 年第 5 期。

羽离子:《陈垣〈二十史朔闰表〉甄误》,《图书馆杂志》1990 年第 5 期。

祝注先:《陈垣关于历史工具书的设想与实践》,《辞书研究》1990 年第 3 期。

曹仕邦：《论陈垣〈中国佛教史籍概论〉》，《中华佛学学报》1990 年第 3 期。

陈其泰：《激扬民族正气的〈明季滇黔佛教考〉》，《北京师范大学学报》（社会科学版）1990 年第 5 期。

［日］柴田笃撰，孙智昌译：《评陈垣著、野口善敬译注的〈清初僧净记〉——中国佛教的迷茫与知识分子》，《历史文献研究》，北京新 2 辑，北京燕山出版社，1991 年。

邝桂生：《读〈党使我获得信的生命〉——著名史学家陈垣教授被中共批准"光荣入党"所写之文》，《传记文学》第 56 卷第 2 期，1990。

李泉：《"史学便是史料学"渊源得失论》，《聊城师范学院学报》1991 年第 3 期。

蔡美彪：《读陈垣编〈道家金石略〉书后》，《历史研究》1991 年第 3 期。

杨海军：《傅斯年与"史料学派"》，《聊城师范学院学报》1991 年第 4 期。

胡绳：《在陈垣同志诞辰 110 周年纪念会上的讲话》，《中共党史研究》1991 年第 1 期。

张承宗：《柴德赓与他的老师陈垣》，《学海》1991 年第 2 期。

戴逸：《纪念陈垣与开展区域文化研究》，《历史研究》1991 年第 3 期。

陈智超：《史学大师陈垣教授的青少年时代》，《国文天地》1991 年第 7 期。

刘乃和、邓瑞全：《为历史年代学开辟了道路——陈垣先生在历史年代学上的贡献》，《历史文献研究》，北京新 2 辑，北京燕山出版社，1991 年。

侯云灏：《傅斯年史学思想散论》，《山东大学学报》（哲社版）1992 年第 1 期。

周朝民：《傅斯年的"史学便是史料学"观点评析》，《历史教学问题》1992 年第 2 期。

刘乃和：《陈垣参加科举考试》，《史学史研究》1992 年第 3 期。

罗邦柱：《因其例，得其正——读陈垣〈史讳举例〉》，《社会科学战线》1992 年第 4 期。

石建邦：《闲话陈垣老人与书法》，《历史大观园》1992 年第 8 期。

王明泽：《〈元典章校补〉与〈元典章校补释例〉》，《北京师范大学学报》1992 年增刊。

许大龄：《〈鲒埼亭集〉课纪实》，《历史文献研究》，北京新 3 辑，北京燕山出版社，1992 年。

王炜民：《一代史学宗师：陈垣先生史学成就述略》，《阴山学刊》（社科版）1993 年第 2 期。

赵璞珊：《珍贵的历史记录：读〈陈垣早年文集〉》，《中国史研究动态》1993 年第 10 期。

王明泽：《读陈垣〈元西域人华化考〉——兼论陈垣史学的几个特色》，《北京师范大学学报》1993 年增刊。

邓瑞全：《"为避讳史作一总结束"——陈垣先生对避讳学的重大贡献》，《历史文献研究》，北京新 4 辑，北京燕山出版社，1993 年。

刘乃和：《陈垣的一生》，《名人传记》1994 年第 1 期。

李山：《陈垣"四校法"疏解》，《传统文化与现代化》1994 年第 4 期。

李固阳：《〈陈垣来往书信集〉编年错误几例》，《读书》1994 年第 4 期。

石建邦：《陈垣先生与文物述略》，《文博》1994 年第 4 期。

刘乃和：《陈垣的励耘书屋》，《文史知识》1995 年第 2 期。

顾学颉：《看完〈四库全书〉的史学大师：记陈垣先生》，《东方文化》1995 年第 1 期。

张岂之：《王国维、陈寅恪的学术研究与马克思主义史学》，《清华大学学报》（哲学社会科学版）1995 年第 1 期。

单士元：《回忆陈援庵师》，《历史文献研究》北京新 7 辑，北京师范大学出版社，1996 年。

蒋大椿：《傅斯年史学即史料学析论》，《史学理论研究》1996 年第 4 期。

江心力：《傅斯年"史学只是史料学"思想辨析》，《史学史研究》1996 年第 3 期。

何建明：《陈垣与辅仁大学的国学教育》，《华中师范大学学报》（哲社版）1996 年第 2 期。

张求会：《略论陈垣早期的戏剧小说观》，《岭南文史》1996 年第 1 期。

来新夏：《为"智者不为"的智者——为陈垣老师写真》，《光明日报·文荟》1996 年 10 月 30 日。

张利庠：《论傅斯年的史学思想》，《山东工业大学学报》（社科版）1997 年第 2 期。

吴二持：《论胡适对治学方法与材料的深刻认识》，《学术界》1997 年第 2 期。

曾庆瑛：《记祖父陈垣的学术生涯》，《东方文化》1997 年第 2 期。

田亮：《试论抗战时期陈垣的爱国主义史学思想》，《华东师范大学学报》（哲社版）1997 年第 1 期。

王汎森：《什么可以成为历史证据——近代中国新旧史料观点的冲突》，《新史学》1997 年第 8 卷第 2 号。

徐彬：《傲骨撑天地，奇文泣鬼神：记爱国史学家陈垣先生》，《炎黄春秋》1997 年第 6 期。

白兆麟：《陈垣的校勘方法》，《学术月刊》1997 年第 1 期。

刘乃和：《藏书最好的归宿：陈垣书的捐献与徐坊书的散失》，《北京图书馆刊》1997 年第 3 期。

骆威：《陈垣的岭南文化背景初探》，《岭南文史》1997 年第 4 期。

余敏辉：《也说陈垣的校勘方法：与白兆麟先生商榷》，《学术月刊》1997 年第 8 期。

谢泳：《三大史学家三条不同的道路——胡适、陈垣与陈寅恪》，台湾《传记文学》第 70 卷第 5 期，1997 年。

邓瑞全：《陈垣与古籍整理》，《传统文化与现代化》1998 年第 3 期。

杨国荣：《史学的科学化——从顾颉刚到傅斯年》，《史林》1998 年第 3 期。

陆发春：《陈垣与胡适国学研究之比较》，《安徽大学学报》（哲社版）1998 年第 1 期。

王明泽：《陈垣与元史研究》，《文史知识》1998 年第 9 期。

罗志田：《"新宋学"与民初考据史学》，《近代史研究》1998 年第 1 期。

陈其泰：《钱大昕与 20 世纪历史考证学》，《史学理论研究》1999 年第 1 期。

邓瑞全：《陈垣发表〈给胡适之先生一封公开信〉的前前后后》，《黄河》1999 年第 5 期。

邓瑞全：《陈垣的〈史讳举例〉》，《文史知识》1999 年第 7 期。

邓瑞全：《陈垣与北京师范大学》，《教学与教材研究》1999 年第 4 期。

邓瑞全：《关于〈给胡适之先生一封公开信〉》，《文献》1999 年第 2 期。

朱正娴：《陈垣与中国历史文献学研究》，《社会科学》1999 年第 3 期。

虞云国：《史坛南北二陈论》，《百年》1999 年第 5 期。

虞云国：《不为乾嘉作殿军——陈垣与新史学》，《百年》1999 第 3 期。

侯云灏：《20 世纪前期中国史学流派略论》，《史学理论研究》1999 年第 2 期。

王家范：《百年史学回顾之一：走向世界与中国情怀》，《浙江社会科学》1999 年第 3 期。

桑兵：《近代中国学术的地缘与流派》，《历史研究》1999 年第 3 期。

周少川：《陈垣晚年史学及学术思想的升华》，《史学史研究》2000 年第 4 期。

来新夏：《漫说海外中国近代史研究方法》，《中华读书报》2000 年 7 月 19 日。

刘泽生：《陈垣在广州：从医学向史学过渡》，《广东史志》2000 年第 1 期。

周少川：《陈垣：20 世纪的历史考据大师》，《历史教学》2000 年第 1 期。

邱树森：《读陈垣〈元西域人华化考〉：纪念陈垣先生诞生 120 周年》，《回族研究》2000 年第 3 期。

牛润珍：《陈垣与 20 世纪中国新考据学》，《史学史研究》2000 年第 4 期。

周少川：《陈垣先生的优良学风》，《光明日报》2000 年 11 月 10 日第 1 版。

萧启庆：《陈垣传》，《国史馆馆刊》第 29 期，2000 年。

罗志田：《史料的尽量扩充与不看二十四史：民国新史学的一个诡论现象》，《历史研究》2000 第 4 期。

何龄修：《读〈明季滇黔佛教考〉》，《中国社会科学院研究生院学报》2001 年第 1 期。

韦勇强：《顾颉刚史料考辨理论与方法研究》，《广西师范大学学报》（哲社版）2001 年第 3 期。

黄晓虹：《胡适的史料观管见》，《学术界》2001 年第 5 期。

邱树森，罗惠荣：《陈垣对中国宗教史研究的贡献》，《五邑大学学报》（社科版）2001 年第 3 期。

牛润珍：《陈垣对清史研究的贡献》，《清史研究》2001 年第 4 期。

邓瑞全：《陈垣与〈校勘学释例〉》，《五邑大学学报》（社科版）2001 年第 3 期。

章继光：《陈垣先生对校勘学的贡献》，《五邑大学学报》（社科版）2001 年第 3 期。

焦树安：《陈垣与中国国家图书馆》，《国家图书馆学刊》2001 年第 3 期。

王纯：《陈垣文献学思想评述》，《图书与情报》2001 年第 1 期。

周文玖、王记录：《20 世纪中国史学思潮发展大势略论》，《济宁师专学报》2001 年第 2 期。

郑大华：《论中国近代民族主义的思想来源及形成》，《浙江学刊》2001 年第 1 期

罗志田：《陈寅恪谈史料解读》，《文史知识》2002 年第 4 期。

孔祥成：《历史语言研究所学人的史料观——解读 1928~1948 年的〈历史语言研究所集刊〉》，《东方论坛》2002 年第 5 期。

刘重来、陈晓华：《陈垣开设"史源学实习"课的启示》，《光明日报》2002 年 5 月 28 日第 3 版。

张俊燕：《论陈垣对中国目录学的贡献》，《广西社会科学》2002 年第 3 期。

许殿才：《抗战时期陈垣先生的史学成就》，《淮阴师范学院学报》（哲社版）2002 年第 3 期。

周少川：《论陈垣先生的民族文化史观》，《史学史研究》2002 年第 3 期。

邓瑞全：《陈垣校勘方法论》，《五邑大学学报》（社科版）2002 年第 4 期。

张运华：《陈垣与中国宗教史研究》，《五邑大学学报》（社科版）2002 年第 4 期。

汤开建、陈文源：《陈垣与中国基督教史研究》，《暨南学报》（哲社版）2002 年第 3 期。

吴海兰：《陈垣论宗教与民族文化》，《云南民族学院学报》（哲社版）2002 年第 3 期。

王骈书：《陈垣抗战时期的著述与思想》，《扬州教育学院学报》2002 年第 2 期。

刘俐娜：《论顾颉刚的史料学思想》，《史学史研究》2003 年第 2 期。

周妤、王梅兰:《梁启超史料观初探》,《求索》2003 年第 5 期。

张越:《五四时期新历史考证学的实绩和特点》,《郑州大学学报》(哲社版) 2003 年第 6 期。

王延武:《读〈通鉴胡注表微〉——兼谈经世史学的现代形式》,《中南民族大学学报》(人文社科版) 2003 年第 1 期。

李智媛、张俊燕:《论陈垣对我国图书馆事业的贡献及其治学精神》,《经济与社会发展》2003 年第 1 期。

陈晓华、陈莹:《陈垣与〈四库全书〉》,《图书馆杂志》2003 年第 2 期。

罗兴连:《读陈垣〈从教外典籍看明末清初的天主教〉》,《中山大学研究生学刊》(社科版) 2003 年第 2 期。

岑树海:《民族主义与民主在近代中国的双重变——近代中国民族主义兴起的历史轨迹》,《江海学刊》2003 年第 4 期。

张广智:《傅斯年、陈寅恪与兰克史学》,《安徽史学》2004 年第 2 期。

赵世瑜:《历史学即史料学:关于后现代史学的反思》,《学术研究》2004 年第 4 期。

许殿才:《陈垣在近代史学领域的开拓》,《史学集刊》2004 年第 2 期。

刘重来:《从史源学看加强历史文献学基本功训练的重要性——也谈历史文献学研究生的教学》,《历史教学问题》2004 年第 5 期。

瞿林东:《中国史学的遗产、传统和当前发展趋势》,《当代中国史研究》2004 年第 1 期。

陈其泰:《20 世纪史家探索史学民族风格成就举要》,《人文杂志》2004 年第 1 期。

王学典:《近五十年的中国历史学》,《历史研究》2004 年第 1 期。

周少川、史丽君:《想起了陈垣先生》,《北京日报·理论周刊》2005 年 1 月 17 日。

贾慧如:《陈垣为〈四库全书总目提要〉子部释家类纠谬——读〈中国

佛教史籍概论〉》，《江西教育学院学报》2005 年第 5 期。

陈其泰：《陈垣：宗教史的开山之祖》，《江海学刊》2005 年第 5 期。

萧启庆：《推陈出新的史学家陈垣》，《新史学》第 16 卷 3 期，2005 年。

宋春青：《陈垣先生和中国地学会》，《京华风物》，中华书局 2005 年。

吴怀祺：《史学话语权与 20 世纪的中国民族史学》，《安徽史学》2006 年第 4 期。

周少川：《陈垣史学的记里碑——再读〈通鉴胡注表微〉》，《北京社会科学》2006 年第 2 期。

罗兴连：《试论陈垣的宗教史治学方法——以〈从教外典籍看明末清初的天主教〉为例》，《广东教育学院学报》2006 年第 2 期。

黄勇：《陈垣及其文献整理方法研究》，《内蒙古农业大学学报》（社会科学版）2006 年第 3 期。

邹应龙：《试论陈垣对古典文献学的贡献》，《山东图书馆季刊》2006 年第 3 期。

孙邦华：《陈垣在辛亥革命时期的反清反帝活动与思想》，《历史档案》2006 年第 4 期。

周少川：《陈垣的避讳学研究——论〈史讳举例〉的历史文献学价值》，《淮北煤炭师范学院学报》（哲学社会科学版）2006 年第 4 期。

孙邦华：《浅论史学大师陈垣的大学历史教育实践与思想》，《历史教学问题》2006 年第 6 期。

刘贤：《陈垣基督教信仰考》，《史学月刊》2006 年第 10 期。

郑大华：《中国近代民族主义的来源、演变及其他》，《史学月刊》2006 年第 6 期。

桑兵：《傅斯年"史学只是史料学"再析》，《近代史研究》2007 年第 5 期。

关玲玲：《方豪与陈垣之"私淑"情谊——位自学史家成长的关键历

程》,《东吴历史学报》第 19 期,2008 年。

曾庆瑛:《陈垣先生的家乡、家庭和感情世界》,《传记文学》第 92 卷 5 期,2008 年。

陈智超:《千古师生情》,《民主》2008 年第 1 期。

陈智超:《〈元西域人华化考〉的创作历程》,《文献》2008 年第 3 期。

张廷银:《国图所存陈垣藏书中的批校题赠本》,《文献》2009 年第 2 期。

邢照华:《平南王铁钟背后的惨烈史实》,《羊城晚报》2009 年 7 月 5 日 B3 版。

王楠、史睿:《伯希和与中国学者关于摩尼教研究的交流》,《张广达先生八十华诞祝寿论文集》,新文丰出版公司 2010 年版。

来新夏:《读伦明先生致陈垣先生的信件——纪念陈垣老师 130 岁冥诞》,《澳门文献信息学刊》2011 年第 4 期。

何广棪:《〈陈垣来往书信集(增订本)〉拾遗一通》,《新亚论丛》2011 年第 12 期。

孙邦华:《论陈垣的大学教育思想》,《天津师范大学学报》(社会科学版)2011 年第 5 期。

陈徒手:《陈垣校长入党前后波澜》,《炎黄春秋》2011 年第 9 期。

刘贤:《宗教研究与文化关怀:从各宗教史研究析陈垣的中华文化观》,《史学史研究》2011 年第 2 期。

来新夏:《读伦明先生致陈垣先生的信件——纪念陈垣先生 130 岁冥诞》,《中国文化》2011 年第 1 期。

肖楚熊:《陈垣与岑仲勉的学术交往》,《五邑大学学报》(社科版)2011 年第 2 期。

陈晓华:《国图所藏五部陈垣批注史籍》,《文献》2011 年第 2 期。

曹旅宁:《读〈陈垣来往书信集(增订本)〉》,《读书》2011 年第 3 期。

高荣:《陈垣先生与敦煌学研究》,《河西学院学报》2011 年第 1 期。

张京华：《陈垣〈日知录校注〉读评》，《学术界》2011 年第 1 期。

石兴泽：《现代史学巨擘傅斯年与陈垣的交往与情怀》，《聊城大学学报》（社会科学版）2011 年第 2 期。

张荣芳：《陈垣的“史源学”与“新史学”——为纪念陈垣先生诞辰 130 周年而作》，《中山大学学报》（社会科学版）2011 年第 1 期。

刘重来：《一门不该消失的学科——论陈垣先生创建的史源学》，《中国大学教学》2011 年第 1 期。

杨匡和：《陈垣先生〈萨都剌疑年〉补证献疑》，《内蒙古民族大学学报》（社会科学版）2012 年第 1 期。

刘次沅：《二十四史天象记录与陈垣历表的朔闰差异》，《时间频率学报》2012 年第 1 期。

舒习龙：《20 世纪以来中国历史编纂学的时代特色和主要成就》，《韩山师范学院学报》2012 年第 4 期。

徐国利、李天星：《陈垣历史人物研究的成就与特点》，《河北学刊》2012 年第 6 期。

王震亚：《既做经师　更为人师——被誉为“国宝”的陈垣》，《民主》2012 年第 10 期。

蔡喆：《浅析陈垣“校法四例”》，《文学界》（理论版）2012 年第 9 期。

贾浩：《〈陈垣全集〉批注补遗》，《北京师范大学学报》（社会科学版）2012 年第 5 期。

吴建伟：《〈陈垣全集〉补遗》，《史学史研究》2012 年第 3 期。

徐美洁：《论陈垣史学思想中的正统观》，《乐山师范学院学报》2012 年第 7 期。

许静：《从家书中看陈垣教子》，《紫禁城》2012 年第 5 期。

毛瑞方：《陈垣与中西交通史研究》，《淮阴师范学院学报》（哲学社会科学版）2012 年第 3 期。

金人：《陈垣与"陈门四翰林"》，《文史春秋》2012 年第 5 期。

华嘉：《陈垣与弟子柴德赓》，《民主》2012 年第 5 期。

梁继红：《陈垣先生与明清档案文献整理》，《文献》2012 年第 2 期。

谢倩：《以〈校勘学释例〉窥陈垣之校勘思想》，《绵阳师范学院学报》2012 年第 3 期。

牛润珍：《民国史学与宋学——以陈垣先生为例》，《四川师范大学学报》（社会科学版）2013 年第 1 期。

葛兆光：《"聊为友谊的比赛"——从陈垣与胡适的争论说到早期中国佛教史研究的现代典范》，《历史研究》2013 年第 1 期。

刘玲娣：《陈垣与 20 世纪中国的道教研究》，《宗教学研究》2013 年第 1 期。

樊霞：《陈垣西学动力考》，《宿州学院学报》2013 年第 2 期。

袁一丹：《史学的伦理承担——沦陷时期陈垣著述中的"表微"机制》，《中华文史论丛》2013 年第 2 期。

李欣荣：《从陈垣书信看南学北学》，《读书》2013 年第 3 期。

潘荣华：《青年陈垣的医学救国思想与实践研究》，《淮阴师范学院学报》（哲学社会科学版）2013 年第 5 期。

陈才俊：《陈垣与北京辅仁大学之大学理念》，《高等教育研究》2013 年第 8 期。

张荣芳：《陈垣陈乐素父子与马相伯的学术交往》，《学术研究》2013 年第 12 期。

周园：《陈垣先生图书馆学文献学成就综述》，《四川图书馆学报》2014 年第 1 期。

张荣芳：《陈垣对外来宗教史研究的贡献述略》，《中山大学学报》（社会科学版）2014 年第 2 期。

刘贤：《从一则新史料看陈垣的文化观》，《光明日报》2014 年 5 月 14 日。

姜萌：《陈垣"把汉学中心夺回中国"考》，《东岳论丛》2014 年第 3 期。

刘贤：《陈垣与 20 世纪上半期中国宗教研究的现代转变》，《中国人民大学学报》2014 年第 3 期。

荣宏君：《竹影文心——史树青与陈垣、启功的师友情缘》，《社会科学论坛》2014 年第 3、4 期。

杨战朋：《论陈垣校勘四法对梁启超校勘方法的继承和发展》，《大学图书情报学刊》2014 年第 4 期。

毛建军：《陈垣先生藏书思想管窥》，《河南科技学院学报》2014 年第 5 期。

史丽君：《浅论陈垣古籍鉴定的成果、方法和理念》，《大学图书馆学报》2015 第 1 期。

张荣芳：《商务印书馆新出陈垣学术著作发微》，《中国史研究》2015 第 2 期。

刘大胜：《道不同，不相与谋——由陈垣评章学诚为"乡曲之士"说起》，《安徽史学》2015 第 3 期。

包兆会：《历史文化名人信仰系列之十七：陈垣》，《天风》2015 第 5 期。

刘百陆：《中西文化交流视域中的陈垣〈开封一赐乐业教考〉》，《史学月刊》2015 第 5 期。

王宗征：《追求真理　坚守信仰——史学大师陈垣入党记》，《北京档案》2015 第 7 期。

张宪光：《沦陷时期的历史写作——以陈垣与马克·布洛克为例》，《书城》2015 第 8 期。

张洁：《陈垣对保护整理明清档案的贡献》，《档案》2015 第 9 期。

朱露川：《陈垣〈史讳举例〉的思想、结构和方法论意义》，《学术研究》2015 第 10 期。

刘开军：《陈垣"史源学实习"教学的魅力与启示》，《学术研究》2015

第 10 期。

瞿林东:《再谈怎样讲授史学名著——由陈垣、钱穆、何兹全的启示所想到的》,《学术研究》2015 第 10 期。

张荣芳:《陈垣与中国佛教史研究的现代转型——运用王国维创立的"新历史考证学"方法研究中国佛教史》,《船山学刊》2016 第 1 期。

马学良:《陈垣藏平装本图书的学术史价值——兼论国图馆藏社会捐赠图书的价值》,《晋城职业技术学院学报》2016 第 4 期。

张旭:《略论陈垣对历史文献学的贡献》,《产业与科技论坛》2016 第 17 期。

张龙:《陈垣先生与书法艺术——以〈陈垣来往书信集〉(增订本)记载为中心》,《中国书法》2016 第 20 期。

周少川:《陈垣史学思想的风格与情怀》,《史学史研究》2017 第 1 期。

张荣芳:《陈垣与岑仲勉——以两人来往书信为中心》,《船山学刊》2017 第 1 期。

姜楠:《陈垣与〈大一国文读本〉》,《博览群书》2017 第 2 期。

周积明:《邓之诚与二陈(陈垣、陈寅恪)——读〈邓之诚文史札记〉札记》,《粤海风》2017 年第 2 期。

六、档案

北京师范大学档案馆藏:辅仁大学档案。

中国第二历史档案馆藏:教育部档案。

后　记

　　本书是国家社科基金项目成果，故书前"绪言"和书后"主要参考文献"还留有项目结项时的痕迹。原想把"陈垣研究现状"中介绍的已有研究成果及书后所附参考文献做大幅删减，后考虑到也许这些不厌其烦的介绍能为后续开展陈垣研究的学者提供相关研究的综述和索引，亦可让读者对目前陈垣研究的状况有更细致的了解，因此将这些内容保留下来了。这也可能是今后越来越强调学术规范，要求凡著述者须详细说明研究起点的趋势吧。

　　本书在研究、撰写和出版过程中，得到来自多方面的帮助。首先是合作者史丽君研究馆员的全力支持和密切协作，没有她的参与，这个项目可能至今仍不能完成。此外，书稿撰写中吕亚非博士在搜寻材料和第六章部分初稿的撰写上亦给予了帮助。

　　初稿完成后，承蒙陈智超先生拨冗审阅全稿，提出了宝贵的修改意见。

　　刘家和先生历来重视对陈垣校长学术与思想的研究，近年来更是身体力行地通过讲课和著述，传承光大陈垣史学。他一直关心我的研究项目，鼓励我在陈垣史学思想的研究上有所收获。书稿付梓前，又惠允将他的大作《培基固本　精益求精——学习陈援庵先生史学遗产的点滴体会》代做本书序言，以便读者更好地了解陈垣校长史学的精义。

　　北京师范大学历史学院原院长杨共乐教授对本书的撰写和出版给予大力

的支持。

衷心感谢上述前辈、师长、领导和朋友们的热情帮助！

感谢本书责任编辑邵永忠先生的精心编审和出版。

虽已尽力，但由于本人水平有限，书中仍存在纰漏，请学界同道、读者诸君批评指正。

周少川

2020 年 10 月书于北京师大珠海校区

责任编辑：邵永忠

图书在版编目（CIP）数据

陈垣史学思想与20世纪中国史学 / 周少川，史丽君　著 . —
　北京：人民出版社，2020.10
　ISBN 978-7-01-022558-6

　Ⅰ.①陈…　Ⅱ.①周…②史…　Ⅲ.①史学思想—研究—中国—20世纪
　Ⅳ.① K092.6

中国版本图书馆 CIP 数据核字（2020）第 198357 号

陈垣史学思想与20世纪中国史学

CHENYUAN SHIXUE SIXIANG YU 20 SHIJI ZHONGGUO SHIXUE

周少川　史丽君　著

人 民 出 版 社 出版发行

（100706　北京市东城区隆福寺街 99 号金隆基大厦）

北京久佳印刷有限公司印刷　新华书店经销

2020 年 10 月第 1 版　2020 年 10 月北京第 1 次印刷

开本：710 毫米 ×1000 毫米　1/16　印张：29.75　字数：420 千字

ISBN 978-7-01-022558-6　定价：100.00 元

邮购地址　100706　北京市东城区隆福寺街 99 号

人民东方图书销售中心　电话（010）65250042　65289539

版权所有·侵权必究

凡购买本社图书，如有印制质量问题，我社负责调换。

服务电话：（010）65250042